논어론

『논어』는 일견 무미건조한 격언집으로 오해를 살 소지가 다분한 책이다. 그럼에도 수천 년 동안 이토록 널리 읽혀지고 있는 이유는 무엇일까. 그것은 바로 인간의 이지理智에 한없는 신뢰를 보내며 인간 자체를 우주 삼라만상의 모든 것으로 생각했던 공자의 언행과 사상을 담아놓은 데 있다.

論語論

신동준 주해

인간사랑

들어가는 글

우리나라를 포함해 중국과 일본, 베트남 등 동아시아에서 공자의 언행을 기록한 『논어』만큼 오랜 세월에 걸쳐 지속적으로 읽힌 책도 없을 것이다. 공자가 죽은 지 2천5백여 년이 지난 지금도 『논어』는 많은 사람들이 애독하는 최고의 교양서이다.

그러나 『논어』는 매우 짧은 언설들로 이뤄져 있다. 『성경』처럼 재미난 일화로 짜여진 것도 아니고 『삼국지』처럼 흥미진진한 역사적 사실을 전해주는 것도 아니다. 일견 무미건조한 격언집으로 오해를 살 소지가 다분한 책이다. 그럼에도 수천 년 동안 이토록 널리 읽혀지고 있는 이유는 무엇일까. 그것은 바로 인간의 이지理智에 한없는 신뢰를 보내며 인간 자체를 우주 삼라만상의 모든 것으로 생각했던 공자의 사상을 담아놓은 데 있다.

조선조 실학의 거두 다산茶山 정약용丁若鏞은 『논어』를 두고 평생 읽을 만하다고 생각해 항시 안두案頭에 두었다. 크릴H. G. Creel은 『공자, 인간과 신화*Confucius : The Man and the the Myth*』에서 수천 년간에 걸쳐 인간에게 무한한 감동을 준 사상가로 서양의 소크라테스와 동양의 공자를 들었다.

그러나 사실 공자는 소크라테스에 비할 바가 아니다. 공자는 신분세습의 봉건질서 하에서 오직 학덕學德을 스스로 연마한 군자君子만이 위정자가 되어야 한다는 혁명적인 생각을 갖고 있었다. 그는 사상 최초로 사숙私塾을 열고 군자의 길로 접어들고자 하는 모든 사람을 제자로 받아들여 당대 최고의 학문인 시 · 서 · 예 · 악을 가르쳤다. 그것이 바로 '군자학君子學'이었던 것이다. '군자학'의 정수가 바로 『논어』에 담겨 있다. 『논어』가 수천 년이 지나도록 늘 사람들을 감동시킬 수 있는 이유가 바로 여기에 있다.

크릴에 따르면 소크라테스의 철학적 사유는 플라톤에 의해 정교하게 다듬어졌으나 이후 플로티노스Plotinos 등에 의해 신비주의적인 '네오 플라토니즘Neo-Patonism'으로 빠지고 말았다. 이로 인해 소크라테스 철학의 원형을 찾아내기 위해서는 반드시 크세노폰Xenophon과 플라톤을 통해야만 한다. 공자사상 역시 반드시 『논어』를 통해야만 그 진면목을 알 수 있다.

그러나 『논어』는 공자의 모습이 왜곡되는 것과 더불어 오랫동안 잘못 읽혀 왔다. 공자에 대한 왜곡은 사마천의 『사기』 [공자세가]로부터 시작되었다. [공자세가]는 사마천이 『논어』와 『좌전』 등에 나오는 단편적인 기사들을 토대로 뛰어난 상상력을 가미해 공자를 사실적으로 그려낸 공자 전기傳記의 최대 걸작이다. 이후에 나온 무수한 공자 전기는 모두 이를 기초로 하여 살을 붙인 것에 불과하다. 그럼에도 [공자세가]는 사료에 대한 엄밀한 검토가 주도면밀하게 이뤄지지 않은 까닭에 적잖은 문제가 있다. 인간 공자를 '군자'가 아닌 초월적인 '성인'으로 미화시킨 후대의 모든 왜곡은 바로 [공자세가]로부터 시작되었다고 해도 과언이 아니다.

사상사적 측면에서 공자사상을 최초로 왜곡한 것은 전한제국 초기에 나온 동중서董仲舒의 『춘추번로春秋繁露』라고 할 수 있다. 이는 사마천이 [공자세가]를 통해 공자의 전기를 왜곡한 것에 비유할 만한 것이었다. 당시 동중서가 한무제漢武帝에게 강론한 공자사상은 매우 미신적인 내용을 포함하고 있었다. 그럼에도 후대에는 오직 동중서에 의해 왜곡된 것만이 융성케 되었다. 이로 인해 공자는 오랫동안 고대의 예제를 부활시키려고 한 극히 복고적인 인물로 각인되었다. 20세기에 들어와 공자가 타도의 대상으로 전락케 된 것도 바로 동중서 이래 수천 년 동안 지속된 공자사상 왜곡의 후유증으로 보아야 한다.

공자사상의 보고인 『논어』는 2천5백 년이 넘도록 사상계를 지배했다. 그러나 공자사상을 제대로 이해하기 위해서는 『논어』에 대한 심도 있는 탐구가 반드시 전제되어야만 한다. 그러기 위해서는 먼저 공자가 태어난 시대배경과 공자 개인의 삶을 정확히 알아야만 한다. 그럼에도 아직까지 [공자세가]를 베낀 진부한 공자 전기傳記만 횡행하고 있다. '공학孔學' 연구의 큰 맹점이 아닐 수 없다. 본서는 이를 보완키 위한 작업의 일환으로 나온 것이다.

『논어』는 공자와 제자들의 언행을 모아놓은 것이다. 그러나 『논어』에 나타나는 공자의 언행을 액면 그대로 모두 믿을 수는 없다. 이는 공자가 죽은 뒤 3백여 년이 지난 후 나타나기 시작한 수많은 공자의 설화가 『논어』에 마구 삽입된 데 따른 것이다. 공자사상을 연구할 때 주의할 대목이 아닐 수 없다. 그렇다면 과연

『논어』를 어떻게 읽어야만 하는 것일까.

우선 『논어』의 내용을 유가경전과 제자백가의 문헌에 나오는 관련대목과 비교해 그 진위를 밝혀내는 방안을 생각할 수 있을 것이다. 그러나 그게 쉽지 않다. 진위를 판별할 만한 어떤 기준도 존재하지 않기 때문이다. 『논어』를 제외하고 공자의 언행을 가장 많이 싣고 있다는 『맹자』조차도 그 진실성에 의문이 가는 대목이 무수히 많다. 한 마디로 『논어』를 제외하고는 그 어떤 문헌도 공자의 실제 모습과 그의 사상을 정확히 전달하지 못하고 있는 것이다. 결국 『논어』에 대한 심층분석밖에 기대할 게 없는 셈이다.

주지하다시피 『논어』는 공자 스스로 자신의 학설을 쓴 것이 아니라 공자와 문답을 주고받은 제자들이 기억을 더듬어 책으로 엮어낸 것이다. 이러한 편집은 공자의 제자로부터 제자의 제자시대에 걸쳐 몇 번이나 행해졌다. 전 10편인 '상론上論'은 비교적 이른 시기에 편찬된 것이고, 후 10편인 '하론下論'은 그보다 후대에 편찬된 것이다.

원래 공문孔門이라는 것도 초기에는 체제를 갖춘 사숙私塾으로 출발한 것이 아니라 일종의 비공식적인 토론회에서 출발한 것으로 추정되고 있다. 이는 일부 제자들의 나이가 공자와 큰 차이가 없었다는 사실을 통해 대략 짐작할 수 있다. 그러나 토론회 구성원들은 이내 공자의 뛰어난 학덕에 감복해 스스로 공문의 문도門徒가 되어 스승인 공자에게 놀라우리만치 지극한 정성을 바쳤다.

이때 공자는 문도들에게 신분세습의 낡은 봉건질서가 무너지는 새로운 세상에 대한 자신의 꿈을 얘기하며 새로운 세상의 주역이 될 위정자의 이상형으로 '군자'를 제시했다. 공자가 제시한 군자의 이상형은 결코 실현 불가능한 대상이 아니었다. 각자 학문과 덕행을 열심히 닦기만 하면 얼마든지 이룰 수 있는 것이었다. 공자는 신분세습의 봉건질서 하에서 군자가 되기 위한 학문인 '군자학'을 주창하며 새로운 세상을 대비했던 것이다.

공자는 생전에 제자 중궁仲弓을 보고 일국의 군주가 되기에 족하다고 말한 적이 있다. 이는 춘추시대 말기에 이미 신분세습의 벽을 뛰어넘어 그 누구일지라도 노력 여하에 따라서는 얼마든지 일국의 군주가 될 수 있다는 새로운 인식의 출현을 의미한다. 공자가 죽은 지 얼마 안 돼 이는 곧 현실로 드러나기 시작했다. 전국시대에 이르러 사인士人들이 역사의 주역으로 급부상하면서 공자의 주장이 결코 허황된 것이 아니라는 사실이 증명되었다. 이후 진제국을 거쳐 한제국 때에 이르러서는 학덕을 지닌 군자가 위정자가 되어야 한다는 군자학의 입론立論은 당연시되었다.

그러나 공자 이전까지만 하더라도 천자를 비롯해 공경대부의 자리에 오를 수 있는 유일한 자격요건은 신분세습밖에 없었다. 따라서 제자인 중궁을 두고 일국의 군주 자격이 있다고 언급한 공자의 말은 결코 무심결에 나온 것이 아니라 나름대로 치밀한 계산을 한 의도된 발언으로 보는 것이 옳다. 이는 당시의 기준에서 볼 때 혁명적인 발상이 아닐 수 없다.

군자학은 학덕을 겸비한 군자의 육성에 그 목표를 두고 있었다. 군자는 '수신제가修身齊家'와 '치국평천하治國平天下'를 지향했다. 그러나 공문에서 교습된 군자학은 개인적인 도덕수양과 직결된 '수제'보다는 위정자의 목표인 '치평'에 그 중심을 두었다.

이는 시 · 서 · 예 · 악에 대한 수준 높은 교습을 전제로 한 것이었다. 훗날 성리학의 성립으로 이 사실이 크게 간과되었으나 공학孔學의 진면목은 '치평'에 있었다. 하급사족 출신인 중궁을 두고 일국의 군주가 될 만하다고 한 공자의 발언은 '군자학'의 본령이 어디에 있는지를 극명하게 보여준 사례가 아닐 수 없다.

당시 공자는 열심히 공부하려는 자세를 갖춘 학생을 모두 제자로 받아들였다. 일단 공문에 들어와 군자학을 연마하는 모든 문도는 동등했다. 봉건질서에 따른 신분상의 고하는 아무 의미가 없었다. 공문 내에서는 오직 학덕의 고하에 따른 구별만이 존재했다. 이를 통해 짐작할 수 있듯이 공문의 존재 자체가 봉건질서의 붕괴를 촉진하는 역할을 수행했던 것이다.

공문에 들어와 시 · 서 · 예 · 악의 과목을 익히는 것은 곧 위정자가 되기 위한 필수 코스의 이수를 의미했다. 당시 그 누구도 공자처럼 문학과 역사, 철학에 대해 그처럼 수준 높은 교양과목을 가르칠 수 없었다. 이는 공자와 같이 뛰어난 인물이 있었기에 가능했다. 당시 수많은 사람들이 기꺼이 공문을 찾아와 문도가 되기를 자청한 것은 하등 이상한 일이 아니었다.

『사기』는 공자의 문도 중 뛰어난 인물이 70여 명에 달했다고 기록해 놓았다. 그러나 사실 이는 크게 과장된 것이다. 『논어』에 나오는 제자 중 그 존재를 확인할 수 있는 인물은 겨우 20여 명에 불과하다. 공자의 제자 중 사마우司馬牛는 송나라 귀족의 후예로 제자들 중 최고의 명족 출신이었다. 그가 제자가 되었을 때 공자가 그에게 특별한 배려를 한 증거는 없다. 당시 적잖은 제자들이 높은 자리에 올랐음에도 안회는 출사出仕도 하지 않았을 뿐만 아니라 제자들 중 가장 빈한했다. 안회를 비롯한 일부 제자들은 현실적인 출사보다는 학덕의 연마에 치중했다.

이후 좋은 지위를 얻을 생각으로 공문에 입문하는 자들이 점차 많아지면서 '군자학'을 배우는 것이 관직을 얻는 데 매우 유리하다는 사실이 널리 알려지게 되었다. 전국시대에 들어가 수많은 제자백가들이 공문을 흉내내 사학을 개설한 것은 바로 이 때문이었다. 이는 교양을 지닌 수많은 사인들의 출현을 가능케 했고, 마침내 학덕 위주의 새로운 중앙집권적 관료정치의 탄탄한 배경이 되었다. 이를 현실화시킨 사람이 바로 진시황이었다.

『논어』는 군자학 연마를 둘러싸고 전개된 사제 간의 대화와 공자의 언행, 일화 등을 모아놓은 것이다. 『논어』를 정밀히 분석하면 당시 공문에서 스승인 공자가 군자가 되는 길을 어떻게 교습했고, 제자들은 이를 어떻게 실천했는지를 제법 소상히 파악할 수 있다.

우선 『논어』 연구는 공자 전기에 관한 치밀한 분석에서 출발할 필요가 있다. 공자와 『논어』는 각각 전문적인 연구대상이기는 하나 양자는 상호 불가분의 관련을 맺고 있다. 현재 학계에서는 공자사상에 관한 연구와 『논어』 자체에 대한 연구가 각기 심도 있게 진행되고 있다. 필자 또한 학계의 이런 현실을 감안해 편의상 공자와 『논어』를 나눠서 저술했다. 필자의 『공자와 군자학』인간사랑, 2006은 본서의 자매서에 해당하는 것으로 두 책을 함께 읽으면 공자와 『논어』에 대한 총체적인 이해에 큰 도움이 될 것이다.

본서는 말할 것도 없이 『논어』 자체에 관한 연구서이다. 전래의 『논어』 연구 중에는 명론탁설名論卓說도 매우 많다. 그러나 『논어』 또한 다른 유가경전과 마찬가지로 후세인이 끼워넣은 위문이 적잖이 실려 있다. 『논어』를 통한 공자사상 연구의 정밀성을 확보하기 위해서는 먼저 위문을 정확히 골라내지 않으면 안 된다. 선인들의 명론탁설을 참고하면서 21세기의 관점에서 공자와 『논어』를 정밀하게 분석할 필요가 있는 것이다. 특히 오랫동안 금과옥조로 여겨져 온 주희의 주석은 집중적인 분석을 요한다.

『논어』가 성립된 이래 지금까지 수많은 연구가 이뤄졌으나 아직 21세기 동북아시대에 부응하는 연구는 미흡한 실정이다. 본서는 이에 대한 시론 차원에서 나온 것이다.

중국의 역대 주석서 중 시기별로 한 획을 그은 명저로는 삼국시대 위나라 하안何晏의 『논어집해論語集解』와 남북조시대 양나라 황간皇侃의 『논어의소論語義疏』, 북송대 형병邢昺의 『논어주소論語注疏』, 남송대 주희朱熹의 『논어집주論語集註』, 청대 유보남劉寶楠과 유공면劉恭冕 부자의 『논어정의論語正義』 등을 들 수 있다. 이 중 특히 하안의 『논어집해』는 가장 오래된 주석서로 관심을 모으고 있고, 주희의 『논어집주』는 가장 정심한 것으로 유명하고, 유보남의 『논어정의』는 가장 광박한 것으로 이름이 높다. 이밖에도 조선조 정약용의 『논어고금주論語古今註』와 일본 에도시대 오규 소라이荻生徂徠의 『논어징論語徵』도 당대 최고 수준의 주석서라고 할 수 있다.

본서는 이들 주석을 망라해 검토한 위에 필자가 시종 강조해 온 '통치학'의 관점에서 완전히 새로운 주석을 시도한 것이다. 역대 중국의 주석은 『13경주소十三經注疏 : 論語』北京大出版社, 1999

와 『주자어류朱子語類 : 卷19-50』中華書局, 2004를 주로 참조했다. 다산의 주석은 『여유당전서與猶堂全書 : 經集2-4』全州大出版部, 1986를 참조했다. 제1장 2절의 구조론에서는 기무라 에이이치木村英一의 『공자와 논어孔子と論語』創文社, 1984를 많이 이용했다. 원래 기무라는 법가사상을 전공했으나 말년에 공자사상을 집중 탐사하며 『논어』의 구조분석에 탁월한 업적을 남긴 바 있다.

본서는 이웃 중국이 낡은 맑시즘을 벗어던지고 공자사상을 새로운 21세기 통치이념으로 채택하려는 움직임을 보이고 있는 데서 알 수 있듯이 21세기 동북아시대 개막이라는 시대적 소명에 부응키 위해 나온 것이다. 이제 수천 년 동안 동중서와 주희로 인해 왜곡되었던 공자사상의 원형을 찾아내 21세기 동북아시대의 지침으로 삼을 필요가 있다. 본서는 이러한 작업의 작은 출발에 해당한다.

본서의 집필은 은사인 서울대 정치학과 최명 교수님의 적극적인 도움 아래 만들어졌다. 은사는 정년퇴임을 앞둔 바쁜 와중에도 세심한 지도와 격려를 아끼지 않았다. 송산松山 김홍기와 소평素平 이인한 등 맹파강원孟坡講阮 문도門徒들의 열성어린 성원도 큰 격려가 되었다. 본서의 출간은 인간사랑 여국동 사장의 독려와 홍성례 편집장을 비롯한 편집진의 헌신적인 교열과 편집이 있기에 가능했다. 본서가 강호 제현의 보다 심도 있는 이론서 출간에 작은 도움이나마 되었으면 하는 것이 필자의 바람이다.

2005년 12월 세모,
정릉 학오재學吾齋에서
저자 識.

차례

제1장 편제론編制論

제1절 편집론

수천 년 동안 수많은 사람들이 『논어』를 즐겨 읽었으나 과연 『논어』의 원본이 어떤 것이었는지에 대해서는 그다지 큰 관심을 기울이지 않았다. 그러나 『논어』에 대해 정밀한 주석을 가하고자 한 일부 학자들은 이 문제에 지속적인 관심을 기울이며 그 해답을 찾기 위해 부단한 노력을 경주했다. 『논어』를 정밀하게 탐구하면 할수록 이러한 궁금증은 더욱 커지게 마련이다. 그러나 그러한 갈증은 쉽게 풀리지 않았다.

그러던 중 마침내 1931년에 고증학자 장국감張國淦이 후한제국 말기인 2세기 후반의 석판에 새겨진 『논어』의 잔본殘本을 찾아냈다. 그는 곧 이를 복원하여 『한석경비도漢石經碑圖』를 펴냈다. 학자들은 『논어』의 고본古本이 출현한 사실에 크게 고무되었다. 7년 뒤 고증학자 나진옥羅振玉이 이를 보다 정밀하게 복원해 낸 『한희평석경잔자집록漢熹平石經殘字集錄』을 펴냈다. 20세기에 들어와 몇 사람의 고증학자에 의해 최고最古의 『논어』가 그 모습을 드러낸 셈이다.

그러나 석경石經의 내용은 현전하는 『논어』와 그다지 큰 차이가 없었다. 일부 차이가 있기는 했으나 그 차이는 대부분 무시해도 좋을 정도로 작은 것이었다. 석경이 만들어진 것은 황건적의 난이 일어나기 직전인 후한제국 말기였다. 이때는 이미 현전하는 『논어』의 원형이 거의 다 갖춰졌을 때였다. 전국시대 초기까지 소급되는 『논어』의 원형을 찾아내는 일은 지금까지 여전히 숙제로 남아 있는 셈이다. 그러나 석경의 발견은 『논어』가 매우 이른 시기에 민간 차원까지 널리 유포되었음을 새삼 확인시켜 준 사건이 아닐 수 없다.

원래 『논어』는 소위 '13경' 또는 '4서3경'으로 알려진 유가경전 중 가장 오래된 경전에 속한다. 비록 『서경』이 하夏·은殷·서주西周 등의 옛 역사를 다루고는 있으나 성립시기 면에서 보면 오히려 『논어』보다 늦다. 『논어』보다 빠른 시기에 완벽한 형태를 갖춘 것으로는 공자가 편수한 『시경』을 들 수 있다. 『논어』는 유가경전 중 『시경』 다음으로 이른 시기에 만들어진 것으로 보아도 대과는 없다.

『논어』가 얼마나 오래된 경전인지는 『논어』에 사용된 구문을 보면 쉽게 알 수 있다. 일찍이 음운학자 카알그렌B. Karlgren은 『논어』와 『맹자』의 문법체계를 비교해 양자가 완전히 동일하다는 사실을 밝혀낸 바 있다. 약간의 사소한 차이가 나는 것은 『논어』가

『맹자』보다 더 오래 된 데 따른 것이었다. 이로써 『논어』의 형성 시기가 전국시대 초기까지 소급한다는 사서의 기록이 언어학적으로 증명된 셈이다.

『논어』에는 후대의 유가가 내세운 논지와 어울리지 않는 내용이 다수 포함되어 있다. 그러나 이 또한 『논어』가 매우 이른 시기에 만들어진 것임을 뒷받침하는 유력한 증거가 아닐 수 없다. [옹야]편 제26장에는 공자가 악명 높은 위령공의 부인 남자南子와 만난 대목이 나온다. 후대의 근엄한 도학자들은 이 대목을 접할 때마다 크게 당혹해했다. 유가를 공격하는 사람들은 이를 이용해 유자들을 조롱하기도 했다. 그러나 이런 내용이 삭제되지 않았다는 것은 곧 『논어』가 공자 당시의 상황을 소상히 전해주고 있다는 반증이기도 하다.

모든 유가경전이 그렇듯이 『논어』 또한 후세인의 위문僞文으로 의심되는 대목이 제법 많이 삽입돼 있다. 그러나 큰 틀에서 보면 이는 사소한 것에 불과하다. 『논어』에 실려 있는 대부분의 내용은 공자를 중심으로 한 이른바 공문의 언행록인 것이 확실하다. 이는 스승인 공자가 '자子'로 불리고 그의 직제자直弟子들이 '자字'로 불린 사실을 통해 쉽게 확인할 수 있다. 이는 공자 만년의 사숙私塾에 모인 직제자들로부터 나온 전문傳聞이 원형 그대로 기술된 것임을 시사한다. 직제자들의 견문을 토대로 만들어진 얘기가 그들의 문인들에 의해 그대로 전송傳誦되다가 『논어』에 수록되었음을 짐작케 해주는 대목이 아닐 수 없다.

『논어』에는 『서경』의 [주서周書]와 [상서商書], [하서夏書], [우서虞書]에 나오는 내용이 제법 많이 인용돼 있다. 당시 공문孔門

에는 시 · 서 · 예 · 악이 정규 교과목으로 부과돼 있었다. 따라서 당시 『서書』로 불린 『서경』의 구절이 사제 간의 문답에 인용된 것을 두고 하등 이상하게 생각할 필요는 없다. 다만 [주서]와 달리 요 · 순 · 우 · 탕 등 전설적인 성왕의 얘기를 수록한 [우서]와 [하서], [상서]의 구절이 인용된 것은 맹자 이후에 증자의 문인들이 『논어』를 증보하는 과정에서 삽입시킨 것으로 짐작된다.

『논어』는 편집 차원에서 볼 때 일견 20편 모두 두서없이 배치된 것이 아닌가 하는 느낌을 주기에 충분하다. 이는 어느 한 사람이 한 시기에 편집한 것이 아님을 뒷받침하는 것이다. 각 편의 편제양식은 막연한 내용을 나열한 것부터 시작해 어떤 의도 하에 편집된 것과 약간의 편집이 이뤄진 후 잔여의 자료를 모아 보존한 것 등 매우 다양하다. 공자의 2–3대 제자시대에서 편집이 시작돼 이후 4–5대 제자에 이르기까지 거듭 증보增補작업이 이뤄졌음을 시사하는 대목이 아닐 수 없다.

『논어』의 편집이 2대 제자시대에서 시작되었다면 대략 노나라였을 것으로 보아야 한다. 공자가 죽은 뒤 대다수 제자들이 사방으로 흩어져 공자의 가르침을 전파했다. 그러나 노나라에 머문 노나라 출신 제자들도 매우 많았다. 증자가 대표적인 인물이다. 그를 위시해 적잖은 제자들이 노나라에 공문을 모방한 사숙을 열고 제자들을 양성했다. 여러 기록을 종합해 볼 때 이러한 전통은 노나라에서 적어도 전국시대 말기까지 계속된 것으로 보인다. 이는 『논어』의 편집이 주로 노나라에서 이뤄졌음을 시사한다. 『논어』에 '증자왈' 구절이 적잖이 나타나고 있는 사실이 이를 뒷받침한다.

그러나 『논어』의 증보 및 속집續集과 관련해 주목할 나라가 있다. 바로 제나라이다. 제나라는 공자를 사숙私淑한 맹자가 유세할 무렵인 기원전 4세기 중엽에 소위 '직하稷下'로 불리는 학술연구소가 출현한 것을 계기로 천하 학술의 중심지로 번영했다. 제나라는 자공이 제나라에 유학을 전파한 이래 자장과 자하, 자유의 문도들이 대거 유입하면서 유학의 중심지로 부상했다. 이들을 '천유賤儒'로 비하한 『순자』 [비십이자]편의 기록은 일찍부터 이들 문도들이 제나라에서 활약했음을 뒷받침하고 있다. 『논어』의 편집과 속집에 제나라 유자들이 적극적으로 개입했을 가능성을 시사하는 대목이 아닐 수 없다.

그렇다면 『논어』라는 명칭은 언제 처음으로 등장케 된 것일까. 이 명칭이 최초로 등장한 것은 공자가 죽은 지 훨씬 뒤의 일이다. 그 전에는 『전傳』, 『기記』, 『공자왈孔子曰』, 『논論』, 『어語』 등으로 불렸다. 맹자와 순자가 활약하는 전국시대 말기까지만 하더라도 『논어』라는 명칭은 나타나지 않고 있다. 한제국 때에 들어가서도 한문제漢文帝 이전까지는 『논어』라는 말이 나오지 않고 있다. 이로 인해 대다수 학자들은 대략 한경제漢景帝 말기에서 한무제漢武帝 초기 사이에 이 명칭이 만들어진 것으로 추정하고 있다. 『논어』의 '논'과 '어'에 대해서는 예로부터 여러 설이 존재했다. 『한서漢書』 [예문지藝文志]는 이같이 풀이해 놓았다.

> 『논어』는 공자가 제자와 당시 사람들에게 응답한 말과 제자가 서로 더불어 말하거나 또는 스승에게서 직접 들은 말들을 모은 것이다. 당시 제자들은 스승의 말을 저마다 따로 기록했다. 선생

이 돌아가자 문인들이 서로 기록한 말을 모아 의논하여 편찬했다. 이에 『논어』라고 칭하게 된 것이다.

이는 『논어』라는 명칭이 나오게 된 배경을 설명해 놓은 것이다. 남북조시대 양나라의 황간은 『논어의소』에서 '논'의 의미를 크게 '륜倫'과 '륜輪', '륜綸', '론論' 등 4가지로 나눠 풀이해 놓았다. 북송 초기에 형병邢昺은 『논어주소論語注疏』에서 황간의 해석을 보다 심화시켜 세무世務를 경륜할 수 있다는 의미의 '륜綸', 원전무궁圓轉無窮하다는 의미의 '륜輪', 만리萬理를 포함하고 있다는 의미의 '리理', 편장에 차례가 있다는 의미의 '차次', 군현群賢이 집성했다는 의미의 '찬撰'으로 풀이했다. 형병의 '논'에 대한 풀이는 더 이상의 의미부여가 필요없을 정도로 완벽하다고 할 수 있다.

'어'에 대해서는 후한시대 말기의 정현鄭玄이 『논어』에 실린 대부분의 내용이 공자가 제자 및 여타 사람들과 나눈 얘기라는 의미에서 붙여지게 되었다고 주장한 바 있다. 그는 '어'자를 '논'자 아래에 둔 것은 반드시 논찬論撰을 거친 후 싣게 되었다는 뜻을 밝히기 위한 것으로 분석했다. 이에 대해 대부분의 주석가들은 대략 '논란論難에 대한 대답'의 의미로 풀이해 놓았다. 대략 『논어』의 명칭은 '논찬을 거친 공자의 말'이라는 뜻에서 나온 것으로 보아도 대과는 없을 것이다.

그렇다면 『논어』는 과연 누가, 언제, 어디서, 무엇을 토대로, 어떻게 만든 것일까. 이를 밝히는 데 도움이 될 만한 동시대의 사료는 전혀 없다. 전하는 것은 모두 후세의 추정일 뿐이다. 유일하게 확실한 것은 『논어』라는 책이 현전하고 있다는 사실뿐이다. 그러나 매사에 원인 없는 결과는 없는 법이다. 현전하는 『논어』를 정밀히 탐사해 보면 그 해답의 실마리를 찾아낼 수 있다. 사실 수천 년 동안 수많은 사람들이 『논어』를 정밀히 탐사한 이유가 바로 여기에 있었다. 전한제국 이후에 나온 문헌을 보면 대략 『논어』가 만들어진 내력을 짐작할 수 있다. 전한제국 초기에 환담桓譚은 『신론新論』 [정경正經]편에서 다음과 같이 주장했다.

> 『고론古論』과 『노론魯論』, 『제론齊論』은 서로 다른 글자가 모두 6백40여 자에 달했다.

이를 통해 전한제국 초기에 현전하는 『논어』의 원형으로 『고론』과 『제론』, 『노론』 등 3종의 텍스트가 별개로 존재했음을 알 수 있다. 전국시대 말기에 완성된 이들 '3론' 중 『노론』은 모두 20편으로 노나라에서 유행했고, 『제론』은 모두 22편으로 제나라에서 유행했다. 훗날 전한제국 때 공자의 고택에서 발견된 『고론』은 모두 21편으로 구성되어 있었다.

원래 『노론』은 제 · 노 두 나라에 전송傳誦된 공자의 언행을 노유魯儒가 정리해 만든 것을 말한다. 『제론』 역시 제유齊儒가 제 · 노 두 나라에 전송된 기록을 정리해 만든 것이다. 『노론』과 『제론』은 한제국의 공용문자인 예서隸書로 기록되어 있다. 한제국 때에 들어와 『논어』를 전사轉寫하면서 노유 및 제유에 의해 어느 정도의 정리가 더해진 것이 바로 제 · 노 '2론'이었던 것이다.

이에 반해 『고론』은 공자의 후손인 공안국孔安國이 찾아낸 초기의 『논어』를 말한다. 한무제 때 박사로 있던 그는 진제국 때의 분서갱유焚書坑儒를 용케 피한 공자 사후의 편집본을 찾아냈다. 관직이 임회臨淮 태수에까지 오른 그는 전한시대의 뛰어난 경학자로 명망이 높았다. 그러나 『고론』은 같은 제·노의 기록을 모아 만든 것이기는 하나 선진先秦시대에 사용된 대전大篆으로 기록돼 있어 해독이 쉽지 않았다. 당시 『노론』과 『제론』은 소위 '금문今文'으로 통칭된 데 반해 『고론』은 '고문古文'으로 칭해졌다. 『고론』과 『제론』, 『노론』을 두고 후한제국 초기의 반고班固는 『한서』[예문지]에 이같이 기록해 놓았다.

> 한제국이 일어날 당시 『제론』과 『노론』이 있었다. 『제론』을 전한 자로는 창읍중위昌邑中尉 왕길王吉과 소부少府 송기宋畸, 어사대부 공우貢禹, 상서령 오록충종五鹿充宗, 교동膠東 용생庸生이 있었다. 이들 중 오직 왕길만이 명가였다. 『노론』을 전한 자로는 상산도위常山都尉 공분龔奮과 장신소부長信少府 하후승夏侯勝, 승상 위현韋賢, 노나라의 부경扶卿, 전장군 소망지蕭望之, 안창후安昌侯 장우張禹가 있었다. 이들 모두 명가였다. 장씨가 지은 것이 최후에 남아 세상에 널리 유포되었다.

이는 전한제국 말기의 유흠劉歆이 쓴 『칠략七略』의 내용과 부합하는 것이기도 하다. 반고는 [예문지]에서 '금문'으로 통칭된 『제론』과 『노론』의 '2론'이 전국시대에 만들어져 한제국 초기까지 어떻게 전승되었는지를 밝히고자 한 것이다. 그러나 여기에 등장하는 인물들은 모두 한무제 이후의 사람들이다. 한제국 이전에 어떻게 만들어져 전승되었는지에 대해서는 아무런 정보도 제공치 못하고 있는 것이다. 그러니 한무제 때 처음으로 발견된 것으로 알려진 『고론』의 전승과정이 불분명한 것은 하등 이상할 것도 없다.

『고론』은 전한제국 초기에 발견된 이후 '2론'과 달리 한유漢儒들이 이를 베껴 전승하는 과정을 거치지 않았다. 전승이 불분명해진 것은 당연한 일로 보아야 한다. 그러나 『고론』과 '2론'의 차이는 『노론』과 『제론』 사이에 나타난 이동異同과 비교할 바가 아니다. 『고론』은 공안국이 전傳을 지어 전한 이후 정현이 안창후 장우의 『노론』을 저본으로 삼아 『제론』과 『고론』을 참조하여 주석서를 펴낸 것을 계기로 사실상 『노론』에 흡수된 것으로 짐작된다.

편제와 관련해 '3론' 중 가장 문제가 되는 것은 『제론』과 『고론』이다. 『제론』은 『노론』보다 [문왕問王]과 [지도知道]편의 2개편이 더 많고, 나머지 20편 중에도 장구가 『노론』보다 긴 것이 많다. 총 21편으로 구성된 『고론』은 [문왕]과 [지도]의 2편이 없고, [요왈]편의 '자장문하여가이종정子張問何如可以從政' 이하를 또 다른 [자장] 1편으로 삼은 것이 특이하다. 편차도 『제론』 및 『노론』과 같지 않고, 글이 다른 것도 4백여 자에 이른다.

전한제국 말기에 안창후 장우는 『노론』을 전수받은 뒤 『제론』과 합쳐 일부 겹치거나 번잡한 내용을 깎아내고 『제론』의 [문왕]과 [지도] 2편을 삭제함으로써 『노론』 20편을 정본으로 삼았다. 이후 다시 후한제국 말기에 정현이 장우가 정리한 『노론』을 저본으로 삼고 『제론』과 『고론』을 참고로 하여 새로운 주석서를 펴냈다. 오늘날 우리가 사용하는 『논어』는 바로 정현의 『경전석문經典

釋文』에 나오는 '논어주論語注'가 전해져 오는 것이다.

결국 『노론』과 『고론』은 노나라 사람이 전승한 『논어』이고, 『제론』은 제나라 사람에 의해 전승된 『논어』라고 볼 때 '3론'은 내용상 대동소이하다고 할 수 있다. 나머지 차이는 무시해도 좋은 셈이다. '3론'은 내용상 상호 약간의 출입이 있으나 대부분의 내용이 대동소이한 까닭에 하나의 『논어』에 대한 3종류의 이본異本으로 보는 것이 타당하다.

현재 학계에서도 이들 '3론'을 두고 서로 이질적인 내용으로 이뤄진 별개의 책이 아니라 하나의 『논어』에 대한 3개의 이본으로 보는 견해가 주류를 이루고 있다. 현전하는 『논어』는 전한제국 말기의 안창후 장우에 의해 기본 틀이 잡히고 후한제국 말기의 정현에 의해 완성되었다는 것이 정설이다. 정현은 『노론』에 『제론』을 참조해 만든 소위 장후본張侯本 『노론』을 기본으로 하여 다시 『제론』과 『고론』 등을 참조해 주를 달았다. 정현의 주석본은 기본적으로 『노론』에 뿌리를 둔 것으로 오랫동안 따로 전승되어 온 '3론'을 하나로 통합시켰다는 점에서 큰 의미를 지니고 있다.

그러나 이것만으로는 '3론'이 통합되는 과정을 자세히 알 길이 없다. 『한서』 [예문지]가 나올 당시에도 [예문지]와는 다른 이설이 존재했다. 반고와 동시대의 사람인 왕충王充은 『논형論衡』 [정설론正說論]편에서 다음과 같이 이의를 제기한 바 있다.

> 『논어』를 말하는 사람은 모두 문장과 어구를 해설하는 일은 알고 있어도 『논어』가 원래 몇 편으로 되어 있었는지는 모른다. 또한 주왕조 때에는 한제국의 8촌을 1척으로 하고 있었음에도 『논

어』만이 1척의 간簡에 기록된 의미를 모른다. 무릇 『논어』는 제자가 함께 공자의 언행을 기록한 것으로, 최초로 기록된 시기에는 심히 많아 70-80편이나 되는 것도 있었다. 한제국의 8촌인 1척의 작은 죽간에 간단히 축약해 기록한 것은 휴대에 편리하게 하기 위한 것이다. 그 유문遺文은 경문經文이 아닌 전문傳文이다. 설령 한 번 기억했을지라도 잊을 우려가 있어 1척의 작은 죽간을 이용하면서 경문처럼 2척4촌의 죽간을 이용치 않았다. 한제국 초기에 『논어』는 거의 세간에 자취를 감췄지만 한무제 때 공자의 옛 집 벽장 속에서 고문을 발견해 『고문논어』 21편을 얻었다. 이때 『제론』과 『노론』 2본이 있었다. 여기에 『하간논어河間論語』 9편이 따로 존재해 『논어』는 모두 30편이 되었다. 한소제 때 처음으로 사람들이 『고문논어』 21편을 읽게 되었다. 한선제 때 태상박사太常博士에게 명하여 이를 읽게 했다. 그러나 당시는 이 책이 난해한 책으로 간주돼 아직 '경經' 으로는 불리지 못하고 '전傳' 이라고 했다. 후에 서체를 예서로 옮겨 전송傳誦했다. 최초로 공자의 후손인 공안국孔安國이 이를 노나라 사람 부경扶卿에게 전했다. 그는 훗날 형주자사까지 승진했다. 그때 처음으로 『논어』로 불리게 되었다. 지금 『논어』를 20편으로 칭하게 된 것은 『제론』과 『노론』, 『하간논어』가 원래는 30편이었으나 분산되어 원형을 잃게 된 데 따른 것이다. 『고문논어』의 21편에도 여러 전본傳本이 있어 편제에 다소의 차이가 있었고, 문찬文讚에도 정오正誤가 뒤섞여 있었다. 『논어』를 말하는 자들은 단지 제가諸家의 해석상의 의문과 사소한 난점만 알고 있을 뿐 근원적인 편제를 연구하는 일을 모르고 있다. 온고지신溫故

知新이 이뤄져야 가히 스승이라고 할 수 있다. 지금 옛 일을 모르면서 어찌하여 스승을 칭하고 있는 것일까.

왕충의 주장은 '3론'만을 언급해 놓은 『한서』 [예문지]의 기록과 여러 면에서 차이가 난다. 가장 큰 차이점을 보이고 있는 점을 『한서』 [예문지]의 기록과 『논형』 [정설론]편의 기록을 대조해 정리하면 대략 다음과 같다.

첫째, 반고는 전한제국이 흥하면서 이미 제 · 노의 '2론'이 있었다고 했으나 왕충은 전한제국이 흥하면서 망실되었다고 했다. 두 설이 모두 맞는다면 전한제국 초기에 한 차례 『논어』가 망실되었을 가능성이 높다. 반고가 말한 '2론'의 전승자는 모두 한무제 이후의 사람들뿐이다. 그렇다면 그의 주장은 한제국이 일어났을 때부터 '2론'이 존재했다는 의미는 아닌 것으로 해석해야 한다. 왕충의 주장은 전한제국 초기에 일시 『논어』가 존재했으나 일반에 그 존재가 알려지지 않았다는 의미인지도 모른다.

둘째, 『하간논어』 9편과 『고론』과의 관계이다. 한무제 때 공자의 고택 벽장 속에서 『고론』을 얻었다는 점에서는 반고와 왕충이 일치하고 있다. 그러나 『하간논어』 9편을 언급한 『논형』의 해당 대목은 『하간논어』의 실체를 전혀 알 길이 없는 현재로서는 구체적으로 무엇을 뜻하는지 정확히 파악키가 어렵다.

셋째, 반고는 『제론』 및 『노론』의 전통이 전한제국 말기까지 단절되지 않고 계속 이어진 것으로 주장했다. 그러나 왕충은 공자의 고택 벽장 속에서 고문을 얻은 이후 후한제국 초기 사이에 이미 원래의 모습을 잃은 것으로 주장했다. 내용상 상호 모순되고 있는 것이다. 그러나 반고는 유학의 전통이 전한제국 내내 단절되지 않고 이어졌다는 것을 말하고, 왕충은 후한 초기까지 전해지는 동안 편제가 종종 변화한 것을 말한 것으로 해석하면 아무런 모순이 없다. 왕충 때에는 이미 '2론'을 절충한 안창후 장우의 『논어』가 널리 읽히고 있었다. 왕충은 대략 편제 면에서 '3론'의 원형에 다소 출입이 있었다는 사실을 말하고자 한 것으로 볼 수 있다. 왕충의 주장에 따르면 최소한 당시에는 '2론'이 원형대로 존재치 않았다고 보아야 한다.

넷째, 『논어』라고 하는 명칭의 유래에 대해 두 사람의 주장이 엇갈리고 있다. 반고는 공자의 문인이 공자의 사후에 스승의 말을 논찬해 『논어』라는 명칭이 나왔다고 했다. 이에 대해 왕충은 공안국으로부터 『고론』을 전수받은 노나라의 부경扶卿 때 처음으로 『논어』로 부르게 되었다고 했다. 그러나 이를 모순된 것으로 볼 것은 아니다. 이름을 붙인 시기상의 차이를 말한 것에 지나지 않기 때문이다.

다섯째, 왕충은 『논어』가 죽간에 기록된 이유를 설명하고 있다. 또한 한소제와 한선제 때는 『고론』이 읽기 어려웠다는 사실을 전하고 있다. 이는 반고가 전혀 언급하지 않은 대목이다. 대략 '2론'은 그 내용이 거의 『고론』과 중복되는 이본으로 짐작된다. 『사기』 [공자세가]와 [중니제자열전]에 실린 공자와 제자의 언행은 현전하는 『논어』의 내용과 일치하고 있다. 이런 점 등을 종합할 때 한무제 때 이미 현전하는 『논어』와 거의 같은 내용의 '3론'이 존재했음은 의심할 여지가 없다.

그렇다면 한제국 이전의 선진先秦시대에는 과연 어떠했을까.

현전하는 『논어』에 실려 있는 5백 장에 가까운 장은 언제 어떻게 만들어지고, 어떻게 전수되고, 언제 어떻게 편성되어 현전의 『논어』를 형성케 된 것일까. 이를 알려주는 기록은 현재 하나도 남아 있지 않다. 결국 현전하는 『논어』를 엄밀히 분석해 그 해답을 찾아내는 수밖에 없다.

환담의 『신론』과 황간皇侃의 『논어의소論語義疏』 등을 통해 『노론』은 금본과 같고, 『제론』에는 [문왕問王]과 [지도知道]의 두 편이 많고, 『고론』에는 2개의 [자장]편이 있고, 『고론』의 편제가 『제론』과 같지 않고, '3론' 간에는 640여 자에 달하는 문자의 이동이 있다는 정도만 알 수 있을 뿐이다.

『논형』에 나오는 『하간논어』 9편의 경우는 이후의 행방이 전혀 알려지지 않고 있어 과연 어떤 내용으로 이뤄져 있었는지, 완전히 사라져 버린 것인지, 아니면 '금본'의 안으로 흡수돼 남아 있는지 등에 관해 전혀 확인할 길이 없다.

그러나 『한서』 [경13왕전景十三王傳]에 이를 추론케 해주는 희미한 단서가 있기는 하다. 하간헌왕河間獻王 유덕劉德은 한경제에서 한무제에 걸쳐 26년간 하간 지역의 왕으로 있었다. 그는 호학한 인물로 당시 사재를 들여 수많은 고문서를 모아들였다. [경13왕전]에 수록된 유덕의 고문헌 목록에 『논어』는 나오지 않는다. 그러나 그가 모은 '경전설기經傳說記' 중에 공자의 70제자가 논한 것이 있다는 구절이 나온다. 그렇다면 공문 사제 간의 언행록이 그 안에 없었다고 단정키가 어렵다. 거기에 『논형』에서 언급한 『하간논어』 9편이 있었을지도 모른다. 그렇다면 당시까지 『하간논어』가 전해졌을 공산이 매우 컸다고 보아야 한다.

원래 『논어』의 편찬은 공자 만년의 사숙私塾에서 수집된 70제자의 경험과 전문이 주요한 자료가 되었다. 이들의 전송을 모아 기록하기 시작한 것은 아무리 빨라도 이들 70제자의 제자인 공자의 2대 제자들이었을 것이다. 공자 사후 이들 70제자는 각지로 흩어져 유학을 전파하는 데 지대한 역할을 수행했다.

당시 노나라에 남아 유학을 전한 중심인물은 증자였다. 당연히 『논어』 최초의 편찬에는 증자의 문인이 대거 참여했다고 보아야 한다. 이후 다시 3–5대 제자에 의해 차례로 보완과 속집이 이뤄진 것으로 보인다. 이것이 바로 『고론』과 『노론』의 원류가 되었을 것으로 짐작된다. 이에 대해 『제론』은 노나라에서 편집돼 제나라로 들어간 뒤 약간의 새로운 자료가 부가되거나 윤색되어 나온 것일 공산이 크다. 그렇다면 『제론』은 구체적으로 누가 만든 것일까. 이와 관련해 『사기』 [유림열전]은 다음과 같이 기록해 놓았다.

> 공자가 죽은 뒤 70제자의 무리가 제후들에게 흩어져 크게는 사부와 경상卿相이 되고, 작게는 사대부가 되거나 혹은 몸을 숨겨 나타나지 않거나 했다. 이에 자로학파는 위나라에 머물고, 자장은 진나라, 담대자우澹臺子羽는 초나라에 머물렀다. 전자방田子方과 단간목段干木, 오기吳起, 금활리禽滑釐 등과 같은 자는 모두 자하의 가르침을 받고 왕사王師가 된 자들이다.

이를 통해 전국시대 초기에 명성을 떨친 인물들 대다수가 자하학파의 세례를 받은 사람이었음을 짐작할 수 있다. 유학은 공자가 천하유세를 마치고 노나라로 돌아온 뒤 교육문화 사업에 전념하면서 비로소 그 모습을 갖추기 시작했다. 공자 사후 제나라로 간 대표적인 인물은 자공이었다. 『한서』 [화식전貨殖傳]에 따르면 자공은 줄곧 위나라에 출사하면서 큰 재산을 모은 것으로 되어 있다. 『열자』 [양주楊朱]편은 자공이 위나라에서 돈을 벌었고 그의 아들 단목숙端木叔도 위나라의 부호였다고 기록해 놓았다. 자공은 제나라로 이주했다가 죽은 것이 아니고 제나라에서 객사했던 것으로 추정되고 있다. 그가 제나라에 유학을 전파했을 가능성은 매우 희박하다.

그러나 그는 공자의 고족제자인 데다 천하의 명사였던 까닭에 그를 존경하는 사람이 매우 많았다. 그의 제나라 체류는 제나라 사람들이 유학에 관심을 갖도록 만드는 데 결정적인 공헌을 했다고 보아야 한다. 제나라에 유학이 전파된 것은 빨라도 자공의 만년 이후의 일로 짐작된다. 전국시대 중엽에 이르러 제나라 도성 임치에 세워진 '직하稷下'가 천하의 학술의 중심이 된 것은 자하학파가 제나라에 유학을 전한 데 따른 것이었다.

'직하'가 만들어질 당시 맹자도 제나라로 가 활약했다. 그의 제나라 체류로 노나라의 유학이 제나라로 전파되었을 공산이 크다. 맹자보다 수십 년 뒤 순자는 오랫동안 제나라의 '직하'에 머물며 맹자의 뒤를 이어 제나라의 유학을 더욱 새롭게 전개시켰다. 자공에서 시작해 맹자와 순자를 거치면서 형성된 제나라 유학은 시세에 부응하는 '치평' 위주의 '경세지학經世之學'으로 유학의 새 국면을 열었다. 이는 노나라의 유학이 '수제' 위주의 '수덕지학修德之學'으로 흐른 것과 대조를 이룬다.

제나라의 유학이 공문의 전통을 이어받았다고는 하나 그들이

『논어』의 보완 및 속집 편집에 적극 참여했는지 여부는 여전히 의문이다. 『순자』 [비십이자]편은 공자의 후기 제자인 자장과 자하, 자유씨의 문인을 모두 '천유賤儒'로 매도해 놓았다. 이는 당시 제나라에서 이들 세 사람의 문인들이 서로 치열하게 다투었음을 시사한다. 자장과 자하, 자유 등의 문인이 순자에 의해 '천유'로 비판되었다고 해서 그들이 『논어』의 보완 및 속집 편집에 배제되었다고 단정해서는 안 된다. 대략 이들은 제나라에 유포된 공문사제들의 언행 등에 관한 세간의 전문을 토대로 노나라에서 전래된 『논어』에 윤색을 가하거나 또는 속집을 엮었을 것으로 짐작된다. 이것이 바로 『제론』의 원형이 되었을 것이다. 『제론』은 제나라에서 처음으로 나온 『노론』의 이본인 셈이다.

당시 유학의 본향인 노나라에는 공자의 많은 제자들이 남아서 제자들을 가르치며 하나의 학단을 형성했다. 『사기』 [고조본기]에는 이보다 2백여 년 뒤인 한고조 때의 일을 서술하면서 다음과 같이 기록해 놓았다.

> 고황제가 항적項籍을 토벌키 위해 병사들을 이끌고 노나라를 포위했을 때 노나라의 유생들이 예악을 숭상하여 강송하고 습득하며 이를 악기에 얹어 노래하는 소리가 그치지 않았다. 이 어찌 성인의 유화遺化로 인해 예악을 애호하는 나라가 아니겠는가.

춘추시대 말기 노나라를 비롯해 이웃해 있던 제나라가 전국시대 중반인 기원전 4세기경부터 학술의 중심지가 된 것은 주지의 사실이다. 거기서 활약한 많은 학자 중에는 맹자 및 순자와 같이 뛰어난 학자가 있었다. 공자 사후 전한제국 초기에 이르기까지 2백 수십 년 동안 유학의 중심지는 바로 노나라와 제나라였던 것이다. 이곳의 유자들은 공자 이래의 전통을 이어받아 하나의 학단學團을 형성했다. 이들 제 · 노 지역의 유자들이 공자와 직제자의 언행록을 모아 『논어』를 만들어냈음에 틀림없다.

공자와 직제자의 언행록이 공문의 문도 사이에 전송되어 최초로 결집되기 시작한 곳은 노나라였다. 그것이 전국시대 말기까지 이어져 몇 번인가 정리되고 증보된 끝에 『논어』의 원형이 성립되었다. 그 사이 그것이 제나라로 전해져 제나라에서도 속집과 증보가 이뤄졌다. 이것이 전송되어 노나라의 『논어』와 상호 접촉하면서 결국 2개의 이본이 나타나게 되었다. 이것이 바로 전한제국 초기에 나타난 『노론』과 『제론』의 '2론'이었던 것이다.

『고론』은 전설과 같이 노나라 공자 고택의 벽장에서 나온 선진시대의 고본일 공산이 크다. 그렇다면 전국시대 말기에서 전한제국 초기에 걸쳐 제나라와 노나라에서 형성된 하나의 『논어』가 바로 전한제국 초기에 존재했던 '3론'의 원형이라고 할 수 있다. 『하간논어』 9편과 같이 다소 다른 지방에서 성립된 『논어』가 있다고 해도 그것은 아류에 불과했다고 보인다.

'3론' 중 기본서는 말할 것도 없이 『노론』이다. 그러나 공자 사후 노나라 지역의 문도들이 『노론』의 편집과정에서 무엇을 어떻게 했는지는 사료가 없어 정확히 알 수 없다. 대략 그들은 공자의 유지를 받들어 시 · 서 · 예 · 악과 춘추 등 전래문화의 정수를 담은 고전을 정리하고 그것을 유가의 경전으로 구성해 유가 학단의 기초와 권위를 확립코자 했을 것으로 짐작된다. 이는 『장자』 [천하]편에 나오는 다음과 같은 구절이 뒷받침한다.

> 시 · 서 · 예 · 악에 관해서는 추로지사鄒魯之士 : 노나라 유자와 진신선생搢紳先生 : 사대부이 그 뜻을 밝힌 바 있다. 시로써 뜻을 말하고, 서로써 일을 말하고, 예로써 행위를 말하고, 악으로써 화합을 말하고, 역으로써 음양을 말하고, 춘추로써 명분을 말했다.

원래 공자의 2–3대 제자들은 난세의 세월에 공자의 언행을 정리하면서 스승인 공자 직제자들의 언행을 덧붙여 전송했을 공산이 크다. 여기에 세인들이 전하는 공자의 언행이 더해졌을 것이다. 이것이 결국 『논어』를 형성하는 기본자료가 되었다고 보아야 한다. 2백 년을 넘어 오랜 세월에 걸쳐 전송되는 과정에서 말의 변화가 일어나고 새로운 자료가 첨부되면서 몇 번인가에 걸쳐 여러 종의 편집이 이뤄졌다. 이 와중에 『논어』 전체를 관통하는 간결하고도 온아한 문체가 만들어졌다. 『논어』가 지닌 독특한 일관성과 통일성은 바로 여기서 나온 것이다.

원래 『논어』에 대한 종래의 주석서는 『논어』를 신성시한 나머지 일언일구에 대해서도 공자를 마치 무오류의 초월적인 인물인 것처럼 주석을 달아놓았다. 이는 공자에 대한 일대 왜곡이 아닐 수 없다. 소크라테스의 진정한 모습을 전하는 문헌에는 크세노폰Xenophon의 『소크라테스 회상』을 비롯해 플라톤Platon의 『소크라테스의 변명』, 『크리톤』, 『파이돈』 등이 있다. 크세노폰은 자신이 본 대로 소크라테스를 충실히 묘사한 데 반해 플라톤은 창작적인 요소를 가미해 소크라테스를 생생히 묘사해 놓았다. 이로 인해 플라톤은 크세노폰과 달리 소크라테스의 위대한 내면을 그리는 데 성공했다.

사실 공자 및 소크라테스와 같은 위인의 인격과 사상의 본질을 파악키 위해서는 아무리 정확히 기술한다고 할지라도 단순한 언행의 기술만으로는 소기의 성과를 거둘 수 없다. 『논어』의 기록은 공자의 직제자들이 전송한 공자의 교훈 위에 별개의 전문傳聞 사실을 덧붙여 전한 것이다. 여기에는 당연히 그들의 생각이 가미될 수밖에 없다.

원래 공문의 문도는 공문의 군자학을 습득한 교양인들이었다. 당시 유가 학단은 교양인들의 집합소에 해당했다. 전국시대에 들어와 유가 학단을 모방한 제자백가의 여러 학단이 나왔지만 교양인의 관점에서 볼 때 유가 학단은 여타 학단보다 수준이 훨씬 높았다. 『논어』의 문체가 간결하고도 온아한 문체로 꾸며져 만대의 걸작이 될 수 있었던 것도 이와 무관치 않다고 보아야 한다.

따라서 공자사상을 정밀히 분석코자 하면서 오직 실증주의적인 접근만을 고집하는 것은 문제가 있다. 공자의 내면을 들여다볼 수 없기 때문이다. 이는 소크라테스를 연구하면서 크세노폰의 작품만을 고집하고 플라톤의 작품을 버리는 것과 같다. 『논어』는 크세노폰과 플라톤의 작품을 합쳐놓은 것에 해당한다. 공자의 참모습을 전하는 사료로 『논어』 만한 것은 없는 셈이다.

이는 수천 년 동안 공자 전기의 전거가 되어 온 『사기』 [공자세가]의 주요 사료가 『논어』라는 사실을 통해서도 쉽게 확인할 수 있다. 공자의 전기 및 사상에 대한 심도 있는 연구를 하려면 반드시 『논어』를 깊이 천착해야 하는 이유가 여기에 있다. 『논어』

의 사료적 가치가 이토록 큰 것이다. 『논어』에 대한 엄밀한 분석이 전제되지 않는 한 공자의 전기 및 사상에 대한 연구는 사상누각에 가깝다고 해도 과언이 아니다.

물론 『논어』는 공자가 자신의 사상을 체계적으로 저술한 책은 아니다. 공문의 문도들이 공자의 언행을 나중에 수집해 편찬한 것일 뿐이다. 이로 인해 사료적 가치에 관한 논란이 끊임없이 제기되었다. 편찬 연대 등에 관한 논란이 계속되어 온 것도 바로 사료적 가치에 관한 이견 때문이라고 할 수 있다. 이는 『논어』의 사서로서의 가치에 대한 논란이라고 할 수 있다. 그러나 『논어』는 엄연한 사료라는 점을 분명히 인식할 필요가 있다. 오랫동안 이 사실이 간과 내지 무시되어 왔다. 많은 대학에서 『논어』를 중문학과에서만 정규과목으로 편성해 가르치고 있는 현실이 보여주듯이 『논어』를 문학적으로만 접근해 온 기존의 관행은 큰 잘못이다. 나아가 『논어』를 사상서로만 간주하는 것 또한 잘못이다.

『논어』는 문·사·철의 성격을 공유하고 있다. 사료로서의 기본적인 천착이 배제된 문학 내지 철학적인 접근은 공허할 수밖에 없다. 수천 년 동안 수많은 묵객들이 자신들의 글에 『논어』의 구절을 인용해 왔지만 단장취의斷章取義의 한계를 벗어나지 못했다. 나아가 주희 등과 같은 도학자들이 『논어』를 경전으로 간주해 성리학적인 주석을 가했지만 오히려 공자사상을 왜곡하는 데 결정적인 공헌을 했을 뿐이다. 주희가 저지른 견강부회牽强附會는 기본적으로 『논어』의 사서로서의 가치에 대한 인식이 결여된 데 따른 것이었다. 『논어』의 각 편장에 대한 엄격하고도 과학적인 사료검증이 전제되지 않는 한 그 어떤 문학 내지 철학적 접근도 결국은 '단장취의'와 '견강부회'의 왜곡을 벗어날 수 없다.『논어』에 대한 완전히 새로운 차원의 접근이 절실히 요구되는 이유가 여기에 있다.

과거에도『논어』의 사료로서의 가치에 주목해 유사한 시도를 한 사람들이 있었다. 일찍이 명대의 나유의羅喩義는 내용상의 차이점에 입각해『논어』를 2권으로 나누어 편제한 바 있다. 그러나 중국에서 이러한 시도를 가장 체계적으로 시도한 사람은 바로 청대 중기의 최술崔術이었다. 그는『논어』를 정밀히 분석해『수사고신록洙泗考信錄』과『수사고신여록洙泗考信餘錄』을 펴냈다. 그는 이 저술을 통해 오랫동안 공자에게 덧씌워진 허상을 제거하고 공자의 원래 모습을 찾아내는 데 상당한 성과를 거두었다.

최술은『수사고신록』에서『논어』의 후반부 5편 중 공문 제자의 말을 기록한 [자장]편을 제외한 나머지 [계씨]와 [양화], [미자], [요왈]편 등 4편의 진위에 대해 강한 의문을 제기했다. 그는 의심나는 장과 구절을 다음과 같이 7개 항목으로 요약했다.

1. 사실을 믿을 수 없는 것

① 6개 장 : '子見南子章' [옹야], '季氏將伐顓臾章' [계씨], '公山弗擾章' [계씨], '齊景公待孔子章' [미자], '齊人歸女樂章' [미자], ② 2개 절 : '天祿永終' [요왈], '舜亦以命禹' [요왈].

2. 사실에 의심할 만한 것이 있는 것

① 6개 장 : '孺悲欲見孔子章' [양화], '楚狂接輿章' [미자], '長沮桀溺耦而耕章' [미자], '子路從而後章' [미자], '陳亢問於伯魚章' [계

씨], '太師摯適齊章' [미자].

3. 의리는 의심할 만한 것이 없으나 문체가 비슷하지 않은 것

① 9개 장 : '益者三友章' [계씨], '益者三樂章' [계씨], '侍於君子有三愆章' [계씨], '君子有三戒章' [계씨], '君子有三畏章' [계씨], '君子有九思章' [계씨], '由也女聞六言六蔽章' [양화], '古者民有三疾章' [양화], '不知命章' [요왈].

4. 문체가 크게 의심할 만한 것

① 2개 장 : '子張問仁於孔子章' [양화], '子張問於孔子章' [요왈].

5. 문인이 공자 앞에서 '부자夫子'라고 일컫고 일 또한 의심을 살 만한 것

① 2개 장 : '子路曾晳冉有公西華侍坐章' [선진], '子之武城章' [양화].

6. 조금 의심할 만한 것이 있으나 의리는 잃음이 없는 것

① 2개 장 : '子欲無言章' [양화], '君子亦有惡章' [양화].

7. 사실에는 의심할 만한 것이 없으나 편말의 글에 편중의 글과 비슷하지 않거나 빠진 것이 있는 것

① 5개 장 : '色斯擧矣章' [향당], '齊景公有馬千駟章' [계씨], '邦君之妻章' [계씨], '周公謂魯公章' [미자], '周有八士章' [미자].

최술의 지적과 같이 가장 나중에 편찬된 『논어』의 마지막 5편 중 4개 편의 경우는 매우 의심스런 구절이 많은 것이 사실이다. 그러나 이 또한 공문의 제자들이 삽입시킨 것이 확실한 만큼 역사적 사실과 완전히 동떨어져 있는 것은 아니다. 어느 경전이나 전승되는 과정에서 미세한 오류는 나타나기 마련이다. 주희는 의심스런 대목과 글자 등을 멋대로 바꿔 해석키도 했으나 이는 잘못이다. 애초부터 편집자의 의도가 개입한 것으로 보는 것이 옳다.

대략 최술이 주장한 바와 같이 현존 『논어』 중 제1-10편은 최초의 편집 때 만들어진 것인 데 반해 다음의 제11-15편의 5개 편은 약간 뒤늦은 시기에 추가되고, 나머지 제16-20편은 이보다 더 늦게 첨가된 것으로 보인다. 그러나 마지막 5편이 늦게 첨가되었다는 사실이 곧 그 이전에 그런 자료가 전혀 없었다는 것을 뜻하는 것은 아니다. [술이]편의 제3장은 [양화]편의 17장에 글자 하나 틀리지 않고 반복되어 있다. 이는 마지막 5편에도 초기의 자료가 다수 포함되어 있음을 입증해 주는 것이다. 이런 점 등을 감안할 때 최초의 『논어』 편찬은 공자의 직제자들이 아니라 2대 제자들의 손에 의해 이뤄진 것으로 보는 것이 옳다.

원래 후한제국 때 만들어진 석판 『논어』에는 [요왈]편 제3장이 없다. 최술은 [위령공]편 제1장에 의문을 제기한 바 있다. [계씨]편 제1장도 의심이 가는 장이다. 여기에는 자로와 염구가 모두 계씨의 가신으로 나온다. 공자는 마치 염구가 최고의 권력을 장악한 것처럼 말하고 있으나 자로는 염구보다 먼저 계씨의 가재로 가 있었다. 자로와 같은 인물이 계속 계씨의 가신으로 남아 있었는지는 여전히 의문이다.

[헌문]편 제39장에서 42장, [계씨]편 제11장 2절, [양화]편 제19장, [미자]편 제5–8장에는 도가사상이 반영돼 있다. 이들 장은 후대에 삽입된 것이 거의 확실하다. 마지막 5편의 9개 장도 의문이다. [계씨]편의 제4–8장과 제10장, [양화]편 제6장과 제8장, [요왈]편 제2장 등이 그것이다. 이들 장에서 공자는 매우 현학적인 풍으로 '3건三愆'과 '9사九思', '4덕四德' 등을 언급하고 있다. 최초의 15편은 물론 『맹자』에도 공자가 이런 식으로 말한 기록이 전혀 나타나지 않고 있다. 이는 대략 자장의 문인들이 공자의 교훈에 윤색을 가한 것으로 보인다. 공자사상 및 생애와 상충되는 것처럼 보이는 것도 있다. 이것은 너무나 그 정도가 심해 원본에 첨가된 위문僞文으로 간주치 않을 수 없다. [술이]편 제16장과 [자로]편 제3장, [계씨]편 제2장과 9장, [미자]편 제3장과 제9장 등 6개 장이 그것이다.

그러나 사실 최술이 의문을 제기한 것도 큰 틀에서 보면 매우 작은 사안에 불과하다. 이를 확대해석해 『논어』의 진위를 의심할 필요는 없는 것이다. 최술의 문제제기는 자구와 문체의 분석에 치우쳐 역사적 사실에 대한 분석은 상대적으로 소홀했다는 느낌을 주고 있다. 다른 경전 및 사서의 내용과 비교해 볼 때 『논어』는 공자의 언행을 가장 정확히 기록해 놓은 유일무이한 사서로 보아도 무방하다. 『논어』에 보이는 구절들이 한제국 이전의 문헌에도 나타나는 것을 볼 때 공자의 언설이 오랫동안 각 학파의 문인들 사이에 거의 원형 그대로 전수된 것이 확실하다. 다만 자료의 미흡으로 인해 현재로서는 공자와 그의 제자들의 언행이 한 권의 책으로 처음 편찬된 시기를 정확히 추정하는 것이 불가능할 뿐이다.

이에 대한 분석작업은 '수제파修齊派'인 맹자를 통해 공자사상에 접근코자 했던 중국이나 한국보다 '치평파治平派'인 순자를 통해 공자사상에 접근코자 했던 일본에서 활발히 전개되었다. 일본의 이토 진자이伊藤仁齋는 『논어』를 세밀히 분석해 '상론上論'과 '하론下論'의 문체와 사상이 다른 것을 지적해냈다. 그는 상론만이 옛 『논어』에 해당하고, 하론은 그 보유로서 후에 속집된 것이라는 사실을 밝혀냈다. 이토 진자이 이후 오규 소라이와 그의 제자 다자이 슌다이太宰純臺 등이 별개의 입장에서 이토 진자이와 유사한 결론을 내린 바 있다. 20세기에 들어와 일본의 다께우찌 요시오武內義雄는 『논어지연구論語之硏究』에서 『논어』에 대한 정밀한 분석을 통해 다음과 같이 충격적인 주장을 펼친 바 있다.

첫째, [학이]와 [향당]편의 2개 편은 『논형』에서 말하는 제·노의 '2론'으로 내용상 자공학파와 증자학파의 입장을 절충한 성격을 띠고 있다. 대략 맹자가 제나라로 간 이후에 만들어졌을 것이다.

둘째, [위정]과 [팔일], [이인], [공야장], [옹야], [술이], [태백]편의 7개 편은 『논형』에서 말한 이른바 『하간논어』에 해당하는 것으로 증자 문인의 소전이다. [자한]편은 『하간논어』에 대한 후세인의 첨가이다.

셋째, [선진]과 [안연], [자로], [헌문], [위령공], [자장], [요왈]편 등 7개 편의 전반부는 제나라에서 편찬된 것으로 보인다. 이는 자공학파의 소전으로 『제론』의 최고最古 형태를 전하는 것이다.

넷째, [계씨]와 [양화], [미자]편 등 3개편은 일찍이 최술도

『수사고신록』에서 그 잡박雜駁함을 지적한 바 있듯이 [요왈]편의 후반부와 더불어 모두 후세인이 첨가한 것으로 여러 시대의 글을 포함하고 있다. 가장 나중에 성립된 것은 전국시대 말기까지 내려간다.

다께우찌의 이러한 주장은 수천 년 동안 베일에 싸여 있던 『하간논어』가 사실은 현전하는 『논어』에 혼입되어 있다는 주장을 내포하고 있어 학계에 충격을 던져주었다. 얼마 후 쯔다 사유기치津田左右吉는 『논어와 공자의 사상論語と孔子の思想』을 통해 보다 충격적인 주장을 전개했다.

그는 5백 개 장에 달하는 『논어』의 각 장을 『맹자』와 『순자』 등 전한제국 초기까지 등장한 고문헌의 기록과 일일이 대조하면서 유가사상의 전개과정에 기초해 상세한 비판을 가했다. 그는 전국시대 말기인 기원전 3세기 말에 이미 『논어』의 원형이 만들어졌고, 약간의 내용이 전한제국 초기에 부가되었다고 주장했다. 그는 맹자가 활약할 당시보다 오래된 말도 어느 정도 있기는 하나 대부분 맹자시대 이후에 부가된 것으로 공자의 말을 그대로 전한 것은 거의 없다는 주장을 폍쳤다.

심지어 그는 『논어』의 내용과 체재가 난잡한 점에 주목해 『논어』의 순수성에 강한 의문을 제기했다. 그는 당시 『논어』를 편집한 사람들이 『맹자』와 『순자』, 『한비자』, 『여씨춘추』 등에 공자의 말이 나오면 이를 『논어』에 삽입시키면서 공자의 말이 아닌 것까지 공자의 말로 인용했다는 주장을 폍쳤다. 쯔다는 문헌의 원형을 규명코자 했던 다께우찌와 달리 『논어』의 각 장 내용이 실제로 공자의 언행과 얼마나 일치하는지를 규명코자 했던 것이다.

이에 대해 기무라 에이이치木村英一는 다께우찌와 쯔다의 이런 주장을 강력히 반발하고 나섰다. 그는 『공자와 논어孔子と論語』에서 『논어』를 사서로 간주해 엄밀한 사료비판을 가한 뒤 기존의 『논어』분석과는 완전히 차원이 다른 매우 과학적인 분석을 내놓았다. 그는 다께우찌의 주장에 대해 최술은 단지 하론의 후반부가 잡박한 문장으로 이뤄졌음을 지적한 것일 뿐 후세인의 첨가로 주장한 적이 없다며 그의 주장을 사료분석이 전제되지 않은 근거 없는 주장으로 일축했다. 또 쯔다에 대해서는 『논어』의 구조 및 성립배경 등에 관한 분석도 없이 5백 장을 하나하나 해체하여 고찰함으로써 『논어』가 지니고 있는 일관성을 경시하고 있다고 비판했다. 쯔다의 분석은 『논어』가 공자의 문인에 의해 자체적으로 생성된 것이라는 점을 간과하고, 오직 편집자의 첨가를 지나치게 강조함으로써 전송자傳誦者와 전수자傳受者 사이에 일어난 자연발생적인 어구변화를 제대로 인식치 못했다고 지적했다.

한 마디로 기무라는 다께우찌와 쯔다 모두 정밀한 사료분석을 결여한 까닭에 심도 있는 연구로 나아가지 못했다고 지적한 것이다. 사실 기무라는 기존의 모든 성과를 정밀히 분석한 뒤 매우 체계적이면서도 독특한 주장을 펼쳤다. 그는 『공자와 논어』에서 『논어』에 대한 정밀분석의 결과를 다음과 같이 정리해 놓았다.

첫째, 『논어』 중에는 '자왈'로 시작하는 공자의 말이 매우 많다. 이는 '자'라고 하면 곧 공자를 지칭한다는 사실을 잘 알고 있는 공문 내 문도 사이에 전송된 공자의 말을 의미한다. 공자를 '자'라고 칭한 사람은 당연히 공자의 직제자였고, 그의 문인들도 이를 좇아 전송했을 것이다. 특정 시기와 장소 등에 대한 배경설명도 없이 다만 공자의 말을 '자왈'로 전하는 경우 또한 공자의 말을 토대로 하여 만들어진 것이다. 물론 그 말 자체가 반드시 공자의 말이 아닐지도 모르나 이는 통상 스승의 말을 전송하는 과정에서 나타나는 정형화된 경향에 불과할 뿐이다.『논어』에 공자의 직제자들이 지침으로 삼을 만한 가르침을 듣고 이를 격언으로 인용하거나 때로는 공자에게 격언으로 삼을 만한 교훈을 청한 일화가 이를 뒷받침한다. 그 하나하나가 역사적 사실인지 여부와 별개로 직제자 사이에는 공자의 말을 그대로 받아들여 전송했을 공산이 크다.

공자는 제자들을 가르치면서 전래의 명언을 격언으로 자주 활용했다. 공자가 [안연]편에서『춘추좌전』[노양공 31년]조에 나오는 전래의 격언을 인용하고, [선진]편에서『시경』[대아 · 억]의 시구를 인용한 것 등이 그 실례이다. 이러한 학풍의 훈도薰陶를 받은 직제자들이 스승의 가르침을 격언으로 간주해 전송한 것은 당연하다. 그의 문인들도 그러한 학풍을 모방했을 것이다. 그것이 바로 '자왈'이라는 표현으로 나온 것이다. 2대 제자가 자신의 직접 스승인 직제자의 말을 전하는 경우에도 똑같은 방식을 취했다. '유자왈'과 '증자왈' 등이 그 실례이다.

둘째, 공자의 말이 문답이 아닌 '자왈'의 형식으로 문하에서 격언으로 전해진 것과 동시에 공자의 행동 역시 매우 중요한 행동규범으로 전해졌다. [향당]편이 공자의 일상생활에 대한 기록으로 점철되고 유사한 내용이 전편에 산견되는 것이 그 실례이다. 이는 사소한 일상생활에 관한 것일지라도 스승의 행적을 행동규범으로 삼고자 하는 직제자들의 열의를 반영한 것이다. 직제자들이 스승이 남긴 사소한 행적의 편린조차도 일상행위의 전범으로 삼았음을 시사한다. 이런 내용 자체가 바로 직제자 또는 직접 목도한 자의 견문에 기초한 것이다. 후세의 문도들이 『논어』의 문체를 이용해 공자의 행동에 관해 새로 지득한 전문사실을 『논어』에 삽입시켜 놓았을 수도 있다.

셋째, 공자의 언행과 관련해 특정한 때와 장소, 역사적 사실 등을 간단히 기술하면서 '자왈'로 기록한 대목이 있다. 이러한 대목은 많지는 않으나 공자의 행적 중에서 기념할 만한 것을 뽑아 교훈으로 남긴 것이다. 최초에는 직제자가 전한 것이었으나 후학들이 공자의 언행을 생활지침으로 삼으면서 격언과 비슷하게 변했다. 전송되는 과정에서 일부 문사文辭가 조정될 수도 있었을 것이다. 공문의 문인들이 당시 여러 사람과 문답을 나누는 내용 중에 나오는 '자왈' 대목에는 단순히 직제자들로부터 전해들은 전문만 있는 것은 아니다.

넷째, 대개 사제 간의 문답에서 공자는 '자子'로 나타나고 있다. 이에 대해 제자는 흔히 '자하'와 '자공', '자장', '안연', '중궁' 등과 같이 '자字'로 불리고 있다. 이는 동문 또는 동년배 사이의 언어 사용법이다. 이런 종류의 기사는 직제자 사이에서 오간 얘기에서 나온 것으로 훗날 2대 이하의 제자들이 전송하며 수집 정리한 것으로 보인다. 이 중에는 공자의 직제자인 증자를 선생으로 취급한 경우도 있다. 이는 증자의 문인이 전한 데 따른 것이다. 후학이 전송하는 과정에서 공자의 격언과 직제자의 말을 종합해 그 격언의 의미를 보다 구체적으로 이해코자 한 시도로 볼 수 있다.

이는 단순히 공자의 언행을 전송하는 차원을 넘어 공자의 언행을 보다 생생히 전달코자 하는 의도에서 비롯된 일보 진전된 단계로 볼 수 있다. 이런 대목은 공자의 언행과 관련한 기사가 특정한 역사적 사건과 관련된 무답에 산견된다. 문학적 구상을 가미한 설화풍의 장이 만들어진 것은 바로 이 때문이다. 계로와 안연, 공자 등이 각자의 뜻을 밝히는 내용으로 구성된 [선진]편의 말장末章은 [공야장]편 제25장과 비교할 때 문학적 구상이 더해진 설화형식의 동공이곡同工異曲으로 볼 수 있다. 다른 사서에는 전혀 나오지 않고 있는 전유顓臾에 대한 토벌을 언급한 [계씨]편 제1장도 설화적 성격이 농후하다.

다섯째, 공자를 '자'로 부르지 않고 '공자'로 말하는 것은 공문 내에서 전송된 것이 아니라 세간에서 전송된 것을 의미한다. 공문의 문도가 외부 사람의 질문에 응대하는 기사에도 이러한 표현이 나온다. [위정]편에 '공자왈'과 '자왈'이 공존하는 것은 외부인과의 문답이 공문 내에 전해진 것으로 볼 수 있다. 훗날 공문 내의 전송과 외부의 전송이 하나로 모아진 것으로 볼 수도 있다. 단순한 '공자왈'은 특히 군주와의 문답과 같이 공식적인 사건을 객관적으로 기술코자 한 경우와 외부의 전송을 『논어』 안에 채록한 경우에 나타난다. 외부의 전송을 채록하면서 공자의 언행을 담은 내용이 대거 포함된 것은 『논어』 편수의 목적에서 볼 때 당연한 것이다. 그러나 공문이 외부의 전송을 내부의 전송과 함께 전송한 것은 훨씬 시대가 내려간 뒤이다. [계씨]편과 [미자]편은 이를 토대로 하여 편제된 것이다.

여섯째, [자장]편은 직제자의 언행과 제자들의 문답만 실려 있다. 이러한 형식은 여타 편에도 산견되고 있다. 여기서는 대개 직제자를 '자字'로 호칭하고 있다. 이는 직제자의 입에서 나온 것을 그 문인이 전송한 것이다. '증자왈', '유자왈' 등과 같이 직제자를 '모자某子'로 칭한 것은 각 문파에 의해 전송된 것임을 시사한다.

일곱째, 『논어』 중에는 공자는 물론 직제자도 등장치 않고 그들의 언행과는 전혀 무관계한 것으로 보이는 기사가 약간 있다. [계씨]편에는 문장이 완결되지도 않고 전후가 잘린 모습을 보이는 것도 있다. 주희는 이를 착간錯簡으로 간주했다. 전설적인 옛 성왕을 언급한 [요왈]편의 일부 내용은 [양화]편에 나오는 공자의 일부 언급과 합치하고 있다. 이는 요·순을 숭상한 맹자 이후의 유가 전통을 보여주는 것으로 공문 내의 전송을 가탁假託한 것이다.

기무라의 이러한 주장은 『논어』의 편집자들이 『논어』 전체를 하나의 체계적인 공문의 언행록으로 만들겠다는 의도 하에서 『논어』를 편집한 것이라는 분석 하에서 나온 것이다. 그는 각 편장들에 대한 정밀한 분석과 『논어』 전체에 대한 종합적인 분석을 통해 자신의 전제가 합당한 것임을 증명했다. 그의 분석은 각 장의 분석에 약간의 문제가 전혀 없는 것은 아니나 『논어』를 사료로 간주해 공자사상과 『논어』를 종합적으로 분석해냈다는 점에서 탁월한 바가 있다. 다만 『논어』의 사료적 분석에서는 성공했으나 사상사적 측면의 고찰이 상대적으로 약한 것이 아쉬움으로 남는다.

그렇다면 구체적으로 누가 『논어』의 편집을 주도했던 것일까. 이와 관련해 오랫동안 논란이 지속돼 왔다. 먼저 편집자와 관련해서는 크게 공자의 70제자가 기록했다는 소위 '제자설'과 직제자의 문인이 공동으로 편찬했다는 소위 '문인설'이 대립해 왔다. '제자설'을 주장한 사람으로는 유향劉向과 반고班固, 조기趙岐 등을 들 수 있다. 이들 중에는 특정한 직제자가 직접 편찬했다는 소위 '일부직제자설'을 주장하는 사람이 적지 않다. 정현은 '중궁仲弓·자하子夏·자유子游설'을 주장했고, 삼국시대 위나라의 부현傅玄은 '중궁설', 일본의 오규 소라이는 '금장琴張·원헌原憲설'을 주장했다.

후자의 '문인설'을 주장한 대표적인 사람으로는 남북조시대 양나라의 황간 등을 들 수 있다. 이들 중에도 구체적으로 제자의 문인이 편찬했다는 소위 '일부문인설'을 주장한 사람이 적지 않다. 당제국 때의 유종원柳宗元은 '악정자춘樂正子春·자사子思 문인설'을 주장했고, 정이천程伊川은 '유자有子·증자曾子 문인설'을 주장했다. 이밖에도 '민자건閔子騫 문인설'을 주장한 견해도 있다.

현재는 대략 시기에 따라 여러 문인이 공동으로 가담해 찬집한 것으로 보는 '일부문인설'이 주류를 이루고 있다. 대부분의 학자는『논어』의 편제가 대략 다음과 같은 과정을 거쳐 이뤄진 것으로 보는 데 동의하고 있다.

제1기 편찬 : 대략 공자 사후의 시기로 중궁·자유·자하 등의 문인이 주관하여 상론 10편을 편찬했다.

제2기 편찬 : 대략 증자 사후의 시기로 증자·유자의 문인이 주관하고, 민자건·염옹 혹은 염구의 문인이 이를 보조했다. 이밖에도 관중과 제환공의 유문儒門 제자들이 가담했다. 이때 하론의 전반부 5편이 편찬되었다.

제3기 편찬 : 대략 맹자시대 또는 맹자 사후의 시기로 제나라와 노나라의 유자들이 증보해 나머지 하론 5편을 편찬했다. 일부 내용 중에는 진위가 서로 섞여 있어 의심할 만한 것이 적지 않다.

이 설에 따르면 『논어』는 대략 춘추시대 말기를 상한으로 하고 전국시대 말기를 하한으로 하여 20편이 모두 완성된 셈이 된다. 이는 대략 『논어』의 내용을 기준으로 하여 분석한 것으로 현재로서는 이 이상의 해석이 어려운 상황이다.

제2절 구조론

현전하는 『논어』는 총 20편編으로 구성돼 있다. 각 편의 편제는 적게는 1개 장章에서 많게는 47개 장에 이르기까지 매우 다양하다. 총 5백 장에 가까운 각 장은 불과 몇 자로 된 것부터 수백 자에 달하는 것까지 매우 다양하다. [선진]편 말장과 같이 3백 자가 넘는 장도 있다. 그러나 대부분은 20-30자에서 10여 자 안팎으로 되어 있다.

그러나 어느 경우든 간결한 표현에 고매한 교훈을 담고 있어 시공을 뛰어넘어 만인에게 깊은 감명을 주고 있다. 실로 인류문화의 보고가 아닐 수 없다.

『논어』 각 장의 구분은 주석가에 따라 약간의 출입이 있으나 대략 5백 장에 가깝다. 이들 각 장은 전후의 장과 어떤 관계를 맺으면서 해당 위치에 놓인 것도 있고, 이와 상관없이 완전히 고립적으로 존재하는 것도 있다. 전후의 장과 어떤 관계를 맺고 배치된 장들의 모임을 일명 '장군章群'이라고 한다. 『논어』의 모든 편은 하나 또는 수개의 장군으로 구성되어 있다. 이들 장군은 전후의 장군과 서로 관련이 있는 것도 있고 그렇지 않은 것도 있다.

이들 장군 간의 관계를 분석하면 『논어』의 편제를 보다 과학적으로 분석할 수 있다.

여기서 『논어』의 구조에 대해 자세히 살펴보기로 하자. 이는 『논어』 연구의 과학적인 접근을 가능케 해줄 뿐만 아니라 공자사상의 원형을 찾아내는 데에도 커다란 도움을 줄 수 있다. 그러나 『논어』의 구조분석은 생각만큼 쉽지 않다. 기본적으로 『논어』 전체를 일관하는 편찬의도가 잘 드러나지 않고 있기 때문이다. 나아가 편명 또한 각 편의 제1장 첫머리에 나오는 2–3자를 취해 기계적으로 만든 것이어서 어려움을 가중시키고 있다. 물론 현전하는 『논어』의 각 장군이 모두 그런 것은 아니다. 부분적으로는 전후의 각 장들이 상호 밀접한 관련을 맺고 있는 경우도 있다. 그러나 이는 극히 희소한 사례에 속한다.

만일 『논어』가 한 사람에 의해 편찬되었거나 설령 여러 사람이 편찬에 가담했을지라도 일시에 편찬되었다면 전편을 일관하는 편찬의도가 뚜렷이 드러났을 것이다. 사항별, 논제별, 연대별 구분이 체계적으로 이뤄져 전후의 각 장이 상호 밀접한 관련을 맺고 있었다면 틀림없이 읽는 이에게 『논어』에 대해 보다 체계적이면서도 뚜렷한 인상을 남길 수 있었을 것이다. 그러나 『논어』는 이러한 배려가 거의 없다는 느낌을 주기에 충분하다. 오히려 잡다한 내용을 아무런 기준도 없이 마구 나열해 놓은 잡편雜編의 인상이 짙다. 기억의 측면에서 볼 때 오랫동안 많은 사람들이 『논어』를 읽기 위해 많은 노력을 기울였음에도 불구하고 투여한 공력에 비해 상대적으로 소득이 적었던 이유도 이와 무관치 않다.

그러나 『논어』의 각 편장을 정밀히 분석해 보면 각 장과 장군이 나름대로 상호 밀접한 관계를 맺고 있는 것은 물론, 각 편 역시 일정한 의도 하에 편제되어 있다는 사실을 확인할 수 있다. [학이]편이 제1편에 편제되고 [요왈]편이 제20편에 편제된 것은 기본적으로 편집자의 편찬의도가 강하게 작용한 데 따른 것이다. 나머지 각 편 모두 일정한 편집방침에 따라 구성된 것이다.

예컨대 [팔일]편은 전편 모두 예악禮樂에 관한 것을 모아놓은 것이다. [공야장]편은 최후의 3장을 빼놓고는 고금 인물의 현부賢否와 득실을 논한 것이다. [향당]편은 시종 공자의 일상생활에 관한 기록으로 점철돼 있다. [계씨]편은 '자왈'이라고 하지 않고 모두 '공자왈'로 써놓았다. [자장]편은 모두 공자 제자들의 얘기로 꾸며져 있고 공자의 말은 한 마디도 없다. 이는 편집자의 뚜렷한 의도 하에서 나온 것으로 보아야 한다. 각 편 모두 나름대로 일관성을 견지하고 있는 셈이다.

물론 이러한 방침이 시종 관철된 것만은 아니다. 예악에 관한 내용이 [팔일]편에만 있는 것도 아니고, 고금인물의 현부와 득실을 논한 내용이 [공야장]편에만 나타나는 것도 아니다. 공자의 일상생활에 대한 기술도 [향당]편 이외에 [술이]편 및 [자한]편 등에도 산견되고 있다. '자왈' 대신 '공자왈'로 되어 있는 부분 또한 [계씨]편 이외에도 여타 편에 산재하고 있다. '공자왈'은 [위정]편에 2번, [팔일]편에 2번, [옹야]편에 1번, [술이]편에 2번, [태백]편에 1번, [향당]편에 1번, [선진]편에 1번, [안연]편에 3번, [자로]편에 2번, [헌문]편에 5번, [위령공]편에 1번, [양화]편에 2번, [미자]편에 4번, [요왈]편에 1번씩 나온다. 공자의 문답이 아닌 제자들의 언행 또한 [자장]편에만 나타나는 것도 아니다. [학이]편에 '유자왈'이 3번, '증자왈'이 2번 나타난다. 또한 [이인]편에 '자유왈'이 1번, [공야장]편에 '자공왈'이 1번, [태백]편에 '증자왈'이 5번, [자한]편에 '안연왈'이 1번, [안연]편에 '증자왈'이 1번, [헌문]편에 '증자왈'이 1번씩 나타난다. 나아가 어느 한 편에 집합돼 있는 문장과 동일한 성질을 지닌 문장이 다른 편에도 산견되고 있다.

20편의 편목編目이 각 편의 제1장 문두에 나오는 2-3글자를 취해 기계적으로 붙임으로써 각 편의 내용과 무관한 점도 문제이다. 이는 각 편이 차례로 집적돼 20편으로 정리되었고, 그 과정에서 기계적으로 편명이 붙여진 데 따른 것이다. 이런 점을 감안하면 각 편장의 구조가 매우 복잡해져 전체를 관통하는 일관된 편집방침의 존재를 주장키가 쉽지 않다. 『논어』 20편이 한 사람에 의해 일시에 편찬된 것으로 볼 수 없는 이유가 바로 여기에 있다.

그러나 이를 오랜 기간에 걸쳐 많은 사람에 의해 수차례에 걸쳐 정리되는 과정에서 생긴 불가피한 것으로 보면 크게 문제 삼을 것도 없다. 20편 중에는 한 편 전체가 일시에 정리되거나 부분적으로 유사한 내용을 한곳에 모아놓은 것도 있다. 이들 편장은 나름대로 체제상의 일관성을 보여주는 것이다. 그렇지 못한 것은 증보과정에서 특정 학파의 전송이 중간에 삽입된 것으로 간주하면 된다. 전혀 무관한 것이 중간에 삽입된 경우는 매우 드물다. 일견 상호 관련이 없는 장들로 이뤄진 것처럼 보이는 것도 장군 단위로 묶어 비교해 보면 나름대로 밀접한 상호 관계를 맺고 있음을 확인할 수 있다.

예컨대 [위정]편의 경우 제5-8장은 효에 관한 사제 간의 문답으로 이뤄져 있다. 제12–14장은 군자를 말한 공자의 말을 모아놓은 것이다. 제15–18장은 학문에 관한 얘기이고, 제19– 21장은 정치에 관한 문답이다. 제23–24장은 예에 관한 얘기로 되어 있다. 제1–4장과 제9–12장, 제14장–17장, 22장과 24장은 모두 '자왈'로 시작하는 공자의 얘기로, 거기에는 정치와 학문에 관한 얘기가 섞여 있다. 이는 [위정]편이 군자학의 요체에 관한 얘기로 꾸며져 있음을 의미한다. 공문에서 가르친 군자학은 모두 '학지學知'를 습득한 군자의 '위정爲政'과 관련된 것이다. [위정]편은 학문과 정치가 불가분의 관계에 있음을 설명하고 있는 것이다.

『논어』의 각 편장에 대한 구조분석은 『논어』 편제의 과정은 물론 그 사상사적 맥락을 이해하는 데에도 커다란 도움을 준다. 과거 일부 주석가들은 이들 장군들이 서로 어떤 관계를 맺고 있었는지를 나름대로 깊이 연구했다. 송대의 호인胡寅과 정이천程伊川, 주희朱熹 등이 그 대표적인 인물이다. 이들은 나름대로 일정한 성과를 거두기는 했으나 정밀한 구조분석에는 실패했다.

이를 과학적으로 분석한 인물로는 일본의 기무라 에이이치를 들 수 있다. 그는 각 편의 장군들이 상호 어떤 관련을 맺고 있고 그 편제 시기는 언제였는지에 관해 정밀한 분석을 시도해 괄목할 만한 성과를 이뤄냈다. 그는 각 장군 간의 관계를 다음과 같이 몇 가지 형식으로 분류했다.

① **병렬식** : 전후의 장군이 완전히 별개의 장군을 이루고 있다. [술이]편의 제1–4장과 제5–9장 등이 그 실례이다.

② **연쇄식** : 전후의 장군이 별개의 장군을 이루고 있으나 중간

에 두 개의 장군을 연결시키는 장이 삽입된 경우이다. [안연]편은 제1–2장과 제4–5장이 두 개의 장군을 이루고 있으면서 그 사이에 제3장이 끼어들어 두 장군을 연결시키는 역할을 하고 있다.

③ **집중식** : 여러 개의 장군이 상호 별개의 장군을 이루면서 두 번째 이하의 장군이 첫 번째 장군과 연관되어 그 뜻을 연속해 풀이하고 있다. [위정]편의 제1–4장과 제5–8장, 제9–11장, 제12–14장, 제15–18장, 제19–21장, 제22–24장 등이 그 실례이다.

④ **대응식** : 서로 떨어져 있는 전후의 장이 수미상응首尾相應하는 구조를 이루고 있다. [학이]편의 수장首章과 말장末章이 그 실례이다. [위정]편도 수장과 제21장이 수미상응하면서 뒤에 나오는 나머지 제22–24장은 일종의 부록의 성격을 띠고 있다.

⑤ **부록식** : 두 번째 장군이 첫 번째 장군에 대한 부록의 성격을 띠고 있는 경우이다. [팔일]편의 제1–19장과 제20–26장이 그 실례이다.

기무라는 이러한 분석틀을 이용해 『논어』 20편의 구조를 세밀히 분석해 놓았다. 그의 분석은 매우 독보적이어서 각기 무질서하게 보이는 『논어』 20편 5백 장에 대한 보다 심도 있는 이해를 가능케 해주고 있다. 각 장군 간의 연관관계를 파고들어 가면 『논어』 각 편장의 성립시기에 대해서도 보다 정밀한 분석이 가능하다. 이를 위해서는 먼저 『논어』의 분장分章체제부터 살펴볼 필요가 있다. 현전『논어』는 모두 20개 편으로 나눠져 있다. 주희는『논어집주論語集註』에서 전체의 편목과 각 편의 장수를 다음과 같이 분류한 바 있다.

① [학이] : 16장, ② [위정] : 24장, ③ [팔일] : 26장, ④ [이인] : 26장, ⑤ [공야장] : 27장, ⑥ [옹야] : 28장, ⑦ [술이] : 37장, ⑧ [태백] : 21장, ⑨ [자한] : 30장, ⑩ [향당] : 1장 17절, ⑪ [선진] : 25장, ⑫ [안연] : 24장, ⑬ [자로] : 30장, ⑭ [헌문] : 47장, ⑮ [위령공] : 41장, ⑯ [계씨] : 14장, ⑰ [양화] : 26장, ⑱ [미자] : 11장, ⑲ [자장] : 25장, ⑳ [요왈] : 3장.

주희의 분류에 따르면『논어』는 총 20편 482개 장으로 구성된 셈이다. 이에 대해『13경주소』는 481개 장,『경전석문』은 492개 장,『논어정의』는 483개 장,『논어집석』은 509개 장으로 나눴다. 현재까지 주로 주희의 분류방식이 통용되고 있다. 그러나 사실 주희의 분류방식은 적잖은 문제가 있다. 전후의 장을 합쳐서 해석해야 하는 부분이 적잖이 존재하고 있는 데다가 나눠볼 필요가 있는 것을 하나로 묶어놓은 것도 있기 때문이다.

그럼에도 과거 중국과 조선조에서는 이에 대한 반론 자체가 불경으로 여겨졌다. 본서는 분석의 편의상 주희의 분류를 좇았다. 그러나 이는 어디까지나 분석의 편의를 위해 좇은 것에 불과하다.『논어』의 편장에 대한 구조분석은『논어』의 성립과정은 물론 그에 얽힌 사상사적 맥락을 이해하는 데에도 큰 도움이 된다는 점에서 매우 중요한 작업이라고 할 수 있다.

역사상 주희의 분류방식에 대해 반기를 든 대표적인 인물로 다산茶山 정약용丁若鏞을 들 수 있다. 그는『논어고금주』에서 주희보다 6개 장이 많은 488개 장으로 분장했다. 주희의 성리학적 주석에 반기를 든 다산은 분장단계부터 전래의 관행을 거부하고 나선 것이다. 기존의 권위에 얽매이지 않는 그의 진취적인 기상이 약여하게 드러난 대목이 아닐 수 없다.

그러나 『논어』 20편의 구조를 분석하기에 앞서 먼저 『논어』 전체의 성립에 관한 기초적인 분석작업을 진행시킬 필요가 있다. 『논어』의 전체 내용 중 중핵을 이루고 있는 부분은 기본적으로 공자가 만년에 노나라에 사숙을 열어 교육에 전념한 때 그곳에서 행해진 사제 간의 문답과 공자의 발언이다.

공자가 처음으로 제자를 거느린 것은 매우 이른 시기에 속한다. 『논어』에 보이는 공자의 제자들 중 공자가 40대일 때 이미 입문한 사람으로는 안무요顔無繇와 중유仲由, 칠조계漆雕啓, 유약有若, 민손閔損을 비롯해 염옹冉雍과 염구冉求, 안회顔回, 단목사端木賜 등을 들 수 있다. 이후 공자는 50대 전반에 출사한 데 뒤이어 14년간 천하주유에 나섰다. 이 시기는 공자가 원래부터 교육을 소홀히 한 것은 아니었으나 결코 그것에 전념한 시기는 아니었다. 그러나 69세에 천하유세를 끝내고 노나라로 돌아온 이후 죽을 때까지 4년 반 동안은 공자가 비상한 열의로 교육에 헌신한 시기였다.

이때 공문에는 새로이 입문한 젊은 제자들이 매우 많았다. 이들은 공자가 천하유세를 떠나기 전에 이미 입문한 소위 '전기 제자'와 구분되어 흔히 '후기 제자'로 불리고 있다. 당시 공문은 신구의 제자가 섞여 군자학을 연마함으로써 성세를 이뤘다. 『논어』에 나오는 사제 간의 문답과 공자에 관한 견문, 제자들 간의 대화 등은 대부분 이때 나온 것이다. 선배격인 '전기 제자' 중 자공과 같은 경우는 당시에 이미 공자의 2대 제자에 해당하는 자신만의 제자를 두기도 했다.

따라서 이때의 얘기가 공자 사후 각 학파의 문인들에게 전송된 것은 극히 자연스러운 일로 보아야 한다.『논어』의 기사에는 공자를 '자子'로 부르고 제자를 안연과 자공, 자하 등과 같이 '자字'로 부른 예가 압도적으로 많다. 이는 당초 직제자 사이에 전해진 전문사실로 보아야 한다.『논어』의 기사 중에는 공자의 만년 이전의 사실도 적잖이 나온다. 그것도 결국 직제자 중의 누군가가 전한 것으로 보아야 한다.

『논어』의 원형에 상당하는 공자의 언행록이 만들어지기 시작한 것은 대략 노나라에 있는 2대 제자의 시대로 짐작되고 있다.『논어』에는 직제자가 공자의 가르침을 받고는 이를 곧바로 전송했음을 짐작케 해주는 대목이 산견된다. [안연]편에는 안연과 중궁이 인에 대한 공자의 대답을 듣고는 이를 평생 명심하겠다고 다짐하는 대목이 나온다. 이를 통해 짐작할 수 있듯이 공자의 언행과 사제 간의 문답 등을 모아 교훈으로 삼고자 하는 의식은 이미 직제자 때부터 시작되었다고 보아야 한다.

『논어』에는 때때로 직제자와 그 문인에 관한 기사도 나온다. [학이]편과 [계씨], [자장]편 등에 나타나는 진항陳亢은 자가 자금子禽으로 공자의 제자라는 주장이 있으나 자공의 제자일 공산이 크다. [자장]편에 보이는 양부陽膚 역시 증삼의 제자이다.『논어』중에는 직제자를 '증자'와 '유자' 등과 같이 '자子'로 호칭한 예도 나온다. '민자'의 경우는 '민자건'의 줄임말로 볼 수도 있어 약간 의문이 있기는 하다. 이들 직제자들을 '자'로 부른 경우는 총 20개 장에 달한다. 이들 20개 장은 증삼과 유약, 염옹, 염구, 민손 등의 문인으로부터 나온 전송으로 보아야 한다. 이들 중 염유가 일시 공자의 천하유세에 따라 나선 것을 빼고는 모두 시종 노나라에 있었다. 주목할 만한 일이 아닐 수 없다.

노나라에 머문 제자들 중 특히 증자의 제자들에 의해 최초의 『논어』 편집이 이뤄졌다는 주장은 매우 설득력이 있다. 『논어』에 '증자왈'이 대거 수록돼 있는 사실이 이를 뒷받침하고 있다. 대략 노나라의 2대 제자에 의해 공자의 언행록이 만들어지기 시작했다고 보는 것이 자연스럽다. 현전하는 『논어』는 바로 이러한 언행록이 쌓이면서 자연스럽게 출현한 것이다.

공자 사후 제자가 사방으로 흩어질 당시 유학 흥기의 중요 터전이 된 나라는 처음에는 노나라였으나 다음으로 위魏나라, 마지막으로는 제나라였다. 이는 『사기』 [유림전]의 다음과 같은 기록이 뒷받침한다.

> 공자가 세상을 떠난 뒤 70제자의 무리가 각 제후국에 흩어졌다. 이때 홀로 위문후魏文侯가 호학했다. 후에 진시황 때에 이르러 유학이 크게 위축되었으나 제 · 노 두 지역의 학자들만이 홀로 이를 폐하지 않았다. 이는 전국시대의 제위왕齊威王과 제선왕齊宣王 당시 맹자와 순자의 무리가 모두 공부자의 업을 받들어 이를 윤색함으로써 유학이 당세에 널리 위세를 떨치게 된 데 따른 것이다.

사서의 기록에 비춰 당시 위衛 · 진陳 · 초楚 등에도 제법 유학이 흥기했을 것으로 짐작된다. 위衛나라는 공자가 14년간에 달하는 천하유세에 나설 당시 매우 관계가 깊은 나라였다. 공자의 천하유세는 위나라에서 시작해 위나라에서 끝났다. 「공자세가」에 따르면 공자의 제자 중에는 자로를 비롯해 위나라에 봉직한 자가 매우 많았다. 고족제자 자로는 공자의 만년에 위나라에서 봉직하다가 순직했다. 직제자 중 가장 총명했던 자공은 위나라 출신이다. 그는 공자 사후에 일시 위나라에 봉직키도 했다. 또한 공자 만년에 입문한 젊은 수재 자하도 위나라 사람이다. 공자의 천하유세를 기점으로 공자가 사망할 때까지 노나라 이외의 열국 중 유학의 세례를 가장 많이 받은 나라가 바로 위나라였다. 『맹자』 [이루 하]편에는 2대 제자시대에 공자의 손자인 자사가 일시 위나라에 놀러간 대목이 나오고 있다. 그러나 위나라는 시종 약세를 면치 못해 유학의 중심지였다고 말할 수는 없다.

다음으로 진나라는 공자의 젊은 수재인 자장의 고국이다. 자장은 공자가 천하유세 말기에 진 · 채 사이에서 곤액을 당한 이후 공자의 제자가 된 인물이다. 그러나 나이로 볼 때 그의 수업기간은 6-7년을 넘지 않았다. 그럼에도 그에 관한 기사는 『논어』에서 총 20장에 이를 정도로 많다. 그는 공문 내에서 발군의 재능을 발휘한 뛰어난 존재로 공자 사후에 진나라로 돌아가서 유학을 전한 것으로 알려져 있다. 그러나 진나라는 시종 오 · 초 사이에 끼어 있는 약소국이었던 까닭에 천하의 유학 중심지가 되기에는 한계가 있었다.

초나라에 대한 유학전파는 직제자 담대멸명에 의해 이뤄졌다.

담대멸명은 공자 사후 남방 일대를 주유하며 유학을 전파했다. [옹야]편에 따르면 그는 원래 노나라 무성武城 사람이었다. 공자 만년에 자유가 무성의 가재가 되었을 때 그의 휘하에 있었다. 그가 공자에게 나아가 배운 것은 이 시기 이후이다. 당시 그는 자유보다 6세 연장이었다.

[중니제자열전]에 따르면 그는 공자 사후에 강남 일대를 주유하며 3백 명에 달하는 제자를 두고 명성을 떨쳤다. [유림전]에는 그가 공자 사후 초나라에 머문 것으로 되어 있다. 초나라는 춘추전국시대 전기간을 통틀어 남방 일대를 제패한 대국이다. 대략 그는 중원문화를 남방으로 전파하는 데 크게 기여했을 것으로 짐작된다. 그러나 당시의 기준에서 볼 때 강남의 초나라는 문화적으로 뒤떨어진 벽지에 해당했다. 초나라가 천하 유학의 중심지가 되는 데에는 한계가 있었다.

이들 위·진·초에 비해 유학의 전개과정에서 보다 중요한 의미를 지니고 있는 나라는 위魏나라와 제齊나라였다.『사기』에 따르면 자하는 공자 사후 서하西河에 머물며 많은 인재를 길러냈다. 위문후는 당대 제일의 명군으로 훗날 전국시대 개막의 견인차 역할을 수행했다. 그는 신분의 고하를 가리지 않고 천하의 인재를 영입했다. 재능을 위주로 한 그의 이런 행보는 위나라를 전국시대 초기에 천하제일의 강국으로 만드는 데 결정적인 배경이 되었다. 당시 자하로부터 교육을 받은 많은 문인들이 그 일익을 담당했다. 이로 인해 위나라는 일시 천하 학술의 중심지가 되었다. 그러나 이는 위문후의 죽음으로 인해 이내 일대로 끝나고 말았다.

이후 위나라를 대신해 천하 학술의 중심지가 된 나라는 제나라였다. 제나라는 노나라에 인접한 대국인 데다가 공자도 수년 동안 유학한 일이 있었다. 공자 제자 중에는 제나라 출신도 몇 사람 있었다. 제 · 노 두 나라는 서로 인접해 있었던 까닭에 그 관계가 매우 미묘했다. 공자가 천하유세에 나선 이후 죽을 때까지 약 20년 동안 제나라와 별다른 관계를 맺지 않은 것도 이와 무관치 않았다.

공자의 만년에 완성된 유학이 제나라에 전해진 것은 당대의 유세가로 활약한 자공이 만년을 제나라에 보낸 시기 이후로 보인다. 공교롭게도 당시 노나라에서는 2대 제자들에 의해 이미 『논어』의 초기 편집이 시도되고 있을 때였다. 이때를 기점으로 제나라가 서서히 천하 학술의 중심지로 변모하기 시작했다. 전국시대에 『노론』에 이어 『제론』이 등장케 된 것도 이와 무관할 수 없다. 그러나 앞서 언급한 바와 같이 '3론'은 하나의 『논어』에 대한 3개의 이본으로 보아야 한다. 그렇다면 당시 하나의 『논어』는 어떻게 해서 가능했던 것일까.

먼저 제 · 노 두 나라의 문인들 사이에 활발한 교류가 전개되었을 가능성을 상정할 수 있다. 공자 사후 얼마 안 돼 노나라의 2대 제자들이 공자의 언행록을 만들기 시작했다. 이는 비록 미완성의 『논어』이지만 노나라에 전송된 지 얼마 안 돼 제나라에도 전송되었을 공산이 크다. 전송이 교류되는 와중에 새로운 자료가 첨가되면서 어느 정도까지 양쪽의 텍스트가 절충되었을 가능성을 배제할 수 없다. 제 · 노 두 나라 유자들이 상호 긴밀히 협조하는 과정에서 하나의 『논어』에 대한 두 개의 이본이 만들어졌다고 볼 수 있다.

나아가 『논어』의 편집이 한 곳에서만 이뤄진 것이 아니고 여러 지역에서 동시에 이뤄졌다가 후에 통합되었을 가능성도 생각할 수 있다. 물론 최초의 편집은 노나라에서 시작되었다고 보아야 하지만 노나라에서도 여러 종류의 편집이 앞뒤로 이뤄졌을지도 모를 일이다. 동시에 제나라에서도 여러 종류의 공문 언행록이 편집되었을 가능성을 배제할 수 없다. 이는 '수백 편이 만들어졌다'고 한 『논형』 [정설]편의 기록이 뒷받침하고 있다. 그렇다면 시간이 지나면서 이것이 제 · 노 두 나라의 문화교류에 의해 어느 정도 절충이 이뤄졌을 가능성을 배제할 수 없다. 이러한 절충결과 전한제국 초기에 '3론'이 등장케 되었다고 볼 수도 있는 것이다.

이런 여러 가능성을 감안하면 대략 전국시대 말기에 이르러 여러 이본이 존재하는 하나의 『논어』가 등장케 된 것을 하등 이상하게 생각할 것도 없다. 사실 이 단계에 이르기까지 무려 1백수십 년간의 시간이 흐르면서 수차례에 걸쳐 증보작업이 이뤄졌다. 그렇다면 하나의 『논어』에 대한 3개의 이본인 '3론'의 출현은 오히려 자연스러운 것으로 보아야 한다. 이상과 같은 분석을 토대로 『논어』를 구성하고 있는 전송자료를 종류별로 대별하면 대략 4가지로 요약할 수 있다.

① 직제자로부터 나온 자료로 2대 제자가 편집한 것, ② 2–3대 이하의 제자로부터 나온 자료로 '유자왈', '증자왈' 등의 형식을 취하는 것, ③ 공문 이외의 세간에 전해진 공문에 관한 전문, ④ 70제자 후학에 의해 만들어진 공자 및 직제자들에 관한 설화나 전설.

『논어』의 5백 장에 달하는 장 중 2대 제자가 새로운 전송자료를 보충할 경우는 당연히 자신의 스승을 '모자某子'라고 불렀을 것이다. '유자'와 '증자' 등은 필경 이러한 상황에서 나왔을 것으로 보아야 한다. 직제자로부터 나온 전송자료를 정리한 2대 제자는 단순히 유약과 증삼 등의 제자에 한하지 않았을 것이다. 그럼에도 이들만이 '모자'로 지칭된 것은 『논어』의 최초 편집과정에서 이들의 문인들이 결정적인 힘을 발휘한 데 따른 것으로 짐작된다.

증삼의 언행은 [선진]편에서 공자가 '삼야參也'로 지칭한 것 이외에는 모두 그의 자인 '자여子輿'로 불리지 않고 '증자'로 불리고 있다. 그 수는 14개 장에 달한다. 이 중 증자가 공자와 응답한 내용은 [이인]편의 단 1개 장에 불과하다. 이들 모두 증삼의 문인들이 전한 것으로 보아야 한다.

유약은 4개 장에 그 언행이 나온다. [학이]편의 3개 장 모두 '유자왈'로 되어 있다. [안연]편의 1개 장만 유독 '유자'가 아닌 '유약'으로 되어 있다. [학이]편의 3개 장은 유약의 제자가 전한 것이나 [안연]편의 1장만은 세간의 전송을 채록한 것으로 짐작된다.

[옹야]편과 [자로]편에는 '염자'라는 칭호가 각각 1번씩 나온다. 그러나 이 2개 장에 나오는 '염자'가 염옹冉雍과 염구冉求 중 누구를 지칭하는 것인지 확실치 않다. 염옹은 자가 '중궁仲弓'이고 염구는 자가 '자유子有'이다. 두 사람 모두 노나라 사람으로 계씨의 가재로 있었다. 『논어』에는 민손의 언행과 관련한 것이 모두 4장이다. 그러나 유독 [선진]편의 제12장만 그를 '민자'로 부르고 있다. 이는 민손 제자의 전송일 가능성이 크다. 이들에 관

한 기록을 정리하면 대략 다음과 같다.

① 2대 제자 중 자신의 스승의 언행을 『논어』에 보충한 것은 '유약'과 '증삼', '염옹' 또는 '염구', '민손' 등이다. 그 기록은 모두 20개 장에 달하다.

② 이 20개 장 중 '증자'가 14장을 점하고 있다. 이는 『논어』에 나오는 증삼에 관한 기록의 거의 전부에 해당한다. 다음으로 '유자'가 3개 장이다. 별도로 '유약'으로 불리는 경우가 1개 장 있다. '염자'는 2개 장으로 별도로 '염옹'의 언행을 보여주는 기사가 6개 장, 염구의 것이 14개 장이다. '민자'는 1개 장밖에 없으나 별도로 '민자건'을 칭한 것이 3개 장이나 있다.

이는 『논어』 편집에 이들의 제자가 적극 개입했음을 의미한다. 나아가 『논어』에 출현하는 빈도는 2대 제자들 중 노나라에 머물며 제자들을 거느린 유자와 증자, 염구 혹은 염옹, 민자 등의 문인 내에서의 상호 비중을 시사하는 것이다. 이를 토대로 보면 증자학파의 위세가 가장 극성했음을 쉽게 짐작할 수 있다.

증삼은 공자보다 46세 연하로 대략 자하와 자유, 자장과 거의 비슷하다. 『논어』에 보이는 그의 언행은 모두 효·제·충·신을 중시하는 내용이다. 그의 제자에 공자의 손자인 자사가 있었다. 그의 문하에서 맹자가 나타나고 후대에 『효경』의 저자로 숭앙된 사실에 비춰볼 때 그는 교육자로서 성공한 인물이었음에 틀림없다.

당시 유약과 민손, 염옹 내지 염구는 증삼에 비해 훨씬 나이가 많았다. [중니제자열전]의 기록에 의거해 계산하면 유약은 증삼보다 33세, 민손은 31세, 염옹 내지 염구는 공히 17세 연장이다. 공자 사후 유약은 이미 61세에 달해 있었다. 이들 중 자하와 자유, 자장 3인은 공문의 장래를 책임질 만한 당대의 준재였다. 그러나 『논어』를 보면 이들 3인은 서로 성격이 다른 데다가 각자 공문의 적통嫡統을 자처해 치열하게 다투었음을 쉽게 알 수 있다.

당시 증삼은 이들과 달리 외형보다는 내면을 중시했다. 그 위에 이들 3인은 노나라 사람이 아니었던 까닭에 오랫동안 노나라에 머물 생각이 없었다. 이에 반해 증삼은 노나라 출신으로 부친과 함께 공자를 섬겼다. 그는 오랫동안 노나라에 남아 유학의 학통을 전수할 책임을 지고 있었다. 그가 『논어』에 '증자'라는 이름으로 무려 14개 장에 걸쳐 등장케 된 배경이 바로 여기에 있었다. 드러나지 않게 묵묵히 노나라에 머물며 제자들을 육성한 것이 꽃을 피운 셈이다.

이상과 같은 분석을 토대로 『논어』 20편의 구조적 특징을 간략히 살펴보기로 하자. 일찍이 황간은 『논어의소』에서 『고론』은 [향당]편이 제2편, [옹야]편이 제3편으로 되어 있다고 밝힌 바 있다. 그의 주장이 맞는다면 적어도 당시만 하더라도 [향당]편을 기준으로 한 '상론'과 '하론'의 구별은 없었던 셈이다.

이에 대해 최술은 『수사고신록』에서 [계씨]편 이하의 5편이 다른 편과 비교해 이질적인 점에 주목해 여러 후인들의 손에 의해 만들어진 후속편으로 분석한 바 있다. 그러나 기무라 에이이치는 제나라에서 속집이 만들어질 때 일정 부분이 윤색된 결과로 해석했다. 기무라는 [양화]편만큼은 제나라가 아닌 노나라에서 편집된 것으로 분석했다. 일찍이 일본의 이토 진자이는 『논어고의論語古義』에서 '하론은 보유집에 해당한다'고 주장했다. 그의 주장은 비록 추상적이기는 하나 『논어』에 대한 정밀한 분석에서 비롯된 것으로 현재까지도 유효하다.

원래 [학이]편에서 [상당]편에 이르는 '상론'과 [선진]편에서 [요왈]편에 이르는 '하론'은 그 체제와 내용면에서 커다란 차이를 보이고 있다. 이는 상론과 하론의 편집 담당자와 장소, 시기 등이 다른 데 따른 것이다. 보다 구체적인 분석은 제2장 주석론에서 시도하기로 하고 여기서는 간략히 그 개요만을 살펴보기로 하자. 『논어』 20편의 구조적 특징을 요약해 정리하면 대략 다음과 같다.

① **[학이]** : 노나라에서 성립되었으나 제나라에서 윤색이 이뤄졌다. 증자의 제자가 공문의 학규學規로 삼을 만한 것을 모아놓았다.

② **[위정]** : 2–3대 제자 때 노나라에서 성립되었다. 격언의 성격을 띤 공자의 언설 및 문답을 모아놓았다. 제4장은 공문의 학문 연구상의 지침인 공자의 격언을 모아놓은 것이다. 뒷부분에는 예에 관한 2개 장을 부기해 놓았다.

③ **[팔일]** : 2–3대 제자 때 노나라에서 성립되었다. 공문의 예악에 관한 전문을 모아놓았다.

④ **[이인]** : 2–3대 제자 때 노나라에서 성립되었다. 증자학파가

모아놓은 공자의 격언집이다.

⑤ [공야장] : 2-3대 제자 때 노나라에서 성립되었다. 고금인물에 대한 공자의 인물평과 문답을 모아놓았다. 일부 장에는 증자 문인에 의해 부기된 공자의 자술自述이 있다.

⑥ [옹야] : 2-3대 제자 때 노나라에서 성립되었다. 전반은 공자의 제자에 대한 비판과 교훈을 모아놓았다. 후반은 격언집이다.

⑦ [술이] : 3대 제자 전후로 노나라에서 성립되었다. 9개 장에 걸쳐 공자의 태도와 용모를 기술해 놓았다.

⑧ [태백] : 2-4대 제자 때 노나라에서 성립되었다. 증자 문인이 증자의 말과 공자의 격언을 묶어놓았다.

⑨ [자한] : 3-4대 제자 때 노나라에서 성립되었다. [술이]편의 보유補遺성격이 짙다.

⑩ [향당] : 2-3대 제자 때 노나라에서 성립되었다. 세간의 전문을 많이 채용했다. 제나라에서 윤색되었다. 시종 공자의 일상생활을 기록해 놓은 것이다.

⑪ [선진] : 3-5대 제자 때 노나라에서 성립되었다. 공문 사제 간의 언행록이다. 주요한 제자는 거의 모두 등장하고 있다.

⑫ [안연] : 3-4대 제자 때 노나라에서 편집이 시작되어 4-5대 제자 때 제나라에서 완성되었다. 공문 내에서 진행된 사제 간의 대화가 수록돼 있다.

⑬ [자로] : 3-4대 제자 때 노나라에서 성립되었다. 정치와 사

군자士君子에 관한 어록을 병기한 보유적인 편집이다.

⑭ [헌문] : 3–5대 제자 때 노나라에서 성립되었다. 증자 문인의 보유적인 편집이다. 제나라에서 윤색되었다. 공문의 언행록이다.

⑮ [위령공] : 3–4대 제자 때 노나라에서 성립되었다. 공자의 격언과 문답을 수록해 놓았다.

⑯ [계씨] : 맹자 이후 자장 후학이 제나라에서 편집했다. 세간의 전송을 많이 채용해 만든 공자의 교훈집이다.

⑰ [양화] : 3–4대 제자 때 노나라에서 성립되었다. 증자 문인이 속집續集한 공자의 격언과 사제 간의 문답으로 구성되어 있다. 제나라에서 윤색되었다.

⑱ [미자] : 4–5대 제자 때 제나라에서 성립되었다. 공자의 출처진퇴에 관한 기본 입장과 은자隱者의 비난에 대한 반박 등을 모아놓았다.

⑲ [자장] : 맹자 이후 순자 이전에 제나라에서 성립되었다. 자장·자하·자유·증자·자공의 어록을 모아놓았다.

⑳ [요왈] : 제나라에서 자장 문인이 작성한 것이다. 이 편의 완성은 한제국 때까지 계속되었다.

이상 살펴본 바와 같이 이른바 '상론'은 주로 2–3대 제자 때 성립되었다. 다만 [자한]편만 3–4대 제자 때까지 내려가고 있다. 이는 [술이]편에 대한 보유의 성격을 띤 데 따른 것이다. '상론' 10편은 모두 노나라에서 만들어졌다. 제나라에 유전된 이후에 윤색된 흔적이 남아 있는 것은 이들 10편 중 [학이]·[태백]·[향당]편의 3개 편에 지나지 않는다.

'하론'은 3–5대 제자 때를 넘어 그 이후의 한제국 초기까지 오랜 시간에 걸쳐 만들어졌다. 그 중 노나라에서 성립된 것은 [선진]·[안연]·[자로]·[헌문]·[위령공]·[양화]편 등의 6개 편이다. [안연]·[헌문]·[양화]편의 3개 편은 제나라에서 윤색된 것이다. 후반부에 배치된 [계씨]·[미자]·[자장]·[요왈]편 등 4개 편은 모두 제나라에서 성립되었다. 이들 4개 편이 시대적으로 가장 늦게 만들어진 것이다. '상론' 10편은 모두 노나라에서 성립된 비교적 오래된 것이다. '하론' 10편은 비교적 성립이 늦어 노나라에서 성립한 것과 비슷한 시기에 성립된 것은 절반가량에 불과하다. 나머지 대부분은 '상론' 10편에 대한 보유적 성격을 띠고 있다.

그렇다면 현전하는 『논어』와 그 이전에 존재했던 '3론' 간에는 편제상 어떤 차이가 있었던 것일까. 기무라는 『노론』의 '상편'에 해당하는 10개 편을 앞에 배치하고 성립이 조금 늦은 5–6개 편을 그 다음에 가장 늦게 나온 4–5개 편을 맨 뒤에 배치한 것은 『제론』 및 『노론』과 같다고 주장했다. 그는 또 공자의 일상생활 자세를 객관적으로 묘사한 [향당]편을 제10편으로 배치한 것과 관련해 공문의 학규로 구성한 [학이]편과 수미관계로 대응시키고, 공문에 관한 최고最古의 기록인 '상론' 10편을 하나로 묶고자 하는 편집의도가 작용한 결과로 보았다.

사실 『제론』 및 『노론』의 기록을 합친 하나의 『논어』가 이미 전국시대 말기에 출현한 점에 비춰 각 편의 배치 역시 전국시대 말기에 이미 대체로 정해졌다고 보는 것이 옳을 것이다. 공자의 일상생활을 하나의 수훈垂訓으로 기록해 놓은 [향당]편이 '상론'의 마지막인 제10편에 배치된 것도 일정한 편집의도 하에 이뤄졌다고 보는 것이 타당하다. 기무라의 주장과 같이 공문에 관한 최고의 기록으로 남기고자 했는지 여부는 단언하기 어려우나 수편首編인 [학이]편이 공문의 학규로 구성된 점에 비춰 수미상응首尾相應케 하려는 편집의도가 작용한 것이 거의 확실하다.

제2편인 [위정]편이 [학이]편과 연접한 것도 정치와 학문을 논한 [위정]편의 내용이 공문의 학규와 불가분의 관계를 맺은 데 따른 의도적인 배치로 보아야 한다. 공문의 기본 설립 취지가 위정자로서의 군자 양성에 있다는 점에서 볼 때 [학이]편과 [위정]편이 나란히 맨 앞에 배치된 것은 의미심장하다고 할 수 있다.

'하론' 또한 가장 늦게 첨가된 [요왈]편을 제외시켜 놓고 볼 때 유사한 분석이 가능하다. [선진]편에서 [자장]편에 이르는 9개 편의 배치도 '상론'의 [학이]편과 [향당]편이 수미상응하는 것과 마찬가지로 일정한 편집의도 하에서 나온 것으로 보인다. 공문에서 행해진 사제 간의 언행과 고족제자의 명단을 모아놓은 [선진]편과 직제자들의 언행만을 모아놓은 [자장]편은 내용상 수미상응하고 있다. [선진]편의 뒤를 이어 [안연]·[자로]·[헌문] 등과 같이 고족제자의 이름이 붙은 3개 편이 배치된 것 또한 우연으로만 볼 수는 없다. [헌문]편의 뒤를 이어 정치가의 이름이 붙은 [위령공]·[계씨]·[양화]편의 3개 편이 연이어 나오는 것 또한 일정한 편집의도가 작용한 결과로 보아야 한다. 이는 군주와 대부, 신하라고 하는 순서에 따른 배치로 보인다. 제나라에서 속집된 다음에 출현한 [미자]와 [자장]편 중 [선진]편과 수미상응하는 [자장]편을 맨 뒤에 배치시킨 것은 '하론' 9편을 하나로 묶기 위한 배려에서 나온 것으로 짐작된다.

'하론'의 최종편인 [요왈]편은 당초『고론』에서 2편으로 된 [요왈]·[종정]편을 하나로 통합한 위에 다시 [종정]편의 제2장, 즉 현전하는 [요왈]편 제3장을 삭제한 형태로 구성돼 있었다. [요왈]편의 제3장은 자장 문인이 가장 나중에 첨가한 것이다. 현전『논어』가 [요왈]편을 맨 뒤에 배치한 것은『고론』이 [요왈]·[종정] 두 편을 권말에 첨부해 놓은 취지를 살린 것이다.『제론』과『노론』이 [요왈]편을 맨 뒤에 배치한 것도 같은 맥락에서 이해할 수 있다.

원래『노론』에서 [요왈]편을 최종편인 제20편에 배치한 것은 그 나름의 의미를 지니고 있었다. [요왈]편 제1장은『서경』의 구절을 인용해 유학의 연원을 역사적으로 서술하고 있다. 제2장에서는 공자가 위정자의 자격을 묻는 자장의 질문에 대답하는 내용으로 되어 있다. 공문의 학규를 재구성한 [학이]편을 제1편으로 한『노론』은 위정자의 자격을 언급한 [요왈]편을 최종편으로 삼아 전20편을 수미상응시키고자 했던 것이다.

그렇다면 자장의 문인들은 왜『노론』에서 삭제된 [요왈]편 제3장을 다시『논어』의 맨 뒤에 부기한 것일까. 이는 [요왈]편 제3장이 제1편 [학이]편의 수장首章과 상응한 데 따른 것으로 보인다. [학이]편 제1장은 군자의 학문하는 자세를 언급하고 있고, [요왈]편 제3장은 군자가 되기 위한 요건을 기술하고 있다. 이는 전한제국 초기에 '3론'의 편집자들이 3종류의 이본으로 존재하고 있는 『논어』를 하나로 묶고자 한 고심의 흔적으로 볼 수 있다.

원래 한제국 때의 『제론』에는 [문왕] · [지도]편이 있었다. 그 내용이 산일散逸되어 정확히 알 길은 없으나 공교롭게도 현전하는 『공자가어』에 [문옥問玉]편이 남아 있다. 일부 학자는 그 제1장이 사라진 [문왕]편과 어떤 관련이 있는 것으로 보고 있다. 이들은 『공자가어』 [관향사觀鄕射]편의 제2장을 사라진 [지도]편의 잔흔으로 보기도 한다. 이밖에도 『하간논어』 9편과 관련해 『고론』의 일부일 가능성을 조심스럽게 언급하는 견해도 있다. 그러나 현재로서는 『하간논어』는 물론 『제론』의 [문왕] · [지도]편 모두 '3론'의 통합과정에서 결락缺落되어 사라진 것으로 해석할 수밖에 없다. 이상과 같은 분석을 통해 『논어』의 체계가 겉보기와는 달리 나름대로 매우 세심한 배려 하에 만들어진 것임을 대략 짐작할 수 있다.

제2장 주석론註釋論

전한제국 말기에 장후본張侯本『노론』이『논어』의 정본으로 통용되기 시작한 이래 후한제국 말기에 이르러 포함包咸과 주씨周氏가 장구章句를 짓고 마융馬融이 훈해訓解를 지음으로써『논어』의 주석작업이 본격화되기 시작했다. 이것이 현전『논어』에 대한 최초의 주석이라고 할 수 있다. 얼마 후 정현鄭玄이 장후본『노론』을 저본으로 삼고 공안국의 전傳에 의해 전승돼 온『고론』과 창읍중위昌邑中尉 왕길王吉에 의해 전승돼 온『제론』을 참조하여 종합적인 주석서를 펴냈다. 이로써 '3론'이 사실상 하나로 통합된 것은 물론『논어』에 대한 체계적이면서도 종합적인 접근의 단초가 열리게 되었다.

삼국시대로 들어가 위나라 사공 진군陳群과 태상 왕숙王肅, 박사 주생렬周生烈이 의설義說을 지은 것을 토대로 이부상서 하안何晏이『논어집해論語集解』를 펴냈다. 이후 수많은 주석서가 우후죽순처럼 쏟아져 나왔다. 현대에 이르기까지 뛰어난 주석서를 펴낸 사람은 대략 1천여 명에 달한다. 이를 대별하면 크게 한학漢學과 송학宋學의 두 부류로 나눌 수 있다. 한학은 훈고訓詁를 위조로 했고, 송학은 의리를 중시했다.

한학을 대표하는 하안의 『논어집해』는 한위漢魏시대 주석의 정수를 뽑은 것으로 공안국과 포함, 주씨, 마융을 위시해 진군과 왕숙, 주생렬 등 8명의 주석에 자신의 해석을 덧붙인 것이다. 남북조시대의 대표적인 주석서로는 서진 위관衛瓘의 『논어집주論語集注』와 곽상郭象의 『논어체략論語體略』, 최표崔豹의 『논어집의論語集義』, 이충李充의 『논어주論語注』, 손작孫綽의 『논어집해論語集解』, 왕필王弼의 『논어석의論語釋義』, 난조欒肇의 『논어석의論語釋疑』, 황간皇侃의 『논어의소論語義疏』 등이 있다. 이 중 양나라 황간의 『논어의소』는 남북조시대에 나온 주석을 집대성한 것으로 한위시대의 주석서와 다른 것이 매우 많다. 이는 현학玄學과 불가佛家의 이론을 많이 채택한 데 따른 것이었다.

당제국 때에는 경학이 흥하지 않아 대부분 옛날 주석을 그대로 답습하는 데 그쳤다. 다만 육덕명陸德明의 『논어석문論語釋文』과 한유韓愈의 『논어필해論語筆解』가 그나마 새로운 주석서로 꼽을 만하다. 이는 당제국 때 유 · 불 · 도 3교가 병존하는 와중에 사실상 불교가 사상투쟁에서 우위를 점한 데 따른 것이었다.

북송 초기에 형병邢昺의 『논어주소論語注疏』가 나왔다. 이는 『논어』를 의리의 관점에서 해석한 최초의 주석서로 한학에서 송학으로 넘어가는 교량역할을 수행했다. 남송대의 주희는 이학理學의 정의를 『논어집주論語集註』를 통해 유감없이 드러냈다. 이는 송대 이학의 주석을 대표하는 것이었다. 그러나 『논어집주』는 비록 상세하기는 하나 역대의 오류를 바로잡지 못하고 지나치게 이학적으로 해석함으로써 공자 당시의 고의古義에서 크게 벗어나 있다.

남송대에 들어와 주희의 『논어집주』가 출현하면서 한제국 이래의 고주파古注派와 송대 이후의 주석가들을 일컫는 신주파新注派의 두 파가 대립케 되었다. 송 · 원 · 명대의 대표적인 주석서로는 장식張栻의 『계사논어해癸巳論語解』와 진덕수眞德秀의 『논어집편論語集編』, 금리상金履祥의 『논어집주고증論語集注考證』, 조덕趙悳의 『논어전의論語箋義』, 호병문胡炳文의 『논어통論語通』, 호광胡廣의 『논어집주대전論語集注大全』, 진사원陳士元의 『논어류고論語類考』, 진상도陳祥道의 『논어전해論語全解』, 소철蘇轍의 『논어습유論語拾遺』, 채절蔡節의 『논어집설論語集說』, 유종주劉宗周의 『논어학안論語學案』 등을 들 수 있다.

청대에는 널리 옛 뜻을 상고해 한학이 다시 부흥했다. 대표적인 주석서로 유보남劉寶楠과 유공면劉恭冕 부자의 역저인 『논어정의論語正義』가 있다. 이는 하안의 『논어집해』에 새로운 주석을 가한 것으로, 특히 청대 유학자들의 설을 많이 채록해 한학 계통 주석을 집대성했다는 평을 받고 있다.

이밖에도 명대 말기에서 청대 전기간에 걸쳐 쏟아져 나온 대표적인 한학 계통의 주석서로는 모기령毛奇齡의 『논어계구편論語稽求篇』과 정정조程廷祚의 『논어설論語說』, 정진鄭珍의 『논어사질論語俟質』, 유태공劉台拱의 『논어변기論語駢技』, 전점錢坫의 『논어후록論語後錄』, 방욱관方旭觀의 『논어우기論語偶記』, 송상봉宋翔鳳의 『논어설의論語說義』, 황식삼黃式三의 『논어후안論語後案』, 대망

戴望의 『논어주論語注』, 초순焦循의 『논어보소論語補疏』, 염약거閻若璩의 『사서석지四書釋地』, 이탁오李卓吾의 『사서평四書評』 등을 들 수 있다.

청대에 나온 송학계통의 주석서로는 이광지李光地의 『독논어차기讀論語箚記』와 여류량呂留良의 『논어강의論語講義』, 반연동潘衍桐의 『주희논어집주훈고고朱子論語集注訓詁考』, 양장거梁章鉅의 『논어방증論語旁證』, 육롱기陸隴其의 『사서강의곤면록四書講義困勉錄』 등이 있다.

20세기 초기에도 볼 만한 주석서들이 제법 많이 나왔다. 양수달楊樹達의 『논어고의論語古義』와 정수덕程樹德의 『논어집석論語集釋』, 장병린章炳麟의 『광논어변지廣論語駢枝』, 전목錢穆의 『논어신해論語新解』, 양백준楊伯俊의 『논어역주論語譯註』 등이 그것이다. 특히 전목은 『공자와 논어孔子與論語』에서 공자 전기와 공자 사상을 공자가 태어났던 시대상황과 연결시켜 해석하는 새로운 경지를 개척해 눈길을 끌고 있다. 정수덕의 『논어집석』은 역대 주석을 총망라해 놓았다는 점에서 전대미문의 역저로 평가받고 있다. 그러나 독창적인 해석이 적어 아쉬움을 남기고 있다.

이처럼 수많은 중국의 역대 주석서 중 시기별로 한 획을 그은 대표적인 주석서로는 한위시대 하안의 『논어집해』와 남북조시대 황간의 『논어의소』, 북송대 형병의 『논어주소』, 남송대 주희의 『논어집주』, 청대 유보남의 『논어정의』 등이 손꼽히고 있다. 이 중 특히 하안의 『논어집해』는 가장 오래된 주석서로 관심을 모으고 있고, 주희의 『논어집주』는 가장 정심한 것으로 유명하고, 유보남의 『논어정의』는 가장 광박한 것으로 이름이 높다.

일본은 비록 왜란 이후 우리나라로부터 성리학을 뒤늦게 전수받았으나 근 1세기 만에 괄목할 만한 성과를 나타냈다. 대표적인 『논어』 주석서로는 소위 '고가꾸古學'를 만든 이토 진자이伊藤仁齋의 『논어고의論語古義』와 일본 제왕학의 비조이자 소위 '고분지가꾸古文辭學'를 창도한 오규 소라이荻生徂徠의 『논어징論語徵』, 오규 소라이의 후계자인 다자이 슌다이太宰純臺의 『논어고훈외전論語古訓外傳』 등을 들 수 있다.

이들 주석서의 특징은 조선조가 주희의 『논어집주』 해석에서 벗어나지 못하고 있을 때 공자 당시의 고의를 찾아낸 데 있다. 이러한 전통은 현대까지 그대로 이어지고 있다. 현대에 들어와 대표적인 주석서로는 한학의 고주를 좇은 다께우찌 요시오武內義雄의 『논어』岩波文庫와 송학의 신주를 좇은 쿠라이시 타게시로倉石武四郎의 『논어』日光書院 등을 들 수 있다. 특히 명치시대 당시에 나온 가니에 요시마루蟹江義丸의 『공자연구孔子研究』는 그간 중국과 일본에서 나온 기존의 연구를 집대성한 명저로 손꼽히고 있다.

우리나라의 『논어』 주석은 이웃 중국은 말할 것도 없고 17세기 초에 우리나라로부터 성리학을 전수받은 일본에 비해서도 크게 뒤떨어져 있다. 원래 『논어』가 우리나라에 전래된 시기는 명확치 않다. 일본의 『고사기古事紀』에는 응신왕應神王 : 270-310 때 백제의 근초고왕近肖古王이 왕인王仁 : 和邇吉師을 통해 『논어』 10권과 『천자문』 1권을 일본에 전해주었다는 기록이 나온다. 이 기록에 비춰 최소한 3세기 중엽 이전에 이미 『논어』가 우리나라에 전래된 것만은 확실하다. 이때 전래된 판본은 당시의 정황에 비춰 대략 하안의 『논어집해』였을 공산이 크다.

『삼국사기』를 보면 신라 신문왕神文王 2년682 여름 6월에 국학을 설치하면서 『논어』를 필수과목으로 두고 설총이 방언으로 '구경九經'을 읽어 후생을 가르쳤다는 기록이 나온다. 이를 통해 대략 7세기경에는 『논어』가 널리 전파되었을 것으로 짐작된다. 또한 원성왕元聖王 4년788에 소위 '독서삼품과讀書三品科'를 설치하면서 상품과 중품에 『논어』를 필수로 했다는 기록이 나온다. 당시 『논어』가 매우 중시되었음을 짐작케 해주는 대목이 아닐 수 없다.

고려조에 들어와 『논어』는 더욱 중시되었다. 『문헌비고文獻備考』에는 문종 10년1056에 서경유수의 상주에 의해 여러 학원에 『논어』를 비롯한 경전을 각각 한 부씩 인쇄해 배포한 기록이 나온다. 또한 『고려사』 [열전]에는 예종이 동궁으로 있을 때 『논어』를 강독했고, 문성공文成公 김인존金仁存이 『논어신의論語新義』를 찬술해 올렸다는 기록이 나온다. 『고려사』 [열전]에는 이밖에도 안향安珦이 성리학을 도입하고 제자인 권부權溥가 주희의 『사서집주』 간행을 건의한 대목이 나온다. 이를 통해 고려조 말기에는 『논어』가 사대부들의 필독서가 되었음을 대략 짐작할 수 있다. 『문헌비고』에는 이보다 훨씬 앞선 문종 12년1135에 이미 『효경』과 『논어』를 여항의 어린 아이들에게까지 나눠주도록 한 기록이 나온다. 이 기록이 맞는다면 고려조 중엽에 이미 『논어』가 일반 백성에게까지 널리 보급된 것으로 보아야 한다.

조선조에 들어와 성리학이 유일무이한 통치이념으로 채택되면서 주희의 『논어집주』가 널리 읽히게 되었다. 태조 원년1392에는 과거제도를 확정하면서 『논어』를 초장初場 시험에 부과한 것은 물론 소과小科와 대과大科에서도 이를 필수로 삼게 했다. 이는 과거시험이 혁파되는 조선조 말기까지 계속되었다. 세종 원년 1419에는 송대 경학의 집대성인 『사서오경대전』과 『성리대전』이 입수되면서 주희의 『논어집주』에 송원대 제유諸儒의 설을 소주小注로 단 『논어집주대전論語集注大全』이 관 주도 하에 널리 보급되었다. 이에 『논어집주대전』은 조선조 말까지 가장 기본적이고 보편적인 교과서 겸 참고서로 유행케 되었다.

그러나 조선조에서는 『논어』에 대한 많은 연구에도 불구하고 주희의 주석에 반대하는 견해는 사문난적으로 몰린 까닭에 『논어』 연구 역시 『논어집주대전』의 범주를 넘어서지 못했다. 다만 최좌해崔左海의 『오서고금주소강의합찬五書古今註疏講義合纂』은 주희의 설을 그대로 묵수하지만은 않고 있어 주목된다. 그러나 이는 매우 희귀한 경우에 해당한다. 조선조 5백 년 동안 수많은 사대부들이 『논어』를 읽고 연구했지만 이에 관한 저서가 거의 없다는 사실이 이를 뒷받침한다. 그나마 여타 경서와 함께 해석한 것이 대부분이고 『논어』만의 단독적인 해석은 더욱 적었다. 그 이유는 무엇일까.

무엇보다 먼저 조선시대가 이론보다 실천을 강조한 점을 들지 않을 수 있다. 이는 성리학의 병폐이기도 하다. 성리학의 사상적 뿌리인 맹자 자체가 '학지學知'보다는 '덕행德行'을 중시했다. 이는 필연적으로 '지덕知德'의 겸비를 요구한 공자사상의 왜곡을 초래할 수밖에 없었다. 당시 학문은 성리학 일변도여서 주희를 공자 이후에 출현한 최고의 대현으로 추앙하며 그의 해석을 금과옥조로 여겼다. 주희가 이미 해석을 다 해놓은 상황에서 더 이상 해석할 필요를 거의 느끼지 않았던 것이다.

우리나라에서 나온 역대 주석서로는 고려조 김인존의 『논어신의論語新義』를 비롯해 조선조 때 김창협金昌協의 『논어상설論語詳說』, 이황李滉의 『논어석의論語釋義』, 이이李珥의 『사서율곡언해四書栗谷諺解』, 이익李瀷의 『논어질서論語疾書』, 박세당朴世堂의 『논어사변록論語思辨錄』, 정약용丁若鏞의 『논어고금주論語古今註』, 박문호朴文鎬의 『논어집주상설論語集注詳說』 등을 들 수 있다.

이들 여러 주석서 중 자랑할 만한 것으로는 오직 다산茶山 정약용의 『논어고금주』뿐이다. 나머지 주석서는 주희의 『논어집주』를 거의 그대로 모방한 데 불과하다. 독창적인 해석을 내린 것으로는 다산의 『논어고금주』가 거의 유일하다고 해도 과언이 아니다. 다산은 한유의 고주와 송유의 신주에 대해 공평한 태도로 빠짐없이 참고하는 열정을 보여주었다. 이는 그가 기존의 권위를 배격하고 오직 옳은 것만을 구하겠다는 구도자의 자세를 견지한 데 따른 것이었다.

당시 다산은 공자의 언행과 관련해 여러 책이 있으나 후학이 따를 만한 것으로는 오직 『논어』밖에 없다고 단언하면서 『논어』에서 가장 중요한 것은 실천이라고 주장했다. 그는 6경을 비롯한 경전은 모두 읽어야 하나 오직 『논어』만은 종신토록 읽을 만하다고 생각했다. 『논어』에 대한 그의 해석방식은 독특했다. 한대로부터 명청대에 이르기까지 경전 해석에 도움이 되는 것을 널리 수집한 뒤 좋은 것은 취하고 의견이 대립되는 것은 객관적인 입장에서 논평하는 자세를 견지했다. 그는 52세가 되는 1813년 겨울에 40권에 달하는 대저 『논어고금주』를 완성했다.

다산의 『논어고금주』는 말 그대로 한 · 중 · 일 3국에서 나온

고금의 모든 주석을 집대성한 것이었다. 단순한 집대성이 아니라 모든 주석을 비판적으로 취사선택한 뒤 자신의 독창적인 주석을 가미한 것으로 당대 최고의 주석서라고 할 수 있다. 『논어고금주』에 나오는 고주와 신주는 다산의 독창적인 해석을 위한 참고 자료에 불과했을 뿐이다. 『논어고금주』에 나오는 다산의 독창적인 해석은 무려 1백여 곳에 달한다. 이는 다산의 평생에 걸친 『논어』 연구의 결정판이기도 했다.

다산의 『논어고금주』는 양과 질에서 당대의 압권이라고 할 수 있다. 당시 중국과 일본을 통틀어 이만한 거작은 존재하지 않았다. 이에 비견할 만한 것으로는 20세기 초에 출간된 정수덕의 『논어집석』을 들 수 있다. 그러나 이는 고주와 신주의 나열에 그치고 독창적인 해석이 매우 드물어 질적인 면에서는 『논어고금주』에 못 미친다.

당시 조선조에서는 『대학』과 『중용』 중심의 학문적 풍토로 인해 『논어』에 대한 관심은 상대적으로 떨어졌다. 다산의 선배인 백호白湖 윤휴尹鑴는 비록 당쟁의 여파이기는 하나 『논어』에 대한 저서를 남긴 게 별로 없다. 서계西溪 박세당朴世堂도 비록 『논어사변록』을 펴내기는 했으나 전체를 다 주석해 놓은 것이 아니었다. 성호星湖 이익도 『논어질서論語疾書』를 남기기는 했으나 [자장]편과 [요왈]편이 생략된 데다가 전체를 다 주석해 놓은 것도 아니다.

이들 세 사람은 『논어』보다 『대학』과 『중용』에 공을 들였다. 이는 말할 것도 없이 성리학의 영향으로 인한 것이었다. 이러한 시류 속에서 다산은 『논어』의 해석에 모든 열정을 쏟아부었던 것이다. 그가 『논어』에 이토록 심혈을 기울인 것은 공소한 성리학의 이론논쟁을 반대한 사실과 무관치 않다.

다산의 『논어』 연구는 공자 당시의 고의를 찾아내고자 하는 노력으로 표출되었다. 다산이 활약할 당시 조선조에서는 이미 참다운 공학의 자취는 찾아볼 길이 없었다. 이에 다산은 공자시대의 고의를 찾기 위해 공문의 언행록인 『논어』에 심혈을 기울인 것이다. 당시 성리학의 관점에서 『논어』를 해설한 『논어집주대전』은 공자사상의 원형과 거리가 먼 것이었다.

다산의 『논어고금주』는 단순한 성리학 내지 훈고학적인 해석과는 그 질과 격을 달리 하고 있다. 그는 성리학과 훈고학을 뛰어넘어 공학의 고의를 찾고자 했다. 그는 고의를 통해 새로운 군자학의 세계를 구축코자 했던 것이다. 이는 청대 말기에 나타난 캉유웨이康有爲의 소위 '탁고개제托古改制' 정신과 상통하는 것이었다. 다산이 시종 성리학에 대해 비판적인 입장을 취한 것도 바로 이 때문이었다.

물론 다산 이전에 박세당도 성리학을 비판하는 관점에서 주석서를 펴내 사문난적으로 몰린 바 있다. 그러나 그의 『논어변사록』은 비록 사문난적으로 몰리기는 했으나 그 체제 등에서 주희의 『논어집주』를 그대로 답습한 것이었다. 이에 반해 다산의 주석은 시종 주희의 주석에 대해 매우 도전적이었다. 그는 『논어』를 주희의 482장과 달리 모두 488장으로 나누고 주희가 17절로 나눈 [향당]편을 모두 34절로 나누는 등 주석의 기본틀부터 정면으로 이의를 제기하고 나섰다. 사문난적으로 치면 박세당에 비할 바가 아니었던 것이다. 내용상으로도 유학의 근본개념인 인仁과 서恕,

성性 등에서 주희와는 완전히 다른 새로운 이론을 제시했다. 당시의 기준으로 볼 때 이는 파격이 아닐 수 없다. 본서는 주희의 『논어집주』와 기본입장을 달리하는 다산의 견해를 거의 빠짐없이 반영했다.

그러나 다산의 주석 역시 일정한 한계를 노정하고 있다. 그 또한 성리학의 굴레에서 완전히 탈피하지 못했던 것이다. 뒤늦게 성리학을 받아들인 일본이 18세기 초에 오규 소라이가 등장하면서 성리학을 과감히 뛰어넘어 맹자가 아닌 순자에서 공학의 본지를 찾고자 한 것에 비춰 아쉬운 대목이 아닐 수 없다. 다산은 오규 소라이의 『논어징』을 읽고 크게 탄복했음에도 불구하고 스스로 맹자를 숭상한 이토 진자이 수준에 머물며 더 이상 나아가지 않으려고 했던 것이다. 이는 당시 조선조의 학문풍토와 무관치 않았을 것이다. 필자는 본장에서 주희는 말할 것도 없고 다산을 포함해 한 · 중 · 일 3국의 역대 주석을 모두 검토한 뒤 필자가 시종 강조해 온 '통치학'의 관점에서 완전히 새로운 주석을 시도했다.

제1절 [학이學而]편

[학이]편은 총 16장으로 이뤄져 있다. 각 장의 내용은 매우 잡다해 학문과 효제, 군자, 정치 등 여러 사안이 두루 언급돼 있다. 각 장의 순서도 반드시 어떤 필연적인 연계가 있는 것이 아니다. 그러나 전혀 무관계한 것이 두서없이 나열돼 있는 것만도 아니다.

원래 공문孔門은 공자가 천하유세를 마치고 귀국한 이후 진면목을 드러내기 시작했다. 공자가 만년을 교육에 바친 것은 군자를 양성키 위한 것이었다. 공문은 바로 군자양성을 위한 사립 사관士官학교였다고 해도 과언이 아니다. [학이]편에 공문의 문도에 대한 훈시와 주의가 집중되어 있는 점에 비춰 제1장은 대략 공문의 교훈校訓으로 보아도 대과가 없다.

[학이]편 16장 중 공자의 말이 반을 차지하고 있다. 이 중 절반에 해당하는 8개 장은 '자왈'로 시작하는 공문의 학규와 훈시로 이뤄져 있다. 나머지 8개 장은 '유자왈' 3개 장, '증자왈' 2개 장, '자하왈'이 1개 장, '자금문왈' 1개 장, 자공과 공자의 문답 1개 장 등으로 이뤄져 있다. [학이]편은 수장首章인 제1장과 말장末章인 제16장이 조응하고 있다. 그 중간에 그와 내용적으로 부합하는

공자의 말을 담은 6개 장이 끼어 있다.

『논어』의 주요 부분은 공문 사제師弟의 언행록으로 되어 있다. [학이]편도 예외가 아니다. 수장과 말장, 내용적으로 이에 부합하는 중간의 6개 장의 내용에 비춰 [학이]편은 공자가 만년에 연 공문의 교육방침을 모아놓은 것이라고 할 수 있다. 앞서 언급한 바와 같이 『논어』의 최초 편찬은 2대 제자 때에 노나라에 이뤄졌다. 2대 제자시대에 들어와서는 이를 문서형식으로 명백히 하고자 했다. [학이]편은 바로 이러한 의도 하에 편찬된 것으로 짐작된다.

그러나 [학이]편에 나오는 2대 제자시대의 전승傳承에는 공자의 말과 직제자의 언행이 뒤섞여 있다. 서로 관련을 맺은 2-3개 장이 하나로 묶여 있는 사실이 이를 뒷받침하고 있다. 편찬자는 직제자의 언행과 이에 뒤이은 공자의 말을 그대로 실은 뒤 이와 연관되는 내용을 전후로 배치시켰다. 공자의 언행을 담은 8개 장은 공문의 학칙에 가까운 성질을 띠고 있고, 각 장에 부수된 직제자의 언행 8개 장은 이에 대한 참고자료 성격을 띠고 있다. 이 양자를 포함한 전체가 바로 [학이]편이라고 할 수 있다.

공자의 언행을 담은 8개 장 및 직제자의 언행을 담은 8개 장 중 '자하왈'과 '자공왈'의 2개 장은 직제자 사이에서 나온 전문에 기초한 것이다. '유자왈'의 3개 장과 '증자왈'의 2개 장은 각각 유약 및 증삼의 제자로부터 나온 것이다. 다만 '자금문왈'의 1개 장만은 [학이]편이 제나라에 유전流轉된 이후에 부가된 것으로 짐작된다. [학이]편 원형의 편찬시기는 대략 2대 제자 때로 보인다.

[학이]편의 실제 편찬자는 증삼의 제자들로 보는 것이 타당하다. '유자왈'과 '증자왈'이 병존하고 있는 점에 주목해 유약의 제자와 증삼의 제자가 협동하여 편집한 것으로 보는 견해도 있으나 반드시 그같이 볼 필요는 없다. 유약은 증삼보다 33세의 연장자로 그들의 제자 사이에도 평균연령에 상당한 차이가 있었을 것이다. 2대 제자시대에는 증삼이 노나라 교학의 중심이 되어 있었던 점에 비춰 [학이]편은 전적으로 증삼의 제자가 만들었다고 보는 것이 타당하다. [학이]편은 증삼의 제자들이 공자의 직제자 이래의 전승을 토대로 거기에 부가된 유자의 말을 3개 장으로 채택하고, 스승인 증자의 말을 2개 장으로 덧붙여 만든 것으로 보는 것이 자연스럽다.

1-1

子曰, "學而時習之, 不亦說(=悅)乎. 有朋自遠方來, 不亦樂乎. 人不知而不慍, 不亦君子乎."

공자가 말했다.
"배우고 때때로 익히면 또한 기쁘지 않겠는가. 벗이 먼 곳에서 찾아오면 또한 즐겁지 않겠는가. 남이 알아주지 않을지라도 성내지 않으면 또한 군자가 아니겠는가."

'학이시습지' 대목과 관련해 주희는 『논어집주論語集註』에서 성선설에 입각해 풀이하기를, "뒤에 깨닫는 자는 반드시 선각자가 하는 바를 본받아야 한다"고 했다. 지나친 도학적 해석이 아닐 수 없다. 이에 대해 청대의 황식삼黃式三은 『논어후안論語後案』에서 '열說'을 철저하게 이해할 때 우러나오는 기쁨으로 해석했다. 그는 '열'이 통상 '설說'로 발음될 때의 의미와 관련이 있다고 주장했다. 이는 공문의 목표가 학자적 군자의 형성에 있음을 시사한다.

'불역열호'와 '불역낙호'에 나오는 '열'과 '낙'에 대해 정이천程伊川은 "열은 마음 속에 있는 것이고, 낙은 외면에 있는 것이다"라고 풀이했다. 그러나 그는 마음 속에 있는 것과 마음 밖에 있는 것의 구체적인 분류기준에 대해서는 아무런 언급도 해놓지 않았다. 대략 스스로 터득하는 즐거움과 붕우와 어울리는 즐거움을 형식적으로 구분한 듯하다. 굳이 '열'과 '낙'을 나눠볼 필요는 없을 것이다.

'인부지이불온'과 관련해 정이천은 "낙은 열을 통해 얻는 것이니 낙이 아니면 군자라고 말할 수 없다"로 풀이했다. 원래 '학이시습지'와 '유붕자원방래', '인부지이불온'은 전체적으로 하나의 문장을 이루고 있으나 서로 이론적인 연관성은 없다. 3개의 사건을 묶어 하나의 문장으로 만들어 놓은 것일 뿐이다. 대략 각기 다른 시기에 나온 공자의 말을 누군가가 모아 하나의 문장으로 만들어낸 것일 공산이 크다. 굳이 '열'과 '낙', '군자'의 관계를 점층적인 것으로 해석할 필요가 없는 것이다.

'불역열호'와 '불역낙호', '불역군자호'를 중첩한 것은 대략 젊은 학도들에게 학문을 하는 즐거움과 친구와 교제하는 즐거움, 세간의 경박한 평판에 동요되지 않는 자세를 권장키 위한 것으로 보인다. 최후의 두 구절인 '인부지이불온'과 '불역군자호'는 공문의 교육목적이 군자의 양성에 있고, 공문의 기본과목이 군자학임을 드러낸 것이다.

1-2

有子曰, "其爲人也孝弟(=悌)而好犯上者, 鮮矣. 不好犯上而好作亂者, 未之有也. 君子務本, 本立而道生. 孝弟也者, 其爲仁之本與."

유자(有子 : 有若)가 말했다.
"그 사람됨이 효성스럽고 공경스러우면서 범상(犯上 : 윗사람을 범함)을 좋아하는 자는 드물다. 범상을 좋아하지 않으면서 작란(作亂 : 난을 일으킴)을 좋아하는 자는 존재하지 않는다. 군자는 근본을 힘쓴다. 근본이 서면 도가 생긴다. 효성과 공경은 인의 근본이다."

주희는 '인'이란 사랑의 원리이고 마음의 덕인 까닭에 '위인爲仁'은 곧 '행인行仁'과 같다고 풀이하면서 '효제'가 '행인'의 근본이라고 주장했다. 이에 대해 정이천은 '인'을 체體, '효제'를 용用으로 풀이하면서 "인은 사랑을 말하고, 사랑은 어버이를 사랑하는 것보다 더 큰 것이 없다"고 주장했다. '수제修齊'를 통한 '치평治平'을 강조한 데 따른 해석이 아닐 수 없다.

본래 가족 차원의 '효제'와 국가 차원의 '충국忠國'은 차원이 다른 것이다. '효제'와 '충국'이 밀접한 관련이 있기는 하나 '효제' 자체가 곧 '충국'이 되는 것은 아니다. 오히려 '효제'를 지나치게 강조할 경우 '충국'이 소홀해질 수 있다는 점을 주의해야 한다. 개인적 의리와 공동체적 의리는 때로 상충할 수 있기 때문이다. 공동체가 번영키 위해서는 '효제'의 차원을 넘는 '충국'의 자세를 견지하는 것이 더욱 필요한 것임은 말할 것도 없다.

1-3

子曰, "巧言令色, 鮮矣仁."

공자가 말했다.
"교언영색(巧言令色 : 말을 교묘하게 하고 얼굴빛을 꾸밈)을 하는 자 중에는 어진 사람이 드물다."

주희는 '교巧'를 '호好', '영令'을 '선善'으로 보아 '교언영색'을 '말을 아름답게 하고 얼굴빛을 좋게 하는 외면의 치장을 지극히 해 남을 기쁘게 하는 것'으로 풀이했다. 정이천은 이 장을 두고 풀이하기를, "교언영색이 인이 아님을 안다면 곧 인을 아는 것이다"라고 했다. 대략 공자가 말한 취의趣意에 부합한다. 공자는 이 장에서 소인배들의 일반적인 행태를 지적하고 있다.

1-4

曾子曰, "吾日三省吾身. 爲人謀而不忠乎, 與朋友交而不信乎, 傳不習乎."

증자가 말했다.
"나는 날마다 세 가지로 내 몸을 살핀다. 남을 위해 일을 꾀하면서 충성스럽지 못했는가, 벗과 사귀면서 신실하지 못했는가, 전수받은 것을 익히지 못했는가 하는 것이 그것이다."

주희는 자신의 마음을 다하는 것을 '충忠', 성실히 행하는 것을 '신信', 스승으로부터 전수받는 것을 '전傳', 자신의 몸에 익숙히 하는 것을 '습習'으로 간주해 '충신忠信'을 '전습傳習'의 근본으로 삼아야 한다고 해석했다. 그러나 '충신'이 '전습'의 전제가 되어야 한다는 근거가 명확치 않다. 문맥상 이를 반드시 점층적으로 해석할 필요는 없을 것이다.

1-5

子曰, "道千乘之國, 敬事而信, 節用而愛人, 使民以時."

공자가 말했다.
"천승지국(千乘之國 : 1천 승의 병력을 지닌 중간급의 제후국)을 다스릴 때에는 일을 경건하면서도 미덥게 하고, 쓰는 것을 절약하며 백성을 사랑하고, 사민(使民 : 백성 동원)을 때에 맞게 해야 한다."

여기의 '도道'는 '치治'의 의미이다. 주희는 '경사敬事'와 '신信', '절용節用', '애인愛人', '시時' 등 5가지를 치국의 근본요점으로 보았다. 송대의 호인胡寅은 '이들 여러 덕목은 경敬을 기본으로 삼는다'고 주장한 바 있다. 이른바 '거경궁리居敬窮理'의 성리학적 기본원리에 입각한 해석이 아닐 수 없다. 그러나 공학이 시종 인간학으로 일관하고 있는 점을 감안할 때 오히려 '애인'을 가장 중요한 덕목으로 보는 것이 타당할 것이다.

공학의 궁극적인 목표는 군자의 완성이다. 군자는 학문과 인격에서 일반 민중보다 뛰어나야만 한다. 그래야 위정자가 될 자격이 있기 때문이다. 군자가 때를 얻은 경우는 당연히 정치에 참여해 정치의 원칙을 잘 지켜야 한다. 정치가 군자의 본업이기 때문이다. 여기의 천승지국은 공문에서 양성된 군자가 뜻을 얻어 정치에 참여할 경우 이에 합당한 나라의 기준을 제시한 것이다. '천승지국'을 잘 다스리면 곧 천하를 뜻하는 '만승지국萬乘之國'도 얼마든지 다스릴 수 있는 것이다. '백승지국'에서 '만승지국'에 이르기까지 하나같이 치도治道를 이룰 수 있는 요체는 어디까지나 '애민'에 있다. '경사'와 '절용' 등은 '애민'을 이루기 위한 수단일 뿐이다. '거경궁리'를 지나치게 강조할 경우 수단과 목적이 뒤바뀔 소지가 크다. 실제로 성리학의 병통은 '거경궁리'를 지나치게 강조한 데서 비롯되었다.

1-6

子曰, "弟子入則孝, 出則弟, 謹而信, 汎愛衆而親仁. 行有餘力則以學文."

공자가 말했다.
"제자(弟子 : 아우와 자식)**는 들어오면 효도하고, 나가면 공손하고, 삼가고 미덥게 하고, 널리 사람들을 사랑하며 어진 사람과 친해야 한다. 행하면서 여력이 있을 때는 학문**(學文 : 문화를 배운다는 뜻으로 교양을 익히는 것을 의미)**해야 한다."**

여기서 공자는 '효孝'와 '제弟', '근謹', '신信', '애愛', '친親', '문文' 등 7가지 덕목을 군자의 실천덕목을 제시하고 있다. 일부 학자는 이 대목을 [술이]편에 나오는 문文·행行·충忠·신信과 연결시켜 군자학의 상급과정으로 해석하고 있다. 이들은 이 장에 나오는 '문'을 [술이]편의 '문', '효·제·애·친'을 [술이]편의

'행', '근 · 신'을 [술이]편의 '충 · 신'으로 해석하고 있다. 나아가 이들은 [술이]편에 나오는 '문'을 시 · 서 · 예 · 악의 4과四科, '행'을 생활의 올바른 실천, '충 · 신'을 '문 · 행'의 기본자세를 의미하는 것으로 풀이하고 있다.

이러한 해석은 전통적으로 주희가 이 장과 [술이]편에 나오는 '문'을 4과와 6예를 포함한 것으로 해석한 데서 비롯된 것이다. 정이천은 제자의 직분을 다하고 힘이 남으면 글을 배우는 것이니, 그 직분을 닦지 않고 '문文'을 먼저 하는 것은 '치기治己'의 학문이 아니라고 주장했다. 이들은 덕행을 학문보다 우선시했던 것이다. 그러나 이는 공문에서 얼마나 '학지學知'를 중시했는지를 간과한 것이다. 당시 공문에서 군자의 완성을 위해 가르친 기본 교과목은 어디까지나 시 · 서 · 예 · 악의 4과였다. 이 장에 나오는 덕목과 [술이]편의 '문 · 행 · 충 · 신'은 어디까지나 군자의 실천덕목에 불과할 뿐이다. 이 장과 [술이]편의 '문'은 호학好學하는 태도를 말하는 것으로 시 · 서 · 예 · 악의 4과를 의미하는 것이 아니다.

1-7

子夏曰, "賢賢易色, 事父母能竭其力, 事君能致其身, 與朋友交言而有信. 雖曰 '未學', 吾必謂之學矣."

자하가 말했다.

"현현(賢賢 : 현자를 현자로 대함)**하되 호색지심**(好色之心 : 색을 좋아하는 마음)**으로 호현**(好賢 : 현자를 좋아함)**과 바꾸고, 사부모**(事父母 : 부모를 섬김)**하되 그 힘을 다하고, 사군**(事君 : 군주를 섬김)

하되 그 몸을 바치고, 여붕우(與朋友 : 벗과 사귐)하되 말에 믿음이 있어야 한다. 그리 하면 비록 배우지 못했다 할지라도 나는 반드시 그를 배웠다고 말할 것이다."

'현현역색賢賢易色'의 '역易'과 관련해 공안국은 '호색지심'과 동일한 마음가짐으로 '호현好賢'하는 것을 뜻한다고 주장했다. 이에 대해 정이천은 '현자를 보고 안색을 바꾸는 것'으로 풀이했다. 그러나 황간은 『의소』에서 '현현지심賢賢之心'을 '호색지심好色之心'과 바꾸는 것으로 풀이했고, 주희도 이를 좇았다.

본래 '호색지심'과 '현현지심'은 대상이 달라지는 데 따른 다양한 심리상태를 말한다. '호색지심'은 '현현지심'과 달리 모든 사람이 고루 지니고 있는 것이다. 군자라고 하여 '호색지심'이 없을 리 없다. 그러나 군자는 '호색지심' 이외에도 '현현지심'을 지니고 있다. 군자의 '현현지심'은 '호색지심'과 대립되는 개념이 아니다. 군자라고 하여 '호색지심'을 근절하고 '현현지심'만을 지녀야 하는 것은 아니다. 다만 군자일지라도 '호색지심'이 지나치게 강할 경우 '현현지심'이 소홀해질 수밖에 없다. 자하는 바로 이 점을 지적한 것이다. '현현역색'의 '역'은 바로 '호색지심'과 같은 마음으로 '호현'하는 것을 의미한다. 이같이 새기는 것이 공학의 기본취지에 부합한다.

1-8

子曰, "君子不重則不威, 學則不固. 主忠信, 無友不如己者, 過則勿憚改."

공자가 말했다.
"군자가 중후하지 않으면 위엄스럽지 않고, 배워도 견고하지 못하다. 충신(忠信 : 충성과 믿음)을 주로 하고, 자신보다 못한 자와 벗하지 않고, 허물이 있으면 고치기를 꺼려 하지 말아야 한다."

공자는 이 장에서 군자에 관한 구체적인 인간상을 제시하고 있다. 군자답기 위해서는 중후해야 하고, 고루하지 않기 위해 학식을 지녀야만 한다. 어떤 일에도 성실하여 필요 없는 자로 취급되지 말아야 한다. 과오를 범하지 않는 용기와 겸양을 지녀야 한다는 것이 공자의 지적이다.

1-9

曾子曰, "愼終追遠, 民德歸厚矣."

증자가 말했다.
"상사(喪事)를 삼가며 먼 조상을 추모하면 백성의 덕이 후한 곳으로 돌아갈 것이다."

주희는 '신종'과 '추원'을 각각 초상初喪에 그 예를 다하고 제사에 정성을 다하는 것으로 풀이했다. 상례喪禮와 제례祭禮를 중시한 유가의 기본입장을 설명한 것이다. '효제'를 강조한 증자학파의 기본입장이 잘 드러난 대목이기도 하다.

1-10

子禽問於子貢曰, "夫子至於是邦也, 必聞其政. 求之與, 抑與之與." 子貢曰, "夫子, 溫·良·恭·儉·讓以得之. 夫子之求之也, 其諸(=之於)異乎人之求之與."

자금(子禽 : 陳亢)이 자공에게 물었다.
"부자(夫子 : 공자)가 이 나라에 이르면 반드시 그 정치를 듣고 있습니다. 이는 부자가 그것을 구하여 그런 것입니까, 아니면 이 나라가 허락해 그런 것입니까."
자공이 대답했다.
"그것은 공자가 온(溫 : 온화)·량(良 : 선량)·공(恭 : 공경)·검(儉 : 절제)·양(讓 : 사양)의 덕행을 보임으로써 마침내 그리 된 것이다. 부자가 구하는 것은 다른 사람들이 구하는 것과 다르다."

'자금'을 두고 주희는 공자의 제자와 자공의 제자라는 설 중 어느 것이 타당한지 알 길이 없다고 말했으나 『논어』의 내용을 종합해 볼 때 자공의 제자로 보는 것이 타당하다. 자금이 말한 내용 중 '억여지抑與之' 구절의 '여與'를 두고 정현은 '공共'으로 풀이했으나 주희는 '수授'로 풀이했다. 다산茶山 정약용丁若鏞도 주희의 해석을 좇았다. 문맥상 주희의 해석이 타당하다. 자공이 말한 내용 중 '온·량·공·검·양' 구절의 단구斷句 : 구두점 끊기 문제와 관련해 정현과 주희는 공자의 5가지 덕행을 지칭하는 것으로 풀이했다. 그러나 다산은 자공이 공자의 덕행으로 언급한 것은 '온·량·공·검' 등 4가지뿐이고, '양讓'은 아래 구절과 붙여 '양이득지讓以得之'로 읽어야 한다고 주장했다. 다산의 해석은 매우 뛰어난 것이기는 하나 전체 문맥으로 보아 전래의 해석이 보다 자연스럽다. 이 구절에 나오는 '其諸 … 與'의 어법은 제나라의 방언이다. 『춘추공양전』 [노환공 6년]조와 [노민공 원년]조에도 이러한 어법이 나온다. 이 구절은 제나라에서 첨가 내지 윤색된 것으로 보인다.

1-11

子曰, "父在觀其志, 父沒觀其行, 三年無改於父之道, 可謂孝矣."

공자가 말했다.
"부친이 계실 때에는 그 자식의 뜻을 살피고, 돌아가실 때에는 그 자식의 행동을 살피는 것이니 3년 동안 부친의 도(道 : 가르침)를 고치지 않아야 가히 효라고 말할 수 있다."

주희는 풀이하기를, "부친이 살아 있을 때에는 자식이 스스로 마음대로 할 수 없으나 대략 그 자식의 뜻은 알 수 있고, 부친이 별세한 후에야 그 자식의 행동을 관찰할 수 있는 까닭에 반드시 3년 동안 부친의 도를 고치지 않는 자가 진정한 효를 행하는 것이고, 그렇지 않으면 비록 선하다 할지라도 효라고 할 수 없다"고 했다. 부친의 뜻을 계속 받드는 것은 가하나 고식적으로 반드시 3년을 지켜야 한다는 주장은 형식에 치우친 감이 있다. 상황이 바뀌었을 때에는 그에 합당한 변용을 가하는 것이 타당할 것이다.

1–12

有子曰, "禮之用, 和爲貴. 先王之道斯爲美. 小大由之, 有所不行. 知和而和, 不以禮節之, 亦不可行也."

유자(有子)가 말했나.
"예의 쓰임은 조화를 귀하게 여긴다. 선왕의 도는 이로 인해 아름다운 것이다. 크고 작은 일은 여기서 비롯되니 일에는 실행치 못할 것이 있다. 조화의 취지를 알고 조화만 추구한 채 예로써 이를 절제하지 않으면 또한 실행치 못할 것이다."

이 장은 『예기』에서 말하는 '예禮'와 '악樂'의 상호 관계를 요약해 표현해 놓은 것으로 이 장의 '화'는 '악'을 의미한다. '예'를 지나치게 강조하면 조화를 깨뜨릴 수 있고 '화', 즉 '악'을 지나치게 행하면 '예'가 무너질 소지가 크다는 사실을 지적하고 있다. '예'와 '악'은 상호 보완적으로 운용해야만 군신관계를 비롯해 부자와 부부, 형제, 붕우 등 모든 인간관계를 원만하게 이끌 수 있다고 지적한 것이다. 공자가 '예'와 '악'을 '예악'으로 연칭連稱해 부른 이유가 바로 여기에 있다.

이를 두고 주희는 '예'를 '천리天理의 절문節文'이자 '인사人事의 의칙儀則'으로 풀이했다. 주희의 이러한 풀이는 소위 '천리인욕설天理人欲說'에서 나온 것으로 공학의 본래 취지와는 다른 것이다. 공자가 말한 '예'는 상하좌우로 얽혀 있는 모든 인간관계 및 개인과 공동체 간의 관계를 규제하는 일체의 예절과 관행 등을 총칭한 개념이다. 이는 형이상학적인 '천리'와는 거리가 먼 것이다. 정이천과 주자가 만들어낸 소위 '정주성리학程朱性理學'은 지나친 '사변론'과 '명분론', '수제론修齊論'으로 치달은 나머지 공학의 본의에서 크게 일탈해 있다.

1-13

有子曰, "信近於義, 言可復也. 恭近於禮, 遠恥辱也. 因不失其親, 亦可宗也."

유자가 말했다.
"믿음이 의에 가까우면 말을 실행할 수 있다. 공손함이 예에 가까우면 치욕을 멀리 할 수 있다. 의탁함이 그 친함을 잃지 않으면 또한 받들 수 있다."

주희는 이 장에 나오는 '신信'을 '약신約信 : 약속', '의義'를 '사지의事之宜 : 일의 마땅함', '복復'을 '천언踐言 : 말의 실천', '공恭'을 '치경致敬 : 지극한 공경', '예禮'를 '천리의 절문節文 : 요약해 놓은 典章', '인因'을 의지함, '종宗'을 주인으로 해석해 놓았다. 대체로 타당하나 '예'에 대한 그의 해석은 앞장의 비판이 그대로 적용될 수 있다.

1-14

子曰, "君子食無求飽, 居無求安, 敏於事而愼於言, 就有道而正焉, 可謂好學也已."

공자가 말했다.
"군자는 음식을 먹으며 배부름을 구하지 않고, 거처하며 편안함을 구하지 않고, 일을 민첩하게 행하며 말을 삼가고, 도가 있는 곳으로 나아가며 행실을 바로 잡아야 한다. 그리 하면 가히 호학(好學 : 배움을 좋아함)이라 이를 만하다."

공자는 이 장에서 공문의 이상인 군자가 되기 위한 구체적인 방법론을 제시하고 있다. '식무구포'와 '거무구안', '민어사', '신어언', '취유도이정' 등 5가지 방안이 바로 그것이다. '민어사', '신어언'을 하나로 묶어 모두 4가지 방안으로 해석하는 견해도 있으나 둘로 나눠보는 것이 내용상 타당하다.

1-15

子貢曰, "貧而無諂, 富而無驕, 何如." 子曰, "可也, 未若貧而樂, 富而好禮者也." 子貢曰, "詩云, '如切如磋, 如琢如磨', 其斯之謂與." 子曰, "賜也, 始可與言詩已矣. 告諸往而知來者."

자공이 물었다.
"가난해도 아첨하지 않고, 부유해도 교만하지 않으면 어떠합니까."
공자가 대답했다.
"가하다. 그러나 가난해도 즐거워하고, 부유해도 예를 좋아하는 사람만 못하다."
자공이 또 물었다.
"『시』에 이르기를, '자르는 듯하고, 미는 듯하고, 쪼는 듯하고, 가는 듯하다'고 했으니 이를 말하는 것입니까."
공자가 크게 칭송했다.
"사(賜)는 이제 비로소 더불어 『시』를 얘기할 만하다. 지나간 것을 말해주자 다가올 것을 미리 아는구나."

여기에 인용된 『시』의 '절차탁마切磋琢磨' 구절은 『시경』 [위풍·기오淇奧]편에 나오는 내용이다. 주희는 '절·차, 탁·마'로 간주해 '절'과 '탁'이 이뤄져야 '차'와 '마'가 이뤄지는 것으로 해석 놓았다. 그러나 '절차탁마'를 굳이 점층적으로 해석할 필요는 없다. '절차탁마'는 뼈와 뿔, 옥, 돌을 다듬는 것으로 군자학 연마를 의미한다. 당시 자공은 공문의 직제자들 중 가장 총명한 인물이었다. 그는 공자의 말을 듣고 그 뜻을 미리 헤아림으로써 공자로부터 '더불어 『시』를 얘기할 만하다'는 칭송을 듣게 된 것이다.

1–16

子曰, "不患人之不己知, 患不知人也."

공자가 말했다.
"남이 자신을 알아주지 않는 것을 걱정하지 말고, 자신이 남을 알지 못하는 것을 걱정해야 한다."

공문의 최종목표인 군자는 본질적으로 위정자가 되고자 하는 것이다. 그러나 당시 신분세습의 봉건질서가 잉존仍存하고 있었던 까닭에 세습귀족이 아니고는 실질적으로 위정자가 되는 길이 봉쇄되어 있었다. 공자는 미구에 신분세습의 봉건질서를 대신하는 능력본위의 새로운 통치질서가 도래할 것을 확신했다. 공문에서 군자학을 습득한 자들은 비록 현실적인 장벽에 막혀 위정자가 되지 못할지라도 장차 새로운 세상이 도래하면 진정한 위정자가 될 사람들이었다. 당시 공자는 군자가 되고자 하는 제자들에게 타인의 '불기지不己知'를 염려하지 말고 자신의 '부지인不知人'을 걱정하며 간단없이 군자학을 연마하라고 독려한 것이다.

제2절 [위정爲政]편

[위정]편은 총 24개 장으로 구성되어 있다. '위정'이라는 편명은 제1장의 '위정이덕爲政以德'에서 나온 것이다. 제1장과 제3장, 제19–21장 등은 정치에 관한 얘기로 되어 있다. 21장에도 '위정'이라는 말이 나온다. 그러나 '위정'이 [위정]편 전체의 내용을 상징하는 것은 아니다. 각 장의 배열 또한 정연치 못해 어떤 명확한 목적과 의도 하에 편집된 것으로 보기가 어렵다. 그러나 부분적으로는 서로 접하고 있는 몇 개의 장이 동일한 문제를 다루고 있거나 동일한 개념을 포함하고 있어 아무런 방침도 없는 잡찬雜纂이라고 말하기는 어렵다. [위정]편은 노나라 공문 후학의 손에 의해 만들어진 것으로 보인다. 전체의 내용에 비춰 그 시기는 대략 직제자의 시대를 지나기는 했으나 공자가 생존했을 당시의 기억이 아직 생생하던 때인 듯하다.

2-1

子曰, "爲政以德, 譬如北辰居其所, 而衆星共之."

공자가 말했다.
"덕치(德治)를 펼치는 것은 비유컨대 북극성이 제자리에 머물러 있는데 모든 별이 그에게 향하는 것과 같다."

이 장에서는 공문에서 강조하는 위정자로서의 군자가 취해야 할 기본입장이 설명되어 있다. 그것은 바로 '덕치주의德治主義'이다. 보다 구체적으로 말하면 '예치주의禮治主義'를 뜻한다. 예치주의는 순자가 강조한 것이기도 하다. 공학의 적통을 이은 것으로 간주된 맹자는 '인의仁義'를 강조한 까닭에 '예치주의'보다 소위 '의치주의義治主義'를 주장했다. 이는 공학의 '예치주의'와 다른 것이다. 소위 '공맹학孔孟學'은 후대의 성리학자들이 만들어낸 일종의 상징에 가깝다.

이 장에 나오는 '북신北辰'은 곧 북극성으로 성점星點이 없어 '신辰'이라고 한 것이다. '중성공지衆星共之'와 관련해 주희는 '공共'을 '향向'으로 간주해 뭇별들이 사면에서 북극성을 둘러싸고 귀향歸向하는 것으로 풀이하면서 덕치를 펼치면 무위無爲해도 천하가 돌아오는 것과 같다고 주장했다. 이에 대해 포함은 풀이하기를, "덕자德者의 무위는 마치 북신이 옮기지 않고 뭇별과 함께 하는 것과 같다"고 했다. 형병邢昺은 『논어주소論語注疏』에서 풀이하기를, "순박한 덕을 잃지 않고 무위청정無爲淸靜으로 교화하면 뭇별이 북신을 함께 높이듯이 정치가 선해진다"고 했다. 주희를 비롯한 대부분의 사람이 이를 소위 '무위설無爲說'로 해석한 셈이다.

다산은 무위설은 노자의 설이고 한나라 이전만 하더라도 이러한 설이 없다고 주장하면서 주희 등의 무위설을 정면으로 반박하고 나섰다. 다산은 '공'을 '동同'으로 보아 '북신'이 바른 자리에서 천추天樞를 돌면 뭇별들이 북신을 좇아 함께 도는 것을 뜻한다고 해석했다. 위정자가 스스로를 바르게 한 뒤에야 백성들이 그의 교화를 좇아 함께 움직이는 이치를 바로 북신에 비유했다는 것이다. 북극성이 붙박이처럼 머물러 있는 것이 아니라 뭇별들과 함께 천추를 중심으로 도는 것과 같이 위정자도 먼저 스스로를 바르게 해야 한다고 풀이한 다산의 해석이 탁이卓異하다.

2-2

子曰, "詩三百, 一言以蔽之, 曰 '思無邪'."

공자가 말했다.
"『시』 삼백 편의 뜻을 한 마디로 말하면 '사무사(思無邪 : 생각에 간사함이 없음)'로 요약할 수 있다."

이 장에서는 공문의 교양필수 과목인 『시』의 기본정신을 말하고 있다. 『시』는 요즘의 문학에 해당하는 것으로 시 · 서 · 예 · 악으로 불리는 소위 4과 중 가장 기본이 되는 과목이기도 했다. 공자가 천하유세를 마치고 돌아온 뒤 개설한 공문에서 가르친 『시』는 현재 전해지고 있는 『시경』과 거의 대동소이하다. 『시』의 교재만큼은 『서』와 『예』, 『악』 등 다른 교과목의 교재와 달리 당시 이미 완벽한 체계를 갖췄다고 보아도 큰 무리가 없다.

'사무사'의 해석과 관련해 '사思'를 감탄사로 보아 이 대목을 말의 사육에 관한 시의 일절로 간주한 나머지 '아, 재난이 없도록 하소서'로 풀이하는 견해도 있다. 유가경전의 영역英譯에 지대한 공헌을 한 레게J. Legge는 '사'를 '생각하다'로 번역하는 것은 불합리하고 주장한 바 있다. 참고할 만한 견해가 아닐 수 없다.

2-3

子曰, "道之以政, 齊之以刑, 民免而無恥. 道之以德, 齊之以禮, 有恥且格."

공자가 말했다.
"정령(政令)으로 인도하고, 형벌로써 가지런히 하고자 하면 백성들이 이를 면하려고만 하여 이내 부끄러움을 모르게 된다. 그러나 덕으로 인도하고 예로써 가지런히 하면 부끄러움을 알고 격심(格心 : 선에 이르는 마음)을 갖게 될 것이다."

이 장 역시 제1장과 마찬가지로 위정자로서의 군자가 취해야 할 기본입장인 '예치주의'를 부연해 설명하고 있다. 정형政刑의 한계를 언급함으로써 내용적으로 예치의 기본특징을 언급한 제1장과 상호 조응照應하고 있다. 제1장과 제3장 모두 치술治術을 말하고 있는 것이다. 이 장에서는 공학이 강조하고 있는 '예치주의'의 특징이 극명하게 드러나고 있다. 그러나 공자가 결코 '법치주의'를 반대했던 것은 아니다. 그 또한 '예치주의'가 통용되지 않는 부분에 대한 '최소한의 법치주의'는 필요하다고 보았다.

2-4

子曰, "吾十有五而志于學, 三十而立, 四十而不惑, 五十而知天命, 六十而耳順, 七十而從心所欲, 不踰矩."

공자가 말했다.
"나는 15세에 학문에 뜻을 두었고, 30세에 자립했고, 40세에 의혹되지 않았고, 50세에 천명을 알았고, 60세에 만사가 귀에 거슬리지 않게 되었고, 70세에 마음이 좇는 바대로 행할지라도 법도를 넘지 않게 되었다."

이 장은 공자가 자신의 일생을 술회한 것이다. 14년간에 걸친 천하유세를 마치고 노나라로 돌아왔을 때 공자의 나이는 이미 69세에 달해 있었다. 74세에 죽을 때까지 불과 4년 반 정도의 짧은 기간이었지만 공자는 시·서·예·악과 관련된 고전을 정리하며 헌신적으로 제자들을 길러냈다. 이때 자하 및 증삼 등과 같이 뛰어난 후기 제자들이 공문에 입문해 공자 사후에 공학을 전하는 데 결정적인 공헌을 하게 되었다. 이에 비춰 이 장에 나오는 공자의 술회는 대략 세상을 떠나기 1–2년 전에 한 것으로 짐작된다.

여기서 말한 15세의 '지학志學'은 학문에 뜻을 두었다는 것을 말한다. 30세의 '이립而立'은 장차 새로운 세상에 부응키 위한 학문을 찾아내고자 다짐한 것을 의미한다. '이립'은 반드시 30세를 의미하는 것이 아니다. 3환의 전횡을 피해 제나라로 유학을 갔을 당시인 30대 후반으로 보는 것이 타당하다. 40세의 '불혹不惑' 역시 40대 중반으로 보는 것이 옳다. 이는 제나라 유학을 마치고 노나라로 귀국할 당시 '군자학의 정립'을 자신의 평생 과업으로 삼게 되었음을 밝힌 것이다. 50세의 '지명知命' 역시 3환 제거에 실패한 뒤 천하유세를 떠나는 50대 후반의 심경을 밝힌 것이다. 60대의 '이순耳順' 또한 14년간에 걸친 천하유세를 마치고 노나라로 귀국하는 60대 후반의 심경을 언급한 것이다. 마지막으로 노나라로 귀국한 뒤 4년 반 동안의 70대 초반의 심경이 '불유구不踰矩'로 표현돼 있다.

2-5

孟懿子問孝. 子曰, "無違." 樊遲御, 子告之曰, "孟孫問孝於我. 我對曰, '無違'." 樊遲曰, "何謂也." 子曰, "生事之以禮, 死葬之以禮, 祭之以禮."

맹의자(孟懿子 : 仲孫何忌)가 효에 대해 묻자 공자가 이같이 대답했다.
"어기지 말아야 한다."
번지가 수레를 몰자 공자가 그에게 이같이 일러주었다.
"맹손(孟孫 : 맹의자)이 나에게 효에 대해 묻기에 내가 대답키를, '어기지 말아야 한다'고 했다."
번지가 물었다.
"무엇을 이르는 것입니까."
공자가 대답했다.
"생전에는 섬기기를 예로써 하고, 사후에는 장례를 예로써 하고, 제사를 예로써 지내는 것을 말한다."

제5-8장은 모두 '효'란 무엇인가에 관한 질문에 대한 공자의 대답으로 하나의 장군章群을 이루고 있다. 맹의자 중손하기는 맹희자孟僖子 중손확仲孫貜의 아들로 부친의 유언에 따라 동모제인 남궁경숙南宮敬叔과 함께 공자의 제자가 된 인물이다.『춘추좌전』[노소공 7년]조에 자세한 내용이 나온다. 공자의 제자들 중 송나라 사마 환퇴桓魋의 동생인 사마우司馬牛와 더불어 가장 신분이 높았던 인물에 속했다.

2-6

孟武伯問孝. 子曰, "父母唯其疾之憂."

맹무백(孟武伯)이 효에 대해 묻자 공자가 대답했다.
"부모는 오직 자식이 병들까 근심할 뿐이다."

'맹무백'은 맹의자 중손하기의 아들로『춘추좌전』의 기록에 따르면 이름이 설洩과 체彘 두 가지로 나온다. 그가 공자의 제자로 있었는지 여부는 확실치 않다. 고주古注는 "부모로 하여금 자식이 불의에 빠지는 것을 근심하지 않고, 오직 자신의 건강을 돌보도록 해야 효가 될 수 있다"고 풀이했다. 이에 대해 주희는 "자식의 건강을 걱정하는 부모의 마음을 자신의 마음으로 삼아 스스로 몸을 지키는 것이 효이다"라고 풀이했다. 같은 취지를 다르게 풀이한 동공이곡同工異曲인 셈이다.

2-7

子游問孝. 子曰, "今之孝者, 是謂能養. 至於犬馬, 皆能有養. 不敬, 何以別乎."

자유(子游 : 言偃)가 효에 대해 묻자 공자가 대답했다.
"지금의 효는 물질적으로 잘 봉양하는 것을 말한다. 그러나 견마(犬馬 : 개와 말)도 잘 사육하면서 부모를 공경하지 않으면 무슨 구별이 있겠는가."

주희는 이 장에 나오는 '양養'을 '음식공봉飮食供奉'으로 풀이했다. 대략 앞에 나오는 '양'은 이에 부합하나 '견마' 뒤에 나오는 '양'은 '사양飼養 : 사육'으로 풀이하는 것이 옳을 것이다.

2-8

子夏問孝. 子曰, "色難. 有事, 弟子服其勞. 有酒食, 先生饌, 曾是以爲孝乎."

자하가 효에 대해 묻자 공자가 대답했다.
"안색을 부드럽게 하는 것이 가장 어렵다. 선생(先生)에게 일이 있을 때 제자(弟子)가 그 수고로움을 대신하고, 주식(酒食 : 술과 밥)이 있으면 선생이 먼저 먹도록 하는 것을 두고 일찍이 효라고 한 적이 있는가."

주희는 '색난'을 '부모를 섬길 때 얼굴빛을 온화하게 하는 어려움'으로 풀이하면서 '선생'과 '제자'를 '부형父兄'과 '자제子弟'로 해석했다. 문맥상 타당하다. '주식'의 '식食'을 '밥을 먹이다'의 '사飼'로 읽어야 한다는 주장이 있으나 굳이 그같이 해석할 필요는 없다.

2-9

子曰, "吾與回, 言終日, 不違如愚. 退而省其私, 亦足以發. 回也不愚."

공자가 말했다.
"내가 회(回)와 더불어 온종일 얘기했다. 그가 내 말을 어기지 않아 일견 어리석은 듯했다. 그가 물러간 뒤 그의 사생활을 살펴보니 그 실체가 충분히 드러났다. 회는 어리석지 않다."

제9-11장의 3개 장은 밀접한 관련을 지닌 것은 아니나 나름대로 연관성이 있다. 안회의 호학을 칭송한 제9장은 제4장의 공자의 '호학'과 상응하고 있고, 제11장의 '온고지신溫故知新'은 배움을 논하고 있는 15장 이하와 상응하고 있는 점에서 볼 때 제9-11장은 하나로 묶어서 볼 필요가 있다. 이 장에서는 어리석은 듯하면서도 호학하는 안회의 뛰어난 면모가 잘 드러나 있다.

2-10

子曰, "視其所以, 觀其所由, 察其所安, 人焉廋哉, 人焉廋哉."

공자가 말했다.
"그 하는 바를 보고, 따르는 바를 살피고, 편히 여기는 것을 관찰하면 사람이 어떻게 자신을 숨길 수 있겠는가. 사람이 어떻게 자신을 숨길 수 있겠는가."

공자는 이 장에서 사람을 보는 방법을 말하고 있다. 이 장은 앞장인 제9장과 연관시켜 읽어야 그 뜻을 제대로 파악할 수 있다.

이 장을 두고 정이천은 풀이하기를, "자신에게 있는 것을 능히 알고 말하면서 궁리하면 이로써 능히 사람 관찰을 성인과 같이 할 수 있다"고 했다. <수제修齊→치평治平> 으로 요약되는 성리학의 기본입장에서 비롯된 해석이 아닐 수 없다. 이 장에서는 성리학에서 말하는 '거경궁리'가 전혀 언급돼 있지 않다. 오직 사람을 관찰하는 방법만이 언급돼 있을 뿐이다. '거경궁리'를 지나치게 강조한 성리학의 병통이 정이천의 주석에 극명하게 드러나고 있다.

2-11

子曰, "溫故而知新, 可以爲師矣."

공자가 말했다.
"온고지신(溫故知新 : 옛 것을 익히고 연구한 위에 새 것을 알게 됨)은 가히 스승으로 삼을 만하다."

주희는 '온溫'을 '연역演繹', '고故'를 '구소문舊所聞 : 옛날에 들은 것', '신新'을 '금소득今所得 : 지금 새로 터득한 것'으로 보고 "전에 들은 것을 때때로 익히고 항상 새로 터득하는 것이 있으면 가히 스승이 될 수 있다"고 풀이했다. 그러나 여기의 '온고지신'은 단순히 사람들의 스승이 될 수 있는 방법론이 아니라 공문의 궁극적 목표인 군자가 되는 방법론을 말한 것이다. 군자의 본령은 위정자이다. 공자는 위정자가 구체적으로 정책 등을 결정할 때 '온고지신'의 자세를 취할 것을 당부한 것이다. 이는 뒤에 나오는 제12-14장 모두 군자에 관한 해석으로 정리되어 있는 사실을 통해서도 쉽게 확인할 수 있다.

2-12

子曰, "君子不器."

공자가 말했다.
"군자는 한정된 그릇이 아니다."

주희는 이 장의 '군자'를 '성덕지사成德之士'로 풀이해 놓았다. 그러나 공자가 말하는 군자는 단순히 덕만을 쌓은 사람을 지칭한 것이 아니라 '지知'와 '덕德'을 겸비한 사람을 의미한다. '지'가 전제되지 않은 '덕'은 진정한 '덕'이 될 수 없다. '식견'이 천단淺短하기 때문이다. 이 장의 '군자'는 '지'와 '덕'을 겸비한 '지덕지사知德之士'로 풀이하는 것이 타당하다.

2-13

子貢問君子. 子曰, "先行其言, 而後從之."

자공이 군자에 대해 묻자 공자가 대답했다.
"먼저 그 말을 실행하고 이후에 이를 끊임없이 추구해 완성하는 사람이다."

주돈이周敦頤는 이를 두고 '선행기언'은 말하기 전의 행동, '이후종지'는 이미 실행한 뒤에 말하는 것으로 풀이했다. 이는 잘못이다. 공자는 실천을 중시했지만 '언言'과 '행行'에서 '행'을 '언'

보다 앞세운 적은 없다. '선행기언'은 실천을 하지 않은 채 말만 앞세우는 것을 경계한 것이고, '이후종지'는 한번 실천에 옮긴 일을 끊임없이 추구해 기필코 완성시키는 것을 의미한다. 공문에서 내세운 '지'와 '행'에 대한 기본입장은 '선지후행先知後行'이나 '선행후지先行後知'가 아닌 '지행합일知行合一'이었다.

2-14

子曰, "君子周而不比. 小人比而不周."

공자가 말했다.
"군자는 두루 조화를 이루나 당파를 만들지 않고, 소인은 당파를 만들며 두루 조화를 이루지 못한다."

주희는 여기의 '주周'를 '보편普徧 : 두루 미침'과 '공公', '비比'를 '편당偏黨 : 끼리끼리 도당을 형성함'과 '사私'로 풀이했다. 대체로 타당한 해석이다. 그러나 사리를 도모하는 소인들도 겉으로는 '공리公利'와 '공의公義'를 내세우고 있는 만큼 '주'를 '주선화해周旋和諧 : 두루 교제하며 조화를 이룸', '비'를 '비당영사比黨營私 : 무리를 형성해 사리를 도모함'로 풀이하는 것이 나을 것이다.

2-15

子曰, "學而不思則罔, 思而不學則殆."

공자가 말했다.
"배우되 생각하지 않으면 어둡고, 생각하되 배우지 않으면 위태롭다."

제15–18장의 4개 장 모두 군자의 배움에 관한 얘기이다. 공문이 내세운 군자는 단순히 덕성만을 갖춘 인물이 아니라 '지'와 '덕'을 겸비한 인물임을 보여주는 대목이 아닐 수 없다. 정이천은 이와 관련해 '박학博學'과 '심문審問', '신사愼思', '명변明辨', '독행篤行'의 5가지 과정 중 하나만 폐지해도 학문이 아니라고 주장했다. 공자는 이 장에서 군자의 학문은 단순히 책을 읽는 데 그쳐서는 안 되고 깊이 사유하고 경험하여 사물의 이치를 체득하는 경지로까지 나아가야 한다고 말한 것이다. 굳이 풀이한다면 정이천이 언급한 바와 같이 5가지 과정이 점층적으로 진행되는 것을 언급한 것으로 해석할 수도 있을 것이다. 그러나 공문에서 이 5가지 과정을 구체적인 실례로 든 적은 없다. 사변론에 치우친 성리학적 해석이 아닐 수 없다.

2–16

子曰, "攻乎異端, 斯害也已."

공자가 말했다.
"이단을 전공하면 해가 될 뿐이다."

역대 주석가들은 여기의 '공攻'을 대개 '전치專治' 내지 '전공專攻'으로 해석하고 있다. '전치'와 '전공'은 한 곳을 집중적으로 탐색한다는 뜻을 지니고 있다. '이단異端'에 대해서도 대략 비슷한 견해를 피력하고 있다. 황간皇侃은 '잡서雜書', 형병은 '제자백가서', 주희는 '양주楊朱와 묵적墨翟의 무리'로 해석했다.

그러나 공자의 시대에는 양주와 묵적 등을 비롯한 제자백가가 출현하지 않았다. 이를 주희처럼 유가사상이 유일한 통치이념으로 확정된 후대의 기준으로 해석해서는 안 되는 것이다. 당시 공자가 이단을 전공하는 것을 두고 단지 해로울 뿐이라고 지적한 점에 주목할 필요가 있다. 이는 가볍게 금지하는 것으로 엄금해야 한다는 취지가 아닌 것이다. 『공자가어』 [변정辨政]편에도 '이단'이라는 용어가 나온다. 여기에 사용된 용례를 보면 대략 '다른 단서' 정도의 뜻으로 인용돼 있다. 공자 당시의 '이단'이 후대의 '이단'과 다른 의미로 사용되었음을 뒷받침하고 있는 것이다.

육상산陸象山은 공자시대에 불교가 아직 중국에 들어오지 않았으니 여기의 '이단'은 양묵노불楊墨老佛 : 양주, 묵자, 노자, 부처 등을 지칭한 것이 아니라고 반박하면서 '단端'을 '단서端緖'로 풀이했다. 다산도 육상산 등의 설을 좇아 경전에 나오는 선왕의 가르침의 단서가 부재한 '중기衆技 : 여러 기술'로 풀이했다. 다산의 해석이 공문의 기본취지에 가까운 것임은 말할 것도 없다.

2-17

子曰, "由, 誨女知之乎. 知之爲知之, 不知爲不知, 是知也."

공자가 말했다.
"유(由 : 자로)야, 너에게 안다는 것이 무엇인지 가르쳐 주겠다. 아는 것을 안다고 하고, 모르는 것을 모른다고 하는 것이 바로 아는 것이다."

자로는 공문의 직제자 중 가장 의용義勇이 뛰어난 인물이었다.

주희는 자로가 알지 못하는 것을 억지로 안다고 여긴 일이 있어 공자가 이같이 말한 것으로 추론했다. 대략 타당한 추론으로 보인다.

2-18

子張學干祿. 子曰, "多聞闕疑, 愼言其餘則寡尤. 多見闕殆. 愼行其餘則寡悔. 言寡尤, 行寡悔, 祿在其中矣."

자장이 녹을 구하는 방법을 배우려고 하자 공자가 말했다.
"많이 들으면서 의심나는 부분을 빼놓고 나머지를 삼가서 말하면 허물이 적다. 많이 보면서 실행키 어려운 부분을 빼놓고 그 나머지를 삼가서 실행하면 후회하는 일이 적다. 말에 허물이 적고, 실행에 후회하는 일이 적으면 봉록이 그 안에 있을 것이다."

주희는 '다견궐태多見闕殆'의 '태殆'를 '소미안所未安 : 불안한 것'으로 해석했다. 이에 대해 크릴은 '추측만 할 수 있을 따름인 것'으로 풀이했다. 그러나 '문의聞疑'와 '견태見殆'가 대귀對句로 사용된 점에 비춰 '태'는 '본 것 중 실행키 어려운 부분'으로 해석하는 것이 타당하다.

2-19

哀公問曰, "何爲則民服." 孔子對曰, "擧直錯(=措)諸枉則民服, 擧枉錯諸直則民不服."

노애공(魯哀公 : 蔣)이 공자에게 물었다.

"어찌해야 백성이 복종하오."
공자가 대답했다.
"정직한 사람을 발탁해 굽은 사람 위에 두면 백성이 복종하고, 굽은 사람을 발탁해 정직한 사람 위에 두면 백성이 복종치 않습니다."

제19-21장의 3개 장은 모두 정치에 관한 문답으로 되어 있다. [위정]편은 모두 '자왈'로 되어 있으나 제19장만 유독 '공자대왈'로 되어 있다. 『논어』의 용례로 볼 때 공문 내에서의 전송傳誦은 모두 '자왈'로 되어 있는 데 반해 군주와의 회견 및 기타 공자의 언행과 관련한 공문 밖의 전송은 모두 '공자왈'로 표현되어 있다. 이 장은 군주와의 회견에 대한 공문 밖의 전송이 『논어』에 채택된 것으로 짐작된다.

2-20

季康子問, "使民敬忠以勸, 如之何." 子曰, "臨之以莊則敬, 孝慈則忠. 擧善而敎不能則勸."

계강자(季康子 : 季孫肥)가 공자에게 물었다.
"백성들을 공경과 충성으로 일에 힘쓰게 만들려면 어찌해야 합니까."
공자가 대답했다.
"대하기를 장중하게 하면 공경스럽고, 효도하고 자애하면 충성스러워집니다. 이를 잘하는 사람을 발탁해 잘못하는 사람을 가르치도록 하면 백성들이 모두 일에 힘쓸 것입니다."

주희는 '장莊'을 '용모단엄容貌端嚴 : 용모가 단정하고 엄숙함'으로 풀이했다. '단엄'은 자칫 전혀 웃음도 짓지 않는 지나친 도학자의 풍모로 오해될 소지가 있다. '장중莊重'으로 풀이하는 것이 나을 것이다.

2-21

或謂孔子曰, "子奚不爲政." 子曰, "書云, '孝乎惟孝, 友于兄弟, 施於有政'. 是亦爲政. 奚其爲爲政."

어떤 사람이 공자에게 물었다.
"그대는 어찌하여 정치를 하지 않는 것입니까."
공자가 대답했다.
"『서』에서 효에 관해 이르기를, '오직 효도하고 형제 간에 우애하며 정치에 덕을 베푼다'고 했소. 이 또한 정치를 하는 것이오. 어찌하여 벼슬하여 정치하는 것만이 정치일 수 있겠소."

이 장은 전반에 '공자왈'로 표현하고 뒷부분만 '자왈'로 표현한 점에 비춰 대략 『논어』를 편제할 때 동일한 내용으로 이뤄진 공문 밖의 전송과 공문 내의 전송을 종합해 하나의 장으로 만든 듯하다. 이 장에 인용된 『서』의 내용은 『서경』 [주서周書 · 군진君陳]편에 나오는 것이다. 공자가 이 장에서 '효제' 또한 '위정'이라고 말한 대목이 눈길을 끈다. 훗날 맹자를 비롯한 성리학자들은 이에 주목해 '수제'를 '치평'보다 우위에 두었다. 그러나 당시 공자가 '위정'에 직접 참여하지 않은 것은 어디까지나 부득이한 선택이었다는 점을 주의할 필요가 있다. 이를 두고 공자가 '효제'를 실질적인 '위정'으로 간주했다고 풀이하는 것은 잘못이다.

2-22

子曰, "人而無信, 不知其可也. 大車無輗, 小車無軏, 其何以行之哉."

공자가 말했다.
"사람으로서 믿음이 없으면 사람 노릇을 할지 모르겠다. 큰 수레에 예(輗 : 끌채 끝 쐐기)가 없고 작은 수레에 월(軏 : 끌채 끝 작은 쐐기)이 없으면 무엇을 가지고 앞으로 나아갈 수 있겠는가."

후한 말기의 포함은 '대거大車'를 '우거牛車', '소거小車'를 '사마駟馬'로 보았다. 주희는 '대거'를 평지에서 짐을 싣는 수레, '소거'를 전거田車 · 병거兵車 · 승거乘車의 총칭으로 보았다. 대략 크고 작은 수레를 나누어 지칭한 것으로 보면 될 것이다. 이 장을 두고 공안국은 풀이하기를, "사람으로서 믿음이 없으면 그 나머지는 끝내 옳은 것이 없음을 말한 것이다"라고 했다. 주희는 풀이하기를, "수레에 예 · 월이 없으면 앞으로 갈 수 없으니 사람으로서 믿음이 없는 것도 이와 같다"고 했다. 주희의 해석이 보다 명쾌하다.

'신信'을 말하고 있는 이 장은 일견 앞의 장들과 아무 관련이 없는 듯이 보인다. 본래 '신'은 사회관계에서 인간을 묶는 것으로, '신'이 없으면 사회가 성립할 수 없고 정치도 행해질 수 없다. 『논어』에는 '신'을 '예禮'와 '의義', '공恭' 등과 나란히 언급한 대목이 제법 많이 나온다. 공자는 이 장에서 '신'을 인정仁政을 천하에 펴는 데 없어서는 안 될 중요한 요건 중 하나로 거론하고 있다. '위정' 차원에서 앞의 장들과 밀접한 관련을 맺고 있는 것이다.

2-23

子張問, "十世可知也." 子曰, "殷因於夏禮, 所損益可知也. 周因於殷禮, 所損益可知也. 其或繼周者, 雖百世可知也."

자장이 물었다.
"10세대 이후의 일을 알 수 있습니까."
공자가 대답했다.
"은나라는 하나라의 예제를 이어받았으니 그 손익(損益 : 빼고 더한 부분)을 가히 알 수 있고, 주나라는 은나라의 예제를 이어받았으니 그 손익을 가히 알 수 있다. 혹 주나라를 계승하는 자가 있다면 비록 1백 세대 이후의 일일지라도 가히 알 수 있을 것이다."

이 장과 관련해서도 예로부터 많은 논란이 있었다. 마융은 풀이하기를, "하 · 은 · 주 3대가 앞선 왕조로부터 이어받은 것은 곧 삼강오륜三綱五倫을 말한 것이고, '손익'은 문질삼통文質三統을 말한 것이다"라고 했다. 주희는 마융의 해석을 좇으면서 이같이 설명해 놓았다.

> 마융이 말한 '문질삼통'의 '문질'은 곧 하나라가 충忠을 숭상하고, 은나라가 질質을 숭상하고, 주나라가 문文을 숭상한 것을 말한다. '삼통'은 하나라가 인월寅月 : 음력 1월을 정월로 삼아 인통人統을 세우고, 은나라가 축월丑月 : 음력 11월을 정월로 삼아 지통地統을 세우고, 주나라가 자월子月 : 음력 12월을 정월로 삼아 천통天統을 세운 것을 말한다. '삼강오상三綱五常'은 예禮의

> 대체大體이다. 이는 하·은·주 3대가 서로 이어가며 받은 것으로 변할 수가 없는 것이다. 그 '손익'은 문장제도文章制度에 상호 착오가 있으나 약간 지나치거나 미치지 못하는 정도의 차이에 불과하고 그 흔적 또한 이미 뚜렷이 나타나 있다. 이에 지금도 능히 그 손익을 찾아볼 수 있는 것이다.

주희는 이어 '삼강오륜'의 '삼강三綱'은 곧 '군위신강君爲臣綱 : 군주는 신하의 벼리가 됨'과 '부위자강父爲子綱', '부위처강夫爲妻綱'을 말하고 '오륜'은 곧 '오상五常'으로 인·의·예·지·신을 말한 것이라고 덧붙였다. 주희는 '삼강오륜'은 불변의 것이고, '문질삼통'은 가변의 것으로 간주한 셈이다. 마융에 의해 제기되어 주희에 의해 해석이 가해진 이러한 해석을 흔히 '충질문이상지설忠質文異常之說'이라고 한다. '충질문이상지설'은 원래 미신적인 재이설災異說을 신봉한 한무제 때의 동중서董仲舒가 『춘추번로春秋繁露』에서 처음으로 제기한 것이었다.

이에 대해 한유漢儒들은 3대가 교대로 '문'과 '질'을 숭상한 점에 주목해 소위 '문질체변설文質遞變說'을 주장했다. 주희의 『사서집주』에 따르면 '문질체변설'은 진시황 때 활약한 복생伏生이 지은 것으로 알려진 『서대전書大典』에서 비롯되었다고 한다. 전한 때에 나온 『백호통白虎通』은 '문질체변설'을 이같이 풀이해 놓았다.

> 새로 서는 왕자王者가 각각 '질'과 '문'을 숭상했다는 소위 '일질일문一質一文 : 문질체변설을 지칭'은 무엇을 말하는 것인가.

> 천지를 계승하고 음양의 이치를 좇았기 때문이다. 양기가 극에 달하면 음기가 발동하고, 음기가 극에 달하면 양기가 발동하는 이치와 같다.

『백호통』은 '문질체변설'을 음양오행의 순환원리에 따라 왕조의 교체를 설명하는 소위 '오행종시설五行終始說'에 입각해 풀이해 놓은 셈이다. 한유의 '문질교체설'은 『예기』[표기表記]편에 나오는 다음 구절을 오독誤讀한 데 따른 것이었다.

> 공자가 말하기를, '우虞 : 순임금의 나라 · 하夏의 질과 은殷 · 주周의 문은 지극하다. 우 · 하의 문은 그 질을 이기지 않았고, 은 · 주의 질은 그 문을 이기지 않았다'고 했다.

한유들은 [표기]에 나오는 우 · 하의 '문불승질文不勝質'과 은 · 주의 '질불승문質不勝文' 구절을 바로 이 장에 나오는 '질승문質勝文' 및 '문승질文勝質'과 동일한 뜻으로 해석한 것이다. 그러나 사실 그 뜻은 천양지차가 있다. '문불승질'과 '질불승문'에 나오는 '불승不勝'은 '승勝'과 달리 '문'과 '질'의 어느 한쪽이 이기고 지는 것을 뜻하는 것이 아니라 양쪽이 서로 상대가 되는 것으로 그치는 것을 의미한다. 공자는 기본적으로 [표기]에서 우 · 하의 시대는 상대적으로 '질'이 두터웠고 은 · 주의 시대는 '문'이 성했으나 우 · 하 · 은 · 주 모두 '문'과 '질'의 상호 보완을 통해 뛰어난 시대를 열게 되었음을 말하고자 했던 것이다. 그럼에도 불구하고 한유들은 '문'과 '질'을 엄분해 '불승'을 '승'

과 동일한 의미로 풀이한 것이다.

마융과 동중서, 주희로 이어진 '충질문이상설'과 한유들이 추종한 '문질체변설' 모두 미신적인 음양론에 입각한 것임은 말할 것도 없다. 이를 두고 훗날 다산은 『논어고금주』에서 다음과 같이 그 문제점을 지적했다.

> 이미 '문'이 있다고 하면 본래 '질'이 있었음을 알 수 있다. 주나라에 이미 '문'이 있다고 하면 '질'이 있다는 것 또한 징험이 되는 것이다. 은나라 또한 마찬가지이다. 다만 은나라는 그 문채가 다 아름답지는 못했던 까닭에 공자는 매번 주나라의 '문'을 취한 것이지 은나라 사람은 '문'을 숭상하지 않았다고 말한 것이 아니다.

다산의 뛰어난 식견이 약여하게 드러난 대목이 아닐 수 없다. 주희를 비롯한 송유들의 통폐는 매사를 이분법적으로 나눠본 데 있다. '이理·기氣'와 '천리天理·인욕人欲', '문文·질質'의 구분이 그렇다. 성리학자들이 공허한 사변론으로 치달은 것도 바로 이러한 이분법적 접근과 무관치 않았다. 다산은 바로 성리학자들의 통폐를 통렬하게 찌른 셈이다. 다산이 '삼강오륜'은 인륜인 까닭에 3대가 이어받은 예제가 될 수 없고, '문질삼통'은 바뀐 것만 있을 뿐 좇는 것이 없으니 손익의 대상이 될 수 없다고 반박한 것 또한 주목할 만한 지적이 아닐 수 없다.

다산은 또 '오상'을 두고도 주희와 달리 인·의·예·지·신을 말한 것이 아니라 '오전五典 : 父義·母慈·兄友·弟恭·子孝'

을 지칭한다고 주장했다. 다산의 주장대로 공자가 활약할 당시에는 인 · 의 · 예 · 지 · 신의 '오상'이 존재하지 않았다. 다산의 주장이 공문의 고의古義에 부합하는 것임은 말할 것도 없다.

그러나 다산이 [팔일]편에 나오는 공자의 '종주從周' 발언에 지나치게 주목한 나머지 주나라를 잇는 나라는 비록 백세가 지날지라도 주례周禮를 바꾸지 않을 것이라고 주장한 것은 지나친 것이다. 공자는 비록 백세가 지날지라도 그 '손익'을 알 수 있을 것이라고 말했을 뿐이다. 결코 주례가 백세가 지날지라도 바뀌지 않을 것이라고 언급한 적이 없다. 이는 다산의 억측이다.

2-24

子曰, "非其鬼而祭之, 諂也. 見義不爲, 無勇也."

공자가 말했다.
"제자 지낼 귀신이 아닌데도 제사 지내는 것은 아첨이고, 의를 보고도 이를 행하지 않는 것은 용기가 없는 것이다."

앞장인 제23장에서 '예'가 국가제도의 하나임을 밝힌 데 이어 이 장에서는 예의 일환인 '제祭'를 언급하고 있다. 일부 학자는 [위정]편에 뒤이어 나오는 [팔일]편이 예악을 설명하고 있는 것과 관련해 [팔일]편에 들어갈 내용이 잘못하여 [위정]편에 삽입된 착간錯簡으로 보고 있다. 주희도 이를 지적한 바 있다. 사실 제23-24장의 2개 장은 그 내용상 [팔일]편과 동일하다고 보아야 한다.

이와 관련해 일부 학자는 [위정]편의 편집과정에서 [팔일]편의 편집자가 빠뜨린 2개 장을 [위정]편의 편집자가 발견해 부록의 형식으로 수록한 것으로 보기도 한다. 그러나 이 견해는 억측의 성격이 너무 짙다. 『논어』의 편집자들은 각 편장을 편제할 때 나름대로 체계적으로 편제키 위해 노력했다. 대략 [팔일]편이 [위정]편의 뒤에 놓이게 됨에 따라 이를 자연스럽게 연결시키기 위한 교량역할을 수행케 할 의도로 제23-24장을 [위정]편의 맨 끝에 삽입시켰다는 견해가 설득력이 있다. 이 견해를 좇을 경우 [위정]편의 맨 마지막에 나오는 제23-24장의 2개 장은 일종의 부록에 해당하는 셈이다.

제3절 [팔일八佾]편

[팔일]편은 모두 26개 장으로 성립되어 있다. 이들 26개 장 모두 예악을 논한 것이다. 이런 의미에서 [팔일]편은 『논어』 20편 중 비교적 특색이 분명히 드러난 편이라고 할 수 있다. 이 편에는 임방林放과 염유, 자하, 자공, 재아 등의 직제자 이외에도 계씨와 3환, 노정공, 노애공 등이 등장하고 있다. 이들 모두 노나라 사람들이다. 이에 비춰 이 편은 대략 [위정]편과 마찬가지로 노나라의 공문 후학들이 공문 내에 전송된 예악을 둘러싼 사제 간의 언행을 모아 편제한 것으로 보인다. [위정]편은 공문에서 가르친 군자학에 관한 것을 모은 데 반해 [팔일]편은 예악에 관한 사제 간의 언행을 모은 점에서 차이가 있다.

[팔일]편의 총 26개 장 중에서 제1장 및 제19장을 제외한 나머지 24개 장은 모두 공자의 이름을 '자'라고 부르고 있다. [팔일]편의 26개 장 중 '공자'로 칭한 장이 2개 장이 있는 것은 [팔일]편의 성립이 한 사람에 의해 일시에 완성된 것이 아니라 적어도 3회에 걸쳐 편집된 것을 시사하고 있다. 제1차 편집 때 제1–19장까지의 편집이 이뤄졌고 이후 제20–22장과 제23–26장까지의 편

집이 제2–3차 편집에 의해 완성된 것으로 보인다. 제2–3차 편집은 일종의 보유補遺의 성격을 띤 편집에 해당한다. 이 편의 편집은 [위정]편과 마찬가지로 직제자들로부터 멀지 않은 시대부터 편집이 시작되어 약간의 시차를 두고 완성된 것으로 보인다. 제1차 편집이 이뤄질 때 편제된 제1–19장은 내용상 공문 후학 내에만 전송된 것이 아니라 세간에도 널리 알려진 것으로 짐작된다.

3–1

孔子謂季氏, "八佾舞於庭, 是可忍也. 孰不可忍也."

공자가 계씨를 평하여 말했다.
"계씨는 뜰에서 팔일(八佾 : 춤추는 행렬로 천자는 8佾의 64명, 제후는 6佾의 36명, 대부는 4佾의 16명, 제후는 2佾의 4명으로 편성됨)**의 춤을 추게 했다. 차마 하지 못할 일을 감히 했으니 장차 무엇을 차마 하지 못할 리 있겠는가."**

이 장은 공자가 노나라 집정대부인 계강자의 참월한 행동을 통렬하게 비난한 것이다. 이 장에서 공자를 '자'가 아닌 '공자'로 칭하고 있는 점에 주목할 필요가 있다. 이는 공문 내의 전송만이 아니었음을 시사하고 있다. 『춘추좌전』 [노소공 25년]조에 유사한 내용이 실려 있다. 당시 공자가 이 사건에 대해 매우 분개했던 사실이 세간에 널리 알려져 있었음을 시사한다. 제자들이 '공자'를 두고 '자'로 칭한 것과 달리 당시 세간에서는 통상 '공자'로 불렀다. 대략 공문의 후학이 사제 간의 예악에 관한 전송을 편집하는 과정에서 세인들이 주지하고 있는 사실을 맨 앞장에 배치한 것으로 보인다.

3-2

三家者以雍徹. 子曰, "'相維辟公, 天子穆穆', 奚取於三家之堂."

3환(三桓)이 '옹장(雍章)'을 노래 부르며 철상(撤床 : 제사를 끝냄) 했다. 그러자 공자가 이같이 비판했다.
"천자가 철상할 때 사용하는 '옹장'에서 이르기를, '제후가 도우니 천자의 위의(威儀)가 성대하다'고 했다. 이 가사를 어찌 3환의 집에서 취한단 말인가."

'옹장'은『시경』[주송周頌 · 신공臣工] 편의 편명이다. '상相'은 '상례相禮 : 執禮를 도움', '벽공辟公'은 제후를 뜻한다. 노나라의 대부가 어떻게 천자의 음악을 사용케 된 것일까. 주왕조 초기에 주성왕周成王은 주공 단의 공업을 높이 평가해 특별히 그의 아들 백금伯禽의 봉국인 노나라에 한해 천자의 음악을 사용할 수 있도록 허용했다. 춘추시대 말기에 들어와 권신들이 발호케 되자 노나라에서는 마침내 3환세력이 공실에서 사용하는 천자의 음악을 참람하게 사용하는 지경에 이르게 된 것이다. 이를 두고 정이천은 이같이 질타했다.

> 주공의 공이 실로 크지만 모두 신하의 직분상 마땅히 해야 할 바이니 노나라만이 어찌 홀로 천자의 예악을 쓸 수 있는가. 주성왕이 천자의 예악을 내려준 것과 백금이 이를 받은 것 모두 잘

못이다. 그 인습因襲의 폐단이 마침내 계씨로 하여금 '팔일무'를 참람히 쓰고, 3환으로 하여금 '옹장'을 노래하면서 제기祭器를 거두게 만든 것이다.

정이천의 이러한 질타는 사실 일종의 '원인론'에 해당한다. 애초부터 노나라에 천자 예악의 사용을 허락지 않았다면 이같이 참람한 행위가 빚어지지 않았을 것이라는 지적인 셈이다. 나름대로 타당한 지적이다. 그러나 이미 춘추시대 말기에 들어와서는 비단 노나라뿐만 아니라 모든 나라에서 이와 유사한 행위가 자행되고 있었다. 노나라의 3환세력만 탓할 일도 아니었던 것이다.

3-3

子曰, "人而不仁, 如禮何. 人而不仁, 如樂何."

공자가 말했다.
"사람으로서 어질지 않으면 예는 무엇에 쓰고, 사람으로서 어질지 않으면 악은 무엇에 쓰겠는가."

이 장에서 공자는 '인간다운 인간이라면 예악을 정상적으로 행해야 한다'고 강조하고 있다. 이는 계강자를 비롯한 3환이 예악을 제대로 행하지 않아 인간으로서 실격이라고 말한 것이나 다름없다. 3환에 대한 통렬한 비판이 아닐 수 없다. 원래 [팔일]편 전체는 상호 밀접하게 관련된 장군章群이 보이지 않으나 자세히 살피면 다소 배려한 흔적이 나타나고 있다. 제1-3장이 그 실례이다. 제1-3장 모두 계씨를 비롯한 3환의 참월한 행동을 질타하는 내용으로 이뤄져 있다. 유사한 내용을 한데 모아놓은 것으로 보아야 한다.

3-4

林放問禮之本. 子曰, "大哉, 問. 禮, 與其奢也, 寧儉. 喪, 與其易也, 寧戚."

임방(林放 : 노나라 사람)이 예의 근본을 묻자 공자가 대답했다. "질문이 참으로 훌륭하다. 예는 사치스럽기보다는 차라리 검소해야 하고, 상사(喪事)는 잘 치르기보다는 차라리 애도해야 한다."

'임방'은 공자의 제자로 전해지고 있으나 노나라 사람이라는 사실 이외에 아무 것도 제대로 알려져 있지 않다. 이 장에 나오는 '이易'는 '치治'의 뜻이다. 공자는 이 장에서 '이'는 예의 근본정신에 어긋나는 것으로 지적하면서 예의 근본은 형식보다 정신에 있다고 강조하고 있다. 주희는 '사奢'와 '이易'를 '문文', '검儉'과 '척戚'을 '질質'로 간주해 사물의 이치는 '질'이 먼저 있은 뒤에 '문'이 뒤따르는 까닭에 '질'이 '예'의 근본이라고 풀이했다. '문'과 '질'의 우선순위에 관해서는 논란의 소지가 있으나 대략 공자의 뜻에 부합한 해석이라고 할 수 있다.

3-5

子曰, "夷狄之有君, 不如諸夏之亡(=無)也."

공자가 말했다.

"이적(夷狄)이라도 군주가 있으면 군주가 없는 중원의 국가보다 낫다."

이 장의 해석과 관련해 예로부터 많은 이설이 존재해 왔다. 고주는 "이적의 나라에는 군신의 분의分義가 있으나 야만인 까닭에 예라고 말할 수 없다. 현재 중국은 군신의 분의가 어지럽기는 하나 문화적 질서의 정신이 아직 살아남아 있어 이를 이적과 비교할 바가 아니다. 이것이야말로 예의 근본정신으로 큰일이라고 할 수 있다"고 풀이해 놓았다. 대략 공자가 말한 취의趣意와 유사하다고 할 수 있다.

그러나 적잖은 사람들이 이를 두고 "이적에게 군주가 있는 것은 중국에 군주가 없는 것만도 못하다"로 풀이해 놓았다. 이는 중화주의에서 비롯된 잘못된 해석이 아닐 수 없다. 이런 해석은 문법상 무리는 없으나 내용상 뜻이 잘 통하지 않는다. 아무리 이적이라 할지라도 무군無君 상태의 중원보다 못하다는 것은 사리에 맞지 않는다. 이같이 해석할 경우 공자는 '무군' 상태를 용인한 셈이 된다. 그러나 이는 역사적 사실과 다르다.

공자가 이 말을 하게 된 것은 노소공魯昭公이 3환을 제거하려다가 실패해 제나라로 망명하면서 노나라 군주의 자리가 사실상 14년 동안 비게 된 것을 통탄한 데서 나온 것이다. 당시 공자는 노소공이 망명한 지 얼마 안 돼 제나라로 망명에 가까운 유학을 떠났다. 그런 그가 노나라의 '무군' 상태를 용인했을 리가 없다. 오히려 정반대로 보는 것이 타당하다.

그럼에도 불구하고 오랫동안 후대의 유자들은 이를 멋대로 해석해 왔던 것이다. 정이천도 이를 두고 적잖이 고심하다가 '이적에게 군주가 확고히 자리잡고 있는 상황은 중국 내 열국의 군주가 유명무실한 상황과 비교된다'는 식으로 애매하게 풀이해 놓았다. 그의 사상적 후계자인 주희 역시 "야만적인 이적의 나라에도 군신지분이 있다. 하물며 문명국인 중국에 질서가 없는 것은 무엇보다 안타까운 일이다"라고 풀이해 놓았다. 애매하기는 마찬가지이다.

이보다 약간 나은 경우로는 하안何晏의 『논어집해論語集解』와 황간皇侃의 『논어의소論語義疏』, 송대 형병刑昺의 『논어정의論語定義』 등을 들 수 있다. 이들은 대략 '이적에게 군주가 있는 것과 제하諸夏에 군주가 없는 것은 양상이 다르다'는 식으로 풀이해 놓았다. 문법상 가장 무리 없는 해석이기는 하나 내용상으로 볼 때는 이 역시 애매하기는 마찬가지이다.

이에 대해 최초로 명확한 해석을 내린 사람은 다산茶山이었다. 그는 『논어고금주論語古今註』에서 "이적일지라도 군주가 있으면 군주가 없는 중원의 국가보다 낫다"로 풀이해 놓았다. 그는 '군주가 없다'는 것은 노소공이 제나라 망명 이래 7년간에 걸친 노나라의 대공위시대를 지칭한다고 풀이했다. 20세기에 들어와 일본의 가이즈카 시게끼貝塚茂樹도 이와 유사하게 풀이하면서 자신의 신설新說이라고 자랑한 바 있다. 그러나 가이즈카의 신설은 정약용이 이미 그보다 150여 년 전에 내린 해석을 우연히 재발견한 것에 불과하다.

3-6

季氏旅於泰山. 子謂冉有曰, "女弗能救與." 對曰, "不能." 子曰, "嗚呼, 曾謂泰山不如林放乎."

계씨가 태산에서 참람하게도 여제(旅祭 : 제후가 길에서 임시로 지내는 큰 제사)를 지내려고 했다. 공자가 계씨의 가신으로 있는 염유에게 말했다.
"네가 그의 가신이 되어 이를 바로 잡을 수 없겠느냐."
염유가 대답했다.
"할 수 없습니다."
공자가 이 말을 듣고 탄식했다.
"아, 일찍이 임방도 예의 근본을 물었는데 태산의 신령이 임방만도 못하다고 생각하는 것이냐."

이 장 역시 봉선封禪을 행하는 태산을 여행한 계강자의 참월한 행동을 통렬히 비판한 것이다. 제후는 봉내封內 : 봉국 안의 산천에 제사지낸다. 계강자가 '여제'를 지낸 것은 참란한 짓이 아닐 수 없다. 제4-6장의 3개 장은 내용상 서로 통하는 것으로 예의 근본 정신을 말하고 있다.

3-7

子曰, "君子無所爭, 必也射乎. 揖讓而升, 下而飮, 其爭也君子."

공자가 말했다.
"군자는 다투는 것이 없으나 반드시 활쏘기 경쟁은 한다. 서로 짝을 이뤄 읍양(揖讓 : 읍하고 사양함)하여 사대(射臺)로 올라가 시합한 뒤 이기지 못한 사람은 술잔을 받아 마시니 그 다툼이 참으로 군자답다."

이 장의 해석과 관련해 일찍이 왕숙은 "당堂에서 활을 쏨에 올라갈 때나 내려갈 때나 모두 읍양하면서 서로 마신다"로 해석해 놓았다. 황간은 "[사의射儀]에 따르면, 예의 처음에는 주인이 손님에게 읍하면서 나아가고, 서로 양보하면서 당에 올라가고, 활쏘기가 끝나 승부가 결정 나면 당에서 내려온다. 그때도 읍양하면서 예를 잊지 않는다"고 해석했다. 형병도 "술을 마실 때 읍양하면서 오르내린다"로 해석하면서 '읍양이승하이음' 7자를 한 구로 생각해 '하下'를 '강降'으로 풀이했다.

정이천은 "승자와 패자 모두 당하로 내려와 술을 마신다"로 풀이했다. 주희는 "무릇 '읍양이승'은 세 번 읍하고 난 뒤 당에 오르는 것을 말하고, '하이음'은 활쏘기를 마치고 읍하고 내려온 뒤 모든 짝들이 다 내려오기를 기다렸다가 이긴 자가 진 자에게 읍하고 올라가 술잔을 취해 서서 마시는 것을 말한다"로 해석했다.

이에 대해 다산은 '사례射禮'에는 올라가서 마시는 것은 있어도 내려와서 마시는 것은 없다고 주장하면서 '하이음'의 '하下'를 '불승不勝'으로 해석했다. 그는 이 대목을 "읍양하면서 올라가고, 시합에서 패한 자는 술잔을 받아 마신다"로 풀이했다. 다산의 해석이 간명하면서도 사리에 부합한다.

3–8

子夏問曰, "巧笑倩兮, 美目盼兮, 素以爲絢兮, 何謂也." 子曰, "繪事後素." 曰, "禮後乎." 子曰, "起予者, 商也. 始可與言詩已矣."

자하가 물었다.
"시에 이르기를, '방긋 웃으면 어여쁜 보조개라네, 눈을 움직이면 황홀한 눈매라네, 흰 비단으로 채색을 하네' 라고 했습니다. 이는 무엇을 말한 것입니까."
공자가 대답했다.
"그림 그리는 일은 흰 비단을 마련한 후에 하는 것이다."
자하가 또 물었다.
"예가 나중입니까."
공자가 기뻐하며 대답했다.
"나를 일으키는 자는 상(商)이로구나. 비로소 더불어 『시』를 얘기할 만하다."

이 장에 나온 시를 두고 주희는 일시逸詩라고 했으나 자하가 인용한 시구 중 '방긋 웃으면 어여쁜 보조개라네, 눈을 움직이면 황홀한 눈매라네' 라는 구절은 원래 『시경』 [국풍 · 위풍衛風] 에 실려 있는 '석인碩人 : 훌륭한 임이라는 뜻임' 에서 따온 것이다. 뒤 구절은 『주례』 [고공기考工記] 에 나오는 것으로 기본적인 자질이 있은 뒤에야 문식文飾을 가한다는 뜻이다. 이 장은 앞장인 제7장과 함께 예의 본질을 말한 것으로, 고례古禮와 고시古詩 중에서 예의 본질과 관련된 내용을 뽑아 그 개발의 필요성을 언급한 것이다.

3-9

子曰, "夏禮, 吾能言之, 杞不足徵也. 殷禮, 吾能言之, 宋不足徵也. 文獻不足故也, 足則吾能徵之矣."

공자가 말했다.
"하나라의 예제는 내가 능히 말할 수 있으나 기(杞 : 하나라의 후예국) 나라로의 예제로는 충분히 뒷받침하기 어렵다. 은나라의 예제는 내가 능히 말할 수 있으나 송(宋 : 은나라의 후예국) 나라의 예제로는 충분히 뒷받침하기 어렵다. 문헌이 부족하기 때문이다. 만일 문헌이 충분하다면 내가 능히 증거를 댈 수 있다."

이 장은 하례와 은례의 특징을 언급한 것으로 주례의 특징을 언급한 제14장과 조응하고 있다. 주희는 '문헌'의 '문'을 '전적典籍', '헌'을 '현인賢人'으로 풀이했다. 일부 주석가는 공자가 기나라와 송나라를 찾아가 하례와 은례의 흔적을 찾으려 했으나 여의치 못했다고 주장했다. 이 주장을 받아들일 경우 '헌'을 '현인'으로 풀이하는 것이 타당할 것이다. 그러나 공자는 천하유세 중 송나라를 잠시 지난 적은 있으나 은례의 흔적으로 찾기 위해 송나라를 찾은 적이 없다. 더구나 하례의 흔적을 찾기 위해 기나라를 찾았다는 근거는 전무하다. 기나라는 주나라가 상나라를 멸망시킨 뒤 주왕조의 건국을 합리화하기 위해 허구적인 하나라의 후예를 찾아내 만들어낸 나라였다. 역사상 하나라는 왕조체제로 존재한 적이 없고 신석기 후기의 추방사회酋邦社會에 불과했다. 기나라는 공자 사후 20여 년 뒤에 초나라에 의해 멸망할 정도로 피폐했기 때문에 공자가 하례의 흔적을 찾기 위해 기나라를 찾아갔을 공산은 거의 전무했다. 문맥상 '문헌'을 '문적文籍'으로 보는 것이 타당하다.

3-10

子曰, "禘自旣灌而往(=後)者, 吾不欲觀之矣."

공자가 말했다.
"체제(禘祭)를 지낼 때 이미 관주(灌酒 : 일종의 降神酒 의식)를 행한 뒤로는 정성이 깃들어 있지 않아 내가 더 이상 보고 싶지 않다."

본래 '체禘'는 천자가 정월에 시조 및 하늘에 올리는 제사를 말한다. 주왕조 초기에 주성왕은 주공의 봉국인 노나라에 특별히 주문왕에 대한 체제를 허용한 바 있다. '관灌'은 술을 땅에 부어 혼령의 백魄을 부르는 의식을 말한다. 혼魂을 부를 때는 분향焚香한다. 공자는 이 장에서 노나라의 예제가 쇠퇴한 것을 탄식하고 있다.

3-11

或問禘之說. 子曰, "不知也. 知其說者之於天下也. 其如示諸斯乎." 指其掌.

어떤 사람이 '체' 제사의 내용에 관해 물었다. 공자가 이같이 대답했다.
"모르겠소. 그 내용을 아는 자가 천하를 다스리고자 하면 마치 손바닥을 보는 것과 같을 것이오."

공자가 이같이 대답하면서 자신의 손바닥을 가리켰다.

이 장은 앞서 나온 제천祭天행사인 '체제'에 관한 부연이다. 공자는 이 장에서 손바닥을 가리키는 제스처를 통해 우회적으로 체제의 예제가 대부분 무너져 그 의미가 크게 손상된 사실을 탄식하고 있다.

3-12

祭如在, 祭神如神在. 子曰, "吾不與祭, 如不祭."

조상 제사를 지내며 마치 조상이 옆에 있는 듯이 하고, 여타 신령을 제사 지내며 마치 신령이 있는 듯이 했다. 이를 두고 공자가 말했다.
"내가 제사에 참여치 못하면 제사를 지내지 않은 것과 같다."

이 장은 사람들이 제사를 지낼 때 취해야 할 자세 및 공자가 제사에 대해 갖고 있는 기본입장을 설명하고 있다. 정이천은 '제祭'를 '선조에 대한 제사', '제신祭神'을 '선조 이외의 신령에 대한 제사'로 간주해 '제'는 '효孝', '제신'은 '경敬'을 위주로 한다고 주장했다. 대략 공자가 말한 취의에 부합한다.

3-13

王孫賈問曰, "'與其媚於奧, 寧媚於竈', 何謂也." 子曰, "不然. 獲罪於天, 無所禱也."

왕손가(王孫賈 : 위영공을 모시던 위나라 대부)가 공자에게 물었다.
"속담에 '오신(奧神 : 안방 신으로 위영공을 상징)에게 잘 보이기보다는 차라리 조신(竈神 : 부엌 신으로 왕손가를 상징)에게 잘 보이는 것이 낫다'고 했으니 이는 무엇을 말한 것입니까."
공자가 대답했다.
"그렇지 않소. 획죄어천(獲罪於天 : 하늘에 죄를 짓는 것으로 여기서는 왕손가에게 아첨하여 벼슬하는 것을 의미)하면 빌 곳조차 없소."

이 장에 나오는 왕손가와 제24장의 의봉인儀封人은 모두 위나라 사람이다. 이들 모두 공자가 천하유세에 나섰을 때 위나라에서 만난 자들이다. 공자는 이 장에서 제사를 지낼 때 취해야 하는 바람직한 태도를 논하고 있다. 제10–13장의 4개 장은 내용상 상호 밀접하게 연관되어 하례와 은례를 언급한 제9장과 조응하고 있다.

3–14

子曰, "周監於二代, 郁郁乎文哉. 吾從周."

공자가 말했다.
"주나라는 하·은 2대를 거울로 삼아 그 문채가 찬란하게 빛나고 있다. 나는 주나라를 따를 것이다."

주희는 여기의 '감監'을 '시視'로 간주해 "주나라는 하·은 2대의 예제를 증손增損하여 성대한 예제를 만들어냈다"고 풀이했다. 대략 공자가 말한 기본취의에 부합하는 해석이라고 하겠다. 그러나 거울로 삼는다는 뜻의 '감鑑'으로 보는 것이 보다 타당하다.

3-15

子入大(=太)廟, 每事問. 或曰, "孰謂鄹人之子, 知禮乎. 入大廟, 每事問." 子聞之曰, "是禮也."

공자가 태묘에 들어가 매사를 물었다. 그러자 어떤 사람이 말했다.
"누가 추인(鄹人 : 공자의 부친 숙량흘을 지칭)의 아들이 예를 안다고 말했는가. 그는 태묘에 들어가 매사를 묻는다."
공자가 이 말을 듣고 이같이 말했다.
"그것이 바로 예이다."

여기의 '태묘大廟'는 주공 단旦의 사당을 말한다. 공자는 처음 벼슬할 때 '태묘'에 들어가 제사를 도운 듯하다. '추鄹'는 『춘추좌전』에 나오는 '추郰 : 산동성 곡부현 동남쪽'로 공자의 부친 숙량흘叔梁紇이 읍재邑宰로 있던 곳이다. 공자가 태묘에서 매사를 묻는 모습을 보고 혹자가 젊어서부터 예를 잘 안다고 소문이 난 공자를 비아냥거렸다. 이는 당시 공자의 출사를 못마땅하게 여긴 자들이 적지 않았음을 시사하고 있다. 이에 대해 공자는 '그것이 바로 예이다'라고 응수하면서 매사를 물어 공경을 다하는 것이 바로 예라고 단언한 것이다.

3-16

子曰, "射不主皮, 爲力不同科. 古之道也."

공자가 말했다.
"활을 쏠 때는 과녁을 관통시키는 것을 주장하지 않는다. 이는 활을 쏘는 사람마다 힘의 등급이 같지 않기 때문이다. 이것이 바로 옛날의 사도(謝道)이다."

'사부주피射不主皮'는 『예기』 [향사례鄕射禮]편에 나오는 구절이다. 옛날에는 베로 후侯 : 과녁판를 만들고 여기에 가죽을 덧붙여 표적標的을 만들었다. 이를 곡鵠이라고 했다. '정곡正鵠'이란 바로 '적중的中'을 의미한다. 공자가 '힘 조절의 등급이 같지 않기 때문이다'라고 말한 것은 사람마다 힘에 강약이 있어 향사례에서는 '적중'을 중시할 뿐 '관혁貫革 : 적중하여 가죽을 뚫음'을 중시하지 않았음을 지적한 것이다.

3-17

子貢, 欲去告朔之餼羊. 子曰, "賜也, 爾愛(=惜)其羊, 我愛其禮."

자공이 고사(告朔 : 초하룻날 사당에 고하는 제사)에 쓰는 희생양을 아까워하여 이 예식을 제거하려고 하자 공자가 말했다.
"사(賜)야, 너는 그 양을 아까워하느냐. 나는 오히려 그 예식이 없어지는 것을 아까워한다."

'희양餼羊'의 해석과 관련해 정현은 풀이하기를, "산 희생을 '희餼'라고 한다. 예에 군주가 매월 사당에 고삭하고 제사를 드리는 것을 '조향朝享'이라고 한다. 노나라는 노문공 때부터 '시삭視朔'하지 않았다. 자공이 그 예가 폐하였음을 보고 그 양을 없애고자 한 것이다"라고 했다. 주희도 대략 이를 좇았다. 그러나 다산은 정현의 해석에 이의를 제기했다.

다산에 따르면 원래 시삭례視朔禮에는 세 가지가 있다. 첫째는 '고삭'으로 천자가 반포한 고삭을 조고祖考 : 조부의 신령에게 고하고 백관에게 반포하는 것이고, 둘째는 '조향'으로 고삭이 끝난 뒤 소뢰小牢를 올려 조녜祖禰 : 부친의 신령에 제사 지내는 것이고, 셋째는 '시삭'으로 조향이 끝나고 국군이 피변皮弁 : 일종의 冠을 쓰고 태묘 안에서 삭사朔事를 듣는 것이다. 이 중 고삭은 폐할 수 있으나 조향과 시삭은 폐할 수 없다. 조향을 폐하면 조고에게 월제月祭를 올릴 수 없고, 시삭을 폐하면 백관이 품명稟命할 길이 없기 때문이다. 만일 정현의 해석과 같이 노나라가 노문공 때부터 시삭을 하지 않았다면 노애공에 이르기까지 130년 동안 무사할 수 없다는 것이 다산의 지적이다.

다산은 또 '희'와 관련해 이는 희생이 아닌 음식으로 손님에게 예로써 대접하는 것을 의미한다고 주장했다. 그는 주장하기를, "옛날에는 곡식인지 고기인지 묻지 않고 모두 익히지 않은 물건을 손님에게 보내는 것을 '희'라고 했다. 오랜 세월이 지나 모든 공급하는 물건을 '희'라고 칭하게 되었다"고 했다. 다산의 주장에 따르면 '희양'은 곧 '손님을 예로써 대접할 때 쓰는 양'을 의미하게 된다.

다산은 이 장을 두고 해석하기를, "주왕실의 태사大史가 자공의 시대에 이르러 열국에 고삭을 반포하지도 않는데 유사有司가 태사를 접대키 위한 '희양'을 사육하며 꼴을 허비하자 자공이 그 '희양'을 없애고자 했다. 그러나 만일 '희양'을 없애면 왕업의 자취가 영원히 종식되므로 공자가 이를 탄식했던 것이다"라고 했다. 사실 다산이 지적한 바와 같이 노나라가 일찍이 시삭을 폐했다면 나라를 유지하기가 힘들었다. 노문공 때 시삭을 폐했다는 정현의 주장은 억견에 지나지 않는다. 다산의 해석이 타당하다.

3-18

子曰, "事君盡禮, 人以爲諂也."

공자가 말했다.
"군주를 섬기면서 예를 다하는 것을 두고 사람들은 오히려 아첨한다고 하는구나."

정이천은 '인이위첨야人以爲諂也'의 '인人'을 '소인小人'으로 풀이하면서 '공자가 소인을 구체적으로 적시하지 않았으니 성인의 도가 크고 넓은 것을 이를 통해 확인할 수 있다'고 주장했다. 사실 예를 다하는 행동과 아첨행위는 분명 차이가 나는 까닭에 예를 다하는 행동을 두고 아첨행위로 간주하는 자는 소인배임에 틀림없을 것이다. 정이천의 해석이 타당하다.

제15-18장의 4개 장은 공자가 전례의 고례가 무너지고 있음을 안타까워 하는 내용으로 이뤄져 있다. 이들 4개 장은 고례의 본질을 밝히면서 하례와 은례를 토대로 하여 만들어진 주례의 뛰어난 점을 밝힌 제14장과 조응하고 있다. 나름대로 하나의 장군章群을 이루고 있는 셈이다.

3-19

定公問, "君事臣, 臣事君, 如之何." 孔子對曰, "君使臣以禮,臣事君以忠."

노정공(魯定公 : 宋)이 공자에게 물었다.
"군주가 신하를 대하고, 신하가 군주를 섬기는 데에는 어찌 하는 것이 좋겠소."
공자가 대답했다.
"군주는 예로써 신하를 대하고, 신하는 충성으로써 군주를 섬기면 됩니다."

이 장은 군신 간의 관계에 관한 공자와 노정공 간의 문답을 기록해 놓은 것이다. 군주의 하문에 답하는 공식적인 문답인 까닭에 '자'라고 하지 않고 겸양하여 '공자'라고 표현한 것이다. 무릇 공식회견은 공문 내의 사적인 일이 아닌 까닭에 어느 정도까지는 세간에 전해졌을 것으로 짐작된다. 이 장은 공문 후학이 편집할 때 세간의 전송을 끼워넣은 것일 공산이 크다.

3-20

子曰, "關雎, 樂而不淫, 哀而不傷."

공자가 말했다.
"관저(關雎 : 평생을 같이 지내는 징경이 새를 지칭)는 즐거울 때도 지나치지 않고, 슬플 때도 화기(和氣)를 상하게 하지 않는다."

이 장은 『시경』의 첫 편인 [국풍國風 · 주남周南]편의 첫머리에 나오는 '관저' 시에 대한 평이다. '악이불음樂而不淫'의 '음淫'은 즐거움이 지나쳐 그 바름을 잃는 것이고, '애이불상哀而不傷'의 '상傷'은 슬픔이 지나쳐 균형을 잃는 것을 말한다. 공자는 '악이

불음'과 '애이불상'을 '예'의 근본정신과 통하는 것으로 보고 있다. 이 장이 예악을 논한 [팔일]편에 삽입된 이유가 바로 여기에 있다. 제20-26장의 7개 장은 제19장에 대해 별다른 유기적 관련은 없다. 그러나 7개 장 모두 앞의 19개 장과 같이 예악에 관한 얘기로 이뤄져 있는 점에 비춰 나름대로 상호 관련을 맺고 있다고 볼 수 있다.

3-21

哀公問社於宰我. 宰我對曰, "夏后氏以松, 殷人以栢, 周人以栗, 曰, '使民戰栗(=慄)'." 子聞之曰, "成事不說, 遂事不諫, 旣往不咎."

노애공이 재아에게 사(社 : 토지신을 제사 지내는 사당)에 관해 물었다. 그러자 재아가 이같이 대답했다.
"'사'의 주변에 나무를 심어 신목(神木)으로 삼을 때 하후씨(夏后氏 : 禹의 성씨로 하나라를 시칭)는 소나무, 은나라 사람은 잣나무, 주나라 사람은 밤나무로 했습니다. 이로써 백성들로 하여금 두렵게 만든 것입니다."
공자가 이 말을 듣고 재아가 군주로 하여금 살벌한 마음을 갖도록 한 것을 탄식하며 이같이 말했다.
"이뤄진 일은 다시 설명치 않고, 끝난 일은 간하지 않고, 지나간 일은 탓하지 않는다."

전목은 『논어요략論語要略』에서 이 장의 내용이 『맹자』 [공손추公孫丑 상]편에 나오는 재아의 입장과 양립될 수 없다며 『논어』에 잘못 삽입된 것이라고 주장했다. 그러나 전목의 이러한 주장은 『맹자』에 기초한 것으로 본말이 전도된 느낌을 주고 있다. 「공손추 상」편을 보면 재아가 공자를 극찬하는 대목이 나온다. 전목은 공자를 극찬한 재아가 공자로부터 이러한 지적을 받았을 리 없다고 판단한 것이다. 그러나 공자의 지적을 받았다고 해서 공자를 극찬하지 않을 이유가 없다. 본문 그대로 인정하는 것이 옳을 것이다. 제21-22장의 2개 장은 예에 관한 무지를 기술한 것으로 예의 본질을 논한 제20장의 '관저'의 평과 연관되어 있다.

3-22

子曰, "管仲之器小哉." 或曰, "管仲儉乎." 曰, "管氏有三歸, 官事不攝, 焉得儉." "然則管仲知禮乎." 曰, "邦君樹塞門. 管氏亦樹塞門. 邦君爲兩君之好有反坫. 管氏亦有反坫. 管氏而知禮, 孰不知禮."

공자가 말했다.
"관중(管仲)의 그릇이 작구나."
어떤 사람이 물었다.
"관중은 검소합니까."
공자가 대답했다.
"관씨는 삼귀(三歸 : 누대의 이름이라는 설과 3명의 부인을 둔 것이라는 설 등이 대립)를 두었고 관사(官事 : 당시에는 관원들이 여러 직책을 겸직했음)를 겸하게 하지 않았으니 어찌 검소할 수 있는가."
"그러면 관중은 예를 알았습니까."
공자가 대답했다.
"나라의 군주라야 안이 들여다 보이지 않게 세우는 판자인 색문(塞門 : 천자와 제후는 각각 대문 밖과 안에 이를 세우고, 대부는 발을 드리우고, 士는 장막을 침)을 설치할 수 있다. 그런데 관씨도 색문을 했다. 나라의 군주라야 제후들 간의 친선을 도모할 때 술잔을 되돌려 놓기 위한 반점(反坫)을 둘 수 있다. 그런데 관씨도 반점을 두었다. 관씨가 예를 안다면 누가 예를 알지 못하겠는가."

'관중'은 자가 이오夷吾로 제환공齊桓公을 춘추시대의 첫 패자覇者로 만드는 데 결정적인 공헌을 한 인물이다. 주희는 관중의 국량이 편천비협褊淺卑狹 : 폭이 좁고 얕으며 낮고 협소함하여 군주를 왕도王道에 이르게 하지 못한 까닭에 공자로부터 그릇이 작다는 비난을 받은 것으로 풀이했다. 그러나 공자는 '왕도'를 논한 적도 없고 관중의 공업을 폄하한 적도 없다. 단지 그의 비례非禮를 두고 그릇이 작다고 비난했을 뿐이다. 주희의 이러한 해석은 패도覇道를 사갈시蛇蝎視한 맹자의 왕패관王覇觀을 맹종한 데 따른 것이다. 이는 공자가 말하고자 한 기본취지와 어긋난다. 관중의 비례를 논한 이 장은 계씨의 참월한 행동을 비난한 제1장의 내용과 조응하고 있다.

3-23

子語魯大師樂曰, "樂其可知也. 始作, 翕如也. 從之, 純如也 · 皦如也 · 繹如也, 以成."

공자가 노나라 태사(大師 : 樂官)에게 음악에 대해 말했다.
"음악은 가히 알 수 있소. 처음 시작할 때는 화합한 듯하오. 다음으로 이어질 때는 순수해진 듯하고, 밝은 듯하고, 면면히 이어져 마침내 한 악장을 이루는 것이오."

공자는 '악樂'을 매우 중시했다. 그의 '예치주의禮治主義'는 소위 '악치주의樂治主義'와 불가분의 관계를 맺고 있다. 공자는 이 장에서 통치질서와 생활질서의 상징인 '예'가 '악'을 통해 '화해和諧 : 조화'의 경지로 나아갈 것을 주장하고 있다. 공자가 말한 '악'은 곧 '예'의 완성된 형태를 의미하는 것이기도 하다.

3-24

儀封人請見曰, "君子之至於賜也, 吾未嘗不得見也." 從者見之, 出曰, "二三子, 何患於喪乎. 天下之無道也久矣. 天將以夫子爲木鐸."

위나라 의(儀) 땅의 봉인(封人 : 국경 수비원)이 공자와의 알현(謁見)을 청하며 이같이 말했다.
"군자가 이곳에 이를 때마다 내가 일찍이 알현치 못한 적이 없었다."
시종하는 사람이 알현을 주선하자 봉인이 알현이 끝난 뒤 나와서 이같이 말했다.
"그대들은 어찌하여 부자(夫子)가 벼슬을 잃었다고 하여 이를 걱정하는가. 천하에 도가 없어진 지 오래 되었다. 하늘이 장차 부자를 목탁(木鐸)으로 삼을 것이다."

이 장에 나오는 의 땅의 봉인은 공자가 천하유세 중에 만난 인물이다. 여기의 '목탁木鐸'은 지금의 목탁과 달리 금붙이로 입을 만들고 나무로 혀를 만든 악기를 말한다. 이는 세인들에게 가르침을 내리는 것을 상징한다. 주희는 공자를 '목탁'에 비유한 의 땅의 봉인을 두고 낮은 벼슬자리에 몸을 숨긴 현자로 보았다. 대략 주희와 같이 봉인을 일종의 '은군자'로 보아도 무방할 것이다.

3-25

子謂韶, "盡美矣, 又盡善也." 謂武, "盡美矣, 未盡善也."

공자가 소(韶 : 순임금 때의 음악)를 두고 이같이 평했다.
"지극히 아름답고 또한 지극히 선하다."
이어 무(武 : 주무왕 때의 음악)를 두고 이같이 평했다.
"지극히 아름답다. 그러나 지극히 선하지는 못하다."

이를 두고 주희는 "순임금은 읍양揖讓으로 천하를 얻은 까닭에 진미진선盡美盡善을 얻은 데 반해 주무왕은 정주征誅로 천하를 얻은 까닭에 진미는 이뤘으나 진선을 이루지 못한 것이다"라고 풀이했다. 대략 공자가 말한 취의에 부합한다. 이와 관련해 제23-25장의 3개 장을 공자의 음악에 관한 논평으로 해석하는 견해도 있으나 제24장을 과연 음악에 관한 논평으로 볼 수 있을지는 의문이다. 대략 '예'와 '악'을 같은 차원에서 논의한 것으로 보는 것이 옳다. 그래야 제24장이 제23장과 제25장 사이에 삽입된 이유가 자연스럽게 해명된다.

3-26

子曰, "居上不寬, 爲禮不敬, 臨喪不哀, 吾何以觀之哉."

공자가 말했다.
"윗자리에 있으면서 너그럽지 못하고, 예를 실천하면서 공경치 않고, 상사(喪事)에 임하면서 슬퍼하지 않는다면 내가 무엇으로 그를 관찰하겠는가."

이 장에서 공자는 위정자의 '상관上寬 : 윗자리에 앉아 너그러움'과 '예경禮敬 : 예를 공경히 함', '상애傷哀 : 초상에 슬퍼함'의 덕목을 강조하고 있다. 이는 예악의 기본정신이기도 하다. 이 장은 위정자의 예악정신 체화를 강조함으로써 예악에 관한 논의로 일관한 [팔일]편의 대미를 장식하고 있다.

제4절 [이인里人]편

[이인]편은 모두 26개 장으로 이뤄져 있다. '자유왈'로 시작하는 제26장을 제외하고는 모두 '자왈'로 시작하는 공자의 격언으로 구성돼 있다. 이들 격언은 전송되는 과정에서 전송자의 관심과 기억의 편의에 의해 주제와 내용이 유사한 것들이 하나로 묶여 전송된 것으로 짐작된다. [이인]편은 내용상 증자 문인에 의한 편집이 거의 확실하다. [학이]와 [태백], [헌문]편 등도 증자 문인의 손에 의해 편집되었을 공산이 크다. [공야장]과 [옹야]편의 일부도 내용상 증자학파의 영향을 받은 것으로 짐작된다.

4-1

子曰, "里人爲美, 擇不處仁, 焉得知."

공자가 말했다.
"마을의 풍속이 어진 것이 아름답다. 풍속이 인후(仁厚)한 곳을 가려서 거처하지 않으면 어찌 지혜롭다고 하겠는가."

제1-7장의 7개 장은 모두 '인'을 논하고 있다. 이들 7개 장 모두 공동체 속의 인간을 전제로 하여 '인'을 풀이하고 있다. 이 장의 '처인處仁'은 제7장의 '어기당於其黨'과 조응하고 있다.

4-2

子曰, "不仁者, 不可以久處約, 不可以長處樂. 仁者安仁. 知者利仁."

공자가 말했다.
"불인자(不仁者)는 오랫동안 곤궁한 곳에 처하지 못하고, 오랫동안 즐거움에 처하지 못한다. 인자(仁者)는 인(仁)을 편히 여기고, 지자(知者)는 인을 이롭게 여긴다."

여기의 '약約'은 '궁窮'과 같은 뜻이다. 원래 『논어』에 나오는 '인'의 내용은 매우 다양하다. 모든 덕목을 포함하는 광의의 개념으로부터 최협의의 '인'의 개념 위에 '지知'를 포함하는 협의의 개념 등이 존재한다. 이 장에 나오는 '불인자'는 '인자' 및 '지자'에 대한 반대 개념으로 협의의 '인' 개념에 대칭되고 있다. 최협의의 '인' 개념을 사용해 풀이하면 대략 '불인부지자不仁不知者'로 표현할 수 있다.

4-3

子曰, "惟仁者, 能好人, 能惡人."

공자가 말했다.
"오직 어진 자만이 능히 사람을 좋아하고, 능히 사람을 미워할 수 있다."

이 장에 사용된 '인자'는 광의의 '인' 개념에 입각한 것이다. 최협의의 '인' 개념을 사용해 풀이하면 대략 '인지자仁知者'로 표현할 수 있다.

4-4

子曰, "苟志於仁矣, 無惡也."

공자가 말했다.
"실로 인(仁)에 뜻을 두면 악행이 없다."

이 장의 '인' 개념 역시 제3장과 마찬가지로 모든 덕목을 포함하는 광의의 '인' 개념으로 사용된 것이다.

4-5

子曰, "富與貴, 是人之所欲也. 不以其道得之, 不處也. 貧與賤, 是人之所惡也. 不以其道得之, 不去也. 君子去仁, 惡乎成名. 君子無終食之間違仁. 造次必於是. 顚沛必於是."

공자가 말했다.
"부귀는 모든 사람이 원하는 바다. 그러나 정당한 도로 얻은 것이 아니면 처하지 않아야 한다. 빈천은 모든 사람이 싫어하는 바다. 그러나 정당한 도로 버리는 것이 아니면 버리지 말아야 한다. 군자가 인을 버리고 어떻게 그 이름을 이루겠는가. 군자는 밥을 먹는 동안에도 인을 어기지 않아야 한다. 조차(造次 : 급하고 구차함)의 때에도 반드시 이에 의거하고, 전패(顚沛 : 엎어지고 넘어짐)의 때에도 반드시 이에 의거해야 한다."

이 장의 '빈천' 구절에 대한 해석을 놓고 예로부터 많은 논란이 전개되었다. 하안은 해석하기를, "군자가 도를 행할지라도 도리어 빈천한 경우가 있다. 이는 도로써 얻은 것이 아니다. 비록 사람들이 싫어하는 것이지만 어겨서 버려서는 안 된다"고 했다. 주희도 풀이하기를, "마땅히 얻지 말아야 할 것인데도 얻은 것을 뜻하는 것으로, 군자가 빈천에도 편안해 하는 것이 이와 같다"고 했다. 하안과 주희의 해석에 따르면 빈천은 정당한 방법으로 얻은 것이 아닐지라도 버리지 않아야 하는 셈이 된다.

그러나 빈천은 부귀와 달리 의도하는 바대로 버리고자 해도 쉽게 버릴 수 있는 것이 아니다. 그렇다면 결국 군자는 빈천에 처할 경우 도로써 얻은 경우는 버리고자 해도 버릴 수 없고, 도로써 얻은 것이 아닌 경우는 아예 버릴 생각을 해서는 안 되는 셈이 된다. 이는 빈천을 권장하는 것이나 다름없다.

이에 대해 왕충은 해석하기를, "부귀는 도로써 얻어야지 구차하게 취해서는 안 되고, 빈천은 사람이 싫어하는 바이나 정당한 방법으로 버리지 않으면 떠나지 않는다"고 했다. 다산도 왕충의 해석을 좇아 부귀는 일종의 득처지도得處之道 : 처하는 길, 빈천은 일종의 득거지도得去之道 : 버리는 길를 말한 것으로 해석했다. 다산은 빈천의 '득得'을 '거去'로 간주해 "부귀는 정당한 방법으로 얻을 경우에 한해 처하고, 빈천은 정당한 방법이 아닌 한 버리지 않는다"고 해석했다. 왕충과 다산의 해석이 문맥상 타당하다.

4-6

子曰, "我未見好仁者, 惡不仁者. 好仁者, 無以尙之, 惡不仁者, 其爲仁矣. 不使不仁者, 加乎其身. 有能一日, 用其力於仁矣乎. 我未見力不足者. 蓋有之矣, 我未之見也."

공자가 말했다.
"나는 아직 인(仁)을 좋아하고 불인(不仁)을 미워하는 자를 보지 못했다. 인을 좋아하는 자는 더할 나위 없지만 불인을 미워하는 자 또한 인을 행하는 셈이다. 불인이 그 몸에 더해지지 않도록 하기 때문이다. 하루라도 자신의 힘을 인을 위해 쓸 수 있는 자가 있는가. 나는 아직 힘이 부족해 이를 실천치 못한 자를 보지 못했다. 아마도 그런 사람이 있을 터인데 내가 아직 보지 못했나 보다."

여기의 '인' 역시 광의의 '인' 개념이다. 주희는 마지막에 나오는 '개유지의蓋有之矣' 구절을 두고 "사람의 기질은 동일하지 않은 까닭에 혹여 힘을 쓰는 데도 역부족이어서 능히 전진하지 못한 자를 의미한다"고 풀이했다. 이는 공자가 말한 '미견역부족자未見力不足者' 구절과 모순된다. 공자는 기본적으로 사람들이 인을 위해 힘을 쓰지 않아서 그럴 뿐이지 '역부족'이어서 인을 이루지 못하는 경우는 없다고 본 것이다. 주희가 범한 해석상의 모순은 기본적으로 인·의·예·지의 본성을 '본연지성本然之性', 희·노·애·락의 감성을 '기질지성氣質之性'으로 규정한 데서 비롯된 것이다. 인간의 성정性情을 이원적으로 나눠보는 한 공학의 요체인 '인'을 제대로 파악키가 어렵다.

4-7

子曰, "人之過也, 各於其黨. 觀過, 斯知仁矣."

공자가 말했다.
"사람의 허물은 각기 그 부류대로 하는 것이니, 그 허물의 내용을 보면 곧 그가 어진 사람인지 여부를 알 수 있다."

이 장의 '어기당於其黨'은 의미상 제1장의 '처인處仁'과 상통하고 있다. 이 장의 핵심어는 '관과지인觀過知仁'이다. 이와 관련해 『후한서』[오우전吳祐傳]에 다음과 같은 일화가 나온다. 인자하고 청렴하기로 명망이 높았던 오우가 교동후膠東侯의 재상으로 있을 때 그의 밑에 색부嗇夫 : 하급 세리로 있던 손성孫性이 은밀히 백성들로부터 세금을 더 거두어 옷 한 벌을 장만해 그의 부친에게 바쳤다. 그의 부친이 이내 이 사실을 알고는 손성을 꾸짖고는 옷을 돌려주며 속히 상관을 찾아가 사실대로 고하고 벌을 받게 했다. 이때 이 얘기를 전해들은 오우는 부친에게 옷을 만들어 드리기 위해 부정한 일을 한 손성의 행동은 '관과지인'에 해당한다고 말하면서 그 옷을 다시 그의 부친에게 갖다 드리게 했다. 이를 두고 주희는 해석하기를, '공자는 반드시 그 과실이 있기를 기다린 후에 현부賢否를 알 수 있다고 말한 것이 아니다'라고 했다. 주희의 해석이 타당하다.

4-8

子曰, "朝聞道, 夕死可矣."

공자가 말했다.
"아침에 도를 들으면 저녁에 죽어도 가하다."

이 장은 제9장과 더불어 모두 '도'를 말하고 있다. 대략 전송자傳誦者가 하나로 취급해 기억해 오던 것을 편집과정에서 두 개의 장으로 나눠 수록한 것으로 짐작된다. 주희는 여기의 '도'를 두고 사물의 '당연지리當然之理'로 풀이했다. 이는 공자가 말한 기본취지와 다르다. 『논어』에 나오는 '도'는 성리학에서 말하는 '천도天道' 내지 '인도人道'의 개념과 거리가 멀다. 약간의 예외가 있기는 하나 사람이 되어 '사람답게 사는 길'의 뜻을 지닌 경우가 대부분이다.

4-9

子曰, "士志於道而恥惡衣惡食者, 未足與議也."

공자가 말했다.
"선비로서 도에 뜻을 두고도 거친 옷과 거친 음식을 부끄러워하는 자는 더불어 논의키에 부족하다."

이 장에 나오는 '도' 역시 제8장과 마찬가지로 '사람답게 사는 길'을 말하는 것으로 결코 '천도'와 '인도' 등의 형이상학적 개념이 아니다. 이 장에서는 '도'의 내용이 보다 구체적으로 설명되어 있다.

4-10

子曰, "君子之於天下也, 無適也, 無莫也, 義之與比."

공자가 말했다.
"군자는 천하에 임해 반드시 해야 한다고 주장하는 것도 없고, 결코 해서는 안 된다고 주장하는 것도 없다. 의를 좇을 뿐이다."

이를 두고 후대의 성리학자들은 풀이하기를, "가함도 없고 불가함도 없어 만일 도로써 주장함이 없다면 창광猖狂하여 방사放肆함에 가깝지 않겠는가. 이는 노불老佛의 학문이 변화에 능히 응할 수 있다고 말하면서 마침내 성인에게 죄를 얻게 된 이유이다. 성인의 학문은 그렇지 않아 가함도 없고 불가함도 없는 사이에 의가 존재하는 것을 말한다. 그러니 군자의 마음이 어찌 치우치는 바가 있겠는가"라고 했다. 대략 공자가 말한 취지에 부합한다. 여기의 '의'는 맹자가 말하는 '정의' 개념보다는 '사리事理' 개념에 가깝다.

4-11

子曰, "君子懷德, 小人懷土. 君子懷刑, 小人懷惠."

공자가 말했다.
"군자는 덕에 힘쓰나 소인은 거처를 편히 하는 데 힘쓴다. 군자는 형벌을 두려워하나 소인은 혜택 받기를 바란다."

주희는 '회덕懷德'을 '고유지선固有之善 : 인간의 선한 본성의 보존', '회토懷土'를 '소처지안所處之安 : 처하는 바의 편안함의 탐닉',

'회형懷刑'을 '외법畏法 : 법을 두려워함', '회혜懷惠'를 '탐리貪利'로 해석해 군자와 소인의 차이는 '공사지간公私之間'에 있을 뿐이라고 주장했다. 큰 틀에서 볼 때 공자가 말한 취의에 부합한다. 그러나 '회덕'과 '회토'의 경우는 각각 '무덕務德 : 덕행에 힘씀'과 '무편務便 : 거처를 편히 하는 데 힘씀'으로 해석하는 것이 공자가 말한 취의에 보다 가깝다. 앞장에서는 군자의 기본입장을 밝힌 데 반해 이 장에서는 군자와 소인을 대비시켜 이를 보다 구체적으로 설명하고 있다.

4-12

子曰, "放於利而行, 多怨."

공자가 말했다.
"이익을 좇아 움직이면 원한을 사는 일이 많다."

성리학자들은 공자가 이 장에서 '공리주의功利主義'를 비판한 것으로 해석하고 있으나 이는 억견이다. 공자는 후술하는 바와 같이 비례非禮를 저지른 관중의 패업霸業을 높이 평가한 바 있다. 공자는 결코 '공리功利'와 '공업功業'을 배격한 적이 없다. 여기의 '방어리放於利'는 앞장에 나온 편안함과 이익을 밝히는 소인의 '회토懷土'와 '회혜懷惠'를 의미하는 것으로 '공리'를 뜻하는 것이 아니다. 이 장이 바로 '회토'와 '회혜'를 언급한 제11장 뒤에 놓인 이유가 바로 여기에 있다.

4-13

子曰, "能以禮讓爲國乎, 何有. 不能以禮讓爲國, 如禮何."

공자가 말했다.
"예양(禮讓)으로 나라를 다스리는데 무슨 어려움이 있겠는가. 예양으로 나라를 다스리지 못한다면 예를 어찌 하겠는가."

공자는 이 장에서 '예양'을 통해 나라를 다스릴 것을 역설하고 있다. '예양'은 '예치주의'의 핵심어이다. '예양'은 [위정]편 제3장에서 역설한 '예치주의' 정신과 상통하고 있다.

4-14

子曰, "不患無位, 患所以立. 不患莫己知, 求爲可知也."

공자가 말했다.
"지위가 없는 것을 걱정하지 말고, 지위에 설 수 있는 능력이 있는지를 걱정하라. 남이 자신을 알아주지 않는 것을 걱정하지 말고, 먼저 자신이 남의 인정을 받을 수 있는 사람이 되기를 구하라."

이 장은 내용상 군자란 무릇 자신의 부덕을 걱정해야 한다고 역설한 [학이]편 제16장과 상통하고 있다. 제12-14장의 3개 장은 모두 군자의 처신에 관한 공자의 격언이기는 하나 자구에서 어떤 공통점을 발견할 수 없다. 다만 군자의 바람직한 행태를 언급한 점에서는 공통되고 있다. 본래 『논어』에 보이는 공자의 격언 대부분은 군자에 관한 것으로 이 3개 장에 한한 것은 아니다. 그러나 공자는 이 3개 장에서 군자는 자신의 이익을 좇아 행동해서는 안

되고, 예양에 의거해 나라를 다스려야 하고, 지위와 명성에 연연하지 말고 자신의 학덕 연마에 충실해야 한다는 점을 역설하고 있다. 이 3개 장은 제10-11장에 언급한 '군자'의 바람직한 모습에 대한 보충설명의 성격을 띠고 있다.

4-15

子曰, "參乎, 吾道一以貫之." 曾子曰, "唯." 子出, 門人問曰, "何謂也." 曾子曰, "夫子之道, 忠恕而已矣."

공자가 증자에게 말했다.
"삼(參)아, 나의 도는 일이관지(一以貫之 : 하나로써 꿰뚫음)하고 있다."
증자가 대답했다.
"예."
공자가 나가자 문인들이 증자에게 물었다.
"무엇을 말한 것입니까."
승자가 대납했다.
"부자의 도는 충서(忠恕 : 마음을 다하는 것과 남의 마음을 헤아리는 것)일 뿐이다."

이 장의 '일이관지一以貫之' 구절의 해석을 놓고 예로부터 많은 논란이 있었다. '일一'과 관련해 황간은 '도道'로 간주해 "나의 교화의 도는 오직 하나의 도이다. 이를 사용해 천하의 모든 이치를 관통했다"고 해석했다. 형병은 '충서忠恕'로 보아 "공부자의 도는 오직 충서라는 하나의 이치이니 이로써 천하 만사의 이치를 통합했다"고 풀이했다. 주희는 '일리一理'로 보아 "성인의 마음은 혼연한 일리이니 모든 일에 합당하게 응해가는 것인데 각각 그 쓰임이 같지 않다"고 풀이했다. 청대의 대망戴望은 『논어주論語注』에서 '인仁', 전조망全祖望은 『경사문답經史問答』에서 '성誠', 웅십력熊十力은 '본심本心'으로 풀이했다. 조선조의 성호星湖 이익李翼은 전조망의 설을 좇았다.

또한 '관貫'과 관련해 황간은 '통統'으로 보아 "비유컨대 새끼줄로 물건을 꿰어 관통하는 것과 같다"고 해석했다. 형병도 이를 좇았다. 주희와 초순焦循은 이를 '통通'으로 보았다. 유보남劉寶楠은 '행行', 완원阮元은 '전專'으로 보았다.

증자가 말한 '충서'와 관련해서도 여러 설이 대립했다. 먼저 '충'과 관련해 『설문해자』는 '진심盡心'으로 해석해 놓았다. 맹자는 사람에게 선을 가르치는 '교선敎善', 황간은 '중심中心', 왕필은 '진정盡精', 주희는 '진기盡己 : 자신을 다함'로 풀이했다.

'서'에 대해 『설문해자』는 '인仁'으로 풀이했다. 이를 두고 단옥재段玉裁는 『단씨설문해자주段氏說文解字注』에서 "인을 행하는 것은 '서'에서 벗어나지 않으니 말하면 구별이 있고 섞으면 구별이 없다. 인은 친親이다"라고 풀이해 놓았다. 가의賈誼는 자신을 기준으로 한 양인量人 : 사람의 그릇을 헤아림으로 보았고, 황간은 자신을 헤아려 남을 촌탁忖度하는 것으로 보았고, 왕필은 반정동물反情同物 : 情으로 돌아가 사물과 같아짐로 해석했다. 주희는 '추기推己 : 자신을 기준으로 남에게 미침' 내지 '여심如心 : 자신의 마음과 같이 함'으로 해석했다.

다산은 대부분의 학자들이 '일'의 실체를 '이理'나 '심心', '인仁' 등으로 본 것에 반대하고 '서恕' 자체로 보아야 한다고 주장했다. 다산은 주희가 말한 대로 '충'을 '진기', '서'를 '추기'로 나눠보게 되면 공자의 도는 하나가 아니라 둘이 되고, '일이관지'는 사실상 '이이관지二以貫之'로 왜곡될 수밖에 없다고 지적했다. '충'은 '서'의 근원인 까닭에 '충'과 '서'를 나눠서 보는 것은 잘못이라는 것이 다산의 지적인 것이다. 다산은 사람들이 증자가 말한 '충서'의 자구에 너무 집착한 나머지 '충'이 있은 뒤에 '서'가 뒤따른다고 해석해 이러한 잘못을 저지르게 되었다고 분석했다.

다산의 주장에 따르면 공자는 '서'를 염두에 두고 '일이관지'를 언급했고, 증자는 '서'를 '충서'로 풀이한 셈이 된다. 다산은 『논어』 [공야장]편 등에서 공자가 자공의 질문에 거듭 '서' 한 자만을 언급한 사례 등을 들어 자신의 주장을 뒷받침했다.

그렇다면 증자는 왜 공자가 말한 '서'를 '충서'로 설명한 것일까. 다산은 『중용』에서 '충서'를 사실상 하나의 단어로 사용한 사례를 그 예로 들면서 '충'과 '서'는 본래 같은 뜻으로 사용된 것이라고 주장했다. 다산은 나아가 공자의 도를 하나로 관통시키는 '서'를 '성인지법成仁之法 : 인을 이루는 방법' 내지 『대학』에서 말하는 소위 '혈구지도絜矩之道'에 해당한다고 설명했다. 다산은 '혈구지도'를 이같이 풀이해 놓았다.

> 혈絜 : 원래는 삼 한 단을 의미은 줄로써 물건을 묶어 그 대소를 재는 것이고, 구矩는 직각으로 된 곱자로 물건을 네모 반듯하게 하는 것이다. 스스로 태학太學에 나아가 3례三禮 : 養老, 序齒, 恤孤를 행하면 백성이 모두 효孝 · 제悌 · 자慈의 기풍을 일으키게 된다. 이로써 내가 좋아하는 것을 남도 좋아함을 알 수 있다.

'혈구지도' 를 행하는 것이 곧 '서' 이다.

다산은 사람이 평생 동안 함께 생활하는 것은 사람뿐으로 윗사람은 싫어하는 것으로 아랫사람을 부리지 않고, 아랫사람은 싫어하는 것으로 윗사람을 섬기지 않아야 한다며 이를 총괄하는 글자가 바로 '서' 라고 보았다. 옛 성인의 하늘을 섬기는 도리는 인륜에서 벗어나지 않으므로 '서' 는 곧 사람을 섬기고 하늘을 섬기는 요체라는 것이다. 다산의 '일이관지' 에 대한 해석은 논리전개 자체가 간명하면서도 모순이 없어 지금의 기준에서 볼지라도 탁견이 아닐 수 없다.

사실 당시 조선에서는 다산보다 한 세대 이전에 이미 다산과 유사한 주장을 펼친 인물이 있었다. 그는 성호 이익의 조카인 정산貞山 이병휴李秉休 : 1710-1776이다. 그는『집성集成』에서 '충서' 에 대해 이같이 풀이해 놓았다.

> 충忠하므로 능히 서恕하고, '서' 하면 '충' 이 그 안에 있게 된다. 혹 '충서' 를 병칭하거나 '서' 만을 단칭할지라도 실제로는 하나이다. '서' 는 요도要道이니 이를 일러 '혈구지도' 라고 한다. 이는 '서' 의 도를 풀이한 것이다.

이를 통해 대략 다산은 정산으로부터 커다란 영향을 받았음을 알 수 있다. 실제로 다산은 정산의 제자인 복암茯菴 이기양李基讓과 매우 절친하게 지냈다. 다산은 복암을 통해 정산의 유저遺著를 읽고 이에 크게 공감한 나머지 그의 학설을 거의 그대로 인용한 것으로 짐작된다. 이 장은 '증자왈' 구절을 통해 짐작할 수 있듯이 증자 문인의 소전所傳을 수록한 것이다.

4-16

子曰, "君子喩於義, 小人喩於利."

공자가 말했다.
"군자는 의(義)에 밝고, 소인은 이(利)에 밝다."

주희는 여기의 '유喩'를 '효曉 : 깨달음'로 간주해 '군자는 의에 깨닫고, 소인은 이익에 깨닫는다'로 풀이했다. 그러나 '화열和悅' 내지 '호好'로 간주해 '밝다'로 풀이하는 것이 훨씬 자연스럽다. 이 장은 대략 증자 문인의 소전으로 보이나 확실한 증거를 대기는 어렵다.

4-17

子曰, "見賢思齊焉, 見不賢而內自省也."

공자가 말했다.
"현명한 사람을 보면 그와 같기를 생각하고, 현명치 못한 사람을 보면 안으로 돌이켜 자성한다."

공자는 이 장에서 군자의 자기 반성 방안을 구체적으로 제시하고 있다. 이는 [학이]편 제4장에 나오는 증자의 '일일삼성一日三省' 태도와 통한다. 대략 증자 문인의 소전으로 짐작된다.

4-18

子曰, "事父母, 幾諫, 見志不從, 又敬不違, 勞而不怨."

공자가 말했다.
"부모를 섬기면서 기간(幾諫 : 조짐을 보고 은밀하게 간함)해야 한다. 뜻을 따라주지 않는 것을 보면 더욱 공경하여 부모의 뜻을 어기지 않고, 수고를 할지라도 원망치 않아야 한다."

이 장은 내용상 『예기』 [내칙內則]편과 표리의 관계를 이루고 있다. [내칙]편에는 "부모에게 과실이 있으면 기운을 내리고 얼굴빛을 화하게 하여 부드러운 소리로 간한다. 간하는 말이 받아들여지지 않을지라도 더욱 공경하고 효를 다한다. 부모가 기뻐하면 이때 다시 간한다. 그러나 부모가 기뻐하지 않아 종아리를 쳐 피가 흐를지라도 감히 부모를 미워하고 원망치 말고 더욱 공경하고 효를 다해야 한다"고 되어 있다. [내칙]편의 주장은 지금의 기준에서 볼 때 다소 지나친 감이 있으나 기본정신만큼은 이 장과 일치하고 있다.

4-19

子曰, "父母在, 不遠遊, 遊必有方."

공자가 말했다.
"부모가 생존해 있을 때는 원유(遠遊 : 멀리 나가 놀음)치 않고, 놀지라도 반드시 일정한 방소(方所 : 방향과 소재)가 있어야 한다."

주희는 '불원유不遠遊'를 풀이하기를, "부모를 멀리 떠나 날짜가 오래되면 혼정신성昏定晨省 : 잠자리를 살피고 아침에 문후함이 소홀하게 될까 두렵고 부모에게 걱정을 끼칠 우려가 있기 때문이다"라고 했다. 또 '유필유방遊必有方'을 풀이하기를, "부모가 반드시 자신의 소재를 알아서 근심함이 없고 자신을 부르면 반드시 이르러 실수가 없도록 하기 위함이다"라고 했다. 대략 타당한 해석이라고 할 수 있다.

4-20

子曰, "三年無改於父之道, 可謂孝矣."

공자가 말했다.
"3년 동안 부친의 도를 고치지 않아야 가히 효(孝)라고 이를 수 있다."

동일한 내용이 [학이]편 제11장에 그대로 실려 있다. 이를 두고 호인胡寅은 '이미 [학이]편에 나온 내용이 중복해 나오면서 그 절반이 빠져 있다'고 지적하면서도 그 배경에 대해서는 아무런 설명도 덧붙여 놓지 않았다. 대략 서로 다른 문인 내지 증자 문인 내의 유사한 전송이 각기 다른 시기에 나뉘어 수록되었을 공산이 크다.

4-21

子曰, "父母之年, 不可不知也. 一則以喜, 一則以懼."

공자가 말했다.
"부모의 나이는 기억치 않을 수 없다. 한편으로는 그것으로 기쁘고, 한편으로는 그것으로 두렵기 때문이다."

제18-21장의 4개 장 모두 '효'를 설명한 공자의 격언인 점에 비춰 '지효至孝'를 강조한 증자 문인의 전승일 가능성이 높다.

4-22

子曰, "古者言之不出, 恥躬之不逮也."

공자가 말했다.
"예전에 말을 함부로 내지 않은 것은 궁행(躬行 : 몸소 실천함)하는 데 미치지 못할까 부끄러워했기 때문이다."

군자의 언행일치를 강조한 이 장은 비슷한 내용을 다루고 있는 [헌문]편 제29장과 통한다. [헌문]편 제29장은 '증자왈'로 시작하는 같은 편 제28장과 내용상 밀접한 관련이 있다. 이 점에 비춰 이 장 역시 증자의 문인에 의한 전송으로 보아도 큰 무리는 없을 듯하다.

4-23

子曰, "以約失之者, 鮮矣."

공자가 말했다.
"약(約 : 요긴한 것만을 행하여 스스로를 단속함)으로써 실수를 범하는 자는 매우 드물다."

여기의 '약約'은 '검약儉約'을 포함한 일체의 수약守約 : 자체 단속을 의미한다. 『맹자』 [공손추 상]편에 '증자지수약曾子之守約' 구절이 나오는 점에 비춰 증자 문인의 전송일 가능성이 높다.

4-24

子曰, "君子, 欲訥於言而敏於行."

공자가 말했다.
"군자는 말을 하는 데에는 어눌(語訥)하나 행하는 데에는 민첩하다."

호인은 제15-24장 모두 증자 문인이 기록한 것으로 짐작했다. 대략 호인의 주장과 같이 증자 문인에게 전송된 전송으로 보아도 대과는 없을 것이다.

4-25

子曰, "德不孤, 必有隣."

공자가 말했다.
"덕은 외롭지 않으니 반드시 이웃이 있기 마련이다."

덕을 강조한 이 장은 내용상 '효'를 강조한 증자학파의 입장과 약간 거리가 있다. 그러나 결코 동떨어져 있는 것은 아니다. 덕을 증진키 위해서는 교양 있는 군자와의 교우가 필요하다고 강조한 [안연]편 제24장의 구절과 연관시켜 생각할 때 이 장을 증자 문인이 편집한 격언으로 간주해도 큰 무리는 없다.

4–26

子游曰, "事君數, 斯辱矣. 朋友數, 斯疏矣."

자유(子游)가 말했다.
"군주를 섬기면서 자주 간하면 곧 욕을 당한다. 붕우를 사귀면서 자주 충고하면 곧 소원해진다."

이 장은 공자의 격언이 아닌 자유의 격언으로 되어 있다. '사군事君' 및 '교우交友'의 주의사항을 언급한 이 장은 표면상 앞의 장들과 별개의 것으로 보이나 내용상 '사부모事父母'의 주의사항을 언급한 제18장과 상호 조응하고 있다. 이 장은 '교우'의 주의사항을 언급한 [안연]편 제23장과 내용상 상통하는 것이기도 하다.

이와 관련해 편집자가 '사부모'의 주의사항만을 언급해 놓은 제18장의 결함을 보완키 위해 이 장을 끼워넣은 것으로 보는 견해도 있으나 확인키가 어렵다. 이 장은 비록 자유의 격언으로 나타나고 있으나 공문의 후학 사이에서 널리 전송된 공자의 격언으로 보는 것이 보다 사실에 가깝다.

제5절 [공야장公冶長]편

[공야장]편은 모두 27개 장으로 구성되어 있다. 전편을 통독하면 마지막 제25–27장의 3개 장을 제외하고 모두 고금 인물의 현부賢否와 득실을 논한 것이다. 편자와 관련해 주희는 호인의 주장을 인용해 자공 문인들이 편집한 것으로 보았다. [헌문]편 제31장을 보면 공자가 인물평을 좋아하는 자공을 질책하는 내용이 나온다. 호인은 대략 고금 인물의 현부와 득실을 논한 [공야장]편에 자공이 자주 등장하고 있는 점에 착안해 이 편을 자공 문인들이 편집한 것으로 추정한 듯하다. 그러나 그의 이러한 추론은 근거가 약하다.

이 편에 등장하는 공자의 제자는 모두 13명이다. 공야장과 남궁경숙, 복자천, 염유, 칠조계, 염구, 공서화, 재여, 신정申棖, 자장 등이 각각 1번씩 등장한다. 안연은 2번, 자로는 4번, 자공은 5번 보인다. 자공이 등장하는 장이 비교적 많은 편이다. 그러나 자공은 분주한 정치활동으로 인해 제자를 제대로 육성치 못했다. 나아가 [공야장]편 뿐만 아니라 『논어』 전편에 나오는 자공은 모두 '자공'으로 불리고 있을 뿐 '단목자端木子'로 불리지 않고 있다.

자공 문인의 편찬이 아닐 가능성을 짙게 시사하는 대목이 아닐 수 없다. [공야장]편에 상대적으로 자공이 많이 등장하는 것은 고금 인물을 평한 기사를 대거 수록한 데 따른 것으로 보아야 한다. 자공은 공자의 제자 중 인물평에 가장 밝았다.

그렇다면 이 편은 누가 편집을 주도한 것일까. 원래 2-3대 제자시대에는 증자의 문인이 가장 융성했다. 이 점에 비춰 [공야장]편 역시 [학이]편 및 [이인]편과 마찬가지로 증자 문인의 손에 의해 이뤄졌을 가능성을 배제할 수 없다. 그러나 자공을 비롯한 직제자들의 언급이 많이 실려 있는 점에 비춰볼 때 증자 문인 이외의 사람들에 의해 편집되었다고 보는 것이 훨씬 합리적이다. 이 편은 대략 『논어』 20편 중 비교적 빠른 시기에 노나라에서 편집된 것으로 짐작된다.

5-1

子謂公冶長, "可妻也. 雖在縲絏之中, 非其罪也." 以其子, 妻之.

子謂南容, "邦有道不廢, 邦無道免於刑戮." 以其兄之子妻之.

공자가 제자 공야장(公冶長)을 이같이 평했다.
"사위로 삼을 만하다. 비록 누설(縲絏 : 검은 포승으로 묶는다는 뜻으로 수감을 의미)을 당한 적이 있으나 이는 그의 죄로 인한 것이 아니었다."
그리고는 자신의 딸을 처로 삼게 했다.
공자가 제자 남용(南容)을 평하여 이같이 말했다.
"나라에 도가 있으면 버려지지 않을 것이고, 나라에 도가 없을지라도 형륙(刑戮 : 벌을 받아 주살됨)을 면할 것이다."

'남용'은 맹의자孟懿子 중손하기仲孫何忌의 친형이다. 『춘추좌전』은 남궁경숙南宮敬叔, 『사기』는 남궁괄南宮适, 『공자가어』는 남궁도南宮韜로 기록해 놓았다. '남궁'이라는 성씨는 그가 살았던 곳이 남쪽 궁궐 부근인 데서 나온 것으로 본래의 성씨는 '중손'이다. 『춘추좌전』은 그의 본래 이름을 '중손열仲孫說'로 기록해 놓았다. 그의 자는 자용子容이고, 시호는 경숙敬叔이다. '남용'은 성과 자를 축약해 표현한 이름인 셈이다.

이 장은 공자가 감옥에 수감되었던 공야장을 남용보다 덜 현명한 사람으로 판단한 듯한 느낌을 주고 있다. 이를 두고 혹자는 평하기를, "공야장이 남용에 미치지 못했으므로 성인이 자신의 딸을 공야장에게 시집보내고 형의 딸을 남용에게 시집보낸 것이다. 이는 형에게 후하게 하고 자신에게 박하게 한 것이다"라고 했다. 이에 대해 정이천은 "그러한 해석은 사심을 가지고 성인을 엿본 것이다"라고 비판했다. 정이천의 지적이 타당하다. 제1-11장 모두 공자가 제자에 대해 평해놓은 것으로 제자에 대한 비판의 성격을 다소 내포하고 있다.

5-2

子謂子賤, "君子哉, 若人. 魯無君子者, 斯焉取斯."

공자가 자천(子賤 : 宓不齊)을 이같이 평했다.
"군자로다, 이런 사람은 노나라에 군자가 없었다면 이 사람이 어디에서 이러한 덕을 취했겠는가."

주희는 '사언취사斯焉取斯' 중 앞의 '사斯'는 '자천', 뒤의

'사'는 '차덕此德'을 지칭한다고 풀이했다. 문맥상 타당하다. 이 장에서 공자는 자천을 높이 평가하면서 은연중 노나라에 군자가 매우 많았음을 시사하고 있다.

5-3

子貢問曰, "賜也何如." 子曰, "女, 器也." 曰, "何器也." 曰, "瑚璉也."

자공이 공자에게 물었다.
"저는 어떻습니까."
공자가 대답했다.
"너는 쓰임이 있는 그릇이다."
자공이 다시 물었다.
"어떤 그릇입니까."
공자가 대답했다.
"호련(瑚璉 : 기장과 피를 담기 위해 옥으로 만든 종묘용 제기)이다."

과거 종묘제사에 사용하는 '제기祭器'는 그릇 중 가장 귀중하고 화려했다. 하나라에서는 '연璉', 은나라에서는 '호瑚', 주나라에서는 '보궤簠簋'라고 했다. 주희는 "자공은 비록 군자불기君子不器의 경지에 이르지는 못했으나 호련瑚璉과 같이 귀중한 그릇의 경지에 달했다"고 풀이했다. 대략 공자가 말한 취의에 부합한다.

5-4

或曰, "雍也仁而不佞." 子曰, "焉用佞. 禦人以口給, 屢憎於人.

不知其仁, 焉用佞."

어떤 사람이 말했다.
"옹(雍 : 冉雍으로 자는 仲弓)은 어질기는 하나 불녕(不佞 : 구변이 없음)하다."
그러자 공자가 이같이 반박했다.
"구변을 어디에 쓰겠는가. 사람을 응대할 때 구변으로만 하면 자주 사람들의 미움을 받게 된다. 그가 어진 사람인지는 모르겠으나 구변을 어디에 쓸 것인가."

'어인禦人'의 '어禦'는 '대당對當'의 의미로 '어인'은 곧 '대인對人'을 뜻한다. '구급口給'의 '급給'은 '변辯'과 통한다. 공자가 '언용녕焉用佞'을 앞뒤로 2번 언급한 것은 말만 앞서는 '구변'을 지적한 것으로 '구변' 자체를 타기한 것은 아니다. 『순자』 [비십이자非十二子]편에 다음과 같은 구절이 나온다.

> 언변으로 마땅한 것도 아는 것이고, 침묵으로 마땅한 것도 아는 것이다. 그러므로 침묵할 줄 하는 것은 언변을 아는 것과 같다. 다언多言이면서 예의에 맞는 사람은 성인이고, 소언少言이면서 법에 맞는 사람은 군자이고, 말의 다소에 상관없이 말에 질서가 없고 면연湎然 : 밑으로 잠김히 흐르는 자는 비록 언변이 뛰어날지라도 소인이다.

순자는 공학의 기본취의를 가장 잘 이어받은 사람이다. 그는 '구변'과 '침묵'을 같은 것으로 본 것이다. 공자 역시 '구변' 자체를 '침묵'과 대립시켜 타기했던 것은 아니다. 그럼에도 많은 사람들이 이를 오해한 나머지 공자가 '구변' 자체를 타기했던 것으로 오해하고 있다. 당시 제자들 중 가장 총명했던 자공은 공문 내에서 뿐만 아니라 당대 최고의 '구변가'였다. 만일 공자가 '구변' 자체를 타기했다면 자공을 그토록 총애했을 리가 없다. 공자가 타기한 자는 순자가 지적한 바와 같이 말에 조리가 없이 화려한 언변만을 구사하는 소인배였다.

5-5

子使漆雕啓仕. 對曰, "吾斯之未能信." 子說.

공자가 칠조계(漆雕啓 : 子若)로 하여금 벼슬을 하게 했다. 그러자 칠조계가 말했다.
"저는 아직 제대로 배웠는지를 자신하지 못하겠습니다."
공자가 이 얘기를 듣고 기뻐했다.

대부분의 책이 '칠조계'의 이름을 아직까지도 '칠조개漆雕開'로 표기해 놓고 있다. '칠조개'는 한경제漢景帝 유계劉啓의 이름을 기휘忌諱해 '계'를 '개'로 고친 데 따른 것이다. 수천 년 동안 이러한 기휘는 『논어』와 같은 경전에도 예외 없이 적용돼 사람의 이름까지 마구 고쳐놓은 것이다. 원래의 이름대로 '칠조계'로 바꿔놓아야 하는 것은 말할 것도 없다. 이 장에서는 칠조계의 겸양지덕이 잘 나타나 있다.

5-6

子曰, "道不行. 乘桴浮于海, 從我者其由與." 子路聞之喜. 子曰, "由也, 好勇過我, 無所取材."

공자가 말했나.
"도가 행해지지 않는구나. 뗏목을 타고 바다로 나아가면 나를 따라 올 사람은 아마도 유(由)일 것이다."
자로가 이 말을 듣고 기뻐했다. 그러자 공자가 말했다.
"유는 용맹을 좋아하는 것이 나보다 나으나 뗏목의 재료로 삼을 것이 없다."

주희는 '무소취재無所取材'의 '재材'를 '재裁 : 사리판단'로 간주했다. 이에 그는 "자로가 이를 사실로 여겨 크게 기뻐하자 공자가 자로의 용기를 찬미하면서도 사리를 재단해 의에 맞게 행동하지 못한 것을 기롱譏弄한 것이다"라고 풀이해 놓았다. '재'를 '재裁'로 본 것은 지나친 도학적 접근이 아닐 수 없다. '재'를 '재哉'로 보아 공자가 탄식한 것으로 풀이하는 견해도 있으나 그보다는 글자 그대로 '재료'의 의미로 새기는 것이 낫다. 정현은 '뗏목의 재료로 삼을 만한 것이 없다'로 풀이한 바 있다. 이 견해가 문맥상 타당하다.

5-7

孟武伯問, "子路仁乎." 子曰, "不知也." 又問, 子曰, "由也, 千乘之國, 可使治其賦也, 不知其仁也." "求也何如." 子曰, "求也,千室之邑, 百乘之家, 可使爲之宰也, 不知其仁也." "赤也何如." 子曰, "赤也, 束帶立於朝, 可使與賓客言也, 不知其仁也."

맹무백(孟武伯)이 물었다.
"자로는 인(仁)합니까."
공자가 대답했다.
"알지 못하겠소."
맹무백이 또 묻자 공자가 이같이 대답했다.
"유(由)는 천승지국에서 가히 군정(軍政)을 담당할 만하나 그가 어진지는 알지 못하겠소."
"구(求 : 冉有)는 어떻습니까."
공자가 대답했다.
"구는 천실지읍(千室之邑 : 큰 성읍)과 백승지가(百乘之家 : 경대부의 집안)에서 가히 가재(家宰 : 가신의 우두머리)가 될 만하나 그가 어진지는 알지 못하겠소."
"적(赤 : 公西赤)은 어떻습니까."
"적은 속대(束帶 : 띠를 두른다는 뜻으로 관복의 착용을 의미)하고 조정에 서서 가히 빈객을 접대할 만하나 그가 어진지는 알지 못하겠소."

여기의 '부賦'는 '군정軍政'을 의미한다. 옛날에는 토지의 세금을 따져 군사를 내었으므로 '군'을 '부'로 칭하기도 했다. 『춘추좌전』 [노양공 8년]조에 '폐읍의 군사를 모두 모았다'는 의미로 '실색폐부悉索敝賦'를 쓴 용례가 대표적인 실례이다.

5-8

子謂子貢曰, "女與回也, 孰愈." 對曰, "賜也何敢望回. 回也聞一以知十, 賜也聞一以知二." 子曰, "弗如也. 吾與女弗如也."

공자가 자공에게 물었다.
"너와 회(回) 가운데 누가 나으냐."
자공이 대답했다.
"제가 어찌 감히 회를 바라볼 수 있겠습니까. 회는 하나를 들으면 열을 알고, 저는 하나를 들으면 둘을 압니다."
공자가 말했다.
"그만 못하다. 나와 너는 그만 못하다."

주희는 마지막 구절인 '오여여불여吾與女弗如'의 '여與'를 '허許'로 해석해 '나는 네가 그만 못함을 인정한다'로 풀이했다. 이는 공자가 스스로 안회만 못하다는 것을 인정했을 리 없다는 선입견에서 비롯된 것이다. '여與'를 조사로 간주해 '나와 너는 그만 못하다'로 풀이하는 것이 문맥상 자연스럽다. 호인은 이를 두고 풀이하기를, "자공은 스스로 굽히기를 어렵게 여기지 않았으므로 끝내 공자로부터 성性과 천도天道에 관한 얘기를 듣게 되었다"고 했다. 이는 억견이 아닐 수 없다. 제12장에 나와 있듯이 공자 사후에 자공은 공자로부터 '성'과 '천도'에 관한 얘기를 전혀 들은 바가 없다고 술회한 바 있다. 호인의 이같은 주장은 자공의 이러한 술회와 정면으로 배치되고 있다. 공자는 생전에 '괴력난신怪力亂神'에 관한 얘기를 극도로 꺼린 까닭에 '성'과 '천도'에 관해 전혀 얘기하지 않았다고 보는 것이 옳다.

5–9

宰予晝寢. 子曰, "朽木不可雕也. 糞土之牆不可杇也. 於予與何誅." 子曰, "始吾於人也, 聽其言而信其行. 今吾於人也, 聽其言而觀其行. 於予與改是."

재여(宰予)가 낮잠을 잤다. 공자가 탄식했다.
"후목(朽木 : 썩은 나무)에는 조각할 수 없고, 분토지장(糞土之牆 : 거름흙으로 쌓은 담장)에는 흙손질을 할 수 없다. 내가 재여에 대해 무엇을 꾸짖겠는가."
이어 공자가 이같이 말했다.
"예전에 나는 남을 대하면서 그의 말만 듣고 그의 행실을 믿었다. 그러나 이제는 남을 대하면서 그의 말을 들은 뒤 그의 행실을 살피게 되었다. 재여로 인해 이를 고치게 된 것이다."

호인은 두 번째 나오는 '자왈'을 두고 풀이하기를, "이는 연문衍文인 듯하다. 그렇지 않다면 같은 날의 발언이 아닐 것이다"라고 했다. 대략 후자일 공산이 크나 같은 날에 한 애기로 보아도 큰 무리는 없다.

5-10

子曰, "吾未見剛者." 或對曰, "申棖." 子曰, "棖也, 慾. 焉得剛."

공자가 말했다.
"내가 아직 굳센 사람을 보지 못했다."
어떤 사람이 대꾸했다.
"신정(申棖 : 공자의 제자로 『사기』의 申棠)이 있습니다."
공자가 말했다.
"신정은 욕심이 있으니 어찌 굳세다고 하겠는가."

정이천은 '강剛'과 '욕慾'을 대비시켜 풀이하기를, '사람이 욕심이 있으면 강할 수 없고, 강하면 욕심에 굽히지 않는다'라고 했다. 주희는 '욕'을 '다기욕多嗜慾'으로 간주해 정이천과 똑같이 풀이해 놓았다. 여기의 '강'은 '불굴지지不屈之志', '욕'은 '행행자호悻悻自好 : 화를 잘 내고 고집이 셈'로 풀이하는 것이 공자가 말한 취의에 보다 가까울 것이다. '강'과 '욕'은 외면상 유사하나 내용상 커다란 차이가 있다. 공자는 바로 이 점을 얘기한 것이다.

5–11

子貢曰, "我不欲人之加諸我也, 吾亦欲無加諸人." 子曰, "賜也, 非爾所及也."

자공이 말했다.
"저는 남이 제가 원치 않는 일을 강요치 않기를 바라기에 저 또한 그런 일을 남에게 강요치 않으려고 합니다."
공자가 말했다.
"사(賜)야, 그 경지는 네가 미칠 수 있는 바가 아니다."

정이천과 주희는 '무가저인無加諸人'의 경지를 '인仁', '물시어인勿施於人'의 경지를 '서恕'로 구분해 자공은 '서'의 경지까지는 나아갈 수 있으나 '인'의 경지까지는 도달키 어려웠다고 풀이했다. 그러나 이런 해석은 증자가 일찍이 공자의 '인'을 '충서忠恕'로 풀이한 바 있고, '무가저인'과 '물시어인'에 어떤 근원적인 차이가 있는 것이 아닌 점에 비춰 무리가 있다. 공자는 자공에게 '인'의 다른 표현인 '진정한 충서'의 경지까지 나아가기가 쉽지 않은 점을 지적한 것으로 풀이하는 것이 옳다.

5-12

子貢曰, "夫子之文章, 可得而聞也. 夫子之言性與天道, 不可得而聞也."

자공이 말했다.
"부자의 문장(文章)은 가히 들을 수 있었다. 그러나 부자가 성(性)과 천도(天道)를 얘기하는 것은 들을 수 없었다."

이 장은 공자의 언행에 대한 자공의 술회이다. 이를 두고 정이천은 풀이하기를, "이는 자공이 공자의 지극한 말을 듣고 찬미한 말이다"라고 했다. 주희도 '성'을 사람이 부여받은 '천리', '천도'를 '천리자연天理自然의 본체'로 간주해 풀이하기를, "자공은 이때에 이르러 비로소 이에 관한 얘기를 얻어 듣고 그 훌륭함에 감탄한 것이다"라고 했다. 이러한 해석은 공자로부터 '성'과 '천도'에 관해 전혀 들은 바가 없다고 술회한 자공의 언급과 완전히 배치되고 있다. 성리학을 합리화하기 위한 억지해석이 아닐 수 없다.

이와 정반대로 자공이 공자를 추억하면서 일종의 비평을 가한 것으로 해석하는 견해가 있으나 이 또한 억견이 아닐 수 없다. 자공은 안회와 자로가 죽은 뒤 공자의 총애를 거의 독차지했다고 보아도 과언이 아니다. 그가 공자 사후에 호상護喪을 하게 된 것도 이와 무관치 않았다. 만년의 공자는 자공과 가장 많은 대화를 나눴다. 『맹자』 [공손추 상]편에 다음과 같은 맹자의 언급이 나온다.

> 옛날 자공이 공자에게 말하기를, '부자夫子 : 공자를 지칭는 성인입니다' 라고 하자 공자가 응답하기를, '성인의 경지는 내가 감히 넘볼 수 없다. 나는 단지 배우기를 싫어하지 않고 가르치기를 게을리 하지 않는 사람일 뿐이다' 라고 했다. 그러자 자공이 말하기를, '배우기를 싫어하지 않는 것이 지知이고 가르치기를 게을리 하지 않는 것이 인仁입니다. 지와 인을 모두 갖췄으니 부자는 이미 성인입니다' 라고 했다.

이를 통해 알 수 있듯이 자공의 공자에 대한 존경은 상상을 초월할 정도였다. 그런 그가 '성'과 '천도'에 관한 얘기를 듣지 못했다는 이유로 공자에게 비평을 가했을 리가 없다. 자공이 공자에게 비평을 가한 것이라는 주장 역시 정이천 및 주희와 마찬가지로 공자가 생전에 아주 드물게 '성'과 '천도'에 관한 언급을 했을 것이라는 억측에서 비롯된 것이다. 이는 공학의 기본 취지에서 크게 일탈한 억지해석이 아닐 수 없다.

5-13

子路有聞, 未之能行, 惟恐有聞.

자로는 들은 것이 있는데도 이를 능히 실행치 못했을 때는 오직 다른 말을 또 다시 들을까 두려워했다.

이 장은 누구의 말인지 확실치 않다. 대략 공문의 누군가가 자로를 관찰한 내용이 수록된 것으로 보인다. 제12–13장의 2개 장은 앞서 나온 공자의 제자 평가에 관한 부록의 성격이 짙다.

5–14

子貢問曰, "孔文子, 何以謂之文也." 子曰, "敏而好學, 不恥下問. 是以謂之文也."

자공이 공자에게 물었다.
"공문자(孔文子 : 위나라 대부 孔圉)는 어찌하여 시호를 문(文)이라고 한 것입니까."
공자가 대답했다.
"민첩하면서 배우기를 좋아했고, 아랫사람에게 묻는 것을 부끄러워하지 않았다. 이에 '문'이라고 한 것이다."

이 장부터 제24장에 이르는 11개 장은 모두 공자와 동시대 내지 2–3대 이전의 열국 대부들에 대한 인물평으로 구성돼 있다. 위나라 대부 공어孔圉 : 孔文子와 정나라 집정대부 공손 교僑 : 子産, 제나라 집정대부 안영晏嬰 : 晏平仲, 노나라 대부 장손진臧孫辰 : 臧文仲, 초나라 영윤 투곡어도鬪穀於菟 : 鬪子文, 제나라 집정대부 진수무陳須無 : 陳文子, 노나라 집정대부 계손행보季孫行父 : 季文子, 위나라 집정대부 영유甯兪 : 甯武子 등이 그들이다. 춘추시대 후기의 주요 인물에 대한 평이 거의 망라되어 있는 셈이다.

5–15

子謂子産, "有君子之道四焉. 其行己也恭, 其事上也敬, 其養民也惠, 其使民也義."

공자가 자산(子産 : 정나라의 현대부 공손 僑)을 이같이 평했다.
"그에게 군자의 도가 네 가지 있었다. 몸소 행하면서 공손했고, 윗사람을 섬기면서 공경스러웠고, 백성을 양육하면서 은혜로웠고, 백성을 부리면서 의로웠다."

자산은 공자의 나이 31세 때인 기원전 522년에 세상을 떠난 당대 최고의 현자였다. 자산에 대한 공자의 평은 모두 최상의 찬사로 시종하고 있다. 공자의 사상형성에 자산이 미친 영향은 지대했다. 『논어』에는 모두 4차례에 걸쳐 자산에 대한 공자의 인물평이 나온다. 이 장이 자산에 대한 첫 평가에 해당한다. 유사한 내용이 『춘추좌전』 [노문공 2년]조에도 나온다.

5–16

子曰, "晏平仲善與人交, 久而敬之."

공자가 말했다.
"안평중(晏平仲 : 제나라의 현대부 晏嬰)은 사람과 더불어 사귀기를 잘 하여 사람들이 오래도록 그를 공경하는구나."

안영晏嬰 역시 자산과 동시대를 산 제나라의 현상賢相이다. 그가 지은 것으로 알려진 『안자춘추晏子春秋』에는 공자와 안영에 관한 일화가 모두 6번 나온다. 『안자춘추』는 노나라의 성인 공자가 안영에게 누차 굴복당하는 것으로 묘사해 놓았다. 이는 『안자춘추』가 안영을 숭상하는 제나라 사람의 손에 의해 만들어진 데 따른 것으로 역사적 사실과는 동떨어진 것이다.

5-17

子曰, "臧文仲居蔡, 山節藻梲, 何如其知也."

공자가 말했다.
"장문중(臧文仲 : 노나라 대부 藏孫辰)은 점복용 큰 거북등을 보관하는 집을 지으면서 두공(斗栱 : 들보와 마룻대를 괴는 큰 목재)에는 산을 그리고, 동자기둥에는 수초 그림을 그려넣었다. 비례(非禮)를 저지른 그를 두고 어찌 지혜롭다고 할 수 있겠는가."

여기의 '채蔡'는 천자가 점을 칠 때 쓰는 채나라 특산의 큰 거북을 말한다. 국명이 점복용 큰 거북의 뜻으로 전용된 것이다. 서양에서 중국 특산의 도자기를 '차이나CHINA'로 칭하게 된 것과 같은 경우라고 할 수 있다. '절節'은 들보와 마룻대를 괴는 큰 목재인 '두공斗栱'을 뜻한다. '절梲'은 들보 위의 짧은 동자기둥을 의미한다. 『춘추좌전』 [노문공 2년]조에도 장문중에 대한 공자의 다음과 같은 비평이 나온다.

> 장문중은 어질지 못한 것이 세 가지이고 알지 못한 것이 세 가지이다. 전금展禽 : 柳下惠이 현명한 인물이라는 것을 알고도 자신의 밑에 두고, 6관六關 : 陽關에 있는 여섯 관문을 지칭하나 '육관' 자체를 관문의 이름으로 보는 견해도 있음을 없애고, 첩이 포초

蒲草 : 부들풀로 만든 방석을 팔아 백성들과 이익을 다퉜으니 이 세 가지가 바로 어질지 못한 것이다. 또 허기虛器 : 장문중이 사적으로 거북껍질을 모아 방을 꾸민 것을 지칭를 만들고, 역사逆祀 : 제사의 순서를 어김를 하고, 백성들에게 원거爰居 : 노나라의 동문 밖에 있는 봉황 모양의 섬으로 장문중은 이를 신령스럽게 생각했음를 제사 지내게 했으니 이 세 가지가 바로 알지 못한 것이다.

5-18

子張問曰, "令尹子文三仕爲令尹, 無喜色. 三已之, 無慍塞. 舊令尹之政, 必以告新令尹. 何如." 子曰, "忠矣." 曰, "仁矣乎." 曰, "未知. 焉得仁." "崔子弑齊君. 陳文子有馬十乘, 棄而違之. 至於他邦, 則曰, '猶吾大夫崔子也'. 違之. 之一邦, 則又曰, '猶吾大夫崔子也'. 違之. 何如." 子曰, "淸矣." 曰, "仁矣乎." 曰, "未知. 焉得仁."

자장이 물었다.
"영윤 자문(子文)은 세 번 벼슬하여 영윤이 되었으면서도 기쁜 빛이 없었고, 세 번 그만두었으면서도 성내는 빛이 없었고, 구 영윤의 정치를 반드시 새 영윤에게 일러주었습니다. 그는 어떻습니까."
공자가 대답했다.
"충성스럽다."
"인(仁)합니까."
공자가 대답했다.
"알지 못하겠다. 어찌 인하다고 할 수 있겠는가."
"최자(崔子 : 제나라 대부 崔杼)가 제군(齊君 : 齊莊公)을 시해하자 진문자(陳文子 : 제나라 대부 陳須無)는 10승(乘 : '1승'은 말 4필)을 가지고 있다가 이를 버리고 떠났습니다. 그가 다른 나라에 이르러 말하기를, '이 사람도 우리 대부 최자와 같다' 고 말하고 떠난 뒤 또 다른 나라에 가서 말하기를, '이 사람도 우리 대부 최자와 같다' 고 말하고는 이내 떠났습니다. 그는 어떻습니까."
공자가 대답했다.
"청렴하다."
자장이 물었다.
"인합니까."
공자가 대답했다.
"알지 못하겠다. 어찌 인하다고 할 수 있겠는가."

초나라 영윤 투자문은 초나라의 대표적인 현상賢相이었다. 주희는 투자문을 두고 "투자문이 초나라를 도울 적에 획책한 것은 모두 왕을 참칭하고 중국을 어지럽힌 것이었다"고 비판했다. 이는 중화주의에 입각한 것으로 당시의 시대상을 무시한 해석이 아닐 수 없다. 진수무는 진陳나라에서 망명해 온 진완陳完의 후손으로 전국시대 초입에 그의 후손이 강씨姜氏의 제나라를 찬탈했다. 주희는 진수무를 두고 평하기를, "진문자는 제나라에 벼슬할 때 이미 군주를 올바르게 인도하고 역적을 토벌하는 의리를 잃었고, 또 몇 년이 못 되어 다시 제나라로 돌아갔으니 그가 인하지 않음을 알 수 있다"고 했다. 진수무에 대한 평은 나름대로 일리가 있다.

5-19

季文子三思而後行. 子聞之曰, "再, 斯可矣."

계문자(季文子 : 계강자의 부친 季孫行父)는 세 번 생각한 뒤 행했다. 공자가 이 말을 듣고 이같이 말했다.
"두 번으로도 가할 것이다."

『춘추좌전』 [노문공 6년]조에 따르면 노나라의 집정대부 계문자는 진나라를 방문할 때 마침 진양공晉襄公이 중병을 앓게 되자 먼저 사람을 보내 상을 당했을 때 취할 예법을 알아본 뒤 떠났다. 이 장에 나오는 계문자의 '3사三思'는 바로 이를 가리키는 말이다.

5-20

子曰, "甯武子, 邦有道則知, 邦無道則愚. 其知可及也, 其愚不可及也."

공자가 말했다.
"영무자(甯武子 : 위나라 대부 甯兪)는 나라에 도가 있을 때는 지혜롭게 처신했고, 나라에 도가 없을 때는 마치 어리석은 듯이 처신했다. 지혜로운 처신에는 가히 미칠 수 있으나 어리석은 듯이 행동한 그의 처신에는 미치지 못할 것이다."

원래 위나라는 위성공衛成公 3년부터 군주가 달아나는 등의 일로 인해 매우 어지러워졌다가 3년 만에 안정을 되찾았다. 위성공은 재위 27년 되던 해에 죽었다. 여기서 말하는 '무도無道'는 바로 어지러웠던 3년간을 가리키고 '유도有道'는 그 이후의 안정된 기간을 지칭한다. 여기의 '지知'는 영무자가 '유도'의 기간 때 자취를 거두어 몸을 온전히 한 것을 말하고, '우愚'는 '무도'의 기간 중 몸을 잊고 어려움을 무릅쓴 것을 말한 것이다.

당초 영무자는 위성공이 초나라로 달아날 때 말고삐를 잡고 수종해 3년 동안 온갖 어려움을 다 겪은 뒤 마침내 위성공을 모시고 귀국했다. 그러나 영무자는 이내 대부 공달孔達을 집정으로 천거한 뒤 뒤로 물러나 천수를 다했다. 영무자의 행보와 관련해 '무도'와 '우'를 어떻게 해석할 것인지를 놓고 예로부터 고주古注와 신주新注가 크게 대립했다.

고주의 대표자격인 공안국은 해석하기를, "거짓으로 어리석은 것처럼 하는 것이 사실과 같았으므로 미칠 수 없다고 한 것이다"라고 했다. 이에 대해 신주의 대표자격인 주희는 해석하기를, "위성공이 무도하여 나라를 잃었을 때 영무자가 어렵고 험한 것을 피하지 않고 마침내 그 몸을 보전하고 그 군주를 건졌다. 그가 처한 곳은 지혜 있는 선비가 깊이 피하고 즐겨하지 않는 곳인 까닭에 이들 두고 그의 어리석음은 미칠 수 없다고 말한 것이다"라고 했다.

고주계통은 어리석음을 가장해 몸을 보전했다는 의미에서 흔히 '양우보신설佯愚保身說'이라고 하고, 신주계통은 몸을 잊고 위험을 무릅썼다는 의미에서 흔히 '망신모난설忘身冒難說'이라고 한다. 예로부터 나라가 '무도'에 처해 있을 때 몸을 던져 어렵고 험한 일을 피하지 않은 채 나라를 구하는 일은 쉽지 않은 일이다. 처신에 능한 자들이 볼 때는 일응 어리석게 보일 수밖에 없다. 영무자가 바로 이를 실천한 인물이었던 것이다. 『춘추좌전』의 기록에 비춰 두 설을 종합한 절충설이 역사적 사실에 부합한다.

5-21

子在陳. 曰, "歸與, 歸與. 吾黨之小子狂簡, 斐然成章, 不知所以裁之."

공자가 진나라에 머물고 있었나. 이때 이같이 말했다.
"돌아갈거나, 돌아갈거나. 오당(吾黨 : 노나라에 잔류한 제자들을 지칭)의 젊은이들은 뜻은 크나 일에는 소략하여 빛나게 문장을 이루고도 이를 어떻게 완성해야 할지를 모르는구나."

이 장은 공자가 천하유세 중 진陳나라에 머물 때 노나라에 남겨둔 제자들을 생각하며 마침내 14년간에 걸친 천하유세의 여정을 마무리짓고 귀국할 뜻을 최초로 피력한 내용을 담고 있다. 공자의 천하유세 기간 중 노나라에 잔류했던 제자들에 대한 공자의 총괄적인 평에 해당한다.

5-22

子曰, "伯夷叔齊, 不念舊惡, 怨是用(=以)希."

공자가 말했다.
"백이와 숙제는 구악(舊惡)을 염두에 두지 않았기에 원망이 이로 인해 적었다."

백이와 숙제는 주왕조 건국 당시 고죽국孤竹國 군주의 두 아들이다. 두 사람 모두 신하가 군주를 치는 것은 부당하다며 주무왕의 은왕 주紂에 대한 정벌을 반대했다. 이 장은 전설적인 현인인 백이와 숙제에 대한 공자의 평이기는 하나 사실 전설적인 인물에 대한 단상斷想에 가깝다.

5-23

子曰, "孰謂微生高直. 或乞醯焉, 乞諸其鄰而與之."

공자가 말했다.
"누가 미생고(微生高 : '미생'이 성임)를 정직하다고 했는가. 어떤 사람이 그에게 혜(醯 : 식초)를 얻으러 가자 이웃에서 빌려다가 이를 건네주며 생색을 냈다."

주희는 '미생고'를 두고 노나라의 직사直士로 소문난 인물이었다고 주장하면서도 더 이상 자세한 내용은 밝히지 않았다. 정이천은 이 장을 두고 해석하기를, "미생고의 정직하지 못함은 비록 작으나 정직함을 해침은 매우 크다"고 했다. 이 장의 내용에 비춰 미생고는 안팎이 다른 인물이었을 것으로 짐작된다.

5-24

子曰, "巧言令色足恭, 左丘明恥之, 丘亦恥之. 匿怨而友其人, 左丘明恥之, 丘亦恥之."

공자가 말했다.
"교언영색으로 남의 비위를 맞춰 아부하는 것을 좌구명(左丘明)은 부끄러워했다. 나 구(丘) 또한 이를 부끄러워한다. 속으로 원망을 숨기고 겉으로는 그 사람과 거짓으로 친한 척하는 것을 좌구명은 부끄러워했다. 나 구 또한 이를 부끄러워한다."

이 장은 『춘추좌전』을 편집한 사람으로 알려진 '좌구명'에 대한 공자의 평이다. 이 장에 나오는 '주공足恭'의 '주足'와 관련해 공안국은 '편벽偏僻 : 남의 비위를 맞춰 아부함'으로 보았고, 형병은 '성成'으로 보아 '주공'을 교언영색으로 '공손함을 가장하는 것'으로 해석했다. 이에 대해 주희는 지나치다는 의미의 '과過'로 보았다. '주공'은 용례에서 흔히 '편벽'과 함께 사용되는 경우가 많으므로 공안국의 설을 좇는 것이 타당할 것이다. '익원匿怨'과 관련해 공안국은 내심 원망을 감추고 겉으로 친한 척 하는 것으로 풀이했다.

공안국은 일찍이 '좌구명'을 두고 노나라의 태사太史라고 주장했다. 『한서』 [예문지]도 이를 좇았다. 형병은 노나라 태사로서 공자에게 『춘추』를 수업한 자라고 보았다. 주희는 『논어』에 나오는 좌구명의 성은 '좌구'이고, '좌구씨'는 『춘추좌전』을 저술한 '좌씨'와는 동명이인이라고 주장했다. 그러나 주희의 이러한 주장이 무슨 확실한 근거 위에서 나온 것은 아니다.

다산은 『춘추좌전』에 나오는 복사卜辭 등에 관한 기술은 후대에 위작할 수 있는 것이 아닌 까닭에 그 부분은 좌씨의 기술로 보는 것이 옳다고 주장했다. 사실 『춘추좌전』을 비롯한 대부분의 유가 경전은 다산이 주장한 바와 같이 여러 대에 걸쳐 만들어진 것으로, 일부 내용은 역사적 사실과 정확히 부합하는지 여부를 단언키가 쉽지 않다. 복사에 관한 『춘추좌전』의 기술은 본래 좌씨의 작품으로 보아야 한다는 다산의 주장은 나름대로 일리가 있는 것이기는 하나 학계에서 널리 공인된 것은 아니다. 사실 좌구명은 어느 때 사람인지 확실치 않다. 정이천도 좌구명을 전설적인 인물로 평가해 놓은 바 있다. 이 장은 내용상 앞뒤를 연결시키는 교량 역할을 하고 있다.

5-25

顏淵季路侍. 子曰, "盍(=何不)各言爾志." 子路曰, "願車馬衣輕裘, 與朋友共, 敝之而無憾." 顏淵曰, "願無伐善, 無施勞." 子路曰, "願聞子之志." 子曰, "老者安之, 朋友信之, 少者懷之."

안연과 계로(季路 : 자로)가 공자를 모시고 있었다. 공자가 물었다.
"어찌하여 각기 자신의 뜻을 말하지 않는가."
자로가 대답했다.
"원컨대 수레와 말을 타고 가벼운 갖옷을 입는 것을 붕우와 함께 하여 뒤에 헤어질지라도 유감스럽게 생각지 않고자 합니다."
안연이 대답했다.
"원컨대 유능함을 자랑치 않고, 공로를 과시치 않고자 합니다."
자로가 공자에게 물었다.
"원컨대 선생님의 뜻을 듣고자 합니다."
공자가 말했다.
"노인을 편히 해주고, 붕우를 믿고, 젊은이를 품도록 하겠다."

이 장은 공자가 안연과 자로에게 각기 생각한 바를 밝히게 한 뒤 자로의 질문에 응해 자신의 뜻을 밝힌 내용으로 구성돼 있다. 마지막 구절에 나오는 '안지安之'와 '신지信之', '회지懷之'를 두고 '노인이 나를 편히 여기게 하고, 붕우가 나를 믿게 하고, 젊은이가 나를 사모하게 하는 것이다'로 해석하는 견해도 있다. 주희는 이같이 해석해도 무리가 없다고 보았으나 문맥상 약간 부자연스럽다.

5–26

子曰, "已矣乎. 吾未見, 能見其過而內自訟者也."

공자가 탄식했다.
"이것으로 그만이란 말인가. 나는 아직 능히 자신의 허물을 보고 내심 스스로 뉘우치는 자를 보지 못했다."

주희는 '기이호已矣乎'에 대해 스스로 뉘우치는 자를 만나지 못할까 두려워한 공자의 탄식으로 보았다. 또 '내자송內自訟'에 대해서는 입으로 말하지 않고 내심 스스로 뉘우치는 것으로 풀이했다. 대략 공자가 말한 취의에 가깝다.

5–27

子曰, "十室之邑, 必有忠信如丘者焉, 不如丘之好學也."

공자가 말했다.
"십실지읍(十室之邑 : 10戶 정도의 작은 성읍)에도 반드시 나처럼 충신(忠信)한 사람이 있는 법이다. 그러나 그들은 나처럼 호학(好學)치는 못할 것이다."

제26–27장의 2개 장은 모두 공자의 자술自述로 되어 있다. 이 2개 장은 역대 인물에 대한 평을 담은 이 편의 맨 뒤에 배치됨으로써 일종의 부록 성격을 띠고 있다. 이 2개 장 모두 인간의 참된 가치를 추구하는 방안인 '내성內省'과 '호학'을 강조한 명언으로 제1–2장에 나오는 공자의 공야장 · 남궁경숙 · 복자천에 대한 칭송과 상호 조응하고 있다. 편집자의 세심한 배려를 짐작하게 해주는 대목이다.

제6절 [옹야雍也]편

[옹야]편은 모두 28개 장으로 되어 있다. [옹야]편에 나오는 공자의 제자는 중궁과 안연, 공서화, 염구, 원헌, 자로, 자공, 민자건, 염백우, 자하, 자유, 담대멸명, 번지, 재아 등 모두 14명이다. [선진]편에 보이는 소위 '공문10철孔門十哲'이 모두 포함돼 있는 셈이다. '공문10철'에 들어 있지 않은 사람으로는 공서화와 원헌, 담대멸명, 번지 등 4명이다. 이들 모두 공자가 천하유세를 마치고 귀국한 뒤 입문한 소위 후기 제자들이다.

주희는 [옹야]편의 대의大意가 전편인 [공야장]편과 대동소이한 것으로 보았다. [옹야]편은 여러 면에서 [공야장]편과 닮아 있는 것이 사실이나 적잖은 차이가 존재한다. [옹야]편은 내용상 제1–14장과 제15–28장의 성격이 확연히 달라 크게 2개의 장군章群으로 나눌 수 있다. 먼저 앞의 제1–14장은 특정인이 비평의 대상 또는 교훈의 대상이 되어 매 장마다 나타나고 있다. 그러나 이런 특징이 뒤의 제15–28장에서는 20 · 24 · 26 · 28장 등 4개 장을 제외하고는 전혀 나타나지 않고 있다. 4개 장에 등장하는 번지樊遲와 재아宰我, 자로子路, 자공子貢 등은 비평의 대상으로 등장해 있는 것이 아니라 세인에 대한 교훈을 위해 등장하고 있다. 남자南子 또한 공자가 자로에게 자신을 해명키 위해 잠시 등장할 뿐이고, 요堯·순舜 역시 공자의 자공에 대한 대답에서 성인의 예로 거론되고 있을 뿐이다. 뒤의 14개 장에는 보편타당한 공자의 교훈이 중심을 이루고 있는 것이다.

[공야장]편은 대부분 공자가 제자를 비롯한 고금 인물의 현부賢否와 득실을 논한 내용으로 되어 있다. 이에 대해 [옹야]편 앞의 14개 장은 대부분 공자의 제자에 대한 인물평과 설법으로 구성돼 있다. [공야장]편과 비교할 때 결과적으로 비슷한 점이 있기는 하나 편찬의 목적과 유래 등이 전혀 다른 것이다. 물론 인물평의 요소가 다소 담겨져 있다는 점에서는 어느 정도 유사성이 있다고 할 수 있다. 그러나 주희와 같이 이를 부각시켜 [옹야]편과 [공야장]편의 내용을 같은 것으로 보는 것은 잘못이다. 이런 점 등을 종합해 볼 때 [옹야]편은 대략 노나라의 후기 문인이 공문 내 사제 간의 문답 및 공자의 교훈을 전송해 기록한 것일 공산이 크다.

6-1

子曰, "雍也可使南面." 仲弓問子桑伯子. 子曰, "可也, 簡." 仲弓曰, "居敬而行簡, 以臨其民, 不亦可乎. 居簡而行簡, 無乃大簡乎." 子曰, "雍之言, 然."

공자가 말했다.
"옹(雍 : 仲弓)은 가히 군주 노릇을 하게 할 만하다."

중궁이 기뻐하며 자상백자(子桑伯子)에 대해 묻자 공자가 이같이 대답했다.
"그의 간략함도 가하다."
중궁이 이의를 제기했다.
"거경행간(居敬行簡 : 공경심을 지니고 간략함을 행함)으로 백성들을 대하면 가하지 않겠습니까. 그러나 자상백자와 같이 거간행간(居簡行簡 : 간략함을 지니고 간략함을 행함)하는 것은 지나치게 간략한 것이 아니겠습니까."
공자가 중궁을 칭송했다.
"옹의 말이 옳다."

여기서 공자가 염옹을 두고 '가히 군주 노릇을 하게 할 만하다'고 말한 대목에 주목할 필요가 있다. 그는 염옹을 두고 미구에 신분세습의 봉건질서가 무너진 뒤 능력본위의 새로운 통치질서가 등장할 때 능히 군주가 될 만한 자격을 갖췄다고 평한 것이다.

주희는 이 장에 나오는 '자상백자'가 노나라 사람이라고만 주석해 놓았다. 대략 공자의 제자였던 것으로 짐작된다. 호인은 장자莊周가 말한 '자상호子桑戶'와 동일인물일 가능성을 제기했으나 이를 확인할 길이 없다.

이 장을 두고 주희는 풀이하기를, "『공자가어』에 따르면 자상백자는 의관을 하지 않은 채 거처하다가 공자에게 비판을 받은 바 있다. 자상백자는 지나치게 간략한 자였을 것이다. 중궁은 공자가 자상백자의 간략함을 가하다고 한 것을 두고 지나치게 허여許與한 것으로 의심한 것이다. 공자는 중궁이 가可의 의미를 제대로 깨닫지 못했으나 그가 말한 이치는 은연중 이치에 닿는 까닭에 옳다고 한 것이다"라고 했다. 정이천은 풀이하기를, "거경居敬

하면 심중에 아무런 일이 없으므로 행하는 바가 절로 간략해진다. 그러나 거간居簡하면 먼저 간략함에 마음이 있어 간략함이 많게 된다. 그래서 중궁이 태간太簡이라고 말한 것이다"라고 했다. 문의에 부합한다. 성리학자들이 '거경궁리居敬窮理'를 중시한 것도 이와 무관치 않을 것이다.

6-2

哀公問, "弟子孰爲好學." 孔子對曰, "有顔回者好學. 不遷怒, 不貳過. 不幸短命死矣. 今也則亡, 未聞好學者也."

노애공이 공자에게 물었다.
"제자들 중 누가 배우기를 좋아합니까."
공자가 대답했다.
"안회라는 사람이 배우기를 좋아했습니다. 노여움을 옮기지 않고 두 번 다시 잘못을 저지르지 않았습니다. 다만 불행히도 명이 짧아 죽고 말았습니다. 지금은 그와 같은 사람이 없어 아직 배우기를 좋아하는 사람이 있다는 얘기를 듣지 못했습니다."

주희는 안회가 32세에 죽었다고 해석해 놓았으나 무슨 확실한 근거가 있는 것은 아니다. 오히려 『사기』와 『춘추좌전』의 기록 등을 종합해 볼 때 40세 후반에 죽었을 공산이 크다. 이 장에서 공자는 호학한 안회의 요절을 크게 애석해하고 있다. 유사한 내용이 여러 장에 걸쳐 거듭 나오고 있다. 안회의 요절에 대한 공자의 상심이 얼마나 심대했는지를 짐작하게 해주는 대목이 아닐 수 없다.

6-3

子華使於齊, 冉子爲其母請粟. 子曰, "與之釜." 請益. 曰, "與之庾." 冉子與之粟五秉. 子曰, "赤之適齊也, 乘肥馬 · 衣輕裘. 吾聞之也, '君子周急不繼富'." 原思爲之宰, 與之粟九百, 辭. 子曰, "毋, 以與爾鄰里鄕黨乎."

자화(子華 : 공서적)가 계씨를 위해 제나라에 사자로 갈 때 염자(冉子 : 염유)가 자화의 모친을 위해 곡식을 얼마나 주는 것이 좋은지를 상의했다. 그러자 공자가 이같이 말했다.
"부(釜 : 6斗4升)를 주어라."
염자가 더 주려고 하자 이같이 말했다.
"유(庾 : 16斗)를 주어라."
이에 염자가 이를 적다고 생각해 임의로 곡식 5병(秉 : '1병'은 16石)을 주었다. 그러자 공자가 이같이 말했다.
"적(赤)은 제나라에 가면서 살찐 말을 타고 가벼운 갖옷을 입었다. 내가 듣건대 '군자는 절박한 사람을 도와주고 부유한 사람에게는 더 주지 않는다'고 했다."
원사(原思 : 原憲)가 공자의 재(宰 : 가신)가 되자 공자가 곡식 9백 두(斗)를 내주었다. 원사가 이를 사양하자 공자가 이같이 말했다.
"사양치 말고 너의 인(隣 : 5家) · 리(里 : 25가) · 향(鄕 : 1만 2천5백 가) · 당(黨 : 5백 가)에게 나눠주도록 해라."

이 장의 첫 구절에 나오는 '사使'는 다른 나라에 사자로 간다는 의미의 동사로 쓰인 것이다. 이 장은 자화가 제나라에 사자로 간 얘기와 원사가 가재가 되었을 때의 이야기를 하나로 뭉뚱그려 놓은 것이다. 두 경우에 대한 공자의 태도가 대조적이다. 자화가 제나라에 사자로 간 것이 언제인지는 자세히 알 길이 없다. 그는 공자보다 42살이나 적다. 공자가 위나라에서 노나라로 돌아올 때 그는 겨우 20대 후반이었다. 공자가 노나라를 떠나 천하유력에 떠날 당시 그는 10대 초반에 불과했다. 그가 정식으로 공문에 입문한 것은 대략 공자의 만년 때였을 것이다.

공자가 노나라로 돌아올 당시 염유는 계씨의 가재로 있었다. 자화는 염유를 통해 공자의 제자가 되었을 공산이 크다. 그가 제나라에 사자로 갈 때 염유가 그의 모친을 위해 식량을 청했다는 것은 염유가 계씨의 가재로 있었을 때의 일로 보인다. 자화가 제나라에 사자로 갔다고 하는 것은 집정으로 있는 계씨의 사자가 되어 파견된 것을 의미한다. 주희는 자화가 공자의 사자가 되어 제나라로 간 것으로 풀이했으나 이는 잘못이다. 당시 공자는 국로國老로 있었으나 녹을 받는 처지도 아니었고, 재야에 있는 상황에서 사사로이 곡식을 받을 입장도 아니었다. 염유는 계씨의 가재로 현직에 있었던 까닭에 자화의 모친에게 곡식을 줄 생각으로 계씨에게 이를 청하기에 앞서 공자의 자문을 구했던 것이다.

이 대목은 곧 얼마만큼 주는 것이 좋은지를 놓고 염유가 공자와 상의한 내용을 기록한 것이다. 염유는 노나라 사람이지만 이 글에 따르면 경제적으로 곤궁치 않은 집안에서 자란 듯하다.

원사와 관련해 정현은 노나라 사람으로 주석해 놓았으나 『공자가어』는 송나라 사람으로 기록해 놓았다. 『사기색은』에는 공자보다 36세 어린 것으로 되어 있다. 그렇다면 공자의 재직시절에 그는 10대 후반에 불과했다. 주희의 주에는 그가 공자의 가재가 된 것은 공자가 사구로 있을 때로 되어 있으나 이같이 어린 그가 가재로 있었을 리 없다. 만일 공자가 노나라로 돌아온 이후라면 그는 30대 초반에 해당한다. 이때는 공자가 이미 녹을 받지 않을 때였다. 당시 공자가 어느 정도의 경제적 여유가 있었는지는 자세히 알 길이 없다. 그러나 그 어느 경우일지라도 공자의 가재로 있었던 까닭에 공자가 봉급을 주었을 것이다. [중니제자열전]에 따르면 그는 공자 사후 초택草澤에 몸을 숨긴 것으로 되어 있다.

6-4

子謂仲弓曰, "犁牛之子騂且角, 雖欲勿用, 山川其舍諸."

공자가 중궁을 이같이 평했다.
"얼룩소의 새끼가 빛이 붉고 뿔 또한 좋으면 비록 아비 소가 잡되다는 이유로 희생으로 쓰지 않으려 해도 산천의 신령이 이를 어찌 그대로 두겠는가."

여기의 '성騂'은 붉은 색을 띤 소를 말한다. 주나라는 적색을 숭상해 붉은 색의 소를 희생으로 사용했다. 이 장은 공자가 비록 중궁의 아비는 천하고 행실이 부정하나 그 자식만큼은 그렇지 않다는 것을 말한 것이다. 중궁은 덕행이 뛰어난 인물로 알려져 있다.

6-5

子曰, "回也, 其心三月不違仁, 其餘則日月至焉而已矣."

공자가 말했다.
"회는 그 마음이 3달 동안 인을 어기지 않았다. 그러나 나머지 사람들은 하루나 한 달에 겨우 한 번 거기에 이를 따름이다."

정이천은 '3월'에 대한 해석과 관련해 "3개월은 천도가 약간 변하는 절기이니 그 오래됨을 말한다. 이 경지를 지나면 성인이다. 인을 떠나지 않는다는 것은 털끝 만한 사욕도 없음이니 조금이라도 사욕이 있다면 이는 인이 아니다"라고 주장했다. 이 장을 두고 적잖은 사람들이 안회에 대한 공자의 비평으로 보았다. 공자가 '3달'을 언급한 것은 안회가 성인인 공자와 같이 기한의 한계를 초월치 못했음을 의미한다는 것이다. 이에 대해 에도江戶시대 일본 제왕학의 비조인 오규 소라이荻生徂徠는 이 장을 안회에 대한 교훈으로 보았다. 문맥상 오규 소라이의 견해가 타당하다. 그러나 여기의 '3월'에 큰 의미를 부여치 않는 것이 보다 타당하다. 평소 안회를 높이 칭송한 공자가 굳이 '3월'을 기한으로 정해놓고 안회를 평가했을 리는 없다. 대략 '3월'은 '상당히 오랜 기간' 정도로 풀이하는 것이 문맥상 자연스럽다.

6-6

季康子問, "仲由可使從政也與." 子曰, "由也果, 於從政乎何有." 曰, "賜也可使從政也與." 曰, "賜也達, 於從政乎何有." 曰, "求也可使從政也與." 曰, "求也藝, 於從政乎何有."

계강자가 공자에게 물었다.
"중유는 가히 국정에 참여시킬 만합니까."
공자가 대답했다.
"중유는 과단성이 있으니 정치에 종사토록 한들 무슨 어려움이 있겠소."
"사(賜)도 가히 국정에 참여시킬 만합니까."

공자가 대답했다.
"사가 사리에 통달했으니 정치에 종사토록 한들 무슨 어려움이 있겠소."
"구(求)도 가히 국정에 참여시킬 만합니까."
공자가 대답했다.
"구는 재능이 많으니 국정에 참여시킨들 무슨 어려움이 있겠소."

여기의 '종정從政'을 두고 주희는 '위대부爲大夫 : 하대부가 되는 것'로 해석해 놓았다. 당시 조정의 국정회의에 참여하려면 최소한 하대부의 반열에 오르지 않으면 안 되었다. 공자 역시 천하유세를 떠나기 전에 하대부의 자격으로 조정회의에 참석한 바 있다. 이 장은 공자가 천하유세를 끝내고 귀국한 뒤의 일화를 수록한 것이다. 계강자는 공자를 국로로 대우하면서 자주 국정현안에 대한 자문을 구했다. 당시 공자는 계강자의 질문에 대해 구체적인 답변을 피한 채 세 사람 모두 뛰어난 점이 있으니 능히 그 장점을 취해 기용할 것을 권했던 것이다.

6-7

季氏使閔子騫爲費宰. 閔子騫曰, "善爲我辭焉. 如有復我者, 則吾必在汶上矣."

계씨가 민자건(閔子騫 : 閔損)을 비읍(費邑)의 읍재(邑宰)로 삼으려고 했다. 그러자 민자건이 계씨의 사자에게 말했다.
"나는 사양코자 하니 그대가 부디 나를 위해 잘 말해주기 바라오. 만일 나를 다시 부르면 나는 반드시 노나라를 빠져나가 저 문수(汶水 : 제나라 남쪽과 노나라 북쪽의 경계를 관류) 가에 있을 것이오."

정이천은 "공문의 제자 중 대부의 집안에 벼슬하지 않은 사람은 민자閔子와 증자를 비롯한 몇 사람뿐이다"라고 했다. 민자건은 공자의 제자들 중 증자와 더불어 효행으로 명망이 높았다. 민자건이 '문수'를 언급한 것은 그곳에서 농사를 짓겠다는 의지를 밝힌 것이다. 당시 농사를 짓는 사람은 벼슬을 시키지 않는 것이 관행이었다. 이 장을 통해 민자건의 청아한 행보를 극명하게 확인할 수 있다.

6-8

伯牛有疾, 子問之. 自牖執其手曰, "亡之, 命矣夫. 斯人也而有斯疾也, 斯人也而有斯疾也."

백우(伯牛 : 冉耕)가 병에 걸리자 공자가 문병하면서 창문을 통해 그의 손을 잡고는 이같이 말했다.
"이러한 병에 걸릴 리 없는데, 이는 명이다. 이 사람이 이런 병에 걸리다니, 이 사람이 이런 병에 걸리다니."

당시 염백우가 걸린 병은 나병癩病으로 알려져 있다. 주희는 여기의 '명命'을 천명으로 해석했으나 이는 잘못이다. 공자가 여기서 말한 '명'은 '수명壽命'의 의미이다.

6-9

子曰, "賢哉, 回也. 一簞食 · 一瓢飮 · 在陋巷, 人不堪其憂. 回也不改其樂. 賢哉, 回也."

공자가 말했다.
"현명하구나, 회여. 한 그릇의 밥을 먹고, 한 표주박의 물을 마시고, 누추한 거리에 살면 사람들은 그 근심을 견디지 못하는데 회는 그 즐거움을 그치지 않는구나. 현명하구나, 회여."

여기의 '사食'는 동사가 아닌 명사로 '밥'을 뜻한다. 이 장에 나타난 공자의 안회에 대한 칭송은 안빈낙도安貧樂道하는 안회의 모습을 묘사할 때 자주 인용되는 명구이기도 하다. 이를 두고 정이천은 풀이하기를, "안회의 즐거움은 한 그릇의 밥과 한 표주박의 물, 누추한 시골을 즐거워한 데 있지 않다. 가난으로 인해 그 마음을 얽매인 바가 있었으나 그 즐거움을 조금도 바꾸지 않은 데 있다"고 풀이했다. 공자가 말한 취의에 부합한다.

6-10

冉求曰, "非不說子之道, 力不足也." 子曰, "力不足者, 中道而廢. 今女, 畫(=劃)."

염구가 말했다.
"선생님의 도를 좋아하지 않는 것은 아니나 역부족입니다."
공자가 말했다.
"역부족이라고 말하는 자는 중도에서 그만두곤 하는데 지금 너 또한 스스로 한계를 긋는 것인가."

'역부족'은 나아가려고 해도 힘이 달려 불가능한 것을 말한다. 염구는 스스로 한계를 그어 노력도 하지 않은 채 '역부족'을 언급함으로써 공자의 질책을 받은 것이다.

6-11

子謂子夏曰, "女爲君子儒, 無爲小人儒."

공자가 자하에게 말했다.
"너는 군자유(君子儒 : 군자와 같은 참된 학자)가 되어야지, 소인유(小人儒 : 형식에 얽매인 학자)가 되어서는 안 된다."

'유儒'는 공자의 시대에 들어와 학자의 총칭으로 사용되기 시작했다. 이 장을 두고 정이천은 풀이하기를, "군자유는 자신을 위해 공부하고, 소인유는 남을 위해 공부한다"고 풀이했다. 이는 공자가 [헌문]편 제25장에서 옛날의 학자와 지금의 학자를 비교하면서 '위기爲己'와 '위인爲人'의 차이를 언급한 사례를 원용한 것으로 공자가 말한 취의에 부합한다.

6-12

子游爲武城宰. 子曰, "女得人焉爾乎." 曰, "有澹臺滅明者, 行不由徑, 非公事, 未嘗至於偃之室也."

자유(子游)가 무성(武城)의 읍재가 되었다. 공자가 자유에게 물었다.
"너는 그곳에서 인물을 얻었느냐."
자유가 대답했다.
"담대멸명(澹臺滅明 : 子羽)이 있습니다. 그는 길을 갈 때에도 지름길로 가지 않았고, 공적인 일이 아니면 일찍이 저의 집에 이른 적이 없습니다."

담대멸명은 자유의 천거로 공자의 제자가 된 인물이다. 이 장은 공자 만년의 공문에서 이뤄진 사제 간의 문답 및 제자에 대한 공자의 교훈을 모아놓은 제1-12장의 대미에 해당한다.

6-13

子曰, "孟之反不伐. 奔而殿, 將入門, 策其馬曰, '非敢後也, 馬不進也'."

공자가 말했다.
"맹지반(孟之反)은 자랑하지 않는다. 패하여 달아날 때 전군(殿軍 : 後軍)에 있게 되었다. 장차 성문 안으로 들어갈 즈음 말에 채찍질하며 말하기를, '감히 뒤쳐지려 한 게 아니라 말이 앞으로 나아가지 않았기 때문이다'라고 했다."

'맹지반'은 노나라 대부로 이름은 측側, 자는 반反이다. 이 장에 나오는 일화가 『춘추좌전』 [노애공 11년]조에 간략히 소개돼 있다. 공자가 그의 이름을 직접 언급한 것에 비춰 당시 그의 명성이 제법 높았음을 짐작할 수 있다. 호인은 장주莊周가 『장자』에서 말한 맹자반孟子反이 곧 맹지반이라고 주장했다.

6-14

子曰, "不有祝鮀之佞而有宋朝之美, 難乎免於今之世矣."

공자가 말했다.
"축타(祝鮀)의 구변과 송조(宋朝)의 용모를 지니지 못하면 금세

(今世)에서는 멸시를 면키 어렵다."

'축타'는 종묘제사에서 축문을 관장하는 위나라 대부 타鮀라는 뜻으로 그의 자는 자어子魚였다. '송조'는 미모가 뛰어났던 송나라 공자 조朝를 말한다. 모두 공자와 동시대의 인물이다. 이 장에서 공자는 세상이 쇠미하여 아첨을 좋아하고 미모를 좋아한 나머지 그러지 못한 자는 환난을 면하기 어려운 점을 탄식하고 있다. 제13–14장은 앞에 나온 장군章群의 부록 성격이 짙다.

6–15

子曰, "誰能出不由戶. 何莫由斯道也."

공자가 말했다.
"그 누구인들 나갈 때 문을 지나지 않을 수 있겠는가. 어찌하여 이 도를 따라 앞으로 나아가지 않는 것인가."

이 장부터 제28장까지는 앞의 장군과 달리 특정 사건 및 인물에 대한 비판이나 교훈이 아니라 공자가 여러 각도에서 본 보편타당한 도덕을 언급한 것이다. 제15–19장은 '자왈'로 시작하는 짧은 교훈으로 이뤄져 있다. 이 장에서는 '도'의 당위성을 말하고 있다. 여기의 '도'는 말할 것도 없이 후세 성리학자들이 말하는 '천도' 및 '인도' 등의 형이상학적 개념이 아니라 '사람답게 사는 길'을 의미한다. 이 장에서 '도의 당위성'을 언급한 데 이어 마지막 장인 제28장에서 '도의 극치'를 논하면서 '인'을 이루는 구체적인 방법을 적시하고 있다. 제15–28장이 수미일관하고 있는 셈이다.

6–16

子曰, "質勝文則野, 文勝質則史. 文質彬彬, 然後君子."

공자가 말했다.
"질(質 : 바탕)이 문(文 : 문채)을 이기면 야(野 : 교양을 닦지 않은 거친 성정을 지칭)하고, '문'이 '질'을 이기면 사(史 : 사관이 붓을 놀려 수식하듯 겉만 호화스러운 것을 지칭)하다. '문'과 '질'이 빈빈(彬彬 : 잘 조화를 이룸)한 연후에 가히 군자라고 이를 수 있다."

이 장의 해석과 관련해 예로부터 많은 논란이 뒤따랐다. 본래 '질'이 없으면 '문'을 베풀 길이 없어 '야인野人'이 될 수밖에 없다. 따라서 '문'을 언급하는 것 자체가 바로 '질'을 전제로 한 것이다. 마찬가지로 '문'이 없으면 '질'이 그 본연의 모습을 드러낼 수 없다. 따라서 '질'과 '문'은 상호 불가분의 보완관계에 있는 까닭에 무슨 경중이 있을 리가 없다. 군자가 되고자 하면 당연히 '문'을 닦아야 한다. 문채文采가 더해지지 않는 한 '야인'으로 머물 수밖에 없기 때문이다.

그러나 송유들은 '문'과 '질'을 이분법적으로 지나치게 엄격히 나누는 바람에 '문질빈빈文質彬彬'의 취지를 제대로 이해치 못했다. '문질빈빈'은 '문'과 '질'이 조화를 이룬 상태를 말한 것으로, 이는 '질'과 '문'을 엄분嚴分하면 이룰 수 없는 것이기도 하다. 다산은 송유들을 이같이 비판했다.

> 한 마디로 '질' 과 '문' 은 후세인들이 그 성효成效를 가지고 나눠본 데 불과한 것이다. 어찌 하 · 은 · 주 3대가 입국立國의 단계에서 처음부터 '질' 과 '문' 을 엄격히 나눠 은나라는 '질' 을 숭상해 이로써 스스로 명命으로 삼고, 주나라는 '문' 을 숭상해 이로써 법을 삼을 리 있겠는가.

다산은 '질' 은 덕행에서 비롯되고, '문' 은 예악으로 꾸미는 것을 의미하는 것으로 파악해 '인仁' 이 바로 '질' 이고, '예악' 이 바로 '문' 이라고 주장했다. '문' 과 '질' 은 본래 나누어 볼 수 없는 것으로 다만 성인이 후학들을 깨우치기 위해 나눠 말한 것에 불과하다는 것이 다산의 주장이다. 공자 당시의 '고의古義' 에 부합하는 주장이다.

6-17

子曰, "人之生也直, 罔之生也幸而免."

공자가 말했다.
"사람의 삶은 곧은 것이다. 곧지 않은 사람이 살아나가는 것은 요행히 화를 면한 것일 뿐이다."

이 장에서 공자는 인간 생활의 자연적인 모습인 '직直' 과 그렇지 못한 '망罔 : 속임' 을 대비시켜 도의 당위성을 역설하고 있다.

6-18

子曰, "知之者, 不如好之者. 好之者, 不如樂之者."

공자가 말했다.
"도가 있음을 아는 것은 도를 좋아하느니만 못하고, 도를 좋아하는 것은 도를 얻어 즐기느니만 못하다."

이 장은 앞장을 이어받아 '도의 체득'이 이뤄지는 단계를 언급하고 있다. 이 장에서 <지知→호好→낙樂> 의 점층적인 단계가 구체적으로 제시되어 있다.

6-19

子曰, "中人以上, 可以語上也. 中人以下, 不可以語上也."

공자가 말했다.
"중인(中人 : 중간 수준의 사람) 이상의 사람에게는 도를 말할 수 있다. 그러나 중인 이하의 사람에게는 도를 말할 수 없다."

이 장에서는 제17-18장에 언급된 도의 당위론과 득도의 단계론을 토대로 개인 능력을 상 · 중 · 하로 대분한 뒤 보다 구체적인 실천방안을 제시하고 있다. 중인 이상의 사람에게는 곧바로 최상의 단계를 언급하는 것이 가하나 중인 이하의 사람에게는 보다 접근하기 쉬운 낮은 단계의 실천방안을 제시토록 권하고 있다.

6-20

樊遲問知. 子曰, "務民之義 · 敬鬼神而遠之, 可謂知矣." 問仁. 子曰, "仁者先難而後獲, 可謂仁矣."

번지가 지(知)에 대해 물었다. 공자가 대답했다.
"백성들을 의롭게 만드는 데 힘쓰고, 귀신을 경원(敬遠 : 공경하면서도 멀리함)하면 가히 '지'라고 할 수 있다."
번지가 또 인(仁)에 대해 물었다. 공자가 대답했다.
"인자(仁者)는 어려운 일을 먼저 하고 얻는 것을 뒤로 한다. 이리 하면 가히 '인'이라고 할 수 있다."

공자가 말하는 광의의 '인'에는 '지'도 포함되어 있으나 공자는 이 장에서 '지'와 '인'을 나눠 설명하고 있다. 정이천은 '지'와 관련해 "사람들은 귀신을 많이 믿고 있으나 이는 미혹된 일이다. 믿지 않는 자는 또 공경하지 않으나 능히 경원敬遠하면 가히 지라고 할 수 있다"로 풀이했다. 그는 또 '인'과 관련해 "어려운 일을 먼저 하는 것은 극기克己이다. 어려운 일을 먼저 하고 그로 인한 역득役得을 헤아리지 않으면 가히 인이라고 할 수 있다"고 풀이했다. 공자가 말한 취의에 부합한다.

6-21

子曰, "知者樂水, 仁者樂山. 知者動, 仁者靜. 知者樂, 仁者壽."

공자가 말했다.
"지자는 물을 좋아하고, 인자는 산을 좋아한다. 지자는 동적이고, 인자는 정적이다. 지자는 즐기고, 인자는 장수한다."

공자는 이 장에서 대략 '지자'와 '인자'를 크게 <동動-정靜>, <낙樂-수壽>, <요수樂水-요산樂山>의 세 가지 차원에서 대비시켜 그 특징을 설명하고 있다. 주희는 여기의 '요樂'을 '희호喜好'로 간주해 풀이하기를, "지자는 사리에 통달해 막힘이 없는 까닭에 물을 좋아하고, 인자는 의리에 편안해하며 중후한 까닭에 산을 좋아한다"고 했다. 대략 공자가 말한 취의에 부합하는 것이기는 하나 공자는 원래 '지자'와 '인자'를 대립적인 개념으로 인식치 않았다. 공자가 말하는 광의의 '인자'는 '지자'를 포함한 것이다. 설명의 편의를 위해 나눠놓은 것일 뿐이다. 공자사상의 가장 큰 특징은 군신君臣 및 왕패王覇 등과 같이 외견상 대립되어 있는 개념이 모두 변증법적으로 지양止揚되어 있는 점에 있다.

6-22

子曰, "齊一變, 至於魯. 魯一變, 至於道."

공자가 말했다.
"주례(周禮)가 무너진 제나라는 일변(一變)해야 노나라의 수준에 이르고, 주례를 보존하고 있는 노나라는 일변하면 가히 도에 이를 수 있다."

공자는 이 장에서 구체적인 국가의 존재방향에 눈을 돌려 노나라가 제나라보다 도에 접근할 수 있는 희망이 더 크다고 말하고 있다. 이 장은 도의 당위성을 최초로 언급한 제15장과 상응하고 있다.

6-23

子曰, "觚不觚, 觚哉, 觚哉."

공자가 말했다.
"모난 술잔이 모나지 않으면 어찌 모난 술잔이라고 할 수 있겠는가, 어찌 모난 술잔이라고 할 수 있겠는가."

여기의 '고觚'에 대해 술잔이라는 해석과 목간木簡이라는 해석이 있으나 전자가 유력하다. 그러나 양자 모두 모가 나 있기는 마찬가지이다. '불고不觚'는 모나지 않았다는 뜻으로 기본예제를 상실했다는 의미이다. 당시 공자가 볼 때 제나라는 말할 것도 없고 노나라 또한 제나라와 큰 차이가 없을 정도로 도를 잃고 있었다. 이에 그는 '고'를 예로 들어 도가 무너진 노나라의 현실상황을 개탄한 것이다.

6-24

宰我問曰, "仁者, 雖告之曰 '井有仁焉', 其從之也." 子曰, "何爲其然也. 君子可逝也, 不可陷也. 可欺也, 不可罔也."

재아가 말했다.
"인자는 순진하여 비록 '우물 속에 인인(仁人)이 있다'고 말할지라도 이를 사실로 믿어 우물 속으로 따라 들어갈 것입니다."
그러자 공자가 반박했다.
"어찌 그럴 리 있겠는가. 군자를 속여 우물까지 가도록 할 수는 있어도 빠지게 할 수는 없다. 이치에 맞는 그럴 듯한 말로 일시 속일 수는 있을지라도 끝내 이치에 닿지 않는 말로 속일 수는 없는 것이다."

이 장에 나오는 '정井' 자와 관련해 예로부터 적잖은 논란이 계속돼 왔다. 대부분의 사람들이 이를 '우물'로 풀이해 놓았다. 그렇다면 우물 속에 인仁이 있다는 말은 무슨 뜻일까.

주희는 『논어집주』에서 아예 '인仁' 자를 '인人' 자로 바꿔 해석해 놓았다. 그러나 이는 경전의 글자를 멋대로 바꾸는 무모한 짓이 아닐 수 없다. 일부 판본에는 '인仁' 자 뒤에 '자者'를 덧붙여 놓기도 했으나 여기의 '인仁'은 '인인仁人'을 지칭하는 것이다. 형용사가 명사로 쓰인 경우에 해당한다.

공안국은 재아가 이러한 질문을 하게 된 배경과 관련해 "재아는 인자가 반드시 사람을 환난에서 구하는 사람으로 생각한 나머지 인자의 근심과 즐거움의 소재를 알고자 하여 이같이 물은 것이다"라고 풀이했다. 과연 그럴까. 주희는 이같이 풀이해 놓았다.

> 대개 자신이 우물가에 있으면 우물 속의 사람을 구할 수 있으나 만일 우물에 따라 들어간다면 다시는 우물에 빠진 사람을 구할 수 없을 것이다. 이 이치는 매우 분명하여 사람이 깨닫기 쉬운 것이다. 인자는 비록 사람을 구하는데 급한 나머지 그 자신을 돌보지 않으나 응당 이러한 상황에서는 이처럼 어리석은 짓을 하지는 않을 것이다.

주희는 단지 인자는 그러한 상황에서는 자신 또한 우물에 빠져 죽는 식의 어리석은 짓을 범하지는 않을 것이라고 풀이한 것이다. 이는 결국 재아가 공자에게 왜 하필이면 우물에 '인인'이 빠졌을 때 '인자'가 우물 속으로 따라 들어가는지 여부를 물었는지에 대해 아무런 분석도 하지 못한 셈이다. 이에 대해 다산은 다음과 같은 반박했다.

> 그렇다면 인자는 '인인'이 우물에 빠지면 구하고 '범인凡人'이 빠지면 구하지 않는다는 말인가. 빠진 자를 구하려면 마땅히 밧줄을 내려주어야지 따라서 함께 죽는다면 아무 이익이 없을 것이다. 비록 군자가 아닐지라도 우물에 사람이 빠졌다고 하면 누군들 가서 보지 않겠는가. 사람이 우물에 빠지면 누구든지 가서 구하는 것이다. 그러나 우물에 빠진 사람과 함께 따라 죽으라고 하면 모두들 머리를 흔들 것이다. 이 방법은 인자의 인仁을 시험하기에 부족하다.

다산은 기존의 해석은 모두 이 장에 나오는 '정井'을 '우물'로 해석한 데서 이같이 무리한 해석이 나오게 된 것으로 분석했다. 그는 '정'을 고자古字인 '정穽 : 허방다리' 내지 '정阱 : 함정'으로 바꿔놓고 풀이해야 그 뜻이 명확해진다고 주장하면서 이 장을 이같이 풀이해 놓았다.

> 군자는 살신성인의 의리가 있다. 그러나 재아가 이를 의심하여 묻기를, "지금 함정과 다름없는 사지死地가 있는데 달려가서 살

> 신성인할 수 있다면 인자 또한 그 명성을 탐해 따르겠습니까" 라고 했다. 이에 공자가 대답하기를, '그렇지 않다. 군자는 그로 하여금 해악을 멀리하여 가게 할 수는 있어도 이익을 보고 그에 빠지게 할 수는 없다. 이치가 있는 것으로 속일 수는 있어도 미혹한 도리로 속일 수는 없다. 어찌 인仁의 명성을 탐내 사지에 몸을 빠뜨리겠는가' 라고 했다.

참으로 명쾌한 해석이 아닐 수 없다. 그러나 이는 의역으로는 가하나 본문의 직역으로는 채택키 어렵다. '정' 을 기존의 해석과 같이 '우물' 로 해석할지라도 동일한 뜻으로 풀이할 수 있다. 재여가 '인자' 와 '인인', '우물' 등을 거론하며 인자의 행인行仁 여부를 공자에게 물은 것은 다산이 의문을 제기한 바와 같이 사리에는 맞지 않다. 그러나 그의 이러한 질문이 결코 인자의 행인을 묻는 방안으로 절대 불가한 것만은 아니다. 이 장의 해석과 관련해 직역은 전래의 해석을 좇되 그 의역은 다산의 해석을 좇는 것이 타당할 것이다. 공자는 이 장에서 재아와의 문답을 통해 노나라의 무너진 도를 재건할 것을 간접적으로 촉구하고 있다.

6–25

子曰, "君子博學於文 · 約之以禮, 亦可以弗畔(=反)矣夫."

공자가 말했다.
"군자가 문(文)을 널리 배우면서 예로써 요약하면 또한 도에 어긋나지 않을 수 있다."

정이천은 풀이하기를, "널리 문文을 배우고 예로 요약치 않으면 반드시 한만汗漫 : 산만에 이르게 된다. 널리 배우고 또 능히 예를 지켜 규구規矩를 좇으면 도에 위배치 않을 것이다"라고 했다. 주희도 '약約'을 '요要', '반畔'을 '배背'로 간주해 풀이하기를, "군자는 문을 널리 배우려고 하는 까닭에 문에 대해 고찰치 않는 것이 없고, 이를 지키면서 요약하고자 하여 그 행동을 반드시 예로써 하는 것이다. 이같이 하면 도에 위반하는 일이 없게 된다"고 했다. 공자가 말한 취의에 부합한다.

6-26

子見南子. 子路不說, 夫子矢之曰, "予所否者, 天厭之, 天厭之."

공자가 남자(南子 : 위영공의 부인)를 마지못해 만났다. 자로가 불쾌한 표정을 짓자 공자가 이같이 맹서했다.
"내가 잘못한 것이 있다면 하늘이 나를 미워할 것이다, 하늘이 나를 미워할 것이다."

예로부터 이 장만큼 도학자들을 당혹케 만든 것도 없었다. 도학자들은 공자가 당시 음녀로 소문난 남자를 만난 사실 자체를 쉽게 납득할 수 없었다. 전한제국 때에는 유가를 공격하는 사람들이 이를 이용하여 유가들을 공격하기도 했다.

이 장과 관련해 주희는 풀이하기를, "남자가 공자를 만나기를 요청하자 공자가 사절하다가 부득이 만나게 되었다"고 했다. 그는 나아가 대부가 군주의 부인인 소군小君을 만난 것은 당시 그러한 예가 있었기 때문이라고 풀이했다. 다산도 대략 이를 좇았다. 그러나 다산은 당시 공자가 남자를 만나 모자의 은정을 온전케 만들 생각으로 망명한 태자 괴외蒯聵를 불러들이도록 권고했을 것으로 분석했다. 과연 이러한 해석이 맞는 것일까.

우선 공자가 남자를 만난 것은 남자의 요청에 의해 부득이 면회한 것으로 해석하는 것이 역사적 사실에 부합할 것이다. 그러나 과연 당시 대부가 소군을 만나는 예가 존재했던 것일까. 『춘추좌전』의 기록을 보면 소군의 거처는 구중심처에 있었다. 그런데 외간 남자인 대부가 구중심처에 거주하는 소군을 무슨 이유로 만나는 것일까. 고문헌에서 그러한 예가 있었다는 기록은 찾아볼 길이 없다. 오히려 그와 정반대되는 기록만이 보일 뿐이다. 『염철론鹽鐵論』[논유論儒]편에는 다음과 같은 구절이 나온다.

> 예에 이르기를, '남녀 간에는 서로 직접 물건을 주고받지 않고, 술잔을 나누지 않는다' 고 했다. 그런데 공자는 위나라로 가면서 행신幸臣 미자하彌子瑕를 통해 위영공의 부인을 만나려고 했다. 이에 자로가 이를 좋아하지 않았다. 미자하는 행신이니 공자가 이를 통한 것은 옳은 일이 아니다. 남녀 간에는 서로 왕래하지 않는 법이니 공자가 남자를 만난 것은 예에 어긋나는 일이다. 예와 의에 대한 가르침은 공씨로부터 나왔지만 오히려 자신이 그 도를 꺾으면서까지 다른 사람의 마음을 사려고 한 것이다. 그렇다면 일을 그만두고 물러난다는 것은 대체 어디에 있다는 말인가.

이는 유가를 공박하기 위해 펼친 논지인 까닭에 당시의 사건을 견강부회한 측면이 강하다. 그럼에도 이 구절은 최소한 당시 남녀가 서로 직접 면대하지 않은 것이 예절로 통했다는 사실을 입증하고 있다. 그렇다면 공자는 왜 이러한 예절을 어기고 남자를 만났던 것일까. 만일 그러한 예가 있었다면 자로는 무슨 이유로 불쾌한 표정을 지은 것일까. 전후 문맥이 매끄럽지 못하다.

당시에는 위영공과 그의 부인 남자南子에 관한 추문이 자자한 때였다. 자로가 불쾌한 표정을 지은 것은 최소한 자로의 눈에 비친 공자의 모습이 그리 떳떳한 것이 아니었음을 시사하고 있다. 이는 공자가 거듭 하늘을 들먹이며 자신의 결백을 강조한 사실을 통해 쉽게 짐작할 수 있다. 사실 당시 대부가 군주의 부인을 만나는 것은 그리 흔한 일은 아니었으나 전혀 금기시되어 있던 일도 아니고, 만남 자체가 남자의 요청에 의한 것인 만큼 공자가 남자를 만난 것 자체는 그다지 문제 삼을 게 없다.

그러나 문제는 그 만남의 내용이다. 자로는 왜 공자의 남자와의 회동을 좋아하지 않았던 것일까. 강직하기 그지없는 자로는 매사를 있는 그대로 판단하는 인물로 유명하다. 그의 눈에 비친 스승의 모습은 결코 떳떳한 모습이 아니었음에 틀림없다. 그렇지 않았다면 자로가 남자를 만나고 나온 스승에게 불쾌한 표정을 지었을 리 없다. 혹여 공자는 남자의 주문에 못 이겨 장시간 은밀한 공간에 함께 있었던 것은 아닐까. 당시 남자는 공자에게 남성적인 매력을 느꼈을지도 모를 일이다.

공자가 다시 위나라로 들어갈 즈음 위영공은 부인 남자를 위해 송나라 공자 조朝를 불러들인 바 있다. 남자는 송나라 출신으로 이전부터 공자 조와 가까운 사이였다. 이에 남자가 크게 기뻐하며 직접 조洮 땅으로 가 공자 조를 만났다. 일국의 군주 부인이 외간 남자를 만나기 위해 공궁을 빠져나간 것도 이상하지만 위영공은 어떤 연고로 이러한 일을 주선하고 나선 것일까.

이는 위영공이 남색男色을 밝힌 데 따른 것이었다. 위영공은 자신의 남색행각에 불만을 품은 남자를 달래기 위해 이같이 기괴한 짓을 벌인 것이다. 공자가 남자와의 밀회로 인해 자로의 불평을 산 것도 이와 무관치 않았을 것으로 짐작된다. 공자 조는 공자의 대타로 선정되었을 가능성도 배제할 수 없는 것이다.

6-27

子曰, "中庸之爲德也, 其至矣乎. 民鮮久矣."

공자가 말했다.
"중용(中庸)의 덕은 참으로 지극하다. 그러나 이를 능히 할 수 있는 백성이 희귀해진 지 이미 오래 되었다."

이 장에서는 도의 실현을 임기응변의 관점에서 조명한 '중용지덕'을 거론하고 있다. '중용'과 관련해 정이천은 풀이하기를, "치우치지 않는 것을 중中, 변치 않는 것을 용庸이라고 한다. 중은 천하의 정도正道이고, 용은 천하의 정리定理이다"라고 했다. 주희는 이 장에 나오는 '중용'에 주목해 『예기』에서 [중용]편을 [대학]편과 함께 따로 뽑아내 『논어』 및 『맹자』과 같은 반열에 올려놓음으로써 마침내 '4서四書'를 만들어냈다. '4서' 만큼 성리학의 특징이 약여하게 드러난 경전도 없다. [중용]편은 원래 증자의 제자로 공자의 손자인 자사子思에 의해 만들어진 것으로 알려져 있다. 맹자는 증자와 자사의 학통을 이었다.

그러나 사실 이 장에 나오는 '중용'은 요·순이 처음으로 등장하는 제28장과 더불어 증자의 문인에 의해 덧붙여졌을 공산이 크다. '중용'이라는 글자는 오직 이 장에만 나오고 있는 데다가 형이상학적 의미를 지닌 '중용' 개념은 『논어』에 나오는 다른 개념들과 확연한 차이를 보이고 있기 때문이다. 『예기』 자체가 전한제국 초기에 완성된 점을 감안할 때 전국시대 말기 어간에 『논어』에 '중용'이라는 말이 삽입되었을 가능성을 배제할 수 없는 것이다.

6-28

子貢曰, "如有博施於民而能濟衆, 何如. 可謂仁乎." 子曰, "何事於仁, 必也聖乎. 堯舜其猶病諸. 夫仁者, 己欲立而立人·己欲達而達人. 能近取譬, 可謂仁之方也已."

자공이 물었다.
"만일 백성에게 널리 베풀어 많은 사람을 구제할 수 있는 사람이 있다면 어떻습니까. 가히 인이라고 할 수 있겠습니까."
공자가 대답했다.
"어찌 인하다고만 말할 수 있겠는가. 반드시 성인일 것이다. 요·순도 오히려 그리 하지 못한 것을 근심했다. 인자는 자신이 서고자 하면 남을 세우고, 자신이 통달코자 하면 남을 통달케 만든다. 가까운 데서 능히 취해 비유할 수 있다면 가히 인을 이루는 방법이라고 할 수 있을 것이다."

이 장에서는 '도의 극치'를 언급하면서 '인'을 이루는 구체적인 방법을 논하고 있다. 이 장은 도의 당위론을 언급한 제15장과 조응하고 있다. 이 장에서는 특이하게도 자공에 답하는 공자의 말 중에 '요 · 순'이 이름의 처음으로 나온다. 현존하는 유가 경전 중 요 · 순을 강하게 표창表彰한 것은 『맹자』이다.

일찍이 자공은 공자 사후에 3년상이 끝난 뒤 다시 3년 동안 홀로 공자의 묘 옆에 초막을 짓고 시묘侍墓했다. 이후 자공은 제나라로 가 그곳에서 죽었다. 제나라에 유학이 전해진 것은 바로 자공으로 인한 것이었다. 원래의 『논어』인 노나라의 『논어』, 즉 『노론魯論』은 자공이 죽은 이후 맹자가 제나라로 가기 이전의 어느 시기에 제나라에 전해졌다. 이후 제나라에서 『논어』에 대한 부기附記와 윤색이 이뤄졌다. 제나라의 『논어』인 『제론齊論』은 바로 이런 과정에서 나온 것이다.

이 장에 나오는 자공과 공자와의 문답 내지 그 중에 나오는 '요순기유병저堯舜其猶病諸' 구절만큼은 맹자가 제나라로 가기 이전의 어느 시기에 제나라 학자에 의해 부기 내지 윤색된 것일 공산이 매우 크다. 『맹자』에 유독 요 · 순이 크게 부각돼 있는 것은 맹자가 제나라로 갔다가 요 · 순이 언급돼 있는 『제론』을 보고 커다란 영감을 받은 데 따른 것으로 볼 수도 있다.

제7절 [술이述而]편

[술이]편은 모두 37장으로 이뤄져 있다. 이 편은 매우 특이한 편제로 되어 있다. 그것은 공자의 언행을 기록한 장 사이에 공자의 태도를 묘사한 짧은 문장이 중간에 끼어들어 앞뒤를 나누고 있는 점이다. 이러한 문장은 4 · 9 · 12 · 17 · 20 · 24 · 26 · 31 · 37장 등 모두 9개 장이다. 이 9개 장은 모두 공자의 태도와 용모를 기술한 것으로 그 의미는 대략 [향당]편의 내용과 동일하다.

다만 [향당]편에는 첫머리에 '공자'를 언급한 이후 전혀 '공자' 내지 '자'를 언급하지 않고 있는 데 반해 [술이]편의 9개 장은 모두 반드시 '자'로 시작하고 있는 점에 차이가 있다. [술이]편의 이 9개 장은 직제자 이래의 전송으로 보인다. [향당]편은 공자가 노나라의 관원으로 있을 때를 기술한 것이 대부분이나 이 9개 장은 이와 무관하다. 직제자들이 공자 만년의 공문에서 견문한 공자의 용태容態를 전송한 편린으로 보인다.

[술이]편은 형태적으로 볼 때 '자'로 시작되는 공자의 모습과 태도를 서술한 이들 9개 장으로 인해 모두 9개의 장군章群으로 구분되고 있다. 이들 9개 장을 제외한 나머지 28장 중 6 · 13 ·

14 · 28 · 35 · 36장의 6개 장을 뺀 나머지 22개 장은 모두 공자의 자술自述로 되어 있다. 그러나 이들 6개 장도 큰 틀에서 보면 제14장을 제외하고는 모두 공자의 자술로 해석할 수 있다. 공자의 자술은 원칙적으로 '아我'와 '오吾', '여予', '구丘' 등으로 표현되어 있다. 이러한 표현이 나오지 않는 것은 6 · 8 · 13 · 14 · 18 · 28 · 35 · 36장 등 모두 8개 장에 지나지 않는다.

공자의 자술은 '자왈'로 시작하는 단문이 매우 많다. 대략 격언의 형식으로 문인들 내에 회자한 것으로 짐작된다. 태도와 용모를 전하는 '자'로 시작하는 9개 장도 모두 짧은 단문으로 이뤄져 있어 사실상 격언이나 다름없다. 이들 장들은 공자의 일상생활을 구체적으로 묘사하려는 의도를 배제한 채 있는 사실을 그대로 묘사해 놓은 점에서 [향당]편과 차이를 보이고 있다.

[술이]편은 직제자 이래의 전송된 많은 구송口誦자료 중 격언으로 회자하는 공자의 자술과 공자의 자세에 관한 구송 중 격언에 가까운 것들을 모아 정리해 놓은 것이다. 그러나 어떤 역사적 사실을 체계적으로 묘사코자 한 것이 아니라, 단지 서로 관련 있는 장들을 몇 개씩 모아 병렬적으로 배치시켜 놓은 것이다. 공자의 일상생활에 대한 구체적인 묘사 의도가 배제된 채 9개의 장군이 모두 동일한 구조로 이뤄져 있는 점에 비춰 비교적 공자 사후 초기에 편집된 것으로 짐작된다.

7-1

子曰, "述而不作 · 信而好古, 竊比於我老彭."

공자가 말했다.
"술이부작(述而不作 : 기술하되 창작치는 않음)하면서 신실한 자세로 옛 것을 좋아하는 것을 나는 사적으로 노팽(老彭)에 견준다."

'술이부작'의 '술述'은 옛것에 대한 전술傳述, '작作'은 창작을 뜻한다. '노팽'은 은나라의 전설적인 현자 팽조彭祖로 『대대례기大戴禮記』에 그 이름이 보인다. 이에 대해 노자와 팽조의 병칭으로 해석하는 견해도 있다. 주희는 해석하기를, "공자는 여러 성인을 집대성하여 절충했다. 공자가 한 일은 비록 '전술'에 불과했으나 그 공은 창작보다 몇 곱절이나 된다"고 했다. 대략 공자가 말한 취의에 부합한다. 그러나 공자가 『시』·『서』를 산삭하고, 『예』·『악』을 정비하고, 『춘추』를 편수한 것 이외에도 『주역』을 찬술贊述했다는 해석은 잘못이다. 공자는 '괴력난신'을 타기한 까닭에 『주역』을 찬술했다는 주장은 설득력이 없다. 사마천이 『사기』를 기술하면서 이런 내용을 삽입한 이래 공자가 마치 『주역』을 찬술한 것으로 알려졌으나 이는 사실과 다르다. 공자도 생전에 『주역』을 보았을 공산은 크나 점복서의 성격이 강한 『주역』을 찬술했을 가능성은 거의 전무했다고 보는 것이 옳다. 『주역』은 전국시대 말기에 성행한 음양설의 영향을 받아 전한제국 초기에 완성된 것으로 추정되고 있다.

7-2

子曰, "默而識之·學而不厭·誨人不倦, 何有於我哉."

공자가 말했다.
"마음 속에 간직하고, 배우며 싫증내지 않고, 사람을 가르치는 데 게을리하지 않고 있는 것 중 어느 것이 나에게 있겠는가."

여기의 '지識'는 '기記'를 뜻하는 것으로 '묵지默識'는 곧 마음에 간직하는 것을 의미한다. '지'를 '식識'으로 간주해 '묵식'을 '말하지 않아도 마음 속에 이해되는 것'으로 새기는 견해도 있으나 전자가 타당하다. 주희는 마지막의 '하유어아何有於我'를 '어느 것이 능히 나에게 있겠는가何者能有於我'로 간주해 공자가 겸양한 것으로 풀이했다. 문맥상 대략 공자가 말한 취의에 부합한다.

7-3

子曰, "德之不修·學之不講·聞義不能徙·不善不能改, 是吾憂也."

공자가 말했다.
"덕을 닦지 않고, 배움을 강구치 않고, 의를 듣고도 이를 옮기지 못하고, 능히 불선(不善)을 고치지 못하는 것이 바로 내가 근심하는 것이다."

공자는 이 장에서 '덕德'과 '학學', '의義', '선善' 등 4개 덕목을 날마다 강마講磨해야 한다고 강조하고 있다. 이는 군자학의 연마과정을 설명한 것이다. 제1–3장 모두 '자왈'로 시작하는 공자의 자술로 공자의 학문연마에 대한 진지한 태도를 서술하고 있다.

7-4

子之燕居, 申申如也 · 夭夭如也.

공자는 한가로이 있을 때 그 모습이 느긋하고, 안색이 온화했다.

이 장의 '신신申申'은 용모가 활짝 핀 것을 뜻하고, '요요夭夭'는 안색이 온화한 것을 뜻한다. 이 장은 공자가 한가롭게 있을 때의 모습을 기술하고 있다. 이 장의 존재로 인해 제1-3장과 제5-8장이 확연히 구별되고 있다.

7-5

子曰, "甚矣, 吾衰也. 久矣, 吾不復夢見周公."

공자가 말했다.
"심하구나, 나의 노쇠함이. 오래 되었구나, 내가 다시 주공을 몽견(夢見 : 꿈에 봄)치 못한 일이."

이를 두고 주희는 풀이하기를, "공자가 젊었을 때에는 주공의 도를 행하려는 뜻을 두었기 때문에 꿈 속에서 혹 주공을 볼 수 있었으나, 늙어서 몸이 쇠해 도를 행할 수 없게 되자 다시 이런 마음이 없어져 꿈 속에서도 다시 주공을 만나지 못하게 된 것을 자탄한 것이다"라고 했다. 대략 공자가 말한 취의에 부합한다.

7-6

子曰, "志於道, 據於德, 依於仁, 游於藝."

공자가 말했다.
"도에 뜻을 두고, 덕에 근거하고, 인에 의지하고, 예(藝)에 노닌다."

여기의 '예藝'는 '육예六藝'를 의미한다. 이 장에서 공자는 군자학을 연마하는 방법론을 제시하고 있다. 제5-6장 모두 자신의 학문하는 자세를 자술한 것이다.

7-7

子曰, "自行束脩以上, 吾未嘗無誨焉."

공자가 말했다.
"속수(束脩 : 상견할 때 예물로 갖고 가는 육포) 이상의 예를 행하며 배움을 청한 자에게 내가 일찍이 가르침을 내리지 않은 적이 없다."

여기의 '수脩'는 상견할 때 예물로 갖고 가는 포脯 : 말린 고기를 말한다. '1속束'은 포 10개 한 묶음을 지칭한다. 공자는 신분의 고하를 막론하고 공문에 들어와 공부하고자 하는 사람에 대해서는 단지 '1속' 정도의 예물만 받고 제자로 받아들여 군자학을 가르쳤다. 그가 신분세습의 봉건질서 하에서 취한 이러한 조치는 당시의 기준에서 볼 때 혁명적인 것이었다.

7-8

子曰, "不憤不啓. 不悱不發. 擧一隅 · 不以三隅反, 則不復也."

공자가 말했다.
"분발하지 않으면 열어주지 않고, 알고 싶어 애태우지 않으면 말해주지 않고, 한 모퉁이를 예로 들어 보일 때 나머지 세 모퉁이로써 이를 증명하지 못하면 다시 일러주지 않았다."

여기의 '분憤'은 마음 속으로 통달코자 해도 잘 되지 않아 애태우는 모습을 의미하고, '비悱'는 입으로 말하고 싶어도 능히 제대로 표현치 못하는 모습을 의미한다. '일우一隅'는 물건의 4귀퉁이 중 하나를 뜻하는 말로, 하나를 예로 들어 나머지 세 개를 스스로 궁구窮究토록 했음을 뜻한다. 공자는 비록 '1속'의 예물만 바치면 제자로 받아들여 군자학을 가르쳤으나 스스로 궁구치 않는 자에게는 더 이상 애써 일러주지 않았던 것이다. 제7-8장은 공자의 교육자로서의 교습태도를 말하고 있다.

7-9

子食於有喪者之側, 未嘗飽也. 子於是日, 哭則不歌.

공자는 상(喪) 중에 있는 자의 곁에서 식사할 때 일찍이 배불리 먹은 적이 없다. 공자는 이때 곡을 하게 되면 노래를 부르지 않았다.

이 장은 공자의 평소 태도를 기술한 것으로 소위 『고론古論』에는 존재치 않았던 것이다. 이 장의 존재로 인해 제5-8장과 제10-11장이 전후로 분리되고 있다.

7-10

子謂顏淵曰, "用之則行 · 舍之則藏, 惟我與爾有是夫." 子路曰, "子行三軍則誰與." 子曰, "暴虎馮河 · 死而無悔者, 吾不與也. 必也臨事而懼 · 好謀而成者也."

공자가 안연에게 말했다.
"발탁하면 행하고, 버려두면 숨는 것은 오직 나와 너만이 할 수 있을 것이다."
그러자 자로가 물었다.
"선생님은 3군(三軍)을 지휘케 되면 누구와 함께 하겠습니까."
공자가 대답했다.
"포호빙하(暴虎馮河)하다가 죽는데도 후회치 않을 자와는 내가 함께 하지 않을 것이다. 그러나 일에 임하여 두려워하며 즐겨 계책을 세워 일을 성사시키는 자와는 함께 할 것이다."

여기의 '3군'은 대국의 군제로 대략 '1군'의 숫자는 1만 2천5백 명에 해당한다. '포호빙하'는 범을 맨손으로 때려잡기 위해 무모하게도 맨몸으로 황하를 건너는 것을 비유한 말이다. 공자는 이 장에서 안연 및 자로와 얘기를 나누면서 자로의 충동적인 용맹을 경계코자 한 것이다.

7-11

子曰, "富而可求也, 雖執鞭之士, 吾亦爲之. 如不可求, 從吾所好."

공자가 말했다.

"만일 부(富)를 구해서 얻을 수 있는 것이라면 비록 말채찍을 잡는 자의 짓일지라도 나 또한 할 것이다. 그러나 만일 구할 수 없는 것이라면 나는 내가 좋아하는 것을 좇을 것이다."

이를 두고 송대의 소철蘇轍은 풀이하기를, "성인이 일찍이 부를 구함에 마음을 둔 적이 없었으니 어찌 가불가를 따지겠는가. 이러한 말을 한 것은 다만 결코 구해서 될 수 없음을 밝힌 것일 뿐이다"라고 했다. 대략 공자가 말한 취의에 부합한다. 제10-11장 모두 자신의 생활태도에 대한 공자의 자술이다.

7-12

子之所愼, 齊(=齋)·戰·疾.

공자가 신중히 다룬 것은 재계(齋戒)와 전쟁(戰爭), 질병(疾病)이었다.

이 장은 공자의 평소 생활태도에 관한 일면을 기술하고 있다. 이 장의 존재로 인해 제10-11장과 제13-16장이 확연히 구별되고 있다.

7-13

子在齊聞韶, 三月不知肉味. 曰, "不圖爲樂之至於斯也."

공자는 제나라에 머물 때 소(韶 : 순임금 때의 음악)를 듣고 심취

한 나머지 이를 배우느라 3달 동안 고기 맛을 몰랐다. 이에 이같이 말했다.
"음악을 즐기는 것으로 인해 이 지경에 이르게 될 줄은 생각지도 못했다."

『사기』에는 '3월三月' 위에 '학지學之'라는 두 글자가 더 있다. 당시 음악에 조예가 깊었던 공자는 스스로 배웠을 공산이 크다. 공자가 제나라로 유학 가 있을 당시 제나라에는 주왕실의 내분으로 인해 왕실의 악관들이 망명해 와 있었다. 공자는 이들로부터 왕실 비전秘傳의 음악인 '소'를 듣고 탄복한 나머지 3달 동안 고기 맛을 잊을 정도로 이를 배우느라 여념이 없었던 것이다.

7-14

冉有曰, "夫子爲衛君乎." 子貢曰, "諾. 吾將問之." 入曰, "伯夷叔齊, 何人也." 曰, "古之賢人也." 曰, "怨乎." 曰, "求仁而得仁, 又何怨." 出曰, "夫子不爲也."

염유가 자문했다.
"부자가 과연 위군(衛君 : 노나라로 망명한 衛出公 輒을 지칭)을 위해 일할까."
그러자 자공이 이같이 제언했다.
"좋다, 내가 곧 여쭈어 보도록 하겠다."
그리고는 곧 안으로 들어가 공자에게 물었다.
"백이와 숙제는 어떤 사람입니까."
공자가 대답했다.
"옛날의 현인이었다."

자공이 물었다.
"후회했습니까."
공자가 대답했다.
"인을 구하여 인을 얻었는데 또 무엇을 후회했겠는가."
자공이 나와서 말했다.
"부자는 그리 하지 않을 것이다."

이를 두고 대부분의 사람들이 보통 공자가 천하유세 중 노나라로 귀국하기 직전 위나라에 체제할 당시의 일로 풀이하고 있다. 기무라 에이이치木村英一는 제13장은 공자가 제나라에 유학가 있을 때의 일이고, 제14장은 천하유세 때의 일로 제13-14장 모두 공자 말년의 공문 내 얘기를 수록한 [술이]편의 예외에 속한다고 해석했다. 그러나 이는 궁색한 해석이 아닐 없다.

이에 대해 크릴H. G. Creel은 이 장을 공자의 천하유세 때의 일로 해석할 경우, 당시 염구와 자공이 모두 노나라에 있었던 사실을 해명할 길이 없다고 지적했다. 그는 전후문맥을 따져볼 때 이 일화는 위출공이 노나라로 망명해 온 기원전 479년 초의 일로 이해하는 것이 자연스럽다고 주장했다. 이때는 공자가 세상을 떠나기 2-3달 전에 해당한다. 당시 염구와 자공은 노나라의 책임 있는 관리로서 노나라의 장래에 중요한 의미를 갖는 위출공의 처우 문제에 크게 부심한 나머지 공자에게 자문을 구했을 공산이 크다. 대략 크릴의 주장이 타당할 듯하다.

7–15

子曰, "飯疏食飮水, 曲肱而枕之, 樂亦在其中矣. 不義而富且貴, 於我如浮雲."

공자가 말했다.
"거친 밥을 먹으며 물을 마시고, 팔을 굽혀 베개로 삼을지라도 즐거움이 또한 그 안에 있으니, 불의한 방법으로 얻은 부귀는 나에게 뜬구름과 같다."

이 장은 학문하는 자세에 관한 공자의 자술 중 백미白眉에 해당한다. 이를 두고 정이천은 풀이하기를, "공자가 거친 밥을 먹고 물을 마시는 것을 즐거워한 것이 아니라, 거친 밥을 먹고 물을 마시면서도 그 즐거움을 고칠 수 없다고 말한 것이다"라고 했다. 공자가 말한 취의에 부합한다.

7–16

子曰, "加我數年, 五十以學『易』, 可以無大過矣."

공자가 말했다.
"하늘이 나에게 몇 년간의 시간을 더해주어 50세까지 『역(易)』을 배우게 해주면 가히 일을 행하면서 큰 허물이 없게 될 것이다."

이 장의 해석과 관련해 예로부터 많은 논란이 뒤따랐다. 논란의 핵심은 '가加'와 '오십五十'의 해석에 있었다. 먼저 '가'와 관련해 청대의 유보남은 『논어정의』에서 공자가 이 말을 한 시점을 47세의 일로 간주해 본문을 그대로 수용했다. 그러나 『사기』 [공자세가]는 이를 '가假'로 표기해 놓았다. 주희의 『논어집주』 등도 이를 좇았다. 주희는 공자가 대략 70세에 이르렀을 때 이 말을 한 것으로 판단하면서 『사기』의 기록을 좇은 것이다. 다산도 이를 좇았다.

'오십'과 관련해 『집해』와 『의소』 등은 본문 그대로 보았으나 주희는 『논어집주』에서 공자가 이 말을 70세에 이르렀을 때 한 것으로 보아 '졸卒 : 마침내'로 바꿔 해석해 놓았다. 그는 일부 판본에 '졸'자가 잘못 기록되어 '오십五十'의 두 글자로 나뉘게 된 것으로 본 것이다. 과연 어느 것이 맞는 것일까. 다산은 여러 가지 고증을 들어 주희가 '오십'을 '졸'로 고친 것은 잘못이라고 지적했다.

송대 이후에 나온 '졸'의 초서체를 보면 '구九'와 '십十'자를 합친 약자가 유행한 사실을 확인할 수 있다. 그러나 '오五'와 '십十'을 합친 약자가 유행한 적은 없었다. 또한 공자가 그 이전에 『역』을 배우지 않은 것은 아니지만 고경古經에 나이 50에 『역』을 배웠다는 구절이 나오고 있다. 또한 주희는 『사기』를 전거로 들고 있으나 『사기』는 『논어』만큼의 신빙성이 없는 만큼 『사기』를 근거로 『논어』를 고치는 것은 잘못이다. 이와 관련해 다산은 하안의 해석을 예로 들어 『역』은 '지천명知天命'에 관한 책이니만큼 50의 나이에 '지천명'에 관한 『역』을 읽고자 한 공자의 취의가 잘못된 것이 아니라고 주장했다.

다산의 지적과 같이 주희가 고래의 판본에 나오는 '오십'을 멋대로 '졸'로 바꿔 해석한 것은 큰 잘못이다. 그가 근거로 제시한 『사기』에는 아예 '오십' 구절이 나오지 않고 있다. 또한 사료로서의 신빙성에 비춰볼 때 춘추시대에 관한 한 『사기』는 『논어』에 미칠 바가 못 된다. 이러한 여러 사항을 감안할 때 고주를 좇아 '오십'을 원문 그대로 직역하는 것이 타당하다.

이와 관련해 형병은 공자가 이 말을 한 시점과 관련해 공자가 47세에 한 것으로 추정한 바 있다. 형병이 무엇을 근거로 이같이 주장했는지는 알 길이 없다. 그러나 후대의 주석가들 중에 형병의 이러한 주장을 지지하는 사람들이 적지 않았다. 원문과 같이 '오십'을 그대로 인정할 경우 앞 구절에 나오는 '가加' 또한 원문 그대로 해석하는 것이 문맥상 훨씬 타당하다. 이 장 역시 앞장과 마찬가지로 불의의 부귀를 탐하지 않고 빈천 속에서 도를 즐기는 공자의 호학하는 자세를 묘사해 놓은 것이다. 크게 보면 제13–16장 모두 공자의 호학낙도好學樂道하는 자세를 보여주는 것이라고 할 수 있다.

7–17

子所雅言, 詩 · 書 · 執禮, 皆雅言也.

공자가 평소에 늘 말한 것은 시 · 서 · 집례(執禮)에 관한 것이었다. 모두 늘 말한 것이었다.

여기의 '아雅'와 관련해 청대의 유보남은 '정正', 주희는 '상常'으로 풀이했다. 문맥상 주희의 주석이 보다 타당하다. 이 장에는 공자의 학문에 대한 태도의 일면이 기술되어 있다. 이 장의 존재로 인해 제13–16장과 제18–19장이 전후로 구분되고 있다.

7-18

葉公問孔子於子路, 子路不對. 子曰, "女奚不曰, '其爲人也, 發憤忘食, 樂以忘憂, 不知老之將至' 云爾."

초나라의 섭공(葉公 : 沈諸梁으로 자는 子高)이 자로에게 공자에 관해 물었으나 자로가 대답치 못했다. 후에 공자가 말했다.
"너는 어찌하여 '그 사람됨이 발분(發憤)하여 먹는 것조차 잊고, 즐거워하여 근심조차 잊은 까닭에 늙음이 장차 이르게 되는 것조차 모른다'라는 식으로 말하지 않았느냐."

섭공 심제량沈諸梁은 초나라의 현대부이다. 공자는 천하유세 중 잠시 섭 땅에 머문 적이 있었다. [자로]편에 공자와 섭공의 대화가 나온다. 그러나 『춘추좌전』 등에는 이에 관한 기록이 전혀 나오지 않고 있다. 당시 공자가 심제량과 회동했는지 여부를 단언키가 쉽지 않다. 육덕명陸德明과 주희는 '섭공'이 '공公'을 칭한 것은 참람한 짓이라고 비난했으나 이는 지나친 것이다. 당시 초나라는 열국 중 최초로 칭왕稱王했던 까닭에 지방장관을 모두 '공'으로 칭했다. 이를 두고 참람한 짓으로 평한 것은 중화주의에 치우친 평이라는 지적을 면키 어렵다.

7-19

子曰, "我非生而知之者. 好古 · 敏以求之者也."

공자가 말했다.
"나는 태어나면서부터 알았던 사람이 아니다. 단지 옛 것을 좋게 여겨 부지런히 그것을 구한 사람이다."

주희는 나면서부터 아는 것을 '기질이 청명하고 의리가 밝게 드러나 배우기를 기다리지 않고도 저절로 아는 것'으로 이해했다. 성리학적인 해석이기는 하나 대략 공자가 말한 취의에 부합한다. 이 장에서는 공자의 '호고好古'에 대한 기본입장이 잘 드러나 있다. 후대에 공자의 '호고'를 곡해한 나머지 공자를 회고주의자懷古主義者로 간주한 것은 잘못이다. 공자의 '호고'는 기본적으로 '온고지신' 위에서 출발하고 있다. 그는 결코 봉건질서로의 회복을 꾀한 적이 없다. 오히려 그는 신분세습에 의한 봉건질서가 속히 무너지고 학덕을 익힌 군자가 위정자가 되는 세상의 도래를 고대했다는 점에서 매우 개혁적인 생각을 지니고 있었다.

7–20

子不語怪力亂神.

공자는 괴(怪 : 괴이한 것) · **력**(力 : 힘센 것) · **난**(亂 : 어지러운 것) · **신**(神 : 귀신)**에 관해 말하지 않았다.**

공자가 이 장에서 '괴력난신'에 대해 언급한 것은 호학 관련 자술에 대한 종결적인 의미를 지니고 있다. 이 장은 남송대에 등장하는 성리학이 공학의 본의로부터 크게 벗어나 있다는 중요한 지표이다. 이에 대해 주희는 해석하기를, "귀신은 조화의 자취이니 비록 바르지 않은 것은 아니나 이치를 궁구함이 지극하지 않고는 쉽사리 밝힐 수 없었던 까닭에 가벼이 사람들에게 말하지 않았다"고 했다. 이는 억지해석이 아닐 수 없다.

공자는 생전에 성리학에서 말하는 '4단7정'의 성性과 '천리인욕'의 천도天道 등에 대해 언급한 바가 없다. 이는 그가 '괴력난신'에 대한 언급을 극력 꺼린 사실과 무관치 않다. 공자는 인간의 이지적인 이성에 무한한 신뢰를 보내면서 인간 개인의 개인 및 공동체에 대한 기본관계와 상호 질서를 탐구하는 데 전력을 투구했다. '괴력난신'에 관한 고구考究로 시간과 정력을 낭비하는 것을 극히 경계했던 것이다. 공자사상의 위대한 면이 바로 여기에 있다. 체제상 이 장의 존재로 인해 제18-19장과 제21-23장이 전후로 확연히 구분되고 있다.

7-21

子曰, "三人行, 必有我師焉. 擇其善者而從之, 其不善者而改之."

공자가 말했다.
"세 사람이 길을 갈지라도 거기에는 반드시 나의 스승이 있다. 그 선한 것을 가려서 따르고, 그 불선한 것을 가려서 고친다."

공자는 이 장에서 나를 포함한 3인의 동행을 예로 들어 스스로를 되돌아보는 내자성內自省의 성찰방안을 제시하고 있다. 그가 제시한 '내자성'의 방안은 2인일 경우에도 예외 없이 적용되는 것임은 말할 것도 없다.

7-22

子曰, "天生德於予, 桓魋其如予何."

공자가 말했다.
"하늘이 덕을 나에게 주었으니 환퇴(桓魋)가 나를 어찌하겠는가."

'환퇴'는 송나라 사마 상퇴向魋를 말한다. 송환공宋桓公의 후예인 까닭에 흔히 '환퇴'로 불렸다. 그는 공자의 후기 제자인 '사마우司馬牛'의 친형이기도 했다. 이 장에 나온 공자의 자술은 천하유세 중 송나라를 지날 때 사마 환퇴가 공자를 해치려고 했던 일을 술회한 것이다. 공자의 확고한 신념이 약여하게 드러난 대목이 아닐 수 없다. 공자가 여기서 말한 '천天'은 인간사에 개입하는 인격신 내지 성리학에서 말하는 '천도'가 아니라 통상적인 의미의 경외대상인 하늘을 의미한다. 공자의 하늘에 대한 기본입장은 '외천畏天'이었다. 이는 귀신에 대한 경원敬遠의 입장과 같은 맥락이라고 할 수 있다.

7-23

子曰, "二三子以我爲隱乎. 吾無隱乎爾. 吾無行而不與二三子者, 是丘也."

공자가 제자들에게 말했다.
"너희들은 내가 숨기는 것이 있다고 생각하느냐. 나는 너희들에게 숨긴 것이 없다. 나는 어떤 일을 행하고 너희들에게 보이지 않은 적이 없다. 그런 사람이 바로 나 구(丘)이다."

이와 관련해 주희는 "공자의 도가 높고 깊어 제자들은 이를 거의 따라갈 수 없다고 여겼다. 이에 숨기는 것이 있는 게 아닐까 의심하여 공자의 동정과 어묵語默이 어느 것 하나 가르침이 아닌 것이 없다는 사실을 알지 못했다. 이에 공자가 이 말씀으로 깨우쳐 준 것이다"라고 풀이했다. 대략 공자가 말한 취의에 부합한다. 제21-23장은 모두 교학敎學에 관한 공자의 자술에 해당한다.

7-24

子以四敎, 文·行·忠·信.

공자는 네 가지로써 가르쳤다. 문(文 : 학문) **· 행**(行 : 실천) **· 충**(忠 : 성심) **· 신**(信 : 믿음)**이 그것이다.**

예로부터 이 장에 언급된 문·행·충·신을 두고 공문에서 가르치는 군자학의 정규 교과목으로 해석하는 오류를 범했다. 그러나 이는 잘못이다. 공문에서 가르친 기본 교과목은 어디까지나 시·서·예·악이었다. 문·행·충·신은 군자학의 정규 교과목이 아니라 일종의 도덕실천론에 해당했다. 공문의 군자학은 '지행합일'을 강조한 까닭에 학지學知와 더불어 행덕行德을 매우 중시했다. 문·행·충·신의 행덕은 어디까지나 실천론으로 제시되었을 뿐 정규 교과목으로 편성된 것은 아니었다. 체제상 이 장의 존재로 인해 제21-23장과 제25장이 전후로 확연히 구분되고 있다.

7-25

子曰, "聖人, 吾不得而見之矣. 得見君子者, 斯可矣." 子曰, "善人, 吾不得而見之矣, 得見有恒者, 斯可矣. 亡而爲有, 虛而爲盈, 約而爲泰, 難乎有恒矣."

공자가 말했다.
"성인은 내가 아직 만나보지 못했다. 군자만이라도 만나볼 수 있으면 좋겠다."
이어 공자가 이같이 덧붙였다.
"착한 사람을 내가 만나볼 수 없다면 마음이 늘 변치 않는 사람만이라도 만나볼 수 있으면 좋겠다. 없으면서 있는 체하고, 비어 있으면서 가득 차 있는 체하고, 곤궁하면서 부유한 체하면 마음이 늘 변치 않기가 어렵다."

이 장에 언급된 성인은 군자가 되기 위한 학덕 연마가 경지에 올라 군자의 단계를 넘어 마침내 사물의 이치까지 활연豁然히 통찰하는 단계에 접어든 사람을 말한다. 선비와 군자, 성인의 간극은 전적으로 학덕 연마의 정도에 따른 것으로 본질적인 차이가 있는 것은 아니다. 이 장은 공자의 성인 등에 관한 언급을 한곳에 모은 것으로 내용상 두 개의 장으로 세분할 수도 있다. 각각 다른 시기의 언급이 전송되는 과정에서 하나로 뭉뚱그려졌거나 편집 과정에서 한 개의 장으로 묶였을 가능성이 크다.

7-26

子釣而不綱, 弋不射宿.

공자는 낚시질을 하면서도 그물질은 하지 않았다. 주살을 사용하면서도 잠자는 새를 쏘아 맞추지는 않았다.

여기의 '석射'은 쏘아 맞춘다는 '중中'의 뜻이고, '숙宿'은 잠자는 새를 뜻한다. 공자는 이 장에서 엽도獵道의 기본을 밝히고 있다. 이 장의 존재로 인해 앞장인 제25장과 제27-30장이 전후로 구분되고 있다.

7-27

子曰, "蓋有不知而作之者, 我無是也. 多聞·擇其善者而從之, 多見而識之, 知之次也."

공자가 말했다.
"아마도 그 이치를 알지도 못한 채 행하는 사람이 있을 것이다. 나에게는 그런 것이 없다. 많이 들으면서 그 중 좋은 것을 가려 좇고, 많이 보면서 그 중 좋은 것을 가려 기억해 두는 것이 지식을 얻는 순서이다."

이 장의 맨 뒤에 나오는 '지지차야知之次也' 구절과 관련해 공안국은 '차어천생지지次於天生知之 : 최상의 지식인 生知 다음'로 풀이해 놓았다. 주희는 '차어지지자次於知之者 : 아는 자의 다음'로 풀이했다. 공안국의 해석이 문의文意에 더 가깝다. 그러나 공안국의 해석도 문맥상 부자연스럽기는 마찬가지이다.

이와 관련해 크릴은 공자가 과연 생지生知를 믿었는지 의문이라고 이의를 제기하면서 『역경』의 [여괘旅卦] 괘사에 나오는 '여

즉차旅卽次'를 예로 들어 '지식을 얻는 순서'로 풀이했다. 고문헌에 '차次'를 '순서'의 의미로 사용한 용례가 제법 많다. 크릴의 견해를 좇아 해석하는 것이 전후문맥의 흐름상 훨씬 자연스럽다.

7-28

互鄕難與言, 童子見, 門人惑. 子曰, "與其進也, 不與其退也, 唯何甚. 人潔己以進, 與其潔也, 不保其往也."

호향(互鄕 : 위치 미상) 사람과는 더불어 얘기하기가 어려웠다. 호향의 동자가 공자를 알현하자 문인들이 이를 의심했다. 그러자 공자가 말했다.
"여기 왔을 때는 여기 일을 얘기하고, 여기를 물러간 뒤에는 여기 일을 얘기치 않았다. 그런데 도대체 무엇이 심하다는 것인가. 사람이 몸을 청결히 하여 나오면 그 청결함을 인정하고 더불어 얘기하면 되는 것이지 과거의 일에 집착할 필요가 없는 것이다."

일부 판본에는 공자의 말 중 맨 앞에 나오는 '與其進也, 不與其退也, 唯何甚' 구절이 맨 뒤로 들어가 있다. 이 경우 문맥이 매끄럽지 못하다. 주희는 편제상 착간錯簡이 있었을 것으로 보고 이 구절을 앞으로 빼서 해석했다. 주희의 주장이 타당하다. 여기의 '호향'은 지방 이름이다. 주희는 풀이하기를, "호향 사람들은 불선不善에 물들어 있어 함께 선善을 얘기하기가 어려웠다"고 했다. 문의에 부합한다.

크릴은 이 장을 공자가 상식과 판단력을 통해 사람을 사귀었음을 유추케 하는 대목으로 간주했다. 그는 공자의 언급을 두고 풀이하기를, "내가 어떤 사람과 만나 얘기한다고 앞으로 그가 할지도 모르는 일까지 내가 책임질 수는 없다. 왜 그토록 엄하게 따지는가. 마찬가지로 그의 과거 행동에 대해서도 내가 책임질 바는 아니다"라고 했다. 주목할 만한 해석이기는 하나 원문의 취의를 제대로 살리지 못하고 있다. 공자의 언급을 '책임'의 관점에서 풀이한 것은 '권리'를 중시하는 서구적 발상이다.

7-29

子曰, "仁, 遠乎哉. 我欲仁, 斯仁至矣."

공자가 말했다.
"인이 멀리 있는가. 내가 인을 행하고자 하면 그 인은 늘 내 곁으로 다가온다."

주희는 '인'을 '마음의 덕'으로 간주해 풀이하기를, "인이 밖에 있는 것이 아니니 어찌 멀리 있을 수 있겠는가"라고 했다. 정이천은 풀이하기를, "인을 행하는 것은 자신에게 달려 있으니 인을 행하고자 하면 곧 이르게 된다"고 했다. 정이천의 해석이 보다 명석하다.

7-30

陳司敗問, "昭公知禮乎." 孔子曰, "知禮." 孔子退, 揖巫馬期而進之曰, "吾聞 '君子不黨', 君子亦黨乎. 君取於吳爲同姓, 謂之吳孟子. 君而知禮, 孰不知禮." 巫馬期以告. 子曰, "丘也幸. 苟有過, 人必知之."

진(陳)나라의 사패(司敗 : 형옥을 다루는 司寇)가 공자에게 물었다.
"노소공(魯昭公)은 예를 압니까."
공자가 대답했다.
"예를 압니다."
공자가 물러가자 진나라 사패가 무마기(巫馬期 : '기'는 자, 이름은 施임)에게 말했다.
"내가 듣건대 군자는 편당을 짓지 않는다고 했는데 군자도 편당을 짓는 것이오. 노소공이 오나라에서 부인을 얻자 사람들이 동성(同姓)인 것을 꺼려 노소공의 부인을 '오맹자(吳孟子)'라고 칭했소. 군주가 예를 알면 그 누가 예를 알지 못할 리 있겠소."
무마기가 이를 공자에게 알리자 공자가 크게 기뻐하며 이같이 말했다.
"나는 나의 허물을 곧바로 전해들을 수 있으니 참으로 다행이다. 실로 나에게 허물이 있으면 사람들이 반드시 이를 알아채는구나."

이 일화는 공자가 천하유세 중 있었던 것으로 당시 노소공은 이미 죽은 뒤였다. 노소공은 생전에 노나라와 동성인 오나라 여인을 부인으로 맞아들였다. 그녀는 '오희吳姬'로 불리는 것이 마땅했다. 그러나 그녀는 노나라로 시집가면서 '오맹자'로 개칭되었다. 이는 노소공이 비난을 피하기 위해 마치 이성의 나라인 송나라의 자성子姓인 것처럼 꾸민 데 따른 것이다. 진나라의 사패는 바로 이 점을 지적한 것이다. 공자는 이 얘기를 전해듣고 노소공이 예를 안다고 한 자신의 발언에 착오가 있음을 순수히 인정하고 나선 것이다.

7-31

子與人歌而善, 必使反之, 而後和之.

공자는 다른 사람과 함께 노래를 할 때 상대방이 노래를 잘하면 반드시 다시 부르게 한 뒤 이에 화답했다.

이 장은 공자가 사람들과 함께 노래 부를 때 보여준 '호악好樂'의 태도를 기록해 놓은 것이다. 공자의 '호악'은 '호학好學'의 일면이다. 이 장의 존재로 인해 제27-30장과 제32-36장이 전후로 확연히 구분되고 있다.

7-32

子曰, "文莫, 吾猶人也. 躬行君子, 則吾未之有得."

공자가 말했다.
"나는 문재(文才)가 남보다 뛰어나지는 못하겠지만 통상의 수준은 된다. 다만 군자의 도를 궁행(躬行 : 몸소 행함)하는 것만은 내가 아직 얻지 못했다."

이 장에서 공자는 겸양해하며 도를 실천하는 어려움을 밝히고 있다. 이 장은 공자가 '군자의 도는 셋인데 나는 이 중에 하나도 능한 것이 없다'고 겸양해 한 『중용』의 내용과 상통하고 있다.

7－33

子曰, "若聖與仁, 則吾豈敢. 抑爲之不厭, 誨人不倦, 則可謂云爾已矣." 公西華曰, "正唯弟子不能學也."

공자가 말했다.
"성(聖)과 인(仁)으로 말하면 내가 어찌 감히 할 수 있다고 하겠는가. 그러나 성과 인을 행하기 위해 노력하는 것을 싫어하지 않고, 사람 가르치는 것을 게을리하지 않았다는 것은 가히 말할 수 있을 것이다."
공서화가 말했다.
"그것이 바로 저희 제자들이 배울 수 없는 것입니다."

주희는 풀이하기를, "인성仁聖을 싫어하거나 게을리하지 않음은 스스로 인성의 도를 지니지 않고는 할 수 없는 것인 까닭에 제자들이 쉽게 배울 수 없는 것이다"라고 했다. 공자가 겸양해한 기본취지를 잘 파악한 셈이다.

7－34

子疾病, 子路請禱. 子曰, "有諸." 子路對曰, "有之. 誄曰, '禱爾于上下神祇'." 子曰, "丘之禱久矣."

공자가 병이 위중하자 자로가 기도할 것을 청했다. 그러자 공자가 물었다.
"그런 이치가 있느냐."
자로가 대답했다.
"있습니다. 뇌문(誄文 : 사자를 애도하며 그의 행적을 쓴 祭文)에 기록돼 있기를, '너를 위해 천지신명에게 기도했다'고 했습니다."

공자가 말했다.
"그런 의미라면 나는 기도한 지 오래다."

'신기神祇'는 하늘과 땅의 귀신을 통칭한 것이다. 『태평어람』 권 849에 인용되어 있는 이문異文에는 자로가 공자를 위해 점을 치려고 하자 공자가 '나의 점은 이미 오래 전에 끝났다'고 말한 것으로 되어 있다. 크릴은 점복을 신봉하는 자들이 공자를 점복을 신봉한 사람으로 꾸며 넣으려다가 실패한 사례로 분석했다. 주목할 만한 분석이 아닐 수 없다. 이 장을 통해 '괴력난신'에 관한 언급을 꺼린 공자는 절박한 심정에서 신령에게 기도할 것을 간청하는 제자의 건의조차 단호히 거절했음을 쉽게 확인할 수 있다. 인간 이성에 관한 공자의 깊은 신뢰를 읽을 수 있는 대목이 아닐 수 없다.

7-35

子曰, "奢則不孫(=遜), 儉則固, 與其不孫也寧固."

공자가 말했다.
"사치하면 불손하고, 검소하면 고루하다. 불손한 것보다 차라리 고루한 것이 낫다."

이 장에서 공자는 사치와 검소 모두 도를 넘을 경우 문제가 있다고 지적하면서 다만 사치의 해가 더 큰 까닭에 차라리 불손한 것보다 고루한 것이 더 낫다고 말한 것이다. 공자의 유연하면서도 중도적인 성향이 잘 나타나 있는 대목이다.

7–36

子曰, "君子坦蕩蕩, 小人長戚戚."

공자가 말했다.
"군자는 평연(平然)히 너그러우나, 소인은 늘 초조해한다."

정이천과 주희를 비롯한 일부 주석가는 '탄탕탕坦蕩蕩' 구절을 '평탄하여 여유가 있다'로 해석했으나 이는 잘못이다. 여기의 '탄坦'은 뒷 구절의 '장長'에 대치되는 것으로 '평연히'라는 일종의 부사로 해석하는 것이 옳다.

7–37

子溫而厲, 威而不猛, 恭而安.

공자는 온화하면서도 엄숙하고, 위엄이 있으면서도 사납지 않고, 공손하면서도 평안했다.

이 장은 [술이]편 37개 장을 9개의 장군章群으로 가르는 데 결정적인 역할을 하는 9개 장의 단문 중 대미에 해당하는 것으로 공자의 평소 모습을 구체적으로 기술해 놓고 있다. 이 장을 통해 공자사상의 중요한 특징 중 하나인 소위 '중도주의'가 바로 그의 이러한 평소 모습과 불가분의 관계를 맺고 있음을 쉽게 짐작할 수 있다. 제32–37장은 공자의 자술로 해석할 수 있는 잡다한 내용을 한곳에 모아놓은 것이다.

제8절 [태백泰伯]편

[태백]편은 총 21개 장으로 이뤄져 있다. 증자의 말로 되어 있는 제3-7장의 5개 장을 제외한 나머지 16개 장은 모두 공자의 말이다. 그러나 이 편에 나오는 공자의 말은 매우 이질적이다. 왜 이런 현상이 빚어진 것일까.

공자는 일찍이 주공을 존경해 하례와 은례는 문헌이 부족하고 주나라는 하 · 은 2대에 기초한 문화가 있어 자신은 주나라를 좇겠다고 언명한 바 있다. 당시 공자의 손에 정비된 '서書'는 주공을 중심으로 한 『서경』 [주서周書]편이다. 주나라 초기 이하의 기사와 주나라 이전의 것을 기술한 [상서商書]와 [하서夏書], [우서虞書]편은 대부분 공자의 고전존중 정신을 계승한 후학들이 보완해 놓은 것이다. [하서]에 나오는 우왕의 사적은 전국시대 중엽에 묵자가 출현한 이후에 표창된 것이고, [우서]에 나오는 요 · 순의 사적은 맹자 이후에 표창된 것이다.

제18-19장은 『맹자』 [등문공 상]편에서 요 · 순 · 우 · 고요皐陶의 인정仁政을 언급하기 위해 인용해 놓은 공자의 말과 완전히 일치하고 있다. 이는 요 · 순 · 우 등을 언급한 제18-20장의 4개 장이 최소한 맹자 전후의 시기에 편집되었음을 시사한다. 이로써 대략 [하서]와 [우서]편의 내용이 『논어』에 보충된 시기를 짐작할 수 있다. [태백]편은 성현의 지덕을 표창한 공자의 말이 수장인 제1장과 말장인 제21장에 배치돼 수미가 상응하고 있다. 이 편을 정리한 편집자의 의도가 엿보이는 대목이 아닐 수 없다. 이는 [태백]편의 편집이 맹자 전후의 시기에 이뤄졌음을 시사한다. 고대 성왕의 지덕을 표창한 수장과 말장의 중간에 증자의 말과 공자의 격언 등이 들어가 있는 것은 증자의 문인이 이 편의 편제에 깊이 개입했음을 암시하는 것이다.

8-1

子曰, "泰伯, 其可謂至德也已矣. 三以天下讓, 民無得而稱焉."

공자가 말했다.
"태백(泰伯)은 가히 지덕(至德)을 갖춘 사람이라고 할 만하다. 세 번 천하를 양보했으나 백성들은 이러한 사실조차 몰라 칭송도 하지 못했다."

'태백'은 주나라 태왕太王 고공단보古公亶父의 장자로 주문왕의 백부이며 오나라의 시조이기도 하다. 그는 세 번이나 천하를 양보한 전설적인 인물이다. 공자는 이 장에서 예의 정신은 '읍양揖讓'에 있음을 강조하고 있다. 이 장은 옛 성왕의 지덕을 논한 제18-21장의 4개 장과 상응하고 있다.

8-2

子曰, "恭而無禮則勞, 愼而無禮則葸, 勇而無禮則亂, 直而無禮則絞. 君子篤於親則民興於仁, 故舊不遺則民不偸."

공자가 말했다.
"공손하되 무례하면 수고롭게 되고, 신중하되 무례하면 두려움을 갖게 되고, 용맹하되 무례하면 어지럽게 되고, 강직하되 무례하면 조급해진다. 또한 군자가 친인(親人 : 부형과 일가친척)에게 돈독하면 백성들이 인에서 일어나고, 고구(故舊 : 옛 친구)를 버리지 않으면 백성들이 요행을 꾀하지 않는다."

이 장은 서로 다른 내용이 한데 뭉뚱그려져 있다. 이를 두고 주희는 『논어집주』에서 오역吳棫의 말을 인용해 '군자독어친君子篤於親' 이하의 구절은 오히려 [학이]편에 나오는 증자의 '신종추원愼終追遠' 언급과 닮아 있다고 지적하면서 별도의 장으로 처리하는 것이 타당하다고 주장했다. 주희가 지적한 바와 같이 이 장은 대략 공자의 예에 관한 언급에 증자 문인의 보충설명이 하나로 뭉뚱그려지면서 전후의 내용이 다르게 된 것으로 짐작된다. 뒤에 나오는 제3-7장이 모두 증자의 말로 이어진 사실이 이를 뒷받침하고 있다.

8-3

曾子有疾, 召門弟子曰, "啓予足, 啓予手. 詩云, '戰戰兢兢, 如臨深淵, 如履薄氷'. 而今而後, 吾知免夫. 小子."

증자가 병이 위중해지자 제자들을 불러 말했다.
"이불을 벗겨 나의 발을 꺼내 보고, 나의 손을 꺼내 보라. 『시』에 이르기를, '조심조심하여 깊은 못을 지나듯 하고, 얇은 얼음을 밟듯이 하라'고 했다. 내 수족이 온전하니 나는 이제야 내가 수족을 온전히 하지 못하는 불효의 죄에서 벗어나게 되었음을 알겠다. 제자들아."

여기에 인용된 『시』 구절은 『시경』 [소아 · 소민小旻]편에 나오는 것이다. 증자는 일찍이 『효경』에서 '신체발부身體髮膚는 부모로부터 받은 것이니 감히 훼손할 수 없다'고 역설한 바 있다. 이 장은 증자의 지효至孝를 드러낸 것이다. 정이천은 풀이하기를, "군자의 죽음을 종終, 소인의 죽음을 사死라고 한다. 군자는 몸을 보전하고 죽는 것을 자신의 일을 마치는 것으로 여긴다. 이에 증자는 몸을 온전히 보전하고 돌아감으로써 불효를 면한 것으로 여긴 것이다"라고 풀이했다. 증자의 문인이 편제에 개입했음을 뒷받침하는 해석이 아닐 수 없다.

8-4

曾子有疾, 孟敬子問之. 曾子言曰, "鳥之將死, 其鳴也哀. 人之將死, 其言也善. 君子所貴乎道者三. 動容貌, 斯遠暴慢矣. 正顔色, 斯近信矣. 出辭氣, 斯遠鄙倍矣. 籩豆之事, 則有司存."

증자가 병이 위중해지자 맹경자(孟敬子 : 노나라 대부 仲孫捷)가 문병을 왔다. 증자가 말했다.
"새가 곧 죽게 되면 그 울음소리가 슬프고, 사람이 곧 죽게 되면 그 말이 착한 법이오. 군자가 도에서 귀하게 여기는 것이 세 가지 있소. 용모를 움직일 때는 성급함과 태만함을 멀리 하고, 안색을 바르게 할 때는 신실함에 가깝게 하고, 말과 소리를 낼 때는 비루함과 도리에 어긋나는 것을 멀리 하는 것이 그것이오. 변두지사(籩豆之事 : 제기를 다루는 일로 소소한 일을 지칭)와 같은 일에는 유사(有司 : 담당관원)가 있는 법이오."

이 장에서 문제가 되는 것은 '폭만暴慢'의 '폭暴'자에 대한 해석이다. 고주古注는 이에 대해 특별한 언급이 없으나 주희는 이를 '조려粗厲 : 거칠고 사나움'로 보아 거성去聲인 '포'로 읽었다. 이에 대해 다산은 이를 '졸급猝急 : 갑작스럽고 급함'으로 보아 입성入聲인 '폭'으로 읽어야 한다고 주장했다. 다산은 사람이 몸을 움직일 때 급하고 멋대로 행동하는 것과 게을러 느리게 행동하는 것을 두 가지 병통으로 보았다. 문자의 용례에서 볼 때 다산과 같이 입성인 '폭'으로 읽는 것이 타당하다. 그러나 주희와 같이 거성인 '포'로 읽을지라도 문맥의 흐름상 별다른 문제는 없다.

8-5

曾子曰, "以能問於不能, 以多問於寡, 有若無, 實若虛, 犯而不校. 昔者吾友嘗從事於斯矣."

증자가 말했다.
"유능하면서도 유능하지 못한 이에게 묻고, 학식이 많으면서 적은 이에게 묻고, 있어도 없는 것처럼 하고, 가득 찼어도 빈 것처럼 하고, 다른 사람이 덤벼도 따지지 않았다. 전에 내 친구가 이러한 일에 종사한 적이 있었다."

후한제국의 마융馬融은 이 대목에 나오는 '우友'를 안연으로 보았다. 주희도 이를 따랐다. 이후 대부분의 해석가들이 이 대목을 두고 증자가 안연을 칭송한 것으로 해석해 오고 있다. 내용상 타당하기는 하나 무슨 확실한 근거가 있는 것은 아니다.

8-6

曾子曰, "可以託六尺之孤 · 可以寄百里之命 · 臨大節而不可奪也, 君子人與. 君子人也."

증자가 말했다.
"6척(六尺)의 어린 군주를 맡길 만하고, 백리(百里 : 제후국을 지칭)의 명운을 부탁할 만하고, 대절(大節 : 국가대사의 결정을 의미)에 임했을 때 그 뜻을 빼앗을 수 없다면 군자다운 사람인가. 군자다운 사람이다."

이 장은 특이하게도 군자다운 사람에 대한 증자의 자문자답으로 이뤄져 있다. 정이천은 풀이하기를, "절개와 지조가 이와 같으면 군자라고 할 만하다"고 했다. 대략 문의에 부합한다.

8-7

曾子曰, "士不可以不弘毅, 任重而道遠. 仁以爲己任, 不亦重乎. 死而後已, 不亦遠乎."

증자가 말했다.
"선비는 도량이 넓고 뜻이 굳세지 않으면 안 된다. 짐이 무겁고 갈 길이 멀기 때문이다. 인으로써 자신의 짐으로 삼으니 그 짐 또한 무겁지 않겠는가. 죽은 후에야 그 임무가 끝나니 그 길 또한 멀지 않겠는가."

주희는 '홍의弘毅'의 '홍弘'을 '관광寬廣', '의毅'를 '강인强忍'으로 풀이했다. '임중도원任重道遠'은 흔히 위정자의 막중한 책임을 비유할 때 인용되곤 한다. '홍의'와 '임중도원'이 대비되고 있는 점에 비춰 문의에 부합한다.

8-8

子曰, "興於詩, 立於禮, 成於樂."

공자가 말했다.
"시(詩)에서 흥기하고, 예(禮)에서 서고, 악(樂)에서 이뤄진다."

이 장은 "10세에 어린이의 거동을 배우고, 13세에 음악을 배우며 시를 외우고, 20세가 된 후에 예를 배운다"고 한 『내칙內則』의 학습순서와 다르다. 주희는 <시-예-악>의 순서로 된 이 장은 소학小學 차원의 학습순서가 아니라 종신토록 행할 대학大學 차원의 학습순서를 말한 것으로 풀이했다. 평소 군자의 기본소양으로 시·서·예·악을 강조한 공자의 언급에 비춰 문의에 부합한다. 제8-17장은 모두 '자왈'로 시작하는 공자의 격언으로 구성되어 있다.

8-9

子曰, "民可使由之, 不可使知之."

공자가 말했다.
"백성들로 하여금 도리를 좇게 할 수는 있으나 그 도리를 일일이 알게 할 수는 없다."

공자를 비판한 사람들은 이를 두고 공자가 우민책愚民策을 지지했다는 주장을 펴기도 했다. 이는 이 장의 의미를 제대로 이해치 못한 데 따른 것이다. 정이천은 풀이하기를, "성인이 가르침을 베풀 때 사람마다 일일이 깨우쳐 주려고 하지 않은 것은 아니다. 그러나 그 진리를 모두 알게 할 수는 없고, 다만 능히 따르게 할 뿐이다. 만일 성인이 백성으로 하여금 알지 못하게 하려고 했다면 이는 후세인들에게 조삼모사朝三暮四의 속임수를 쓰는 것과 같으니 이를 어찌 성인의 마음이라고 하겠는가"라고 했다. 공자가 말한 취의가 잘 드러나 있다.

8-10

子曰, "好勇疾貧, 亂也. 人而不仁, 疾之已甚, 亂也."

공자가 말했다.
"용기를 좋아하고 가난을 싫어하면 난을 일으키게 된다. 사람으로서 인(仁)하지 못한 것을 너무 심히 미워하는 것도 난을 일으키게 만든다."

여기의 '질빈疾貧'은 '안빈安貧'하지 못한 것을 말한다. 주희는 풀이하기를, "이 두 가지 마음은 비록 선악이 다르기는 하나 난을 일으키기는 마찬가지이다"라고 했다. 공자가 '호용질빈'과 '질심疾甚'을 병렬적으로 언급한 점에 비춰 문의에 부합한다.

8-11

子曰, "如有周公之才之美, 使驕且吝, 其餘不足觀也已."

공자가 말했다.
"만일 사람이 주공처럼 아름다운 재예(才藝)를 갖고 있을지라도 교만하고 인색하면 그 나머지는 볼 것도 없다."

주희는 '교驕'와 '인吝'의 관계를 두고 풀이하기를, "교만은 인색함의 지엽이고, 인색은 교만함의 근본이다. 일찍이 천하인에게 징험徵驗해 보니 교만하고 인색치 않은 자가 없고, 인색하면서 교만치 않은 자가 없다"고 했다. 공자가 말한 취의에 부합한다.

8-12

子曰, "三年學, 不至於穀, 不易得也."

공자가 말했다.
"3년을 배우고도 녹봉을 얻는 자리에 나아가지 않는 자는 쉽게 얻지 못하겠다."

여기의 '곡穀'은 녹봉을 말한다. 주희는 '부지어곡不至於穀'의 '지至'를 '지志'로 간주해 풀이하기를, "학문을 오래 하고서 녹봉을 구하지 않는 이런 사람을 쉽게 얻지 못한다는 뜻이다"라고 했다. 그러나 이는 잘못이다. 원래 공문에서 군자학을 배운 문도들은 대부분 하급 사족 출신으로 신분세습의 봉건질서 하에서 위정자의 길로 나서는 데 신분상의 한계가 있었다. 이들 대부분이 조정의 국사에 참여하는 대부大夫가 되지 못하고 유력세족의 가재家宰 내지 읍재邑宰로 출사하는 것이 고작이었다. 하급 사족 출신인 공자도 노나라 조정의 하대부下大夫의 반열에 오르는 데 그쳤다. 이 때문인지는 몰라도 민자건과 같은 인물은 아예 출사를 포기하고 재야의 군자로 남았다. '지至'를 '지志'로 바꿔야 한다는 주장은 당시의 이런 상황을 제대로 헤아리지 못한 데 따른 것이다.

8-13

子曰, "篤信好學, 守死善道. 危邦不入, 亂邦不居. 天下有道則見, 無道則隱. 邦有道, 貧且賤焉, 恥也. 邦無道, 富且貴焉, 恥也."

공자가 말했다.
"독실하게 믿으면서 배우기를 좋아하고, 죽음으로써 지키면서 도를 잘 실천해야 한다. 위태로운 나라에는 발을 들여놓지 않고, 어지러운 나라에서는 살지 않는다. 천하에 도가 있으면 몸을 드러내 벼슬하고, 도가 없으면 몸을 숨긴다. 나라에 도가 있을 때는 빈천이 부끄러운 일이나, 도가 없을 때에는 오히려 부귀가 부끄러운 일이다."

주희는 '위방危邦'과 '난방亂邦'을 구분해 풀이했다. '위방'은 치도가 무너져 위험한 나라이고, '난방'은 위태로운 지경까지는 이르지 않았으나 형정刑政과 기강紀綱이 문란해 장차 치도가 무너지려고 하는 나라로 보았다. 그러나 '위방'과 '난방' 모두 '무도'하다는 점에서 하등 차이가 없다. 굳이 나눠볼 필요는 없는 것이다. 공자는 이 장에서 무릇 군자학을 연마한 군자는 거취去就와 출처出處를 분명히 할 것을 주문하고 있다. 거취와 출처가 분명치 못하면 진정한 군자로 부를 수 없다는 것이 공자의 기본입장이다.

8-14

子曰, "不在其位, 不謀其政."

공자가 말했다.
"그 지위에 있지 않으면 해당 정무(政務)를 도모하지 않는다."

이 장은 [헌문]편 제27장과 완전히 동일하다. [헌문]편 제27장을 이어받고 있는 제28장은 '증자왈'로 시작되고 있다. 이는 증자의 문인이 [태백]편의 편제에 깊숙이 개입했음을 시사하는 것이다.

8-15

子曰, "師摯之始, 關雎之亂, 洋洋乎盈耳哉."

공자가 말했다.
"악사인 지(摯)가 처음 벼슬할 때 연주하던 [관저(關雎)]의 마지막 악장이 양양(洋洋 : 넘실거림)하게도 귀에 가득하구나."

태사太師 지摯는 노나라의 악사이다. 『사기』 [공자세가]에도 '관저의 끝장은 [국풍國風]의 시작이 된다'는 구절이 나온다. 대략 사마천이 [태백]편의 이 장을 차용했을 공산이 크다. 이 일화는 공자가 천하유세를 마치고 노나라로 돌아온 뒤의 일이다.

8-16

子曰, "狂而不直, 侗而不愿, 悾悾而不信, 吾不知之矣."

공자가 말했다.
"뜻이 크지만 곧지 않고, 무지하면서도 근후(謹厚)하지 않고, 무능하면서도 미덥지 않은 사람을 나는 모르겠다."

주희는 공자가 이 장에서 '나는 모르겠다'고 말한 것을 두고 풀이하기를, "이는 심히 거절코자 하는 뜻을 밝힌 것으로 부설지교不屑之敎 : 달갑게 여기지 않는다는 뜻을 담은 가르침로 깨우친 것이다"라고 했다. 이는 『맹자』 [고자 하]편에 나오는 '부설지교'를 원용한 해석이기는 하나 대략 공자가 말한 취의에 부합한다.

8-17

子曰, "學如不及, 猶恐失之."

공자가 말했다.
"배움은 마치 따라가지 못할 듯이 하고, 오히려 잃을까 두려워하듯이 해야 한다."

이를 두고 정이천은 풀이하기를, "학문은 따라가지 못할 듯이 부지런히 하면서도 오히려 잃을까 두려워해 방과放過할 수 없는 것이다. 그야말로 잠시 내일까지 기다리겠다고 말하는 것은 불가하다"고 했다. 공자가 말한 취의에 부합한다.

8-18

子曰, "巍巍乎, 舜禹之有天下也, 而不與焉."

공자가 말했다.
"우뚝하구나, 순(舜)과 우(禹)는 천하를 소유하고도 이를 즐기거나 자랑치 않았구나."

이 장의 '외외巍巍'는 고대高大한 모습을 나타낸 것이다. 이 장은 순과 우 등의 전설적인 고대 성왕들이 등장한 점에 비춰 묵자와 맹자가 등장하는 전국시대 후기에 증자 문인에 의해 삽입된 것으로 짐작된다.

8-19

子曰, "大哉, 堯之爲君也. 巍巍乎唯天爲大, 唯堯則之. 蕩蕩乎民無能名焉. 巍巍乎, 其有成功也. 煥乎, 其有文章."

공자가 말했다.
"위대하구나, 요(堯) 임금의 군주 된 모습이여. 우뚝하게 오직 저 하늘만이 큰데 오직 요만이 기준이 되었구나. 넓고 넓어 백성들이 무어라 형용치도 못했구나. 우뚝하구나, 그 공을 이룬 모습이여. 찬란하구나, 그 문채 나는 모습이여."

이 장은 앞장과 같은 성격의 것으로 전설적인 고대 성왕인 요의 덕성을 칭송한 것이다. 앞장과 마찬가지로 전국시대 후기에 증자 문인에 의해 삽입된 것으로 짐작된다.

8-20

舜有臣五人而天下治. 武王曰, "予有亂臣十人." 孔子曰, "才難, 不其然乎. 唐虞之際於斯爲盛, 有婦人焉九人而已. 三分天下有其二, 以服事殷, 周之德, 其可謂至德也已矣."

순임금이 5명의 신하를 두어 천하를 잘 다스렸다. 주무왕이 말했다. "나는 잘 다스릴 줄 아는 10명의 신하를 두었다."
이를 두고 공자가 이같이 말했다.
"인재 얻기가 어렵다고 하는데 사실 그렇지 않은가. 당우(唐虞)의 시대에만 주무왕 때보다 융성했다. 주무왕 때에는 부인이 한 사람 끼어 있으니 사실 모두 9명일 뿐이다. 주무왕은 천하를 3분하여 그 둘을 소유하고도 은나라에 복종하여 섬겼으니, 그 덕은 가히 지덕이라고 이를 만하다."

'당우'는 당요唐堯와 우순虞舜의 축약어로 요와 순의 나라를 지칭한다. 여기의 '난신亂臣'은 '치신治臣'을 의미한다. '난亂'에 '어지러움을 다스리다'는 뜻이 포함돼 있는 것이다. 이 장은 공자가 인재 얻기가 어렵다는 사실을 지적한 내용으로 이뤄져 있다. 그러나 '당우'를 지나치게 미화해 놓은 점 등에 비춰 공자가 과연 이런 말을 했는지는 의문이다. 이 장 역시 제18-19장과 마찬가지로 전국시대 후기의 증자 문인에 의해 삽입된 것으로 보는 것이 옳다.

8-21

子曰, "禹, 吾無間然矣. 菲飮食而致孝乎鬼神, 惡衣服而致美乎黻冕, 卑宮室而盡力乎溝洫. 禹, 吾無間然矣."

공자가 말했다.
"우임금에 대해서는 내가 흠잡을 데가 없다. 음식은 보잘 것 없이 하면서도 귀신에게는 효를 다했고, 의복은 검소하게 입으면서도 불면(黻冕 : 예복 위에 착용하는 무릎덮개와 검은 색의 관으로 고위관원을 상징)에는 아름다움을 다했고, 궁실은 낮게 지으면서도 구혁(溝洫 : 논도랑)을 정비하는 데에는 온 힘을 다했다. 우임금에 대해서는 내가 흠잡을 데가 없다."

이 장 역시 우 등의 고대 성왕의 덕을 칭송하는 내용으로 되어 있다. 제18-21장 모두 『상서』에 나오는 내용을 토대로 한 공자의 말로 구성돼 있다. 이러한 내용이 [태백]편의 뒷부분에서 하나의 장군章群을 형성하고 있는 것은 다른 편에서는 전혀 찾아볼 수 없는 특이한 점이기도 하다. 후대의 문인들이 끼워넣었을 가능성을 시사하는 대목이 아닐 수 없다.

제9절 [자한子罕]편

[자한]편은 총 30개 장으로 구성돼 있다. 이 편은 크게 세 개의 장군으로 나눌 수 있다. 제1-15장이 하나이다. 첫 번째 장군은 구조면에서는 [술이]편과 매우 닮아 있다. 다만 [술이]편에서는 '자왈'이 뒤로 나와 있는 데 반해 [자한]편에서는 맨 앞쪽으로 나와 있는 점이 다르다. 제16-23장의 8개 장이 두 번째 장군을 이루고 있다. 두 번째 장군은 모두 호학에 관한 공자의 말이다. 세 번째 장군인 제24-30장의 7개 장은 모두 공자의 교훈으로 이뤄져 있다.

[자한]편에 나오는 직제자로는 자공과 자장, 안연, 자로 등 4명에 불과하다. 이들이 전한 공자의 태도에 관한 단편적인 전문과 격언 등이 대략 3-4대의 문인들에 의해 수집된 것으로 짐작된다. 이 편에는 다른 편에 있는 말과 중복된 것이 매우 많다. 다소 어구에 차이가 있기는 하나 동일한 내용의 이전異傳으로 보인다. 이는 후대의 문인들 사이에 이같은 격언이 널리 전송되었음을 시사하는 것이다. 내용상 [술이]편과 유사한 점이 많고 비체계적이라는 점에서 볼 때 [술이]편의 편집에서 누락된 것을 훗날 따로 모

아 정리해 놓은 것일 공산이 크다.

9-1

子罕言利與命與仁.

공자는 이익과 명(命), 인에 대해서는 드물게 말했다.

공학을 흔히 '인학仁學'이라고 한다. 공자가 '인仁'에 대해 드물게 말했다는 애기는 뜻밖이다. 이를 두고 정이천은 풀이하기를, "인의 도가 크기 때문이다"라고 했다. 대략 정이천의 주석을 좇는 것이 옳을 듯하다. 이 장을 포함해 제4장과 제9장 모두 공자의 용모와 태도를 담은 단문으로 되어 있다.

9-2

達巷黨人曰, "大哉, 孔子. 博學而無所成名." 子聞之, 謂門弟子曰, "吾何執, 執御乎, 執射乎, 吾執御矣."

달항(達巷 : 향당의 이름)의 당인(黨人 : 향당 사람)이 공자를 비꼬았다.
"위대하구나, 공자여. 박학했음에도 이름을 이룬 것이 없구나."
공자가 이 얘기를 듣고 문하의 제자들에게 말했다.
"내가 무슨 직업을 가질까. 말 모는 일을 할까. 아니면 활 쏘는 일을 할까. 나는 말 모는 일이나 할까보다."

공자의 14년간에 걸친 천하유세는 정치적으로 아무런 성과도 거두지 못했다. 이 장은 당시 세간의 평이 호의적인 것이 아니었음을 보여준다. 신분세습에 의해 특권을 누리고 있던 상층부 지배층은 말할 것도 없고 일반 서민들조차 공문을 비난했음에 틀림없다. 당인들의 눈에 공문의 문도들이 군자학을 연마하면서 말마다 군자를 들먹이는 것이 고깝게 보였을 공산이 크다. 공자를 두고 '이름을 이룬 것이 없다'고 비꼰 것이 이를 증명한다. 당인들로서는 군자학을 아무리 깊이 연마할지라도 신분세습의 봉건제하에서 그 한계가 뻔히 보이는데도 이에 아랑곳하지 않고 군자학 연마에 매진하는 공문의 문도들을 이해하기가 어려웠을 것이다. 공자도 이를 모를 리 없었다. 이는 그가 자신을 비난한 당인들의 얘기를 전해듣고 자조 섞인 자문자답을 한 사실을 통해 쉽게 짐작할 수 있다.

9-3

子曰, "痲冕, 禮也. 今也純, 儉, 吾從衆. 拜下, 禮也. 今拜乎上, 泰也. 雖違衆, 吾從下."

공자가 말했다.
"원래는 마면(痲冕 : 緇布로 만든 예관)이 예에 맞다. 그러나 지금은 생사로 만들었어도 매우 검소하니 나는 뭇사람들을 따르겠다. 원래 절하는 것은 아래에서 하는 것이 예에 맞다. 그러나 지금은 절을 하며 위에서 하니 이는 교만한 것이다. 나는 비록 뭇사람들과 어긋날지라도 아래에서 절하겠다."

이 장에 나오는 '마면'은 검은 비단인 치포緇布로 만든 것으로 모두 30승升으로 완성되었다. 매 승마다 80루縷 : 명주가닥로 이뤄진 까닭에 하나의 '마면'을 만들기 위해서는 명주가닥이 무려 2천4백 루나 소요되었다. 이에 공자는 비록 생사로 만든 당시의 관이 전래의 예제와 다른 것이기는 하나 그 검소함을 높이 사 시속을 좇겠다고 말한 것이다. 시속의 변화에 대해 매우 융통성 있는 자세를 엿보게 하는 대목이 아닐 수 없다. 공자의 이러한 태도는 한제국 때에 들어와 높이 평가받았다. 전한제국 초기에 나온 『염철론鹽鐵論』 [우변憂邊]편의 다음과 같은 구절이 이를 잘 보여주고 있다.

> 명자明者 : 총명한 사람는 때의 변화에 따라 책략을 바꾼다. 지자知者 : 지혜로운 사람는 세상의 형편에 따라 법제를 바꾼다. 공자가 말하기를, '과거의 예모禮帽는 삼베로 만들었으나 지금은 생사로 만들고 있다. 매우 검박하니 나는 이를 좇겠다'고 했다. 그래서 성인은 현자를 높이면서도 고례古禮에 어긋나지 않고, 시속을 좇으면서도 시의時宜에 영합치 않는 것이다.

9-4

子絶四. 毋意, 毋必, 毋固, 毋我.

공자에게는 네 가지가 없었다. 사사로운 뜻이 없었고, 꼭 하겠다는 것이 없었고, 고집하는 것이 없었고, 내가 아니면 안 된다는 것이 없었다.

『사기』는 '무毋'를 '무無'로 기록해 놓았다. 주희는 『논어』의 기록이 옳다고 주장했다. 이와 관련해 정이천은 풀이하기를, "여기의 무毋자는 의도적으로 금지하는 말이 아니다. 성인은 이 네 가지 마음이 전혀 없었으니 어찌 의도적으로 금지할 필요가 있겠는가"라고 했다. 문의에 부합한 해석이기는 하나 '무毋'와 '무無'를 굳이 구분할 필요는 없다. 이 장은 내용상 '군자는 천하에 임해 반드시 해야 한다고 주장하는 것도 없고, 결코 해서는 안 된다고 주장하는 것도 없다'고 한 [이인]편 제10장과 상통한다.

9-5

子畏於匡曰, "文王旣沒, 文王在茲乎. 天之將喪斯文也, 後死者不得與於斯文也. 天之未喪斯文也, 匡人其如予何."

공자가 광(匡) 땅에서 두려운 일이 있었을 때 이같이 말했다. "주문왕이 이미 돌아가셨으니 문(文 : 여기서는 道를 지칭)이 여기에 있지 않는가. 하늘이 장차 이 '문'을 없애려 했다면 후사자(後死者 : 주문왕보다 뒤에 죽는 사람으로 곧 공자 자신을 지칭)는 이 '문'에 참여치 못할 것이다. 그러나 하늘이 이 '문'을 없애려 하지 않을진대 광 땅 사람들이 나를 어찌하겠는가."

이 장은 공자가 천하유세 중에 광 땅에서 곤경에 처했을 때 한 말을 수록한 것이다. 『사기』에 따르면 당시 양호陽虎가 광 땅에서 포악한 짓을 한 데다 공자의 모습이 양호와 유사한 까닭에 광 땅 사람들이 공자를 양호로 오인해 포위한 적이 있었다. 공자의 의연한 자세에서 당시 그가 얼마나 확고한 신념을 지니고 있었는지를 쉽게 읽을 수 있다.

9-6

大宰問於子貢曰, "夫子聖者與. 何其多能也." 子貢曰, "固天縱之將聖, 又多能也." 子聞之曰, "大宰知我乎. 吾少也賤, 故多能鄙事. 君子多乎哉. 不多也." 牢曰, "子云, '吾不試, 故藝'."

태재(大宰)가 자공에게 물었다.
"공자는 성인이오. 어찌 그리 다능(多能)한 것이오."
자공이 대답했다.
"본래 하늘이 내신 큰 성인이니 또한 다능한 것이오."
공자가 이 말을 듣고 이같이 말했다.
"태재가 나를 아는구나. 나는 젊었을 때 미천했기 때문에 비천한 일에 능한 게 많다. 군자는 능한 게 많은가. 아마 그리 많지 않을 것이다."
후에 이를 두고 금뢰(琴牢 : 子張)가 이같이 말했다.
"전에 선생님이 이르기를, '내가 세상에 등용되지 못했기에 재주가 많은 것이다'라고 했다."

태재는 벼슬 이름으로, 오나라의 태재 백비白嚭라는 설이 있으나 단언하기가 쉽지 않다. 『춘추좌전』에 따르면 백비가 오나라의 태재가 된 것은 오나라가 초나라 도성인 영郢을 점거하는 노정공 4년기원전 506의 일이다. 『춘추좌전』 [노애공 12년]조에 자공이 태재 백비를 만나는 대목이 나온다. 그렇다면 이 장은 자공이 태재 백비를 만나는 노애공 12년기원전 483 당시의 일화일 공산이 크다.

예로부터 여기의 금뢰琴牢와 관련해 『춘추좌전』 [노소공 20년]조에 나오는 금장琴張과 동일인물인지 여부를 놓고 많은 논란이 있었다. '금뢰'와 관련해 당제국 때의 공영달은 『공자가어』 [72

제자해]편에 나오는 구절을 인용해 "금뢰는 위나라 사람으로 자는 자개子開 또는 자장子張이다"라고 주장하면서 '금뢰'를 '금장'으로 간주했다. 주희도 이를 따랐다.

그러나 노소공 20년 당시 공자의 나이는 겨우 31세에 불과한 데다가 자장은 공자의 후기제자 중 가장 나이가 어렸다. [노소공 20년]조에 나오는 '금장'을 도저히 『논어』에 나오는 자장으로 간주할 수는 없는 일이다. 그렇다면 [노소공 20년]조에 나오는 '금장'은 비록 '자장'이라는 또 다른 자字를 가지고 있기는 했으나 원래의 자는 '자개'로 공자의 유명한 후기제자인 자장과는 완전히 다른 인물일 공산이 크다. 이에 반해 이 장에 나오는 '금뢰'는 문맥상 공자의 후기제자인 자장으로 보는 것이 타당하다. 현재로서는 후대에 나온 『공자가어』의 기록을 그대로 좇을 수 없는 만큼 [노소공 20년]조에 나오는 '금장'과 이 장에 나오는 '금뢰'를 별개의 인물로 보는 것이 가장 무난할 듯하다.

이 장은 내용상 시간적으로 다른 두 개의 전언이 하나로 통합돼 수록된 것으로 짐작된다. 공자가 다능했던 것은 젊었을 때 조실부모하고 어려운 가계를 꾸려나가기 위해 6예를 열심히 습득한 데 따른 것이었다. 이는 자장의 말에 인용된 공자의 자술을 통해 쉽게 확인할 수 있다.

9-7

子曰, "吾有知乎哉. 無知也. 有鄙夫問於我, 空空如也, 我叩其兩端而竭焉."

공자가 말했다.
"내가 아는 것이 있는가. 사실 나는 아는 게 없다. 그러나 비부(鄙夫 : 비천한 사람)가 나에게 무엇을 물을 때 나는 허심(虛心)한 태도로 그 양단(兩端)을 자세히 살핀 뒤 정성을 다해 말해준다."

여기의 '공공空空'은 '허심虛心'을 뜻한다. '고叩'는 '발동發動'으로 자세히 살핀다는 뜻이다. '양단'은 어떤 사안의 시종始終과 본말本末, 상하上下, 정조精粗 등을 의미한다. 이 장 또한 공자의 겸양하는 모습을 잘 보여주고 있다.

9-8

子曰, "鳳鳥不至, 河不出圖, 吾已矣夫."

공자가 말했다.
"봉조(鳳鳥)가 오지 않고, 황하에서 하도(河圖)가 나오지 않고 있으니 내가 이제 그만둘까 보다."

'봉조'는 봉황새로, 순舜 때 출현해 춤을 추고 주문왕 때에도 기산岐山에 나타나 울었다고 한다. '하도'는 복희伏羲 때 나온 용마도龍馬圖를 말한다. '봉조'와 '하도' 모두 성인의 출현을 예고하는 상서祥瑞이다. 이 장은 후세인의 의도적인 삽입으로 짐작된다. 봉조와 하도 모두 점술과 관련이 깊다. 공자가 다른 곳에서 이를 언급한 예가 전혀 없다. 20세기 초 고사변파古史辨派의 거두 고힐강顧頡剛은 『논어』 중 공자가 초자연적인 것을 언급한 것은 이 대목이 유일하다고 지적하면서 후세인의 위문일 가능성을 제기한 바 있다.

9-9

子見齊衰者, 冕衣裳者, 與瞽者, 見之雖少必作, 過之必趨.

공자는 자최(齊衰)의 상복을 입은 자와 면(冕 : 冠) 및 의상(衣裳)을 차린 자와 장님을 만나면 상대가 비록 나이가 적더라도 반드시 일어났고, 그들 곁을 지날 때는 반드시 종종걸음을 했다.

여기의 '자최齊衰'는 3년상의 상복인 참최斬衰과 자최齊衰를 모두 포함하는 말이다. '의상衣裳'은 상의上衣와 하복下服을 통칭한 말로 고관을 지칭한다. 이 장은 공자가 상을 당한 사람을 애도하고, 관작官爵이 있는 자를 높이고, 불성인不成人 : 불구자을 가엾게 여긴 것을 기록해 놓은 것이다.

9-10

顔淵喟然歎曰, "仰之彌高, 鑽之彌堅, 瞻之在前, 忽焉在後. 夫子循循然善誘人, 博我以文, 約我以禮. 欲罷不能, 旣竭吾才, 如有所立卓爾, 雖欲從之, 末由也已."

안연이 위연(喟然 : 한숨을 내쉼)히 탄식했다.
"우러러 볼수록 더욱 높고, 뚫으려 할수록 더욱 견고하고, 바라보면 앞에 있다가도 홀연히 뒤에 있구나. 부자는 차근차근히 사람을 잘 이끌었으니 문(文)으로써 나를 넓혀주었고, 예로써 나를 다듬어 주셨다. 그만두고자 해도 그만둘 수 없어 이미 나의 재주를 다해 열심히 좇았으나, 부자가 세운 바가 너무 우뚝하여 아무리 그 뒤를 좇으려 해도 좇을 방도가 없구나."

여기의 '문文'은 학문을 포함한 교양으로 풀이하는 것이 타당할 것이다. 이 장은 공자를 칭송한 안연의 자술로 되어 있다. 안연의 자술로 이뤄진 이 장이 문득 공자의 자술로 된 장군章群 사이에 삽입된 이유는 정확히 알 길이 없다. 대략 공자의 용자容姿에 관한 공자의 자술 중 교훈이 될 만한 것을 모아 정리하는 와중에 공자의 모습을 교훈으로 삼아 전한 안연의 자술을 보고 중간에 끼워넣었을 공산이 크다.

9-11

子疾病, 子路使門人爲臣. 病間, 曰, "久矣哉, 由之行詐也. 無臣而爲有臣. 吾誰欺, 欺天乎. 且予與其死於臣之手也, 無寧死於二三子之手乎. 且予縱不得大葬, 予死於道路乎."

공자의 병이 위중해지자 자로가 문인(門人)으로 하여금 공자에게가 가신의 역할을 수행케 했다. 병이 좀 덜해지자 공자가 이같이 말했다.
"오래 되었구나 유가 거짓을 행한 것이. 가신이 없어야 하는데도 가신을 두게 되었구나. 내가 누구를 속일 것인가, 하늘을 속일 수 있겠는가. 내가 가신의 손에 죽기보다는 차라리 제자들 손에서 죽는 것이 낫지 않겠는가. 비록 내가 성대한 장례식은 바랄 수 없다 할지라도 어찌 도로에서 죽기야 하겠는가."

공자는 천하유세 여정을 마치고 노나라로 돌아와 고전을 정비하고 제자들을 가르치는 데 혼신의 노력을 기울이다가 병이 나 자리에 눕게 되었다. 그가 몇 차례 와병했는지는 자세히 알 길이 없다. 당시 자로는 혹여 공자가 세상을 떠날 것에 대비해 자신의 제자를 공자의 가신으로 삼아 만일의 사태에 대비했다. 공자는 자신이 이미 벼슬에서 떠나 가신을 둘 처지가 아니었던 까닭에 문인을 가신으로 보낸 자로의 행위를 질책했던 것이다.

9-12

子貢曰, "有美玉於斯, 韞匵而藏諸, 求善賈而沽諸." 子曰, "沽之哉, 沽之哉. 我待賈者也."

자공이 물었다.
"여기에 아름다운 옥이 있다면 이를 궤 속에 넣어 감춰두겠습니까, 아니면 좋은 상인이 나타나기를 기다렸다가 팔겠습니까."
공자가 대답했다.
"팔아야지, 팔아야지. 나는 상인을 기다리는 사람이다."

'온독韞匵'의 '온韞'과 관련해 정현과 황간은 '과裹 : 물건을 쌈'로 보았으나 마융과 주희는 '장藏 : 간직함'으로 풀이했다. 뒤에 또다시 '장저藏諸'라는 말이 나오므로 정현과 황간의 해석이 보다 타당하다. 다산은 '온'을 가죽으로 물건을 감싸는 것으로 풀이했다.

'선고善賈'의 '고賈'를 놓고 '가價 : 가격'와 '고估 : 상인'의 대립이 있었다. 육덕명陸德明은 『논어석문』에서 이를 '가'로 보아 '선고'를 '좋은 가격'으로 풀이했다. 그러나 옛날에는 보옥과 같이 귀중한 물건은 아무나 파는 것이 아니라 이를 전문적으로 판매하는 상인이 따로 있었다. 따라서 '선고'는 '좋은 상인'으로 풀이하는 것이 옳다. 오규 소라이荻生徂徠는 『논어징論語徵』에서 이를 '선가善價'가 아닌 '선고善估'로 풀이했다. 오규 소라이의 견해가 문맥상 옳다.

9-13

子欲居九夷. 或曰, "陋, 如之何." 子曰, "君子居之, 何陋之有."

공자가 구이(九夷 : 여러 동이족) 땅에서 살려고 하자 어떤 사람이 물었다.
"그곳은 누추한 곳인데 어찌 살려는 것입니까."
공자가 대답했다.
"그곳은 군자들이 거주하는 곳인데 무슨 누추함이 있겠는가."

'구이九夷'는 동이족은 모두 9종족이 있다고 생각한 데서 나온 말이다. 이 장은 내용상 도가 행해지지 않아 뗏목을 타고 바다로 나갈 뜻을 밝힌 [공야장]편과 상통한다. 공자가 스스로를 지칭한 구절은 없으나 사실상 그가 말한 '군자' 속에 자신을 포함시켰다고 보아야 한다.

9-14

子曰, "吾自衛反魯, 然後樂正, 雅頌各得其所."

공자가 말했다.
"내가 위나라에서 노나라로 돌아온 연후에 음악이 바로 되어 아송(雅頌)이 각기 제 자리를 찾게 되었다."

여기의 '아송'은 『시경』의 편명으로 아가雅歌와 송가頌歌를 지칭한다. 공자가 천하유세를 마치고 위나라에서 노나라로 돌아온 것은 노애공 11년B.C. 484이다. 이때 노나라에는 아직 주나라의 예제가 남아 있기는 했으나 적잖이 훼손돼 있었다. 이 장은 당시 공자가 '아송'을 다시 정비했을 때의 얘기를 수록한 것이다.

9-15

子曰, "出則事公卿, 入則事父兄, 喪事不敢不勉, 不爲酒困, 何有於我哉."

공자가 말했다.
"밖으로 나가서는 공경(公卿)을 섬기고, 안으로 들어와서는 부형을 섬기고, 상사(喪事)에는 감히 힘쓰지 않음이 없고, 술로 인해 곤경에 처하지 않는 것 중 어느 것이 나에게 있겠는가."

유사한 문장구조가 [술이]편 제2장에 나온 바 있다. 주희는 공자가 이 장에서 보여준 겸양이 [술이]편 제2장보다 더욱 간절하다고 평가했다. 문의에 부합하는 평가이다.

9-16

子在川上曰, "逝者如斯夫. 不舍晝夜."

공자가 냇가에서 개연(慨然)히 말했다.
"세월이 흘러가는 것이 꼭 이 냇물과 같구나. 밤낮으로 멈추지 않고 흐르는구나."

공자는 이 장에서 잠시도 쉬지 않는 호학의 태도를 물에 비유하고 있다. 『맹자』 [이루 하]편에는 다음과 같이 맹자가 전하는 유사한 내용의 공자 자술이 나온다.

> 맹자가 말하기를, '원천原泉이 용솟음쳐 흐르면서 주야로 그치지 않으니 웅덩이를 다 채운 이후에 사해에 이른다. 학문에 근원이 있는 자는 이와 같다. 공자는 바로 이 점을 높이 샀다' 라고 했다.

이는 당시 이 구절이 널리 회자하고 있었음을 시사한다. 이 장에 나오는 '서자逝者'를 두고 예로부터 해석이 분분했다. 포함은 단순히 '가는 것'으로 풀이했고, 형병은 '냇물이 흐르는 것'으로 해석했다. 주희는 다음과 같이 우주론적으로 풀이했다.

> 천지의 조화는 갈 것이 지나가면 올 것이 뒤를 이어 한순간의 멈춤도 없다. 이것이 도체道體의 본연이다. 이를 쉽게 볼 수 있는 것으로는 흐르는 시냇물만한 것이 없다. 이에 공자가 시냇물을 예로 들어 도체의 본연을 사람에게 드러낸 것이다.

주희의 이러한 해석은 지나치게 도학적이라는 지적을 면키 어렵다. 그렇다면 '서자'의 정체는 무엇일까. 다산은 만일 주희와 같이 '천도天道'로 해석할 경우 천도는 순환하는 데 그 특징이 있으므로 한번 흘러가면 다시 돌아오지 않는 냇물을 예로 들어 이를 비유하는 것은 적절치 않다고 지적했다. 그는 이를 만일 '광음光陰 : 세월'으로 해석할 경우 뒤에 '주야晝夜'라는 말과 중복되는 감이 있어 무의미하다고 지적하면서 '인생'으로 풀이할 것을 제안했다.

사실 '광음'을 '주야'와 같은 것으로 보게 되면 전후 문맥이 매끄럽지 못하다. 이 장에 나오는 '주야'는 명사가 아니라 부사로 사용된 것이다. 그러나 다산과 같이 오직 '인생'으로 한정해 해석하는 것은 너무 협소한 느낌을 주고 있다. '인생'은 '세월'의 일부분이기 때문이다. 공자가 냇가에서 이 말을 했을 때는 대략 강개慷慨한 심경을 지녔던 것으로 짐작된다. 전후 문맥으로 보아 대략 '세월이 흘러가는 것'으로 해석하는 것이 가장 자연스럽다.

9-17

子曰, "吾未見好德如好色者也."

공자가 말했다.
"나는 아직 마치 색을 좋아하듯 덕을 좋아하는 자를 보지 못했다."

주희는 『사기』의 기록을 예로 들어 이 얘기는 공자의 천하유세 당시 위영공이 부인과 함께 수레를 타고 나가면서 공자로 하여금 다음 수레를 타고 오도록 했을 때의 얘기라고 주장했다. 그러나 그의 이런 주장은 무슨 근거가 있는 것이 아니다. 대략 주희는 공자가 위영공의 부인 남자南子로 인해 곤욕을 치른 것을 변명하기 위해 이같이 무리한 주장을 한 것으로 짐작된다. 굳이 공자가 어느 특정 시기에 한 발언으로 볼 필요는 없다.

9-18

子曰, "譬如爲山, 未成一簣, 止, 吾止也. 譬如平地, 雖覆一簣, 進, 吾往也."

공자가 말했다.
"학문을 하는 것은 산을 쌓는 것에 비유할 수 있다. 마지막 남은 한 삼태기를 더하지 못하고 그만두는 것도 내가 그만두는 것이다. 이를 땅을 고르는 것에 비유할 수 있다. 비록 흙 한 삼태기를 날라다 붓기 위해 나아가는 것 또한 내가 나아가는 것이다."

여기의 '궤簣'는 흙 삼태기를 말한다. 이 장은 내용상 『서경』에 나오는 '위산구인爲山九仞, 공휴일궤功虧一簣' 구절과 상통한다. 공자는 이 장에서 중도 포기의 위험을 지적하며 각고면려刻苦勉勵를 당부하고 있다.

9-19

子曰, "語之而不惰者, 其回也與."

공자가 말했다.
"도를 말해주면 게을리하지 않고 실행하는 자는 저 안회일 것이다."

제19-22장의 4개 장은 모두 공자가 안연의 죽음을 애통히 여기며 그 호학을 칭송한 내용으로 되어 있다. 안회는 공문의 직제자들 중 가장 성실히 군자학을 연마한 제자였다. 『논어』에는 이 장과 유사한 내용이 제법 많이 나온다.

9-20

子謂顔淵曰, "惜乎. 吾見其進也, 未見其止也."

공자가 안연을 이같이 평했다.
"애석하구나, 그의 죽음이. 나는 그가 나아가는 것을 보았을 뿐 그가 중지하는 것을 본 적이 없다."

안연은 생전에 공자의 말을 들으면 힘써 행하여 조차造次 : 경황 없는 시간와 전패顚沛 : 위급한 상황일지라도 앞으로 전진하며 결코 멈추지 않았다는 칭송을 받았다.

9-21

子曰, "苗而不秀者有矣夫, 秀而不實者有矣夫."

공자가 말했다.
"싹이 나고도 자라지 않는 것도 있고, 자라고도 열매 맺지 못한 것도 있다."

'묘苗'는 곡식의 싹이 나는 것을 뜻하고, '수秀'는 꽃이 피는 것을 말한다. 이 장과 다음 장에는 안연의 이름이 나타나지 않고 있으나 내용상 안연의 요절을 안타까워하는 공자의 감개感慨를 담은 것이다. 공자는 안연의 요절을 '묘이불수苗而不秀'로 비유한 것이다.

9-22

子曰, "後生可畏, 焉知來者之不如今也. 四十 · 五十而無聞焉, 斯亦不足畏也已."

공자가 말했다.
"후생(後生 : 후배)은 가히 두려워할 만하니, 앞으로 활약할 자들이 지금 활약하는 자들보다 못할 줄을 어찌 알았겠는가. 40-50세가 되도록 그 명성이 알려지지 않으면 그 또한 두려워할 게 못 된다."

'후생가외後生可畏' 성어의 전거가 바로 이 장에 있다. 증자는 "나이가 50세가 되어도 선한 사람으로 알려지지 못하면 영영 알려지지 못한다"고 지적한 바 있다. 공자가 말한 취의에 부합하는 해석이라고 하겠다.

9-23

子曰, "法語之言, 能無從乎. 改之爲貴. 巽與之言, 能無說乎. 繹之爲貴. 說而不繹, 從而不改, 吾末如之何也已矣."

공자가 말했다.
"바르게 해주는 말을 능히 따르지 않을 수 있겠는가. 그러나 그보다 잘못을 고치는 것이 귀하다. 공손하게 일러주는 말에 능히 기뻐하지 않을 수 있겠는가. 그러나 그보다 깊이 연구하는 것이 귀하다. 기뻐하기만 한 채 깊이 연구하지 않고, 따르기만 한 채 잘못을 고치지 않는다면 나는 그를 어떻게 할 도리가 없다."

주희는 '법언法言'을 바르게 해주는 말, '손언巽言'을 완곡하게 인도하는 말로 해석했다. 이에 대해 마융은 '손巽'을 '공恭'으로 풀이했다. 청대의 유보남도 이를 좇았다. 이 견해가 타당하다. '역繹'과 관련해 주희는 '심서尋緖'로 보았으나 유보남은 '심역尋繹'으로 보았다. 문맥상 실마리를 찾아낸다는 뜻의 '심서'보다는 깊이 연구한다는 뜻의 '심역'이 보다 자연스럽다.

9-24

子曰, "主忠信, 毋友不如己者, 過則勿憚改."

공자가 말했다.
"충신(忠信 : 충성과 믿음)을 주로 하고, 자신보다 못한 자와 벗하지 않고, 허물이 있으면 고치기를 꺼려하지 말아야 한다."

이 장은 글자에 약간의 출입이 있기는 하나 [학이]편 제8장과 거의 같은 내용으로 『고론古論』에는 나오지 않는 것이다. 유보남은 서로 다른 문인에 의한 동일한 내용의 이전異傳으로 보았다.

9-25

子曰, "三軍可奪帥也, 匹夫不可奪志也."

공자가 말했다.
"3군에게서 그 장수를 빼앗을 수는 있으나, 필부에게서 그 뜻은 빼앗을 수 없다."

이 장에 나오는 '필부'는 내용상 '사인士人'에 가깝다. 짧막한 문장을 통해 '사인'의 높은 기개를 극명하게 드러낸 대목이 아닐 수 없다.

9-26

子曰, "衣敝縕袍, 與衣狐貉者, 立而不恥者, 其由也與. 不忮不求, 何用不臧." 子路終身誦之. 子曰, "是道也, 何足以臧."

공자가 말했다.
"해진 솜옷을 입고 여우나 담비가죽으로 만든 갖옷을 입은 자와 함께 서 있으면서도 부끄러워 하지 않는 자는 아마 유(由)일 것이다. '남을 해치지 않고 남의 것을 탐하지 않으니, 어찌 선하지 아니한가' 라고 했다."
자로가 종신토록 이를 외우려고 하자 공자가 이같이 훈계했다.
"그런 도만으로 어찌 족히 선하다고 할 수 있겠는가."

여기의 '호학狐貉'은 여우나 담비가죽으로 만든 옷을 지칭하는 말로 귀부貴富한 자들을 상징한다. 공자가 언급한 '불기불구不忮不求, 하용부장何用不臧' 구절은 『시경』 [위풍 · 웅치雄雉]편에 나오는 시구이다. 공자는 이 시구를 이용해 자로를 칭송한 것이다. 그러나 공자는 곧 자로가 자만심에 빠질까 경계하여 '불기불구'를 암송하는 것만으로는 진정한 선을 이룰 수 없다고 일침을 가한 것이다. 공자의 자로에 대한 세심한 배려가 약여하게 드러나 있다.

9-27

子曰, "歲寒然後知松柏之後彫(=凋)也."

> 공자가 말했다.
> "시절이 추워진 연후에야 송백(松柏)이 뒤늦게 시드는 것을 알 수 있다."

이 장에 나오는 공자의 격언은 난세의 충신을 비유할 때 자주 인용되고 있다. '사궁견절의士窮見節義 : 선비는 궁할 때 그 절의를 볼 수 있음'와 '세란식충신世亂識忠臣 : 세상이 어지러울 때 충신을 알 수 있음'도 유사한 의미로 회자하는 성어이다.

9-28

> 子曰, "知者不惑, 仁者不憂, 勇者不懼."
>
> 공자가 말했다.
> "지자는 혹하지 않고, 인자는 근심치 않고, 용자는 두려워 하지 않는다."

주희는 풀이하기를, "지혜의 밝음이 족히 사리를 밝힐 수 있기 때문에 의혹치 않고, 천리가 사욕을 이길 수 있기 때문에 근심치 않고, 기운이 도의에 부합키 때문에 두려워 하지 않는다"고 했다. 나름대로 타당하나 인자에 대한 해석은 지나치게 도학적이다. '어질기 때문에 적이 없어 근심할 게 없다'고 새기는 것이 훨씬 자연스럽다.

9-29

子曰, "可與共學, 未可與適道. 可與適道, 未可與立. 可與立, 未可與權."

공자가 말했다.
"더불어 배울 수는 있어도 더불어 도로 나아갈 수는 없다. 더불어 도로 나아갈 수는 있어도 더불어 설 수는 없다. 더불어 설 수는 있어도 더불어 권도(權道 : 상황에 따른 적의한 대책)를 행할 수는 없다."

이 장의 마지막 구절을 두고 예로부터 여러 해석이 대립해 왔다. 이에 대해 하안은 풀이하기를, "비록 능히 설지라도 반드시 경중의 극치를 저울질 할 수는 없다"고 했다. 주희는 '권權'을 저울추로 물건을 달아 경중을 헤아리는 것으로 간주해 풀이하기를, "능히 경중을 저울질하여 의에 합당하게 하는 것을 말한다"고 했다. 이에 대해 다산은 '권'을 저울질로 중용을 얻는 것으로 간주해 풀이하기를, "중용은 도의 극치이므로 함께 설 수는 있어도 함께 권도를 행할 수는 없다"고 했다.

흔히 상황에 따른 임기응변을 뜻하는 '권도'는 원칙론에 해당하는 소위 '경도經道'와 대립되는 말로 사용되고 있다. 한유韓愈는 『주역』 [계사전]을 해석하면서 '권도'는 '경도'에 대립하며 도에 합치하는 것으로 풀이했다. 이후 그의 이같은 견해가 주류를 형성했다. 이러한 견해를 소위 '반경합도설反經合道說'이라고 한다. '반경합도설'은 '권도'의 의미를 극소화하고자 한데서 나온 것이다.

다산은 한유의 '반경합도설'을 정면으로 반박하고 나섰다. 그는 '권'과 '경'의 관계를 이같이 풀이했다.

> 무릇 '권'이 기약하는 것은 중용에 있다. 성인이 소위 중용을 택한다고 한 것은 바로 저울을 다는 사람이 눈금을 통해 저울추를 맞게 하는 것을 말한다. 후세에 도를 논하는 자들은 중용을 '경'으로 삼고, 반중용反中庸을 '권'으로 삼아 천하의 패란悖亂과 부정이 모두 '권'에 의한 것으로 생각했다.

다산은 고주의 '반경합도설'에 반대해 '권' 자체를 바로 '경'이라고 본 것이다. 그는 '경'을 '유정지권有定之權', '권'을 '무정지경無定之經'으로 파악했던 것이다. 다산의 탁견이 약여하게 드러난 대목이 아닐 수 없다. 사실 다산이 질타한 바와 같이 도학자들은 이러한 이치를 파악치 못하고 양자를 대립 개념으로 이해한 나머지 매사에 '경도'를 쓰되, 부득이한 경우에 한해 '반경합도'의 취지에 부합하는 '권도'를 써야 한다고 제한적으로 해석했다.

그러나 이는 잘못이다. 난세의 상황에서는 오히려 '경도'보다 '권도'를 써야 할 경우가 훨씬 많을 수밖에 없다. 매사에 '경도'만을 고집할 경우 시의에 맞지 않아 국론분열 등의 커다란 혼란을 초래할 소지가 크다. 저울은 물건의 경중에 따라 저울추의 눈금을 옮겨주어야만 균형을 유지할 수 있다. 우임금이 종아리에 털이 다 빠지도록 황하의 물을 다스리기 위해 노력한 것이나 안회가 문을 닫고 가만히 있었던 것은 모두 각자의 처지에서 중용을 얻은 것이다.

전설적 인물인 미생尾生이 물이 불어나는데도 애인과의 약속을 지키기 위해 약속장소인 다리 아래에서 교각을 붙들고 있다가 익사한 것은 중용을 잃은 것이다. 『춘추좌전』에 나오는 송나라의 백희白姬가 무릇 부인은 시종이 없으면 움직이지 않는다는 이유로 고집스럽게 당에 머물고 있다가 불에 타 죽은 것도 같은 맥락이다. 실로 '권도'의 묘용妙用을 모르면 '경도'의 이치도 알 수 없는 것이다. 공자가 이 장에서 설파코자 한 것이 바로 '권도'의 묘용인 것이다.

9-30

"唐棣之華, 偏其反(=翻)而. 豈不爾思, 室是遠而." 子曰, "未之思也, 夫何遠之有."

"당체(唐棣 : 산앵두나무)의 꽃이 펄럭펄럭 나부끼는구나. 어찌 그대를 생각지 않겠는가만 나의 집이 너무 멀구나."
이 옛 시를 두고 공자가 이같이 비판했다.
"아예 생각지 않은 것이다. 생각했다면 어찌 집이 멀다고 말할 수 있겠는가."

이 장에 나오는 '당체唐棣'의 시는 현재의 『시경』에 나오지 않는다. 이 장은 『시경』이 공자에 의해 정리되었다는 주장에 대한 반론으로 인용되고 있으나 이는 지나친 주장이다. 『시경』만큼은 공자가 노나라로 귀국해 고전을 정비할 때 이미 현재의 『시경』과 거의 다름없을 정도로 완비되었다.

제10절 [향당鄕黨]편

[향당]편은 편제상 매우 특이한 모습을 보이고 있다. [향당]편은 공자의 언행과 문답으로 이뤄진 다른 편과 달리 시종 공자의 일상적 모습에 대한 묘사로 점철돼 있다. [술이]편과 [자한]편 중에도 이런 내용이 산견되고 있으나 이는 일부에 불과하다. 이로 인해 예로부터 [향당]편은 전편을 하나의 장으로 취급하는 것이 당연시되어 왔다.

정현의 『경전석문經典釋文』은 [향당]편을 절節도 나누지 않은 채 전체의 문장을 하나로 묶어 총 1장으로 편제해 놓았다. 주희는 『논어집주』에서 이를 기본적으로 따르면서 1개의 장을 모두 17개 절로 세분했다. 이후 대부분의 주석서 역시 [향당]편을 1장으로 보되 이를 여러 개의 절로 세분하는 편제를 취했다.

이 편은 다른 편과 달리 공자를 '자'로 부르지 않고 있다. 제1절의 첫머리에 '공자'를 언급한 데 이어 6개 절에 걸쳐 '군자'를 언급해 놓은 점에 비춰 직제자로부터 전송된 것은 아닌 것으로 짐작된다. 당시 노나라의 향당 및 조정에는 공자의 제자가 없었다. 그러나 공자를 잘 알고 공자에 접근했던 사람들은 있었다. 대략 이 편은 이들의 견문에서 나온 얘기가 공문의 후학에 의해 정리된 것으로 짐작된다. 공자의 용태가 그려져 있는 [학이]편과 [자한]편의 기록이 [향당]편의 내용과 질적으로 다른 사실이 이를 뒷받침하고 있다.

10-1-1

孔子於鄕黨, 恂恂如也, 似不能言者. 其在宗廟朝廷, 便便言, 唯謹爾.

공자는 향당(鄕黨 : 큰 마을 단위)에 있을 때에는 두려워 하여 떠는 듯하여 마치 말을 못하는 사람 같았다. 그러나 종묘와 조정에 있을 때에는 말을 분명히 조리 있게 하면서 오직 신중히 대처했다.

주희 등은 '변변언'의 '변便'을 '변辯'으로 풀이했다. 문의에 부합한다. 제1-5절은 공자가 조정에 출사하면서 공인으로서 취한 자세를 비교적 자세히 언급해 놓고 있다. 이 절을 통해 당시 공자가 향당과 종묘 · 조정에 있을 때 전혀 다른 모습을 보였음을 알 수 있다. 주희는 공자가 향당에 있을 때는 부형과 종족宗族이 있어 말을 잘 하지 못하는 사람과 같은 모습을 보인 것으로 분석했다.

10-1-2

朝與下大夫言, 侃侃如也. 與上大夫言, 誾誾如也. 君在, 踧踖如也, 與與如也.

조정에서 하대부(下大夫)와 얘기할 때에는 간간(侃侃 : 화락함)하게 하고, 상대부(上大夫)와 얘기할 때는 은은(誾誾 : 공정함)하게 했다. 군주가 있을 때에는 축적(踧踖 : 조심하며 공손함)하고 여여(與與 : 근엄함)했다.

『예기』 [왕제王制]편에 따르면 제후의 사대부는 경卿이고, 하대부는 5명으로 되어 있었다. 이 절을 통해 공자는 노나라 조정에서 하대부로 국사에 참여했음을 알 수 있다. 공자가 관인으로 활동하기 시작한 것은 공실의 중도재中都宰가 된 노정공 8년이다. 이후 공자는 노정공 10년에 협곡의 회맹을 계기로 하대부가 되어 조정회의에 참석케 되었다. 이후 노정공 13년에 3환을 제거코자 한 계책이 실패로 돌아가자 이내 사직서를 내고 천하유세의 길에 올랐다.

[향당]편의 기록은 대부분 공자가 관인으로 있던 노정공 8-13년 사이의 기록이다. 의식주와 관련된 공자의 사적인 기록 역시 이 기간에 한정돼 있다. 이로 인해 공자의 청소년기는 물론 출사하기 전까지의 시기에 관한 기록은 전혀 나타나지 않고 있다. 사직한 뒤 천하유세에 나섰을 때의 모습도 나타나지 않고 있다. [향당]편은 공자가 출사했을 당시의 5년간과 만년에 귀국한 뒤 국로國老가 되어 죽을 때까지의 4년 반 사이에 나타난 공자의 모습만 담고 있는 것이다.

10-1-3

君召使擯, 色勃如也, 足躩如也. 揖所與立, 左右手, 衣前後襜如也. 趨進, 翼如也. 賓退, 必復命曰, "賓不顧矣."

군주가 불러 국빈을 접대케 하면 안색을 바꾸고 발걸음을 조심했다. 함께 서 있는 사람에게 읍을 할 때는 손을 좌우로 움직여 옷의 앞자락을 가지런히 했다. 빨리 나아갈 때는 날개를 편 듯했다. 빈객이 물러간 뒤에는 반드시 이같이 복명(復命)했다.
"빈객이 불고(不顧)했습니다."

한대의 포함은 '족곽足躩'을 '반벽盤辟'으로 풀이했다. 발자국을 마음대로 떼지 못하고 군주 주위를 서성이는 것을 뜻한다. 주희도 이를 좇았다. 주희는 '첨襜'을 '정整'으로 풀이했다. 대략 문의에 부합한다. 마지막 구절인 '불고不顧'는 뒤를 돌아보지 않았다는 뜻으로 빈객이 불평치 않고 흔쾌히 돌아갔음을 의미한다. 공자의 예빈禮賓이 매우 성공적이었음을 보여준다.

10-1-4

入公門, 鞠躬如也, 如不容. 立不中門, 行不履閾. 過位, 色勃如也, 足躩如也, 其言似不足者. 攝齊升堂, 鞠躬如也, 屛氣似不息者. 出降一等, 逞顔色, 怡怡如也. 沒階, 趨進, 翼如也. 復其位, 踧踖如也.

공문(公門 : 제후의 궁궐 문)을 들어갈 때에는 국궁(鞠躬 : 존경의 뜻으로 몸을 굽힘)하여 마치 문이 작아 들어가기에 넉넉지 못한 듯이 했다. 서 있을 때에는 문 가운데에 서지 않고, 다닐 때에는 문지방을 밟지 않았다. 군주의 자리를 지날 적에는 안색을 바꾸고 발걸음을 조심하여 마치 말을 잘 못하는 듯이 했다. 섭제(攝齊 : 옷자락을 두 손으로 잡고 바닥에서 한 자쯤 떨어지게 함)하여 당에 오를 때에는 국궁하며 병기(屛氣 : 숨을 죽임)하여 마치 숨을 쉬지 않는 듯이 했다. 밖으로 나와 섬돌을 한 층계 내려설 때 비로소 안색을 펴 온화하게 하고, 층계를 다 내려와서는 추진(趨進)하여 날개를 편 듯이 했고, 이내 자리에 돌아와서는 조심하며 공손한 모습을 취했다.

주희는 뒷부분에 나오는 '추진趨進' 구절과 관련해 원래 '추趨' 자 아래에 '진進' 자가 없었으나 속본俗本에 끼어들게 되었다고 주장했다. 그러나 일부 고본古本에 '진' 자가 있고, 『사기』 [공자세가]의 기록에도 '진' 자가 나타나고 있다. '추진'은 빠른 걸음으로 나아간다는 뜻이다. 원래부터 '진' 자가 있었다고 보는 것이 옳다.

10-1-5

執圭, 鞠躬如也, 如不勝. 上如揖, 下如授. 勃如戰色, 足蹜蹜如有循. 享禮, 有容色. 私覿, 愉愉如也.

규(圭 : 천자가 제후에게 하사하는 윗부분이 뾰쪽하고 아랫부분이 장방형인 端玉)를 잡을 때에는 국궁하여 마치 그 무게를 못 이기는 듯이 했다. '규'를 잡는 위치 위는 서로 읍할 때의 위치와 같게 하고, 그 위치 아래는 물건을 내릴 때의 위치와 같게 했다. 안색을 바꿀 때는 무서움에 떠는 듯이 하고, 발걸음을 옮길 때는 폭을 좁고 낮게 하여 땅을 끄는 듯이 했다. 향례(享禮 : 예물을 바치는 예식)의 자리에서는 너그러운 표정을 지었다. 사적으로 사람을 만날 때에는 온화한 표정으로 대했다.

'규圭'는 천자가 제후에게 하사하는 윗부분이 뾰쪽하고 아랫

부분이 장방형인 서옥端玉을 말한다. 이는 대부가 이웃나라에 빙문할 때 신표信標로 소지하는 것이기도 하다. '여유순如有循'은 앞발을 들고 발꿈치로 마치 땅을 끌듯이 걷는 모습을 의미한다. '사적私覿'은 사적으로 사람을 만나는 것을 뜻한다.

10-1-6

君子不以紺緅飾, 紅紫不以爲褻服. 當暑, 袗絺綌, 必表而出之. 緇衣羔裘, 素衣麑裘, 黃衣狐裘. 褻裘長, 短右袂. 必有寢衣, 長一身有半. 狐貉之厚以居. 去喪無所不佩. 非帷裳, 必殺之. 羔裘玄冠不以弔. 吉月, 必朝服而朝.

군자(君子 : 공자를 지칭)는 감색(紺色 : 재계할 때 입는 옷의 짙푸른 색)과 추색(緅色 : 상복의 장식에 쓰이는 검붉은 색)으로 가선을 두르지 않고, 홍색(紅色)과 자색(紫色)으로 설복(褻服 : 평상복)을 만들지 않았다. 더위를 당해서는 치격(絺綌 : 가늘고 굵은 갈포)으로 만든 홑옷을 반드시 걸친 후에 밖으로 나갔다. 겨울에는 치의(緇衣 : 검은 옷)에는 고구(羔裘 : 염소 갖옷), 소의(素衣 : 흰 옷)에는 예구(麑裘 : 고라니 갖옷), 황의(黃衣)에는 호구(狐裘 : 여우 갖옷)를 걸쳐 입었다. 평상시의 갖옷은 길게 하되 오른쪽 소매는 짧게 했다. 잠자리에 들 때는 반드시 침의(寢衣 : 잠옷)를 입었으니 길이가 한 길 반이었다. 통상 여우와 담비의 두터운 갖옷을 입고 거처했다. 거상(去喪 : 탈상)한 뒤에는 예제에 따른 패물을 차지 않은 게 없었다. 유상(帷裳 : 치마를 장막처럼 꿰매 허리에 주름을 넣은 예복)이 아니면 반드시 치마의 위 폭에 주름을 잡지 않고 줄여서 꿰맸다. '고구'를 입거나 현관(玄冠 : 검은 관)을 쓰고는 조문하지 않았다. 길월(吉月 : 여기서는 매달 초하루)에는 반드시 조복(朝服)을 입고 조회했다.

'필쇄必殺'의 '쇄'를 두고 삼국시대의 왕필은 『논어석의』에서 '쇄봉殺縫'으로 풀이했다. 주름을 잡지 않고 줄여서 꿰매는 것을 뜻한다. 주희도 이를 좇았다. 이 절은 공자의 군자로서의 일상생활에 관한 모습을 담고 있다. 이 절의 앞머리에 나오는 군자는 바로 공자를 지칭하는 3인칭에 해당한다. 『논어』에는 군자를 논한 장이 많지만 그 중 [술이]편 제30장과 같이 공자를 포함한 군자를 지칭한 것이 약간 있다. [자한]편 제13장의 군자는 형태상 3인칭이지만 사실은 공자 자신을 가르치는 1인칭이다. [양화]편 제7장의 군자도 형태상 3인칭이나 사실은 공자 자신을 지칭하는 일인칭에 해당한다. 공문에서 가르친 군자학은 학덕을 겸비한 위정자를 배출하는 데 그 궁극적인 목적이 있었다. 신분세습에 의한 현실적인 장벽에 막혀 위정자의 길로 나아가지 못한 것은 어디까지나 부차적인 문제에 지나지 않았다. 당시 공자는 신분세습에 기초한 봉건질서가 조만간 무너지고 능력에 따른 군자통치의 시대가 올 것을 의심치 않았다. 공문의 문도들은 현실적인 출사와 상관없이 가장 바람직한 군자상을 확립한 일종의 '정신적인 위정자'였던 셈이다.

10-1-7

齊必有明衣, 布. 齊必變食, 居必遷坐.

재계(齋戒)할 때에는 반드시 명의(明衣 : 목욕한 뒤에 입는 옷)가 있었으니, 이는 베로 만들었다. 재계할 때에는 반드시 자극적인 음식을 피하기 위해 식단을 바꾸고, 거처하는 자리 또한 반드시 정결한 곳으로 옮겼다.

주희는 여기의 '변식變食'을 두고 '술을 마시지 않고 귀신들이 피하는 마늘을 먹지 않은 것을 뜻한다'고 풀이했다. '재계'는 신령에게 제사를 올리기 위한 것인 까닭에 공자는 몸을 깨끗이 하고 공경을 다했다는 것으로 풀이하면 될 것이다.

10-1-8

食不厭精, 膾不厭細. 食饐而餲, 魚餒而肉敗, 不食. 色惡不食, 臭惡不食. 失飪不食, 不時不食. 割不正, 不食. 不得其醬, 不食. 肉雖多, 不使勝食氣. 唯酒無量, 不及亂. 沽酒市脯不食. 不撤薑食, 不多食. 祭於公, 不宿肉. 祭肉不出三日, 出三日, 不食之矣. 食不語, 寢不言. 雖蔬食菜羹, 瓜(=必)祭, 必齊如也.

밥은 정(精)한 것을 꺼려 하지 않고, 회는 가늘게 썬 것을 꺼려 하지 않았다. 밥이 의애(饐餲 : 상하거나 쉬어서 냄새가 남)하거나, 생선이 상하고 고기가 부패했으면 먹지 않았다. 빛깔이 나쁜 것은 먹지 않았다. 냄새가 나쁜 것은 먹지 않았다. 잘못 익힌 것은 먹지 않았다. 때가 아닌 것은 먹지 않았다. 자른 것이 바르지 않으면 먹지 않았다. 음식에 맞는 장을 얻지 못하면 먹지 않았다. 고기가 비록 많을지라도 밥기운을 이기게 하지 않았다. 오직 술만큼은 그 양을 정해두지 않았으나 어지러운 지경에 이르지는 않았다. 시장에서 사온 술과 포는 먹지 않았다. 생강 먹는 것을 멈추지 않고, 많이 먹지 않았다. 나라에서 제사 지내고 받은 고기는 그날밤을 넘기지 않았다. 집에서 제사 지낸 고기는 3일을 넘기지 않았으니, 이는 3일을 넘긴 고기는 먹을 수 없었기 때문이다. 음식을 먹을 때는 말을 하지 않았고, 잠자리에 누웠을 때도 말을 하지 않았다. 비록 거친 밥과 나물국일지라도 반드시 제를 올리며 꼭 마음을 가다듬었다.

이 절은 공자의 음식에 관한 예절을 기록해 놓은 것이다. 이 절의 마지막에 나오는 '필瓜'자를 '과'가 아닌 '필'로 읽는 것은 『노론魯論』에서 비롯된 것이다. 뜻은 '필必'과 통했다.

10-1-9

席不正, 不坐.

자리가 바르지 않으면 앉지 않았다.

이 절을 통해 공자가 출사한 뒤 작은 것에 이르기까지 매우 세심한 배려를 했음을 알 수 있다. 그의 이러한 엄정한 자세는 비단 출사한 이후에 나타난 것이 아니라 평소의 모습이 자연스럽게 연결된 것으로 보는 것이 타당할 것이다.

10-1-10

鄕人飮酒, 杖者出, 斯出矣. 鄕人儺, 朝服而立於阼階.

마을 사람들과 함께 음주할 때 지팡이를 짚은 노인이 나가면 그 뒤를 따라 나갔다. 군주의 명으로 마을 사람들이 공자를 위해 나례(儺禮)를 행할 때는 조복을 입고 조(阼 : 주인이 당으로 오르는 동쪽 섬돌)에 서서 군명을 높이고 주인의 도리를 다했다.

여기의 '나례儺禮'는 역귀疫鬼 : 병마를 내쫓는 굿을 뜻한다. 주희는 풀이하기를, "굿은 비록 고례古禮이나 장난에 가까운데도 반드시 조복을 입고 임한 것은 그 정성과 공경을 쓰지 않은 것이 없는 것이다"라고 했다. 당시 민간에서는 선조에 대한 제사 이외에도 문門 : 대문과 정庭 : 마당, 호戶 : 지게문, 조竈 : 부뚜막, 중류中霤 : 처마 등의 신에게도 제사를 올렸다. 제6-10절 모두 공자의 일상생활 모습을 담고 있다.

10-1-11

問人於他邦, 再拜而送之. 康子饋藥, 拜而受之曰, "丘未達, 不敢嘗."

다른 나라에 사자를 보내 상대방에 대한 안부를 물을 적에는 상대방에 대한 공경을 표시하기 위해 사자에게 두 번 절한 뒤 보냈다. 다른 사람이 약을 보내면 맛을 본 뒤 절하는 것이 예이기는 했으나 계강자(季康子 : 季孫肥)가 약을 보냈을 때 공자는 절하고 받으면서 이같이 말했다.
"나는 이 약에 대해 잘 알지 못하기 때문에 감히 미리 맛을 보지는 못했습니다."

이 절에서는 계강자로부터 약을 받았을 때 공자가 취한 행동이 그려져 있다. 제11-17절은 앞의 절들과 달리 공인 내지 사인으로서의 공자의 모습이 그려져 있기는 하나 특정 사건에 대한 공자의 태도가 덧붙여 기술돼 있다는 데 그 특징이 있다.

10-1-12

廏焚. 子退朝曰, "傷人乎." 不問馬.

공자의 집에 있는 마구간에서 불이 났다. 공자가 퇴조(退朝 : 조정에서 물러나옴) 하면서 이같이 물었다.
"사람이 상했는가."
그리고는 말에 대해서는 묻지 않았다.

이 절에서는 특이하게도 마구간이 불에 탔을 때 공자가 취한 태도가 기술되어 있다. 이 절을 통해 공자가 인명을 얼마나 중시했는지를 쉽게 짐작할 수 있다.

10-1-13

君賜食, 必正席先嘗之. 君賜腥, 必熟而薦之. 君賜生, 必畜之. 侍食於君, 君祭, 先飯. 疾, 君視之, 東首, 加朝服拖紳. 君命召, 不俟駕行矣. 入太廟, 每事問.

군주가 음식을 내리면 반드시 자리를 바로 한 뒤 먼저 맛을 보았다. 군주가 날고기를 내리면 반드시 익힌 뒤에 조상에게 올렸다. 군주가 살아 있는 것을 내리면 반드시 이를 길렀다. 군주를 모시고 식사할 때 군주가 제를 올리면 먼저 음식을 맛보아 군주에게 음식에 대해 두루 설명할 수 있도록 했다. 병이 났을 때 군주가 문병을 오면 군주가 남면(南面)할 수 있도록 머리를 동쪽으로 향한 뒤 조복을 몸에 걸치고 신(紳 : 조복에 걸치는 예복용 큰 띠)을 두른 채 기다렸다. 군주가 명을 내려 부르면 말에 멍에를 할 때를 기다리지 않고 곧바로 서둘러 갔다. 태묘에 들어가 일을 할 때는 매사를 물었다.

이 절에서는 군주와 접촉했을 때의 태도가 그려져 있다. 이 절의 맨 끝에 나오는 '군소명君命召'과 '불사가행의不俟駕行矣' 구절은 『맹자』 [공손추 하]편에 인용된 『예기』 [곡례 상]편의 '군명소불사가君命召不俟駕' 구절과 내용상 같다. 유사한 구절이 『맹자』 [만장 하]편에도 나온다. 당시 공자가 군명을 얼마나 열심히 봉행했는지를 잘 보여주고 있다. 마지막 구절은 [팔일]편 제15장에도 나온다. 주희는 이 대목이 [팔일]편에도 나온 점에 주목해 별도의 절로 나누지 않고 제13절의 마지막 구절로 간주했다. 주희가 [향당]편을 17절로 나눈 이유가 여기에 있다.

10-1-14

朋友死, 無所歸, 曰, "於我殯." 朋友之饋, 雖車馬, 非祭肉, 不拜.

붕우가 죽어 돌아갈 곳이 없으면 이같이 말했다.
"우리 집에 빈소를 차리라."
붕우 사이에 주고받는 선물의 경우는 비록 거마와 같이 귀중한 것일지라도 제사 지낸 고기가 아닌 한 절하지 않았다.

이 절은 공자가 붕우와 교제할 때의 모습을 담고 있다. 주희는 풀이하기를, "붕우 간에서 서로 재물을 유통하는 의리가 있다. 비록 수레와 말과 같은 중요한 물건일지라도 절하지 않고, 제사 지낸 고기를 주면 절하고 받는 것은 그 조고祖考 : 작고한 조부와 부친를 공경히 하여 자기 어버이와 같이 하기 위한 것이다"라고 했다.

10-1-15

寢不尸, 居不容. 見齊衰者, 雖狎必變. 見冕者與瞽者, 雖褻必以貌. 凶服者式之, 式負版者. 有盛饌, 必變色而作. 迅雷風烈, 必變.

잠잘 때에는 시체처럼 하지 않고, 집에 거처할 때에는 모양을 내지 않았다. 상복 입은 자를 보면 비록 막역한 사이일지라도 반드시 안색을 바꿨고, 관면(冠冕 : 고위 관원을 상징)을 쓴 자와 장님을 보면 비록 사석일지라도 반드시 예모를 갖췄다. 상복 입은 자에게 경의를 표하고, 판(版 : 지도나 호적으로 공무수행 중인 관원을 지칭)을 짊어진 자에게 경의를 표했다. 진수성찬을 받으면 반드시 안색을 바꾸고 자리에서 일어나 차린 사람의 성의에 답했다. 빠른 우레가 치거나 바람이 사납게 불면 반드시 안색을 바꿨다.

앞 구절의 '시尸'는 잠을 잘 때 마치 시신처럼 몸을 쭉 뻗고 자는 것을 말한다. 이는 태만한 기운을 몸에 베풀지 않으려는 의도에서 나온 것이다. 뒤에 나오는 '식式'은 수레 앞에 가로로 댄 나무인 '식軾'과 같은 뜻으로 공경할 일이 있으면 몸을 굽혀 경의를 표하는 것을 의미한다. 주희는 풀이하기를, "사람은 만물의 영장인 까닭에 왕자王者가 하늘로 여기는 것이다. 『주례』에도 백성의 명부를 왕에게 올리면 왕도 절하고 받는다고 했으니 하물며 그 아랫사람이야 감히 공경하지 않겠는가"라고 했다. 이 절은 일상생활 일반에 대한 공자의 행동을 그린 것으로 비슷한 내용이 [자한]편 제9장에도 나온다.

10-1-16

升車, 必正立執綏. 車中不內顧, 不疾言, 不親指.

수레에 오르면 반드시 바르게 서서 수(綏 : 손잡이 끈)를 잡았다. 수레 안에서 돌아보지 않고, 말을 빨리 하지 않고, 직접 손가락으로 가리키지 않았다.

여기의 '수綏'는 수레에 오를 때 편리하게 사용토록 수레에 매단 손잡이 끈을 말한다. 이 절은 공자가 수레에 올라탔을 때 취한 경건한 태도를 기술하고 있다.

10-1-17

色斯擧矣, 翔而後集, 曰, "山梁雌雉, 時哉, 時哉." 子路共之, 三嗅而作.

새들이 사람의 기색을 보고 곧 날아 올라 빙빙 머리 위를 돈 뒤 다시 산기슭 다리 부근에 모여 앉았다. 그러자 공자가 말했다.
"산기슭 다리에 모여 있는 암꿩이여, 좋은 때로다, 좋은 때로다."
자로는 공자가 꿩을 잡아먹기에 좋은 때라고 말한 줄 알고 이내 그 꿩을 잡아다가 바쳤다. 그러자 공자가 자로의 정성을 생각해 몇 차례 냄새를 맡고는 곧 자리에서 일어났다.

주희는 이 절의 내용이 미완성인 점에 주목해 틀림없이 상하에 궐문闕文이 있을 것으로 보았다. 그러나 공자의 말을 포함하고 있는 데다 자로가 등장하고 있는 점에 비춰 공자가 어느 특정 사건을 접했을 때 한 언행으로 보는 것이 옳다. 나름대로 하나의 문장을 이루고 있는 것이다.

본래 이 구절은 하안의 『집해』 서문에 나오는 황간의 소疏에 따르면 『고론』에는 없는 것이다. 이 절의 맨 앞에 나오는 '색사色斯'는 제나라의 방언으로 알려져 있다. 마융은 '안색이 좋지 않은 것을 보다'로 풀이했다. 『춘추공양전』 [노애공 6년]조에도 '색연이해의色然而駭矣'라는 구절이 나온다. 마지막에 나오는 '삼후三嗅'와 관련해 예로부터 여러 설이 대립해 왔다. 한대의 석경石經에는 '후'자가 '알戛'자로 되어 있다. 이를 토대로 '꿩이 우는 소리'로 해석하는 견해와 '격狊'의 잘못으로 보아 '두 날개를 펴는 모습'으로 해석하는 견해 등이 등장했다. 주희는 판단을 유보했다. 청대의 유보남은 『논어정의』에서 원본 그대로 코를 들이대고 냄새 맡는 것으로 풀이했다. 내용상 '알'과 '격'으로 해석해도 무방하나 문맥상 '후'로 풀이하는 것이 보다 타당하다. '삼후'의 '삼三'은 반드시 세 번을 뜻하는 것이 아니라 '몇 차례'의 의미로 사용된 것이다. 이 절이 맨 뒤에 편제된 것과 관련해 제나라에서 첨가된 데 따른 것으로 보는 견해가 유력하다.

제11절 [선진先進]편

[선진]편은 총 25개 장으로 이뤄져 있다. 주희는 『논어집주』에서 호인의 말을 인용해 민자건에 관한 얘기가 많은 점을 지목하면서 그의 후학들이 기술해 놓았을 가능성을 제기했다. 그러나 이 편의 편집목적과 성격 등을 감안할 때 그의 주장은 설득력이 약하다.

이 편에는 공자 만년의 공문에 출입한 제자들의 이름이 매우 많이 등장하고 있다. 이는 [옹야]편의 전반부와 매우 닮아 있다. [옹야]편의 전반부에 등장한 제자로는 중궁 · 안연 · 공서화 · 염구 · 원헌 · 자로 · 자공 · 민자건 · 염백우 · 자하 · 자유 · 담대멸명 · 번지 · 재아 등 모두 14명이다. [선진]편 제2장에서 언급하고 있는 소위 '공문10철'이 모두 등장하고 있는 것이다.

[선진]편은 제17장에서 '공문10철'에 들어가지 않은 인물로 『논어』에 빈번히 거론되고 있는 고시高柴와 증삼曾參, 자장子張 등 3명에 대한 인물평을 실어놓고 있다. [선진]편에는 이밖에도 남용과 공서화, 증석 등의 이름이 등장하고 있다. [선진]편에 등장하고 있는 공자 제자는 총 16명인 셈이다. [옹야]편 전반부와

[선진]편에 모두 등장하는 제자는 '공문10철'과 공서화 등 모두 11명이다. 서로 일치하지 않는 사람 8명을 포함하면 모두 19명이 된다. 여기에 유약有若을 포함하면 모두 20명이 되는 셈이다. 이들 20명이 공문의 가장 유력한 제자들이었다.

공자의 제자는 [공야장]편에도 대거 등장하고 있다. 모두 13명이다. 공야장 · 복자천 · 염옹중궁 · 칠조계 · 염구 · 공서화 · 재여 · 신정 · 자장 · 안연 · 자로 · 자공 등의 이름이 보인다. [공야장]편에는 자장이 나오나 '10철' 중의 4명이 빠져 있다. [공야장] · [옹야] · [선진]편 등 3편에는 이러한 공자의 유력 제자들이 대거 등장해 공자와 나눈 문답이 많이 실려 있다. 그런 의미에서 이들 3편은 서로 유사한 성격을 띠고 있다.

안회의 호학을 칭송한 제6장은 [옹야]편 제2장과 닮아 있다. 조카사위 남용을 언급한 제5장은 [공야장] 제1장과 내용상 상통한다. [공야장] 제1장이 공자를 '자'로 표현한 것과 달리 제5장은 '공자'로 표현한 점에 비춰 세간에서 채록한 동일 사실의 이전異傳으로 보인다. 공자가 여러 제자들과 동시에 대화를 나눈 제25장과 제5–6장 등 3개 장을 제외한 [선진]편의 나머지 22개 장은 모두 공자 만년의 공문에서 직제자들 사이에 전송된 것으로 짐작된다.

그러나 편집은 대략 노나라의 3–4대 제자들에 의해 이뤄진 것으로 보인다. 증자의 언행이 전해 나오지 않고 있는 점에 비춰 증자 문인의 참여는 없었던 것이 거의 확실하다. 제17장에서 '증삼은 노둔하다'는 공자의 평이 실려 있는 점 등이 이를 뒷받침한다. 완성된 시기는 4–5대 제자시대로 대략 공자 사후 1백 년 가까운 세월이 지난 뒤로 보인다.

11-1

子曰, "先進於禮樂, 野人也. 後進於禮樂, 君子也. 如用之, 則吾從先進."

공자가 말했다.
"선진(先進 : 전기 제자)은 예악을 행하는 것이 야인(野人 : 여기서는 형식적인 교양미는 없으나 실무능력이 뛰어난 전기 제자를 지칭)과 같고, 후진(後進 : 후기 제자)은 예악을 행하는 것이 군자(君子 : 여기서는 형식적인 교양미를 갖춘 군자풍의 후기 제자를 지칭)와 같다. 만일 예악을 쓰기로 한다면 나는 선진을 따르겠다."

여기의 '선진'은 공자가 천하유세를 떠나기 이전에 입문한 전기 제자를 지칭한다. 이에 대해 '후진'은 공자가 천하유세를 마치고 귀국한 뒤 입문한 후기 제자를 지칭한다. '선진' 중 일부는 공자와 함께 주유에 나서 많은 고생을 했다. 나머지는 노나라에 잔류하며 계속 군자학을 연마했다. '후진'은 공자가 만년에 제자교육에 주력함으로써 정비된 시 · 서 · 예 · 악의 정규 교과목을 습득한 젊은 제자들이었다. 이들은 예악의 교양에 대해 체계적인 훈련을 받아 세련된 문화인으로서 군자의 풍모가 있었다. 이에 대해 '선진'은 배운 기간도 길고 고생을 경험한 데다 실무처리 능력도 겸비하고 있으나 '야인'의 성향이 강했다. 당시 공자는 '선진' 쪽이 실력도 있고 우선순서도 있어 '선진'을 먼저 추천코자 했다. 공자의 이런 심정이 바로 '선진을 좇겠다'는 표현으로 나타난 것이다.

11-2

子曰, "從我於陳 · 蔡者, 皆不及門也." 德行, 顔淵 · 閔子騫 · 冉伯牛 · 仲弓. 言語, 宰我 · 子貢. 政事, 冉有 · 季路. 文學, 子游 · 子夏.

공자가 말했다.
"진(陳) · 채(蔡) 사이에서 고생할 당시 나를 따르던 제자들 모두 사진(仕進)의 문에 이르지 못해 마땅히 처할 바를 얻지 못하고 있었으니, 그때는 참으로 큰일이었다."
실천이 독실해 덕행에 능한 제자로는 안연(顔淵) · 민자건(閔子騫) · 염백우(冉伯牛) · 중궁(仲弓), 언변에 능해 응대사령에 뛰어난 제자로는 재아(宰我) · 자공(子貢), 재주가 많아 정치에 능한 제자로는 염유(冉有) · 계로(季路), 박학하여 문학에 능한 제자로는 자유(子游) · 자하(子夏) 등이 있었다.

이는 공자가 노나라로 귀국한 뒤 진 · 채 사이에서 곤경을 겪었을 때를 회상한 것이다. 이 장에 언급된 공자의 제자들을 흔히 '공문10철' 또는 '4과10철四科十哲'이라고 한다. 이들 10명의 제자는 나이가 젊은 쪽부터 순차적으로 나란히 기록되어 있다. 『논어』에 등장하는 제자들 중 공자 만년의 공문에서 가장 뛰어난 인물들이 바로 이들 10인이었다. 이 장에서는 이들 10인을 4과로 분류해 기록하면서 중궁의 '궁'과 자공의 '공', 계로의 '로'와 자하의 '하'에 운韻을 맞추고 있다.

정현은 이 장을 앞장과 합쳐서 보았고, 황간과 형병은 따로 나눠서 보았다. '공문10철'이 거론된 것과 관련해 형병은 공자가 진·채 사이에서 어려움을 당할 때 따라갔던 제자들 중 재덕이 뛰어난 자만을 언급했기 때문이라고 분석했다. 정이천도 이를 좇았다. 주희는 제자들이 공자의 말에 기초해 10명을 기록하고 아울러 그들의 장점을 지목하여 '4과'로 나눈 것이라고 주장했다. 오규 소라이는 '4과'가 언급된 것은 제자들의 유파가 4개 파로 형성된 것을 시사한다고 분석했다. 이에 대해 청대의 모기령毛奇齡은 『논어계구편論語稽求篇』에서 공자의 제자 72인 중 가장 특이한 재능을 지닌 자만을 기록한 것으로 진·채에 따라 갔던 자들을 기록한 것은 아니라고 반박했다.

만일 이 장을 두고 공자가 진·채 사이에서 고생을 같이 한 제자들이 출사할 시기를 잃은 것에 안타까움을 표시한 것으로 해석하면 이들 '공문10철'은 모두 공자와 함께 천하유세에 나선 사람으로 해석할 수밖에 없다. 그러나 14년에 달하는 유세기간 중 시종 공자를 수종한 제자로는 안연과 계로 등 2-3인의 이름만이 확인될 뿐이다. 민자건과 염백우, 중궁 등은 노나라 이외에는 나간 적이 없다. 공자보다 45세나 젊은 자유와 44세가 젊은 자하 등이 공자가 진·채 사이에서 고생할 노애공 6년 당시 공자를 수종했다고 볼 수는 없다.

결국 이 장에 나오는 '공문10철'은 전후문맥으로 보아 공문에 있는 인재의 풍성함을 과장해 표현한 것으로 보는 것이 옳다. '공문10철'을 진·채의 사이에 있을 때 공자를 배행한 인물로 간주할 필요는 없는 것이다. 공자가 진·채 사이에서 고생을 함께 했던 제자들이 출사의 기회를 놓치게 된 것을 애석해하며 이들 이외에도 적잖은 인재가 아직 제대로 인정을 받지 못한 현실을 개탄한 것을 두고 직제자 중 누군가가 전송했을 가능성이 높다. 이 장은 바로 그 전송을 후대의 문인이 [선진]편을 편제하면서 채록한 것으로 짐작된다.

앞에 나오는 '개불급문皆不及門' 구절에 대해서도 적잖은 논란이 있다. 고주古注는 '10인이 모두 사진仕進의 문에 미치지 못해 그 자리를 잃었다'로 해석했다. 이에 대해 신주新注는 '이때 10인이 모두 문하에 있지 않았던 까닭에 공자가 그같이 생각한 것이다'라고 해석해 놓았다. 두 해석 모두 문맥상 자연스럽지 못하다. 오히려 '진 · 채 사이에서 고생할 당시 따르던 제자들 모두 사진의 문에 이르지 못해 마땅히 처할 바를 얻지 못하고 있었으니 그때는 참으로 큰일이었다'로 풀이하는 것이 자연스럽다.

11-3

子曰, "回也, 非助我者也. 於吾言無所不說."

공자가 안회를 두고 반어적으로 평했다.
"회는 나를 돕는 자가 아니로구나. 나의 말에 기뻐하지 않은 적이 없구나."

이를 두고 주희는 풀이하기를, "안회는 성인의 말을 묵묵히 알고 마음으로 통하여 의문됨이 없었다. 이에 공자가 이같이 말한 것이다. 그 말에는 유감이 있는 듯하나 실제로는 크게 기뻐한 것이다"라고 했다. 호인은 풀이하기를, "공자가 안회에 대해 어찌 참으로 자신을 도와주기를 바랐겠는가. 성인의 겸손한 덕으로 안회를 크게 칭찬한 것일 뿐이다"라고 했다. 두 사람의 주석 모두 문의에 부합한다. 안회가 너무 잘 알아듣는 데 대한 기쁨을 반어법적으로 표현한 것으로 보는 것이 옳다.

11-4

子曰, "孝哉, 閔子騫. 人不間於其父母昆弟之言."

공자가 말했다.
"효자로다, 민자건이여. 부모형제들이 그를 두고 효자라고 칭찬하는 데 다른 사람들이 아무런 이의를 달지 못하는구나."

이 장에서 공자는 민손閔損을 칭송하면서 그의 이름을 휘諱하여 자인 '민자건'으로 부르고 있다. 이는 공자의 말이 그대로 전송된 것이 아님을 시사한다. 세인들 사이에 전송된 공자의 평을 수록한 것으로 짐작된다. 안연과 민자건을 평한 제3-4장은 '공문10철'을 언급한 제2장에 대한 부록의 성격을 띠고 있다.

11-5

南容三復白圭, 孔子以其兄之子妻之.

남용(南容)이 『시경』 [대아 · 억]에 나오는 '백규지점(白珪之玷 : 흰 옥의 티)'이라는 구절을 여러 번 반복해 외우며 신중함을 드러냈다. 공자가 형의 딸을 그에게 보내 처로 삼게 했다.

이 장은 남용에 대한 세간의 전송을 채록한 것이다. 여기의 '삼三'은 꼭 셋을 의미하는 것은 아니다. 이 장에서 공자는 왜 남궁괄이 '백규지점'을 여러 번 반복해 외우는 것을 보고 조카딸을 그에게 보낼 생각을 갖게 된 것일까. [대아 · 억]에는 다음과 같이 매우 유명한 4구절이 나온다.

흰 옥의 티는 오히려 갈아 없앨 수 있으나 白珪之玷 尙可磨也
그러나 내뱉은 말의 티는 어쩔 수가 없다네 斯言之玷 不可爲也

남궁괄은 바로 한번 내뱉은 말은 주워담을 수 없으니 신중을 기해야 한다는 뜻을 감명 깊게 받아들여 '백규지점'의 4구절을 여러 번 반복해 읊조린 것이다. 공자는 남궁괄의 이러한 태도를 높이 사 마침내 그를 조카사위로 삼게 된 것으로 보인다.

11–6

季康子問, "弟子孰爲好學." 孔子對曰, "有顏回者好學, 不幸短命死矣, 今也則亡."

계강자가 공자에게 물었다.
"제자 중에 누가 학문을 좋아합니까."
공자가 대답했다.
"안회라는 제자가 학문을 좋아했는데 불행히도 명이 짧아 일찍 죽었습니다. 지금은 그러한 사람이 없습니다."

이 장은 제5장과 마찬가지로 공자를 '공자왈'로 표현하고 있다. 세간에 유포된 전송을 채록한 것이 거의 확실하다. 제5–6장은 뒤에 나오는 제7–10장이 모두 안연의 죽음을 언급하고 있는 점에 비춰 이들 4개 장에 대한 일종의 서론 성격을 띠고 있다.

11-7

顔淵死, 顔路請子之車以爲之槨. 子曰, "才不才, 亦各言其子也. 鯉也死, 有棺而無槨. 吾不徒行以爲之槨, 以吾從大夫之後, 不可徒行也."

안회가 죽었을 때 그의 부친인 안로(顔路)가 가난으로 인해 관곽을 구비할 길이 없자 공자의 수레를 팔아서라도 곽을 만들어 줄 것을 청했다. 그러자 공자가 이같이 거절했다.
"부모는 자식이 재주가 있거나 없거나 간에 모두 똑같은 자식이라고 말할 것이다. 내 아들 이(鯉)가 죽었을 때도 관만 있었고 곽은 없었다. 그런데도 나는 도행(徒行 : 걸어 다님)하는 대신 수레를 팔아 그에게 곽을 만들어 주는 일을 하지 않았다. 이는 내가 대부의 뒤를 좇아 조정 출입을 하는 위치에 있었던 까닭에 조정의 체모를 위해서라도 도행할 수는 없었기 때문이다."

안회의 부친 안로는 공자보다 6세가 적었다. 그는 공문이 개설되는 초창기에 입문한 원로제자에 속한다. 공자가 안로의 제의를 거절한 것을 두고 호인은 풀이하기를, "대부는 걸어다닐 수도 없고 군주가 하사한 명거命車를 남에게 주어 시장에 내다 팔게 할 수 없었기 때문이다"라고 했다. 대략 공자가 말한 취의에 부합한다.

11-8

顔淵死. 子曰, "噫, 天喪予, 天喪予."

안연이 죽자 공자가 이같이 탄식했다.
"아, 하늘이 나를 버리는구나, 하늘이 나를 버리는구나."

여기의 '희噫'는 애통해할 때 내는 탄식이다. 공자는 자신이 주창한 군자학의 취의를 가장 잘 헤아린 안회의 요절에 대해 하늘이 무너지는 슬픔을 느껴 이같이 탄식한 것이다.

11-9

顔淵死, 子哭之慟. 從者曰, "子慟矣." 曰, "有慟乎. 非夫人之爲慟而誰爲."

안연이 죽자 공자가 지나치게 애통해했다. 그러자 종자가 말했다.
"선생님은 지나치게 비통해하십니다."
공자가 반문했다.
"지나치게 비통해한다고 하는 것인가. 부인(夫人 : 저 사람을 의미)을 위해 비통해하지 않고 누구를 위해 비통해한단 말인가."

여기의 '통慟'은 슬픔이 지나친 것을 말한다. '부인夫人'은 '저 사람'으로 안회를 지칭하는 말이다. 공자는 이 장에서 응당 애통해할 만한 사람의 죽음에 대해 애통해하는 것이니 다른 사람에 견줄 바가 아니라고 말한 것이다.

11-10

顔淵死, 門人欲厚葬之. 子曰, "不可." 門人厚葬之. 子曰, "回也, 視予猶父也, 予不得視猶子也. 非我也, 夫二三子也."

안연이 죽자 문인들이 그를 후장(厚葬)코자 했다. 공자가 반대했다.
"불가하다."
그러나 결국 문인들이 그를 후장하자 공자가 이같이 질책했다.
"회는 나 보기를 아버지처럼 했는데 이제 장례의 도리를 잃었으니 나는 그를 자식을 보듯이 대할 수 없게 되었다. 이는 내 탓이 아니라 몇몇 제자들 탓이다."

이 장을 통해 공자를 후장厚葬을 지지한 복고주의자로 매도한 사람들의 주장이 얼마나 잘못된 것인지를 확연히 알 수 있다. 후장을 중시하는 풍조는 후대의 속유俗儒들로 인한 것이었다. 공자는 상례와 제례를 매우 중시했으나 그 형식보다 애도하는 마음을 중시했다. 주희도 풀이하기를, "초상에 쓰이는 도구는 가세家勢의 유무에 맞춰야 한다. 가난하면서 후장하는 것은 이치에 맞지 않다. 그래서 공자가 만류한 것이다"라고 했다.

11-11

季路問事鬼神. 子曰, "未能事人, 焉能事鬼." "敢問死." 曰, "未知生, 焉知死."

계로가 귀신 섬기는 것을 물었다. 공자가 대답했다.
"사람을 제대로 섬기지 못하는데 어찌 능히 귀신을 섬길 수 있겠는가."
계로가 또 물었다.
"감히 죽음에 대해 묻고자 합니다."
공자가 대답했다.
"삶도 제대로 알지 못하는데 어찌 죽음을 알 수 있겠는가."

이 장은 귀신 및 죽음에 관한 자로와 공자의 문답으로 되어 있다. 이 장에는 안연에 대한 언급이 전혀 없으나 안연의 죽음을 잇달아 언급한 뒤에 배치한 점에 비춰 대략 죽음에 관한 공자의 진귀한 언급을 부각시키려는 편집자의 의도가 강하게 작용한 것으로 짐작된다.

11-12

閔子侍側, 誾誾如也. 子路, 行行如也. 冉有·子貢, 侃侃如也. 子樂. "若由也, 不得其死然."

공자를 곁에서 모시면서 민자건은 공정했고, 자로는 굳셌고, 염유와 자공은 화락했다. 공자가 기뻐하면서도 자로를 염려했다. "유(由)와 같은 사람은 온당한 죽음을 얻지 못할 듯하구나."

여기의 '은은誾誾'은 공정한 모습, '항항行行'은 굳센 모습, '간간侃侃'은 화락한 모습을 나타낸다. 이 장에서 민자건·자로·염유·자공 등 4명의 고족제자高足弟子를 언급하면서 민자건만을 유독 '민자'로 언급하고 있는 대목이 눈에 띈다. 호인은 이 점에 주목해 민자건의 문인에 의한 전송을 채록한 것으로 분석했다. 그러나 '민자'를 반드시 민자건의 존칭으로만 볼 필요는 없다. 얼마든지 '건'을 뺀 약칭으로 해석할 수도 있기 때문이다. 제13-16장에서 민자건과 자로, 자공, 염구가 차례로 등장하고 있는 점에 비춰 이 장은 일종의 서론에 해당하는 셈이다.

11-13

魯人爲長府. 閔子騫曰, "仍舊貫, 如之何. 何必改作." 子曰, "夫人不言, 言必有中."

노나라가 장부(長府)의 돈을 새로 주조해 세금을 거두고자 했다. 민자건이 말했다.
"지금 개주(改鑄)하여 무게는 늘리고 돈꿰미 수를 줄이면 백성들이 편하게 여길지 모르나, 장차 다시 옛 돈꿰미의 숫자로 세금을 거두면 그것을 어찌 대처할 것이오. 하필 개주할 필요가 있겠소."
과연 민자건이 예언한 것과 같이 되자 공자가 말했다.
"저 사람은 말을 잘 하지 않으나 말을 하면 반드시 적중한다."

예로부터 '장부長府'와 '관貫'의 해석을 둘러싸고 이설이 분분했다. 정현은 '장부'를 재물을 간직하는 창고로 풀이하면서 '관'을 '사事'로 해석했다. 주희도 이를 좇아 풀이하기를, "개작改作은 백성을 수고롭게 하고 재물을 허비하게 만들기 때문이다"라고 했다. 그러나 다산은 주희의 해석에 다음과 같이 이의를 제기했다.

> 창고가 퇴락하면 응당 고쳐 지어야 한다. 만일 옛 것을 그대로 두는 것을 좋다고 하면 이는 자식이 아비가 마련한 집이 무너지는 것을 방치하는 것과 같다. 그리 되면 10년이 채 못 돼 천하가 모두 썩고 말 것이다. 그 집을 고치지 않고 그 법만 고친다면 백성을 수고롭게 한다고 말할 수 없다. 그러니 어찌 고쳐 얽는 것까지 그만둘 수 있겠는가.

다산은 이러한 반문에 기초해 완전히 새로운 해석을 내렸다.

그는 '장부'를 창고가 아닌 돈의 명칭으로 해석하고 '관'을 돈꿰미로 풀이했다. 다산은 자신의 파격적인 주장에 대해 이같이 설명했다.

> 주관周官에 나오는 소위 구부九府는 원래 부렴賦斂의 재화를 간직하는 곳이다. 이후 그곳의 명칭으로 돈의 이름을 지었다. 후세의 수형전水衡錢은 수형고水衡庫에서 주조한 것이고, 중부전中府錢은 중부中府에서 간직한 것이고, 소부전少府錢은 소부少府에서 간직한 것이다. '장부'는 노나라 '장부'에서 기원한 돈의 명칭이다.

'장부'를 돈의 명칭으로 볼 경우 '관'은 당연히 돈꿰미로 보아야 앞뒤 문맥이 맞게 된다. 과연 다산의 이러한 해석이 옳은 것일까. 『국어』를 보면 주경왕周景王 21년B.C. 524에 주왕실이 액면가가 높은 대전大錢을 주조한 사례를 확인할 수 있다. 『춘추좌전』에는 '장부'가 창고의 이름에서 지명으로 전용된 사례만 나오고 돈의 명칭으로 전용된 사례가 나오지 않고 있다. 그러나 당시 노나라도 주왕실의 전례를 좇았을 가능성이 매우 크다.

'장부'를 정현 및 주희와 같이 본래 의미인 창고로 해석할 경우 겨우 창고 하나를 새로 짓는 것을 두고 민자건이 반대했다는 것도 납득키 어렵고 특히 뒤에 나오는 '관貫'을 무리하게 '사事'로 억지해석해야 하는 부담이 있다. 나아가 전래의 해석을 따를 경우 굳이 이 장에서 '여하如何'라고 하지 않고 '여지하如之何 : 장차 그것을 어찌할 것인가'라고 말한 이유를 설명하기가 어렵다. 이러한 점 등을 종합해 볼 때 다산의 새로운 해석이 공자 당시의 고의古義에 가깝다고 보인다.

11－14

子曰, “由之瑟, 奚爲於丘之門.” 門人不敬子路. 子曰, “由也升堂矣. 未入於室也.”

공자가 자로를 비판했다.
“유(由)가 비파 가락을 어찌 내 문 안에서 연주하는가.”
이에 문인들이 자로를 공경치 않았다. 그러자 공자가 문인들 앞에서 자로를 이같이 칭송했다.
“유는 승당(升堂 : 고명한 수준을 상징)한 사람이다. 단지 입실(入室 : 완성된 경지를 상징)하지만 못했을 뿐이다.”

공자가 자로를 비판한 배경과 관련해 정이천은 분석하기를, “소리가 조화를 이루지 못해 자기와 같지 않았기 때문이다”라고 했다. 『공자가어』에 ‘자로가 비파를 타면서 북쪽 변방의 살벌한 소리가 났다’는 기록이 나오고 있는 점에 비춰 정이천의 분석이 타당한 듯하다.

11－15

子貢問, “師與商也孰賢.” 子曰, “師也過, 商也不及.” 曰, “然則師愈與.” 子曰, “過猶不及.”

자공이 물었다.
“사(師 : 자장)와 상(商 : 자하) 중 누가 낫습니까.”
공자가 대답했다.

"사는 지나치고, 상은 미치지 못한다."
자공이 다시 물었다.
"그렇다면 사가 낫습니까."
공자가 대답했다.
"지나침은 미치지 못함과 하등 다를 게 없다."

이를 두고 주희는 풀이하기를, "현자와 지자의 지나침이 비록 우자愚者와 불초자不肖者의 불급不及보다 나은 듯이 보이지만 중도를 잃은 점에서는 똑같다"고 했다. 대략 문의에 부합하나 마지막에 나오는 '과유불급過猶不及' 구절을 두고 '지나침은 미치지 못함만 못하다'라고 풀이하는 것은 잘못이다.

11-16

季氏富於周公, 而求也爲之聚斂而附益之. 子曰, "非吾徒也. 小子鳴鼓而攻之, 可也."

계씨는 주공보다 부유했으나 계씨의 가신인 염구(冉求)가 그를 위해 혹독하게 세금을 거두어 그의 재부를 더 늘려 주었다. 공자가 염구의 소행을 크게 질책했다.
"그는 우리 무리가 아니다. 나의 제자들은 북을 울려 그를 성토하는 것이 가할 것이다."

양웅楊雄이 지은 『방언方言』 권3에 '동제왈취東齊曰聚'라는 구절이 나온다. 일부 주석가는 이 장에 나오는 '취렴'이라는 구절이 제나라 방언인 점에 주목해 제나라에서 첨가 내지 윤색된 것으로 간주하고 있다. 그러나 전체 내용으로 보아 공자 말년의 언급이 확실하다. 직제자로부터 나온 전문을 노나라에서 기록한 것으로 보는 것이 옳다.

11-17

柴也愚, 參也魯, 師也辟, 由也喭.

시(柴 : 子羔)는 우직하고, 삼(參 : 증자)은 노둔하고, 사(師 : 자장)는 편벽되고, 유(由 : 자로)는 조야하다.

이 장에서 공자는 고시 · 증삼 · 자장 · 자로 등을 두고 각기 우愚 · 노魯 · 벽辟 · 언喭이라는 단 한 마디로 요약해 총평하고 있다. 주희는 이 장에 '자왈'이 누락돼 있고 다음 장인 제18장에 '자왈'이 등장하고 있는 점에 주목해 '자왈'이 이 장의 머리로 올라와 하나로 통합되어야 한다는 주장에 공감을 표시했다. 그러나 그보다는 이 장을 공자의 제자에 대한 품평으로 이뤄진 제18-22장에 대한 일종의 서론으로 보는 것이 타당하다.

11-18

子曰, "回也, 其庶乎, 屢空. 賜, 不受命而貨殖焉, 億(=臆)則屢中."

공자가 말했다.
"회(回)는 거의 도에 가까웠으나 돈 버는 일에는 예측하면 거의 맞추지 못했다. 이에 대해 사(賜 : 자공)는 스승의 명을 받아들이지 않고 재화를 늘렸으나 예측하면 거의 매번 맞췄다."

이 장에서는 안연과 자공의 행태가 대비되어 평가되고 있다. 주희는 '누공屢空'의 '공'을 궁핍으로 간주해 '자주 끼니를 굶었다'로 해석했다. 이에 대해 하안은 마음을 비우는 것으로 간주해 '자주 마음을 비웠다'로 해석했다. 안회와 자공을 대비시킨 문장의 기본구조에 비춰 '누차 예측이 빗나가다'로 풀이하는 것이 보다 타당하다.

11-19

子張問善人之道. 子曰, "不踐跡, 亦不入於室."

자장이 선인(善人)의 도에 대해 물었다. 공자가 대답했다. "선인은 옛 성인의 자취를 따르는 단계를 넘어 스스로 공을 세워는 단계로 나아가야만 한다. 창업의 단계로 나아가지 못하면 입실(入室 : 성인의 경지를 상징)할 수 없다."

성이전은 '전석踐跡'을 '순도수철循途守轍 : 길을 따라가고 바퀴자국을 지킴'로 보았다. 그는 풀이하기를, "선인은 비록 굳이 옛 자취를 밟지 않을지라도 저절로 악한 짓을 하지 않는다. 그러나 성인의 경지에 들어가지는 못한다"고 했다. 공자가 말한 기본취의에 부합하나 도학적인 해석이 아닐 수 없다. '입실'을 치도의 지극한 단계로 간주해 '입공立功과 창업創業을 통한 지치至治의 경지'로 풀이하는 것이 훨씬 자연스럽다.

제19-22장에는 제17-18장에 등장하는 6명의 인물 중 자장·자로·염유·공서화·안연 등에 대한 얘기가 차례로 나오고 있다. 제17-22장은 나름대로 서로 연관을 맺고 있다는 점에서 하나의 장군章群으로 묶을 수 있다.

11-20

子曰, "論篤, 是與, 君子者乎, 色莊者乎."

공자가 선인(善人)을 두고 이같이 자장에게 이같이 반문했다.
"위정자가 논설이 독실한 자를 친히 한다면 군자다운 자인가, 아니면 얼굴만 엄장(嚴莊)한 자인가."

공자는 이 장에서 무릇 위정자는 말과 외모로 사람을 취해서는 안 된다는 것을 강조하고 있다. 이 장은 내용상 반드시 앞장과 함께 붙여서 읽어야만 그 뜻이 선명하게 드러난다. 그러나 주희는 이를 따로 떼어서 해석해 놓았다. 선인을 수제修齊 차원에서만 해석한 데 따른 것이다. 공자가 이 장에서 군자로서의 위정자의 모습을 묻고 있는 점을 감안할 때 치평治平 차원에서 해석하는 것이 훨씬 자연스럽다.

11-21

子路問, "聞斯行諸." 子曰, "有父兄在, 如之何其聞斯行之." 冉有問, "聞斯行諸." 子曰, "聞斯行之." 公西華曰, "由也問 '聞斯行諸', 子曰 '有父兄在.' 求也問 '聞斯行諸', 子曰 '聞斯行之'. 赤也惑, 敢問." 子曰, "求也退, 故進之. 由也兼人, 故退之."

자로가 물었다.
"들으면 곧 실행해야 합니까."
공자가 반문했다.

"부형이 계신데 어찌 듣는 즉시 실행할 수 있겠는가."
염유가 똑같이 물었다.
"들으면 곧 실행해야 합니까."
공자가 대답했다.
"들으면 곧 실행해야 한다."
공서화가 의아해하며 물었다.
"유(由)가 묻기를, '들으면 곧 실행해야 합니까' 라고 하자 선생님은 대답하기를, '부형이 계시다' 라고 했습니다. 또 구(求)가 묻기를, '들으면 곧 실행해야 합니까' 라고 하자 선생님은 대답하기를, '들으면 곧 실행해야 한다' 고 했습니다. 저는 왜 대답이 이같이 다른 것인지 의심스러워 감히 묻고자 합니다."
공자가 대답했다.
"구는 매사에 뒤로 물러나는 까닭에 앞으로 나아가게 한 것이고, 유는 남보다 배나 앞서 가는 까닭에 뒤로 물러나게 한 것이다."

이 장은 염구와 자로가 얼마나 대조적인 인물이었는지를 잘 보여주고 있다. 염구는 어떤 일을 하기 전에 늘 예상되는 이익을 냉정히 저울질한 데 반해 자로는 승산 없는 싸움조차 명분을 좇아 순직을 감수하는 자세를 견지했다. 공자는 두 사람의 이런 차이를 감안해 각기 다른 처방을 내린 것이다. 동일한 주제를 놓고도 대상에 따라 다르게 얘기함으로써 당사자로 하여금 과불급過不及 없이 사물의 이치를 쉽게 자득自得토록 한 셈이다. 공자의 독특한 교육방법이 약여하게 드러난 대목이 아닐 수 없다.

11-22

子畏於匡, 顔淵後. 子曰, "吾以女爲死矣." 曰, "子在, 回何敢死."

공자가 광 땅에서 두려운 일을 당했을 때 안연이 나중에 도착했다. 그러자 공자가 크게 기뻐했다.
"나는 네가 죽은 줄로만 생각했다."
안회가 대답했다.
"선생님이 계신데 제가 어찌 감히 죽을 수 있겠습니까."

공자가 광 땅에서 양호로 오인을 받아 포위되었을 때 공자 일행이 흩어지게 되었다. 이 장은 안연이 공자와 헤어졌다가 합류했을 때의 일화를 담은 것이다. 안회의 스승에 대한 지극한 존경심이 잘 나타나 있다.

11-23

季子然問, "仲由冉求可謂大臣與." 子曰, "吾以子爲異之問, 曾由與求之問. 所謂大臣者, 以道事君, 不可則止. 今由與求也, 可謂具臣矣." 曰, "然則從之者與." 子曰, "弑父與君, 亦不從也."

계자(季子 : 계씨 집안의 자제) 연(然 : 季桓子의 동생이라는 설이 있음)이 공자에게 물었다.
"중유 · 염구는 가히 대신(大臣 : 여기서는 조정의 대신이 아닌 가신의 우두머리를 의미)이라 이를 만합니까."
공자가 대답했다.
"나는 그대가 특이한 것을 물을 줄 알았는데 결국 중유와 염구에 대해 묻는 것이오. 소위 대신이란 도로써 군주를 섬기다가 안 되면 그만두는 자를 말하오. 지금 중유와 염구는 가히 구신(具臣 : 자리만 채우는 가신을 의미)이라고 이를 만하오."

계자 연이 물었다.
"그렇다면 그들은 군명을 좇기만 하는 자들이란 말입니까."
공자가 대답했다.
"그러나 부친과 군주를 시해하는 일만큼은 또한 따르지 않을 것이오."

이 장은 계자 연이 자로와 염구를 가신으로 삼은 일을 자랑스럽게 여긴 나머지 공자에게 과연 그들을 가재家宰로 삼을 만한지 여부를 물은 일을 기록한 것이다. 이때 공자는 오히려 계평자季平子가 노소공을 쫓아낸 일을 거론하면서 계씨 일족의 반성을 촉구하고 나선 것이다. 이는 공자가 노나라로 귀국한 뒤의 일이다. [계씨]편 제1장에는 자로와 염구가 이미 계씨의 가신이 된 이후의 얘기가 나온다. 이 장은 '공자왈'로 표현된 [계씨]편 제1장과 달리 '자왈'로 표현되어 있다. 이는 공문 직제자로부터 나온 전송임을 시사하고 있다.

11－24

子路使子羔爲費宰. 子曰, "賊夫人之子." 子路曰, "有民人焉, 有社稷焉, 何必讀書, 然後爲學." 子曰, "是故惡夫佞者."

자로가 자고(子羔 : 高柴)를 비읍의 읍재로 천거하려고 하자 공자가 탄식했다.
"남의 자식을 해치려 하는구나."
그러자 자로가 반박했다.
"백성이 있고 사직이 있는 것인데 굳이 글을 읽은 뒤에야 학문을 하는 것이라고 할 필요가 있겠습니까."
공자가 힐난했다.

"이런 까닭에 구변이 있는 자를 미워하는 것이다."

이 장은 비 땅의 가재 자리가 비게 되자 자로가 고시를 후임으로 천거했을 때의 일화를 수록한 것이다. 비 땅은 계씨의 근거지였다. 당시 자로는 계씨의 가재로 있던 중 비 땅의 가재 자리가 비게 되자 동학인 고시를 천거했다. 그러나 공자는 고시의 군자학 연마가 아직 덜 되었다고 판단해 이를 반대했던 것이다. 이는 자로와 고시 모두 계씨의 가신이 된 뒤에 일어난 일이다.

제23-24장 모두 공자 제자의 출사에 관한 것으로 훗날 새로이 부가된 제25장을 제외하면 제1-2장과 앞뒤로 조응하며 수미首尾 일관하고 있다. 나름대로 편제상의 유관성을 찾고자 한 편집자의 배려가 엿보이는 대목이다.

11-25

子路·曾晳·冉有·公西華侍坐. 子曰, "以吾一日長乎爾, 毋吾以也. 居則曰, '不吾知也'. 如或知爾, 則何以哉." 子路率爾而對曰, "千乘之國, 攝乎大國之間, 加之以師旅, 因之以饑饉, 由也爲之, 比及三年, 可使有勇, 且知方也." 夫子哂之, "求, 爾何如." 對曰, "方六七十, 如五六十, 求也爲之, 比及三年, 可使足民. 如其禮樂, 以俟君子." "赤, 爾何如." 對曰, "非曰能之, 願學焉. 宗廟之事, 如會同, 端章甫, 願爲小相焉." "點, 爾何如." 鼓瑟希, 鏗爾舍瑟而作, 對曰, "異乎三子者之撰." 子曰, "何傷乎. 亦各言其志也." 曰, "莫(=暮)春者, 春服旣成, 冠者五六人,童子六七人, 浴乎沂, 風乎舞雩, 詠而歸." 夫子喟然歎曰, "吾與點也." 三子者出, 曾晳後. 曾晳曰, "夫三子者之言, 何如." 子曰, "亦各言其志也已矣." 曰, "夫子何哂由也." 曰, "爲國以禮, 其言不讓, 是故哂之." "唯求則非邦也與." "安見方六七十如五六十而非邦也者." "唯赤則非邦也與." "宗廟會同, 非諸侯而何. 赤也爲之小, 孰能爲之大."

자로(子路) · 증석(曾晳 : 증자의 부친 曾點) · 염유(冉有) · 공서화(公西華)가 공자를 모시고 앉았다. 공자가 말했다.
"내가 하루라도 너희들보다 나이가 많다고 하여 나를 어렵게 여기지 말라. 너희들이 평소 말하기를, '사람들이 나를 알아주지 않는다'고 하는데, 만일 누가 너희들을 알아준다고 하면 무엇을 어찌하겠느냐."
자로가 솔이(率爾 : 경솔함)하게 먼저 대답했다.
"천승지국이 대국 사이에 끼어 있어 사려(師旅 : 군대로 여기서는 전쟁을 의미)가 일어나고 이로 인해 기근이 들을지라도 제가 다스리면 대략 3년쯤이면 백성들이 용맹해지고 나아갈 방향을 제대로 알도록 만들겠습니다."
공자가 빙그레 웃으며 염유에게 물었다.
"구(求)야, 너는 어찌하겠느냐."
염유가 대답했다.
"사방 60-70리 혹은 50-60리 가량 되는 나라를 제가 다스리면 3년쯤이면 백성들을 풍족하게 만들 수 있을 것입니다. 그러나 예악과 같은 것은 군자를 기다리도록 하겠습니다."
공자가 공서화에게 물었다.
"적(赤)아, 너는 어찌하겠느냐."
공서화가 대답했다.
"제가 능하다고 말하는 것은 아니지만 저는 더 배우기를 원합니다. 종묘의 일과 또는 제후들의 회동에서 현단복(玄端服 : 제후들이 입는 검은 예복)과 장보관(章甫冠 : 관의 일종으로 儒冠이라고도 함)을 착용하고 상례(相禮 : 예식집행을 곁에서 도움)하여 조금이나마 돕고자 합니다."
공자가 증석에게 물었다.
"점(點)아, 너는 어찌하겠느냐."
그러자 증석이 비파를 느릿느릿 타다가 이내 '쨍' 하는 소리가 나게 비파를 내려놓은 뒤 일어나 이같이 대답했다.
"저는 세 사람이 말한 것과는 다릅니다."
공자가 말했다.
"무엇이 나쁘겠는가. 또한 각기 자신의 뜻을 말한 것이다."
그러자 증석이 대답했다.
"늦봄에 봄옷이 만들어지면 관자(冠子 : 관례를 올린 20세 이상 성인을 지칭) 5-6명, 동자 6-7 명을 데리고 기수(沂水 : 산동성 곡부시 동남쪽 尼山에서 발원해 곡부시를 거쳐 泗水로 유입)에 나가 목욕하고, 무우(舞雩 : 산동성 곡부시 남쪽)의 대(臺 : 기우제를 지내는 제단) 밑에서 바람을 쐰 뒤 시를 읊으며 돌아오고 싶습니다."
공자가 위연(喟然)히 찬탄했다.
"나는 점과 함께 하겠다."
세 제자가 나가자 증석이 뒤에 남아 있다가 공자에게 물었다.
"저 세 사람의 말이 어떠합니까."
공자가 대답했다.
"또한 각기 자신의 뜻을 밝혔을 뿐이다."
증석이 물었다.
"선생님은 어찌하여 유를 보고 빙그레 웃은 것입니까."
공자가 대답했다.
"나라를 다스리는 것은 예로써 해야 하는데 그의 말은 겸손하지 않았다. 그래서 빙그레 웃은 것이다."
증석이 물었다.
"구의 말은 나라를 다스리는 데 부합치 않습니까."
공자가 대답했다.
"사방 60-70리 혹은 50-60리나 되는 나라에서 그 정도도 다스리지 못하는 경우를 어디서 볼 수 있겠는가."

증석이 물었다.
"적의 말은 나라를 다스리는 데 부합치 않습니까."
공자가 대답했다.
"종묘와 회동에 관한 일은 제후들의 일이 아니고 무엇이겠는가. 적이 하고자 하는 일이 작은 것이라고 하면 과연 어떤 일이 큰 것이겠는가."

마융은 '신哂'을 '미소'로 풀이했으나 주희는 조소의 의미를 지닌 '신소哂笑'로 풀이했다. 문맥상 마융의 풀이가 타당하다. '갱鏗'과 관련해 공안국은 비파를 내던질 때 난 금속성 의성어로 보았다. 원래 '갱'은 '갱종鏗鐘'과 같이 금속악기를 연주한다는 뜻을 지니고 있다. 여기의 '갱'은 마치 종을 칠 때의 소리가 날 정도로 급작스럽게 비파를 내려놓았음을 문학적으로 표현해 놓은 것이다. 당시 증석의 심기가 매우 불편했음을 짐작케 해주는 표현이 아닐 수 없다. 모두 315자로 이뤄진 이 장은 『논어』 5백 장 중 최장편에 속한다. 이에 준하는 장편으로는 247자로 이뤄진 [계씨]편 제1장과 191자로 된 [요왈]편 제2장, 152자의 [요왈]편 제1장, 143자의 [미자]편 제6장, 134자의 [미자]편 제7장, 138자의 [양화]편 제21장 등을 들 수 있다. 자로와 증석, 염유, 공서화 4인이 공자의 앞에서 순차적으로 자신의 지망志望을 얘기하는 장면을 사실적으로 묘사해 놓은 이 장은 공문의 호학풍경을 생생히 그려낸 뛰어난 걸작이다.

원래 [선진]편 전체가 공자 만년의 공문에서 사제 간의 언행을 모은 것이다. [선진]편의 대미를 장식하고 있는 이 장은 사제 간의 언행을 수록코자 한 [선진]편 편집자의 기본취지를 잘 드러내고 있다. 그러나 이 장은 사제 간의 간결한 문답과 공자의 격언 및 언행 등을 기록한 다른 문장과 비교해 볼 때 도저히 한 사람의 전송에 의거한 것으로 보기는 어렵다. 여러 소전 자료를 토대로 후대의 문인 중 누군가가 만들어낸 작품으로 보인다. 대략 3–4대 제자시대의 문인이 만들었을 것으로 짐작된다. [선진]편은 바로 이 장이 만들어지면서 완결된 셈이다.

제12절 [안연顔淵]편

[안연]편은 총 24개 장으로 이뤄져 있다. 이 편의 대부분은 문답형식으로 되어 있다. 이러한 형식은 모두 19개 장에 달한다. 이 편에 등장하는 공자의 제자는 안연 · 중궁 · 사마우 · 자장 · 자공 · 번지 · 증자 등 모두 7명이다. 공자와 이들 제자 간의 문답이 절반에 해당하는 12개 장을 차지하고 있다. 나머지 12개 장은 위정자와 공자의 대화가 4개 장, 위정자와 공자 제자의 대화가 2개 장, 공자 제자들 사이의 대화가 1개 장, 공자의 말이 4개 장, 증자의 말이 1개 장 등으로 되어 있다.

12-1

顔淵問仁. 子曰, "克己復禮爲仁, 一日克己復禮, 天下歸仁焉. 爲仁由己, 而由人乎哉." 顔淵曰, "請問其目." 子曰, "非禮勿視, 非禮勿聽, 非禮勿言, 非禮勿動." 顔淵曰, "回雖不敏, 請事斯語矣."

안연이 인에 대해 물었다. 공자가 대답했다.

"극기복례(克己復禮 : 자신을 억제해 예로 돌아감)가 인을 이루는 것이다. 하루만이라도 극기복례하면 천하가 인으로 돌아갈 수 있다. 이는 자신에게서 비롯되는 것으로, 어찌 다른 사람에게서 비롯될 수 있겠는가."
안연이 다시 물었다.
"그 세목(細目)을 묻고자 합니다."
공자가 대답했다.
"예가 아니면 보지 않고, 예가 아니면 듣지 않고, 예가 아니면 말하지 않고, 예가 아니면 움직이지 않는 것이다."
안연이 말했다.
"제가 비록 불민(不敏)하나 이 말씀을 잘 받들도록 하겠습니다."

주희는 이 장에 나오는 '극기복례克己復禮'를 두고 풀이하기를, "극克은 이기는 것이고, 기己는 일신의 사욕을 이른다. 복復은 돌아가는 것이고, 예禮는 천리의 절문節文이다. 위인爲仁은 그 마음의 덕을 온전히 하는 것이다. 마음의 온전한 덕은 천리 아님이 없으나 또한 인욕에 의해 파괴되지 않을 수 없다. 이에 인을 이루고자 하는 자는 반드시 사욕을 이겨 예로 돌아가야 한다. 일마다 모두 천리인 까닭에 그같이 해야만 본심의 덕이 다시 내 몸에 온전하게 된다"고 했다. 소위 '천리인욕설天理人欲說'에 의거한 해석인 셈이다.

주희의 해석은 나름대로 일리가 있으나 공자가 말한 기본취의와는 사뭇 다르다. 원래 '극기복례'는 『춘추좌전』 [노소공 12년]조에 나오는 말이다. 당시 초영왕楚靈王은 멋대로 정치를 펼치다가 신하들에 의해 쫓겨나 객사하는 화난을 당했다. 공자는 이를 두고 이같이 평했다.

옛 책에 이르기를, '극기복례를 인이라고 한다' 고 했다. 참으로 좋은 말이다. 만일 초영왕이 이같이 했다면 어찌 치욕을 당할 리 있었겠는가.

이를 통해 알 수 있듯이 『논어』에 나오는 '극기복례' 는 원래 공자가 고서에 나오는 격언을 인용한 것이다. '극기' 는 주희가 말한 것과 같은 형이상학적인 개념이 아니라 말 그대로 스스로를 절제하는 '자극自克' 을 말한다. '복례' 는 『춘추좌전』에 나오듯이 '복인復仁' 을 말한다. 공자가 말하는 '인' 의 핵심 요소 중 하나가 '예' 이다. 맹자가 '인의仁義' 를 강조한 이래 마치 '의' 가 '인' 의 핵심 요소인 것처럼 여겨지고 있으나 사실은 '인례仁禮' 가 공자 당시의 고의에 부합한다. 공학의 요체인 소위 '인학仁學' 은 군자학을 습득하는 방법론으로는 '인지仁知' 로 나타나고 군자학을 실천하는 방법론으로는 '인례' 로 나타나고 있는 것이다. 공자가 이 장에서 '극기복례' 를 언급한 것은 위정자의 자기 절제를 통한 지극한 통치의 실현을 의미하는 것이다. 주희가 말한 바와 같은 형이상학적인 해석과는 거리가 먼 것이다.

12-2

仲弓問仁. 子曰, "出門如見大賓, 使民如承大祭. 己所不欲, 勿施於人. 在邦無怨, 在家無怨." 仲弓曰, "雍雖不敏, 請事斯語矣."

중궁이 인에 대해 물었다. 공자가 대답했다.

"문을 나갈 때는 큰 빈객을 맞이하는 듯이 하고, 백성을 동원할 때에는 큰 제사를 받들 듯이 하고, 자신이 원치 않는 일을 남에게 강요치 않는 것이다. 이같이 하면 나라에도 원망이 없고, 집안에도 원망이 없을 것이다."
중궁이 말했다.
"제가 비록 불민하나 이 말씀을 잘 받들도록 하겠습니다."

이 장에서 공자가 언급한 '출문여견대빈出門如見大賓'도 『춘추좌전』[노희공 33년]조에 나오는 '출문여빈出門如賓 : 문을 나서 사람을 보게 되면 손님을 대하듯이 함, 승사여제承事如祭 : 일을 맡게 되면 제사를 지내듯이 함' 구절에서 따온 것이다. 공자 이전부터 인구에 회자한 구절로 보아야 할 것이다.

이 장의 '기소불욕己所不欲, 물시어인勿施於人' 구절은 [공야장]편 제11장과 [위령공]편 제23장에도 나온다. 공문에 널리 퍼져 있던 격언이었음에 틀림없다. 당시 공자는 제자들과 대화하면서 전래의 격언을 자주 인용했음에 틀림없다.

12-3

司馬牛問仁. 子曰, "仁者, 其言也訒(=忍)." 曰, "其言也訒, 斯謂之仁矣乎." 子曰, "爲之難, 言之得無訒乎."

제자 사마우(司馬牛)가 인에 대해 물었다. 공자가 대답했다.
"인자는 그 말하는 것이 조심스럽다."
사마우가 다시 물었다.
"말하는 것을 조심스럽게 하면 바로 인이라고 할 수 있습니까."
공자가 대답했다.

"행하기가 어려운 법인데 말을 하면서 조심하지 않을 수 있겠는가."

'사마우'는 공자에게 해를 끼치려고 했던 송나라 대부 환퇴의 동생 사마경司馬耕을 말한다. 그가 언제 얼마나 공자 밑에서 공부했는지는 알 길이 없다. 공자가 천하유세를 떠나기 이전에 한동안 제자노릇을 했을 공산이 크다. 제3-5장은 모두 사마우司馬牛의 말을 중심으로 한 문답이다.

12-4

司馬牛問君子. 子曰, "君子不憂不懼." 曰, "不憂不懼, 斯謂之君子矣乎." 子曰, "內省不疚, 夫何憂何懼."

사마우가 군자에 대해 물었다. 공자가 대답했다.
"군자는 근심하거나 두려워하지 않는다."
사마우가 다시 물었다.
"근심하거나 두려워하지 않으면 곧 군자라고 할 수 있습니까."
공자가 대답했다.
"내성(內省 : 안으로 자성함)하여 조그마한 허물도 없는데 무엇을 근심하며 두려워하겠는가."

공자는 이 장에서 사마우에게 인간의 고귀함은 자신에게 달린 것이지 조상에 달린 것이 아니라고 가르치고 있다. 공자가 신분세습에 기초한 봉건질서를 얼마나 타기했는지를 읽을 수 있는 대목이 아닐 수 없다. 이는 당시의 기준에서 볼 때 매우 혁명적인 것이었다. 크릴은 환퇴가 공자를 죽이려고 한 것도 공자의 이러한 혁명적 발상과 무관치 않았다고 분석한 바 있다. 이 장에 나오는 '군자불우불구君子不憂不懼' 구절과 유사한 구절이 [자한]편 제28장과 [헌문]편 제30장에도 나온다. 당시 공문의 문도들 사이에 널리 회자된 격언으로 보인다.

12–5

司馬牛憂曰, "人皆有兄弟, 我獨亡." 子夏曰, "商聞之矣, '死生有命, 富貴在天.' 君子敬而無失, 與人恭而有禮, 四海之內, 皆兄弟也. 君子何患乎無兄弟也."

사마우가 걱정스레 말했다.
"사람들은 모두 형제가 있는데 나만 홀로 없구나."
자하가 말했다.
"내가 듣건대 '생사는 명에 달려 있고, 부귀는 하늘에 달려 있다'고 했소. 군자가 공경하는 자세로 잘못을 저지르지 않고, 남과 더불어 있을 때 공손한 자세로 예를 갖추면 사해(四海) 안이 곧 모두 형제인 것이이오. 군자가 어찌 형제가 없음을 걱정하겠소."

여기서 '사해형제四海兄弟'라는 성어가 나오게 되었다. 자하의 '사해형제' 언급은 그가 공문의 군자학에 얼마나 정통했는지를 웅변적으로 보여주고 있다. 그럼에도 불구하고 그를 사숙한 순자가 맹자를 질타한 것을 이유로 그 또한 순자와 함께 송유에 의해 크게 폄훼되었다. 실례로 이 장을 두고 호인은 풀이하기를, "자하의 사해형제 언급은 다만 사마우의 뜻을 넓혀주고자 해서 한 말로 뜻은 원만하나 말은 막히고 있다. 오직 성인만이 이러한 병통이 없다. 자하는 이를 알았으되 아들의 죽음에 지나치게 슬퍼해 실명했으니, 이는 사람에 가려 이치에 어두웠기 때문이다"라고 평했다. 자하에 대한 폄훼의도가 여실히 드러나는 해석이 아닐 수 없다.

원래 자하가 자식의 요절에 지나치게 슬퍼한 나머지 실명했다는 얘기는 어떤 근거가 있는 것이 아니다. 당시 자하학파를 폄훼코자 하는 의도에서 만들어진 항간의 낭설일 공산이 크다. 자하는 '효'를 강조한 증자와 달리 '예'를 중시했다. 맹자가 증자학파의 학통을 잇고 순자가 자하학파의 학통을 이은 것이 자하를 폄훼하는 결정적인 단서가 되었다고 해도 과언이 아니다. 자하의 뛰어난 면모는 '사해형제'의 언급에 잘 나타나 있다. 증자와 맹자 등의 수제파修齊派와 대치되는 치평파治平派의 진면목이 약여하게 드러나는 대목이 아닐 수 없다.

12-6

子張問明. 子曰, "浸潤之譖, 膚受之愬, 不行焉, 可謂明也已矣. 浸潤之譖, 膚受之愬, 不行焉, 可謂遠也已矣."

자장이 공자에게 현명함에 대해 물었다. 공자가 대답했다.
"서서히 스며드는 참소와 절박하게 말하는 하소연이 행해지지 않으면 가히 고명(高明)하다고 이를 만하다. 서서히 스며드는 참소와 절박하게 말하는 하소연이 행해지지 않으면 가히 고원(高遠)하다고 이를 만하다."

공자는 이 장에서 반복어법을 통해 현명함을 설명하고 있다. 여기의 '원遠'은 '고명'으로 풀이하는 것이 좋을 것이다. 『서경』

등의 고전에서 '명'과 '원'이 거의 같은 의미로 사용된 용례를 쉽게 찾아볼 수 있다. '고원'과 '고명'이 같은 뜻으로 사용되는 것도 같은 맥락에서 이해할 수 있다.

12-7

子貢問政. 子曰, "足食·足兵, 民信之矣." 子貢曰, "必不得已而去, 於斯三者何先." 曰, "去兵." 子貢曰, "必不得已而去, 於斯二者何先." 曰, "去食. 自古皆有死, 民無信不立."

자공이 정치에 대해 물었다. 공자가 대답했다.
"족식(足食 : 자족경제)과 족병(足兵 : 자주국방), 민신(民信 : 국민의 대정부 신뢰)이 이뤄져야 한다."
자공이 물었다.
"만일 부득이하여 반드시 하나를 버리기로 한다면 세 가지 중에서 무엇을 먼저 버려야 합니까."
공자가 대답했다.
"거병(去兵 : 병력감축)해야 할 것이다."
자공이 다시 물었다.
"만일 부득이하여 반드시 하나를 버리기로 한다면 나머지 두 가지 중에서 무엇을 먼저 버려야 합니까."
공자가 대답했다.
"거식(去食 : 경제축소)해야 할 것이다. 자고로 먹지 못하면 죽을 수밖에 없으나 사람은 누구나 죽기 마련이다. 그러나 '민신'이 없으면 나라가 설 수조차 없게 된다."

이 장만큼 세인들의 오해를 불러일으킨 대목도 많지 않다. 이는 말할 것도 없이 성리학에 기인한 것이다. 공자는 이 장에서 나라를 지키기 위한 '강병強兵'과 이를 뒷받침할 '부국富國'을 강조하고 있다. 그럼에도 불구하고 후대의 성리학자들은 이를 무시한 채 마지막에 나오는 구절을 확대해석해 공자가 마치 백성의 신뢰를 중시한 맹자의 '왕도'와 똑같은 주장을 펼친 것으로 해석했다. 공자가 마지막 대목에서 '민신民信'을 국가존립에 필요한 최소한의 조건으로 제시한 배경에 대해서는 종합적인 해석을 거부한 채 전후문맥을 거두절미하여 오직 '민신'이라는 글자에 모든 초점을 맞췄던 것이다. 이로 인해 후세에는 '부국'을 강조한 공자의 취지가 완전히 파묻히고 말았다.

이 대목에서 공자가 '민신'을 거론한 것은 기본적으로 국가존립을 위한 최소한의 조건인 '민신'을 확보키 위해 백성을 굶겨도 좋다고 한 것이 아니다. '민신'을 강조한 것은 군주가 위민爲民을 구실로 백성을 착취해서는 안 된다는 점을 강조하기 위한 것이다. 공자가 이 대목에서 진정으로 말하고자 한 바는 지배자와 피지배자 모두 국가목적에 대한 이해를 함께 하고 그 이익을 함께 향유하는 공동체의 주체라는 사실에 있다. 그는 이를 치자와 피치자 모두에게 주지시킬 의도에서 이같이 언급했던 것이다. 공자의 이러한 입장은 관중의 '부국'사상과 완전히 일치하고 있다.

관중은 국가를 부강하게 만들기 위해서는 우선 국민을 살찌워 국가재정을 튼튼히 하는 것이 필수적이라고 생각했다. 아무리 고상하고 거창한 구호를 내세울지라도 인민들의 먹는 문제가 해결되지 않는 한 공허할 수밖에 없고, 인민들 모두 인간으로서의 최소한의 예도 갖추기 어려운 법이다. 그리 되면 아예 국가가 존립할 수조차 없게 된다. 관중의 부민사상은 부국강병을 이뤄 천하의 중심국이 되자는 데 그 근본취지가 있었던 것이다.

공자가 이 장의 마지막 대목에서 '민신'을 강조한 것은 일견 관중의 '부국론'과 배치되는 것처럼 보인다. 그러나 공자의 언급은 국가존립의 도덕적인 측면에 주안점을 둔 것이고, 관중의 언급은 국가존립의 물질적 측면에 무게를 실은 것이다. 공자는 정신적인 측면의 우선순위를 말한 것이고 관중은 물질적 측면의 우선순위를 말한 셈이 된다.

국가존립에 관한 물질적인 측면에서의 우선순위를 논하면 단연 관중이 강조한 바와 같이 '족식'이 가장 앞설 수밖에 없다. '족식'이 충족된 뒤에 '족병'이 있고 맨 나중에 '민신'이 있게 되는 것이다. 관중이 '족식'을 통해 궁극적으로 이루고자 한 것은 '민신'이었다. 공자가 '거식'과 '거병'을 차례로 언급하며 '민신'을 강조한 것은 '민신'과 '족식'이 상호 불가분의 보완관계에 있음을 전제로 한 것이다. 두 사람 모두 국가존립의 물질적 토대인 '족식'이 충족되어야 도의적 차원의 최고단계인 '민신'이 존재할 수 있다고 본 것이다. 두 사람은 동일한 내용을 다른 방식으로 언급한 셈이다. 공자가 관중을 '인자仁者'로 칭송한 배경이 바로 여기에 있었다. 그런데도 대다수의 사람들이 형식적인 문구에 얽매여 그 취의趣意를 간취하지 못하고 있다. 이는 공학에 대한 성리학자들의 왜곡을 답습하는 것이나 다름없다.

12-8

棘子成曰, "君子質而已矣, 何以文爲." 子貢曰, "惜乎. 夫子之說君子也, 駟不及舌. 文猶質也, 質猶文也. 虎豹之鞹, 猶犬羊之鞹."

위나라 대부 극자성(棘子成)이 말했다.
"군자는 질(質 : 내용)을 중시할 뿐이니 문(文 : 여기서는 外飾)을 어디에 쓰겠는가."
자공이 이 얘기를 전해 듣고 탄식했다.
"애석하구나. 부자(夫子 : 극자성을 지칭)의 군자에 대한 얘기는 타당성이 없다. 네 필의 말이 끄는 수레도 한번 내뱉은 말은 따라잡지 못하는 법이다. 본래 '문'이 곧 '질'이고, '질'이 곧 '문'인 것이다. '질'만을 논하는 것은 호표(虎豹)의 털가죽을 무두질하여 견양(犬羊)의 무두질한 가죽과 똑같게 만드는 것과 다름없다."

여기의 '곽鞹'은 무두질한 털 없는 가죽을 말한다. '호표'와 '견양'은 각기 군자와 소인을 상징한다. '호표'와 '견양'도 가죽인 이상 무두질하게 되면 하등 구별할 길이 없게 된다. 자공은 이 장에서 '문文'이 '질質' 못지않게 중요함을 강조하고 있다. 이를 두고 주희는 풀이하기를, "문과 질은 동등하여 서로 없어서는 안 된다. 만일 반드시 그 문을 버리고 홀로 그 질을 보존코자 하면 군자와 소인을 분별할 길이 없게 된다"고 했다. 타당한 지적이 아닐 수 없다.

그러나 주희는 곧 첨언하기를, "극자성은 당시의 폐단을 바로잡고자 하면서 실로 한쪽을 지나치게 강조한 잘못이 있고, 자공은 극자성의 폐단을 바로잡고자 하면서 본말과 경중에 차이가 없었으니 이 또한 잘못이다"라고 했다. 주희의 자공에 대한 지적은 잘못이다. 극자성은 '질'을 극단적으로 중시하는 잘못을 저질렀다.

당시 자공은 '문'이 배제된 '질'은 마치 군자를 소인과 같게 만드는 것과 같다고 지적하면서 '문'의 중요성을 역설했을 뿐이다. 자공이 '문'과 '질'의 본말과 경중을 얘기하지 않은 것은 극자성의 편벽된 견해를 지적키 위한 것으로 그가 '문'과 '질'을 반드시 동일한 것으로 평가한 것은 아니다. 만일 둘 중 하나를 고르라고 한다면 자공 역시 공자와 마찬가지로 '질'을 택했을 것이다. 주희는 '수제'의 전형인 안회를 높이고자 하는 의욕이 앞선 나머지 '치평'의 전형인 자공을 상대적으로 폄훼했다는 지적을 면키 어렵다.

12-9

哀公問於有若曰, "年饑, 用不足, 如之何." 有若對曰, "盍徹乎." 曰, "二, 吾猶不足, 如之何其徹也." 對曰, "百姓足, 君孰與不足. 百姓不足, 君孰與足."

노애공이 유약(有若 : 子有)에게 물었다.
"올해 흉년이 들어 재용이 부족하니 어찌해야 좋겠소."
유약이 대답했다.
"어찌하여 철법(徹法 : 10분의 1을 거두는 세법)을 쓰지 않는 것입니까."
노애공이 힐난했다.
"10분의 2를 거두어도 내가 오히려 부족한데 어찌 한가하게 철법을 쓰라는 것이오."
유약이 대답했다.
"백성이 풍족하면 군주가 아무리 우려할지라도 과연 그 누구와 더불어 재용이 부족한 곤경에 처할 리 있겠습니까. 그러나 만일 백성이 풍족치 못하면 군주가 아무리 풍족코자 해도 과연 그 누구와 더불어 재용의 풍족함을 누릴 수 있겠습니까."

이 장에서 유약을 지칭하면서 그의 자인 '자유'를 쓰지 않고 이름을 쓴 것은 군주인 노애공을 높이기 위한 것이다. 여기의 '철徹'은 당시 노나라의 세제인 '철법徹法'을 말한 것이다. '철'은 균등하다는 의미를 지닌 것으로 수확의 10분의 1을 조세로 거두는 소위 '십일세十一稅'를 뜻한다. 당시 노나라는 노선공 때부터 각 무畝 당 10분의 1을 조세로 거두었다.

주희는 이를 두고 이미 '철법'을 시행해 10분의 1을 조세로 거두고 있는 상황에서 그 위에 다시 10분의 1을 거둬 모두 10분의 2를 거둘 것을 건의한 것으로 풀이했다. 그러나 이는 잘못이다. 당시 유약은 노애공이 흉년으로 인한 재용부족의 보완 방안을 묻자 '철법'만으로도 얼마든지 재용부족을 해소할 수 있다고 주장한 것이다. 이는 사실상 경비의 삭감을 요구한 것이나 다름없다. 그는 결코 10분의 2를 거두라고 건의한 적이 없다.

12-10

子張問崇德辨惑. 子曰, "主忠信, 徙義, 崇德也. 愛之欲其生, 惡之欲其死. 旣欲其生, 又欲其死, 是惑也. 誠不以富, 亦祇以異."

자장이 덕을 높이고 의혹을 분별하는 것에 관해 물었다. 공자가 대답했다.
"충신(忠信)을 주로 하며 의로 옮겨가는 것이 덕을 높이는 것이다. 사랑하면 그 대상이 살기를 바라고, 미워하면 그 대상이 죽기를 바라는 법이다. 그 대상이 살기를 바라거나 죽기를 바라는 것은 미혹된 것이다. '실로 자신을 부유케 만들지도 못하고, 오직 기이함만 취할 뿐이다'라고 했다."

정이천은 마지막에 나오는 '성불이부誠不以富, 역기이이亦祇以異' 구절을 착간錯簡으로 보아 [계씨]편 제12장에 나오는 '제경공유마천사齊景公有馬千駟' 위에 두어야 한다고 주장했다. 주희도 유사한 주장을 펼쳤다. 그러나 이는 '덕의德義'와 '부富'를 대립시켜 생각하는 도학적인 발상에서 비롯된 것이다. '덕의'와 '부'는 얼마든지 양립이 가능한 개념이다. 원래 이 구절은 『시경』 [소아·아행기야我行其野]의 다음 구절에서 따온 것이다.

> 내가 그 들길을 지나가다가 메꽃을 꺽었다고 했소
>
> 我行其野 言采其葍
>
> 그대는 혼인한 사람은 생각지 않고 새 짝만 찾으니
>
> 不思舊婚 求爾新特
>
> 진정 부富를 찾지도 못하고 기이함만 찾는 짓이오
>
> 誠不以富 亦祇以異

이를 통해 알 수 있듯이 이 구절은 새로운 것만 찾다가는 끝내 자신이 본래 가지고 있던 것조차 지키지 못하게 되는 어리석음을 지적한 것이다. 사랑하던 사람이 미워진 나머지 죽기를 바라면 '아행기야'에 나오듯이 자신을 부유케 하지도 못하고 오직 기이함만 찾게 될 뿐이라고 지적하고 있는 것이다. 『시경』의 원문을 통해 정이천의 주장이 지나친 도학적 발상에서 비롯된 것임을 쉽게 확인할 수 있다.

12-11

齊景公問政於孔子. 孔子對曰, "君君, 臣臣, 父父, 子子." 公曰, "善哉. 信如君不君, 臣不臣, 父不父, 子不子, 雖有粟, 吾得而食諸."

제경공이 공자에게 정치에 관해 물었다. 공자가 대답했다.
"군주는 군주답고, 신하는 신하답고, 아비는 아비답고, 자식은 자식다워야 합니다."
제경공이 말했다.
"좋은 말이오. 실로 군주가 군주답지 못하고, 신하가 신하답지 못하고, 아비가 아비답지 못하고, 자식이 자식답지 못하면 비록 곡식이 있을지라도 내가 어찌 그것을 먹을 수 있겠소."

공자가 말한 '군군 · 신신 · 부부 · 자자'는 공자가 생각하는 공동체 질서의 기본모형이기도 하다. 이는 훗날 순자에 의해 '사사 · 농농 · 공공 · 상상'의 '4민론四民論'으로 보다 구체화된다. 당시 제경공은 춘추시대 말기의 보기 드문 명군이었다. 그러나 그는 공자의 수훈垂訓을 깊이 새기지 못해 끝내 후손으로 하여금 진씨陳氏에게 빼앗기게 만드는 빌미를 제공하고 말았다.

12-12

子曰, "片言可以折獄者, 其由也與." 子路無宿諾.

공자가 말했다.
"편언(片言 : 반 마디 말)으로 절옥(折獄 : 옥사의 판결)할 수 있는 자는 아마도 유(由)일 것이다."
자로는 승낙한 것을 하루라도 미루는 법이 없었다.

공자는 이 장에서 자로의 충신忠信을 칭송하고 있다. 이를 두고 주희는 풀이하기를, "당시 자로가 말하면 사람들은 이를 믿고 복종하여 그의 말이 채 반도 끝나기를 기다리지 않았다"고 했다. 대략 문의에 부합하다.

12-13

子曰, "聽訟, 吾猶人也, 必也使無訟乎."

공자가 말했다.
"송사를 듣고 판결하는 것은 나도 남과 같다. 그러나 나는 그보다는 반드시 송사가 없도록 만들겠다."

여기의 '청송聽訟'은 송사를 듣고 판결하는 일을 말한다. 이는 정치의 중요한 부분이기도 하다. 제11-13장은 일견 여러 애기를 잡다하게 편집해 놓은 것처럼 보이나 나름대로 상호 연관성이 있다. 제11장은 공자의 정치에 대한 견해이고, 제12-13장은 공자의 옥송獄訟에 관한 견해이다. 모두 위정자의 실무와 관련된 애기인 것이다.

12-14

子張問政. 子曰, "居之無倦, 行之以忠."

자장이 정치에 대해 물었다. 공자가 대답했다.
"머무를 때에는 게으름이 없어야 하고, 행할 때에는 충으로써 해야 한다."

이를 두고 정이천은 풀이하기를, "자장은 인이 부족해 성심으로 백성을 사랑치 못했다. 그리 되면 반드시 게을러져 마음을 다하지 않게 되기에 공자가 이같이 말한 것이다"라고 했다. 대략 문의에 부합하나 과연 공자가 자장을 겨냥해 이같이 말했는지는 의문이다.

12-15

子曰, "博學於文, 約之以禮, 亦可以弗畔矣夫."

공자가 말했다.
"문(文)을 널리 배우면서 예로써 바르게 하면 또한 도에 어긋나지 않을 수 있다."

여기의 '약約'은 몸을 단속하여 행동을 바르게 한다는 뜻이다. 이 장에 나오는 '박문약례博文約禮'는 군자가 취해야만 하는 바람직한 자세를 요약해 표현한 것이다. 일부 판본에 '박학' 앞에 '군자'가 덧붙여져 있는 사실이 이를 뒷받침한다. 이 장은 [옹야]편 제25장과 거의 똑같다. 동일한 내용의 이전異傳으로 보인다.

12-16

子曰, "君子成人之美, 不成人之惡. 小人反是."

공자가 말했다.
"군자는 남의 장점을 이뤄주고, 남의 단점을 막아준다. 그러나 소인은 이와 반대로 한다."

주희는 '인지오人之惡'의 '오惡'를 '선악'의 '악'으로 해석했다. 그러나 이는 지나친 선악관에서 비롯된 것이다. '미美'의 대칭개념은 '추醜'이다. '오'는 '추'의 동의어이다. '오'로 읽는 것이 타당하다.

12-17

季康子問政於孔子. 孔子對曰, "政者正也. 子帥以正, 孰敢不正."

계강자가 공자에게 정치에 관해 물었다. 공자가 대답했다.
"정치는 바로잡는 것이오. 그대가 바르게 이끌면 누가 감히 바르지 않을 리 있겠소."

노나라의 집정대부 계강자는 천하유세를 마치고 귀국한 공자를 국로國老로 대접하면서 수시로 그의 자문을 구했다. 이때 공자는 계강자에게 거침 없는 질타를 가했다. 이 장은 당시의 상황을 잘 보여주고 있다.

12-18

季康子患盜, 問於孔子. 孔子對曰, "苟子之不欲, 雖賞之不竊."

계강자가 도둑을 걱정해 공자에게 대책을 물었다. 공자가 대답했다.
"실로 그대가 탐욕을 부리지 않으면 비록 상을 준다 할지라도 백성들이 도둑질을 하지는 않을 것이오."

이 장 역시 앞장과 같은 맥락에 있는 것이다. 공자가 계강자를 질타한 배경을 두고 호인은 풀이하기를, "계씨는 정권을 도둑질하고, 계강자는 적자의 자리를 빼앗았다. 백성들이 도둑질하는 것은 실로 당연한 일이다. 어찌 그 근본을 돌이켜 보지 않는 것인가"라고 했다. 공자가 계강자를 질타한 배경을 적확히 분석해 놓았다.

12-19

季康子問政於孔子曰, "如殺無道, 以就有道, 何如." 孔子對曰, "子爲政, 焉用殺. 子欲善而民善矣. 君子之德風, 小人之德草. 草上之風, 必偃."

계강자가 공자에게 정치에 관해 물었다.
"만일 무도한 자를 죽여 도가 있는 곳으로 나아가면 어떻겠습니까."
공자가 대답했다.
"그대가 정치를 하면서 어찌 죽이는 일을 능사로 삼으려는 것이오. 그대가 선을 행하고자 하면 백성들을 저절로 선해질 것이오. 군자의 덕은 바람과 같고, 소인의 덕은 풀과 같소. 풀 위에 바람이 불면 풀은 반드시 쓰러지게 마련이오."

군자와 소인을 바람과 풀에 비유한 대목은 『맹자』 [등문공 상] 편에 인용된 공자의 말에도 나타나고 있다. 이는 맹자가 제나라에서 활약하던 전국시대 말기에 이미 이 내용이 제나라에 널리 전해졌음을 시사하고 있다.

12-20

子張問, "士, 何如斯可謂之達矣." 子曰, "何哉, 爾所謂達者." 子張對曰, "在邦必聞, 在家必聞." 子曰, "是聞也, 非達也. 夫達也者, 質直而好義, 察言而觀色, 慮以下人. 在邦必達, 在家必達. 夫聞也者, 色取仁而行違, 居之不疑. 在邦必聞, 在家必聞."

자장이 물었다.
"선비는 어찌해야 가히 통달했다고 말할 수 있는 것입니까."
공자가 반문했다.
"그게 무슨 말인가. 네가 말하는 통달은 무엇을 말하는 것인가."
자장이 대답했다.
"나라에 있어도 반드시 소문이 나고, 집안에 있어도 반드시 소문이 나는 것을 말합니다."
공자가 말했다.
"그것은 소문이지 통달이 아니다. 무릇 통달은 질박하고 정직하여 사물의 마땅함에 부합하고, 남의 말을 자세히 듣고 낯빛을 살핀 뒤 앞뒤를 깊이 생각해 몸을 낮추는 데서 비롯된다. 그래서 나라에 있어도 반드시 통달하고, 집안에 있어도 반드시 통달케 되는 것이다. 무릇 소문은 낯빛은 인을 취하나 행실은 이에 어긋나고, 거처하면서도 의심치 않는 데서 비롯된다. 그래서 나라에 있어도 반드시 소문이 나고, 집안에 있어도 반드시 소문이 나는 것이다."

주희는 여기의 '호의好義'를 '합의合宜'로 풀이했다. 사의事宜 : 사물의 마땅함에 부합한다는 뜻이다. 소문과 통달을 엄격하게 구분코자 한 공자의 취의에 부합하는 해석이다.

12-21

樊遲從遊於舞雩之下, 曰, "敢問崇德修慝辨惑." 子曰, "善哉, 問. 先事後得, 非崇德與. 攻其惡, 無攻人之惡, 非修慝與. 一朝之忿, 忘其身, 以及其親, 非惑與."

번지가 공자를 따라 무(舞雩) 아래에서 놀며 이같이 말했다.
"감히 덕을 높이고, 사특함을 닦아내고, 미혹을 분별하는 것에 대해 묻고자 합니다."
공자가 대답했다.
"참으로 좋구나, 그 질문이. 먼저 일을 하고 후에 이득을 취하는 것이 바로 덕을 높이는 것이 아니겠는가. 자신의 악함을 다스리되 남의 악함을 공격치 않는 것이 바로 간특함을 닦아내는 것이 아니겠는가. 하루아침의 분노로 자신을 잊어 그 화가 부모에게까지 미치게 하는 것이 바로 미혹된 것이 아니겠는가."

호인은 '수특修慝'의 특慝을 두고 풀이하기를, "이 글자는 심心과 익匿으로 이뤄졌으니 악이 마음 속에 숨이 있는 것을 말한 것이다"라고 했다. 주희는 '수修'을 '치거治去 : 다스려 제거함'로 풀이했다. 둘 다 문의에 부합한다.

12-22

樊遲問仁. 子曰, "愛人." 問知. 子曰, "知人." 樊遲未達. 子曰, "擧直錯諸枉, 能使枉者直." 樊遲退, 見子夏曰, "鄕(=曏)也, 吾見於夫子而問知. 子曰, '擧直錯諸枉, 能使枉者直.' 何謂也." 子夏曰, "富哉, 言乎. 舜有天下, 選於衆, 擧皐陶, 不仁者遠矣.

湯有天下, 選於衆, 擧伊尹, 不仁者遠矣."

번지가 인(仁)에 대해 물었다. 공자가 대답했다.
"사람을 사랑하는 것이다."
번지가 지(知)에 대해 물었다. 공자가 대답했다.
"사람을 아는 것이다."
번지가 알아듣지 못했다. 그러자 공자가 이같이 설명했다.
"곧은 사람을 발탁해 굽은 사람 위에 두면 능히 굽은 사람을 곧게 할 수 있다."
번지가 물러난 뒤 자하를 만나 '지'에 관해 물었다.
"방금 전에 선생님을 뵙고 '지'에 대해 물었더니 선생님이 이르기를, '곧은 사람을 발탁해 굽은 사람 위에 두면 능히 굽은 사람을 곧게 할 수 있다'고 했소. 이게 무슨 말이오."
자하가 대답했다.
"넉넉하구나, 그 말씀이. 순임금이 천하를 다스릴 때 무리에서 고요(皐陶)를 발탁해 쓰자 불인한 자들이 멀리 사라졌소. 탕왕이 천하를 다스릴 때 무리에서 이윤(伊尹)을 발탁해 쓰자 불인한 자들이 멀리 사라졌소."

이 장에는 자하가 번지의 질문에 대답하는 와중에 순 · 고요 · 탕 · 이윤 등을 언급한 대목이 나온다. 이러한 지식은 『서경』에서 나온 것이다. 유가경전에 『서경』 [우서]와 [하서]의 지식이 풍부히 인용된 것은 묵자와 맹자 이후의 일이다. 이 장에 나오는 번지와 자하의 문답은 대략 맹자 이후의 제나라에서 부가된 것으로 짐작된다. 제20-22장 모두 군자의 수덕修德에 관한 사제 간의 문답으로 이뤄져 있는 데서 알 수 있듯이 이들 장들은 나름대로 상호 일정한 연관성을 지니고 있다.

12-23

子貢問友. 子曰, "忠告而善道(=導)之, 不可則止, 無自辱焉."

자공이 벗에 대해 물었다. 공자가 대답했다.
"충고하여 선도하되 잘 안 되면 그만두어 스스로 욕되게 하지 말아야 한다."

이 장과 다음 장 모두 교우에 관한 얘기로 되어 있다. 주희는 풀이하기를, "벗은 보인輔仁이다. 그 마음을 다해 말해주고, 그 말을 잘해 인도해야 한다. 그러나 의리로써 합친 자이기에 이 일이 불가능하면 즉시 그만두어야 한다. 만일 자주 말하다가 소원해지면 스스로 욕되는 것이다"라고 했다. 공자가 말한 취의에 부합한다.

12-24

曾子曰, "君子以文會友・以友輔仁."

증자가 말했다.
"군자는 글로써 벗을 모으고, 벗으로써 인을 돕는다."

주희는 여기의 '문文'을 '강학講學'으로 풀이했다. 그러나 학문을 포함한 넓은 의미의 '글'로 해석하는 것이 나을 듯하다. 이 장은 이 편의 24개 장 중 유일하게 '증자왈'로 시작하고 있다. 이는 증자의 제자 때 전송된 것으로 짐작된다. 전후관계에 비춰볼 때 대략 맹자 이후의 제나라 유자들에 의해 윤색 내지 부가된 것일 공산이 크다.

제13절 [자로子路]편

[자로]편은 총 30장으로 이뤄져 있다. 이 편은 크게 제1-18장과 제19-30장 등 두 개의 장군으로 대분할 수 있다. 첫 번째 장군은 주로 정치에 관한 얘기를 모아놓은 것이다. 두 번째 장군은 주로 사군자士君子의 태도에 관한 기사를 모아놓은 것으로 내용상 다시 제19-26장과 제27-30장으로 세분할 수 있다.

이 편에 등장하는 공자의 제자는 자로 · 중궁 · 번지 · 염유 · 자하 · 자공 등 6명이다. 그밖에 위나라 대부 공자 형荊과 노정공魯定公, 초나라 대부 섭공葉公 등이 등장하고 있다. 공문의 얘기뿐만 아니라 공자가 천하유세 할 때의 얘기가 섞여 있는 것이다. 제15장과 제18장은 '공자왈'로 되어 있는 점에 비춰 세간의 전송이 일부 채록된 것으로 보인다. 이 편은 내용상 『논어』가 제나라 유전된 시기보다는 빠른 3-4대 제자시대 때 노나라의 문인에 의해 성립된 후속 편집일 공산이 크다.

13-1

子路問政. 子曰, "先之勞之." 請益. 曰, "無倦."

자로가 정치에 대해 물었다. 공자가 대답했다.
"솔선하여 노력하는 것이다."
자로가 더 얘기해 줄 것을 청하자 공자가 짧게 대답했다.
"게을리하지 않는 것이다."

공자는 이 장에서 위정자의 솔선수범을 강조하고 있다. 제1-4장은 모두 사제 간의 문답이라는 공통점이 있다.

13-2

仲弓爲季氏宰, 問政. 子曰, "先有司, 赦小過, 擧賢才." 曰, "焉知賢才而擧之." 曰, "擧爾所知, 爾所不知, 人其舍諸."

중궁이 계씨의 가신이 되어 정치에 대해 물었다. 공자가 대답했다.
"우선 유사(有司)보다 먼저 하고, 소과(小過 : 작은 허물)는 용서하고, 현재(賢才 : 현인과 재인)를 등용하는 것이다."
중궁이 다시 물었다.
"어찌해야 현재를 알아보고 등용할 수 있는 것입니까."
공자가 대답했다.
"네가 먼저 알고 있는 사람 중에서 현재를 등용하면 네가 모르는 현재를 남들이 그대로 놓아두겠는가."

'유사有司'는 소관 직책의 해당 관원을 지칭한다. '재宰'는 여러 직책을 겸한 가신을 의미한다. 공자는 계씨의 가신이 된 제자 중궁에게 모든 일을 먼저 '유사'에게 맡긴 뒤 그 공적을 살필 것을 권하고 있다. 이는 자신을 수고롭지 않게 하면서 일을 성취하는 방법이기도 하다. 일종의 역할분장을 통한 통합관리를 권한 셈이다. 나아가 '소과'를 용서해 형벌의 남용을 방지하고 '현재'를 적극 추천할 것을 권하고 있다. 이는 최고 통치권자에게도 그대로 통용되는 통치의 기본원리이기도 하다. 공문에서 가르친 군자학의 본령이 어디에 있는지를 극명하게 보여주는 대목이 아닐 수 없다.

13-3

子路曰, "衛君待子而爲政, 子將奚先." 子曰, "必也正名乎." 子路曰, "有是哉, 子之迂也. 奚其正." 子曰, "野哉, 由也. 君子於其所不知, 蓋闕如也. 名不正則言不順, 言不順則事不成, 事不成則禮樂不興, 禮樂不興則刑罰不中, 刑罰不中則民無所措手足. 故君子名之必可言也, 言之必可行也. 君子於其言, 無所苟而已矣."

자로가 물었다.
"위군(衛君 : 위영공을 지칭)이 선생님을 맞이해 정치를 하려고 합니다. 선생님은 장차 무엇을 먼저 하려는 것입니까."
공자가 대답했다.
"반드시 먼저 정명(正名 : 이름을 바로잡는 것으로 곧 명분의 확립을 의미)부터 하겠다."
자로가 물었다.
"세상 사람들이 선생님을 절실하지 못하고 우원(迂遠)하다고 하더니 정말 그렇습니다. 무슨 명분을 바르게 한다는 것입니까."
공자가 대답했다.

“정말 거칠구나, 유(由)야. 군자는 자신이 알지 못하는 것에 대해서는 대체로 가만히 있는 것이다. 이름이 바르지 못하면 말이 순조롭지 못하고, 말이 순조롭지 못하면 일이 이뤄지지 못하고, 일이 이뤄지지 못하면 예악이 일어나지 못하고, 예악이 일어나지 못하면 형벌이 형평을 잃고, 형벌이 형평을 잃으면 백성들이 몸을 의탁할 곳이 없게 된다. 그래서 군자는 이름을 붙일 때는 반드시 말하고, 말을 한 때에는 반드시 실행하는 것이다. 그래서 군자는 하는 말에 구차한 게 없는 것이다.”

주희는 여기의 ‘위군衛君’을 두고 위출공衛出公 첩輒으로 간주해 공자가 귀국하기 직전인 노애공 10년 때의 일로 추정했다. 주희는 공자가 말한 ‘정명’에 지나치게 비중을 두어 이같이 해석한 듯하다. 그러나 그의 이런 분석은 역사적 사실과 동떨어진 것이다. 공자가 가까이 지낸 ‘위군’은 어디까지나 위영공衛靈公 원元이었다. 공자가 천하유세를 끝마칠 즈음에 즉위한 위출공 첩은 공자에게 정사를 맡기려고 한 적이 없었다. 공자 역시 그 밑에서 정사를 맡을 생각을 하지 않았다. 춘추시대 역사에 대한 주희의 지식이 깊지 못했음을 보여주는 대목이 아닐 수 없다. 이 일화는 대략 공자가 천하유세에 처음으로 나서 위나라로 갔을 때의 일로 보인다.

13-4

樊遲請學稼. 子曰, “吾不如老農.” 請學爲圃. 曰, “吾不如老圃.” 樊遲出. 子曰, “小人哉, 樊須也. 上好禮則民莫敢不敬, 上好義則民莫敢不服, 上好信則民莫敢不用情. 夫如是則四方之民襁負其子而至矣, 焉用稼."

번지가 공자에게 청하여 곡식 가꾸는 일을 배우려고 했다. 그러자 공자가 말했다.
"나는 곡식 가꾸는 늙은 농부만 못하다."
번지가 다시 공자에게 청하여 채소 가꾸는 일을 배우려고 했다. 그러자 공자가 말했다.
"나는 채소 가꾸는 늙은 농부만 못하다."
번지가 나가자 공자가 말했다.
"소인이구나, 번지여. 윗사람이 예를 좋아하면 백성들이 감히 공경하지 않을 리 없고, 윗사람이 의를 좋아하면 백성들이 감히 복종하지 않을 리 없고, 윗사람이 신(信)을 좋아하면 백성들이 감히 실정대로 행하지 않을 리 없다. 이같이 하면 사방에서 백성들이 포대기로 아이를 싸서 업고 올 터인데 어찌하여 직접 농사를 지으려 하는 것인가."

'소인'은 통상 '군자'와 대칭되는 개념으로 사용되고 있으나 여기의 '소인'은 벼슬이 없는 일반 서민을 지칭한다. 맹자는 이를 『맹자』 [등문공 상]편에서 위정자를 뜻하는 '대인大人'과 대칭되는 용어로 사용한 바 있다.

13-5

子曰, "誦詩三百, 授之以政 · 不達, 使於四方 · 不能專對, 雖多, 亦奚以爲."

공자가 말했다.
"『시』 3백 편을 모두 외울지라도 정치를 맡겼을 때 제대로 해내지 못하고, 사방의 나라에 사자로 나갔을 때 임기응변으로 대처하지 못한다면 비록 많이 외운들 어디에 쓰겠는가."

공자는 이 장에서 실제의 정치에 도움이 되지 않는 지식 자체로서의 군자학은 쓸모가 없다고 지적하고 있다. 이를 두고 정이천은 이같이 풀이했다.

> 경서를 궁구하는 것은 장차 실용을 이루기 위한 것이다. 세상에 시를 외우는 자들이 과연 능히 정치에 종사하며 혼자서 일을 처결할 수 있는가. 그렇지 못하다면 그가 배운 것은 장구章句의 지엽에 불과한 것이다. 이는 배우는 자들의 대환大患 : 큰 병통이다.

공문에서 가르친 군자학의 본령이 어디에 있는지를 짐작케 해주는 해석이 아닐 수 없다. 제5–13장은 제8–9장의 2개 장을 제외하고 모두 '자왈'로 시작하고 있다. 모두 정치에 관한 내용으로 이뤄져 있다.

13–6

子曰, "其身正, 不令而行. 其身不正, 雖令不從."

공자가 말했다.
"몸이 바르면 명하지 않아도 행해지나, 몸이 바르지 못하면 비록 명할지라도 백성들이 따르지 않는다."

위정자의 솔선수범을 강조한 대목이다.

13-7

子曰, "魯衛之政, 兄弟也."

공자가 말했다.
"노(魯) · 위(衛) 두 나라의 정령은 형제처럼 닮은 점이 많다."

이 장은 위나라 정치에 관한 언급으로 이어지는 제8-9장에 대한 총론 성격이 짙다.

13-8

子謂衛公子荊, "善居室. 始有曰, '苟合矣'. 少有曰, '苟完矣'. 富有曰, '苟美矣'."

공자가 위나라 대부 공자 형(荊)을 이같이 평했다.
"그는 집에 거처하면서 담박한 풍도가 있었다. 처음 기물이 갖춰졌을 때 말하기를, '대략 갖춰졌다' 고 했고, 조금 갖춰졌을 때 말하기를, '대략 완비되었다' 고 했고, 넉넉히 갖춰졌을 때 말하기를, '대략 아름답게 되었다' 고 했다."

이 장은 공자의 위나라 대부 공자 형에 대한 호평으로 정치 일반에 관한 것은 아니다. 앞장에 대한 부연설명의 성격을 띠고 삽입된 것으로 짐작된다.

13-9

子適衛, 冉有僕. 子曰, "庶矣哉." 冉有曰, "旣庶矣, 又何加焉."

曰, "富之." 曰, "旣富矣, 又何加焉." 曰, "敎之."

공자가 위나라로 갈 때 염유가 수레를 몰았다. 공자가 말했다.
"백성들이 많기도 하구나."
염유가 물었다.
"이미 백성들이 많으면 또 무엇을 더해야 합니까."
공자가 대답했다.
"부유하게 해주어야 한다."
염유가 다시 물었다.
"이미 부유해졌으면 또 무엇을 더해야 합니까."
공자가 대답했다.
"가르쳐야 한다."

이 장에서는 공자사상의 큰 특징 중 하나인 '선부후교先富後敎' 사상이 약여하게 드러나고 있다. 원래 공자는 군자학을 가르치면서 교민敎民의 중요성을 역설한 바 있다. 그러나 그가 말한 '교민'은 어디까지나 '부민富民'을 전제로 한 것이었다. 그는 백성들을 부유하게 해주지 않는 한 '교민' 또한 실효를 거둘 수 없다고 보았다. 대부분의 사람들이 공자사상을 논하면서 '선부후교' 사상을 간과하고 있으나 이는 큰 잘못이다. '수제'를 지나치게 강조한 성리학의 유폐遺弊가 아닐 수 없다.

이 장은 공자가 위나라에 있을 때 정치에 관해 염유와 나눈 대화로 앞장인 제8장과 내용 및 체재를 달리하고 있고 있으나 제7장에 대한 부연설명이 성격을 띠고 있는 점에서는 동일하다. 공자가 볼 때 당시 위나라의 어지러운 모습은 자신의 고국인 노나라와 크게 다르지 않았던 것이다.

13-10

子曰, "苟有用我者, 朞月而已可也, 三年有成."

공자가 말했다.
"실로 나를 쓰는 자가 있으면 1년만 할지라도 괜찮을 것이나, 3년쯤이면 가히 볼 만한 치적을 이뤄낼 수 있을 것이다."

공자가 이런 말을 하게 된 배경과 관련해 주희는 『사기』의 기록을 토대로 위령공이 공자를 중용치 못한 데 따른 것으로 분석했다. 그같이 볼 수도 있으나 반드시 그런 것만은 아니었다. 공자는 비록 위영공의 지우知遇를 받기는 했으나 위나라에 큰 기대를 걸지는 않았다. 공자의 이 발언은 위나라뿐만 아니라 천하의 모든 열국을 대상으로 하여 아쉬움을 표현한 것으로 보는 것이 옳다.

13-11

子曰, "'善人爲邦百年, 亦可以勝殘去殺矣.' 誠哉, 是言也."

공자가 말했다.
"일설에 '선한 사람이 치국을 1백 년 동안 하면 가히 잔인한 사람을 교화시키고 죽이는 일도 없앨 수 있다'고 했다. 참으로 옳구나, 이 말이."

이를 두고 정이천은 풀이하기를, "한나라는 한고조와 한혜제 때부터 한문제와 한경제에 이르기까지 백성들이 순후하여 거의 형벌을 폐해 쓰지 않는 지경에 이르렀다. 이것이 거의 공자가 말한 경우에 가까울 것이다"라고 했다. 그러나 정이천의 이러한 주장은 한제국 초기의 상황을 미화한 데 따른 견강부회가 아닐 수 없다. 한제국 초기에 비록 도가의 무위통치無爲統治 사상에 입각해 상대적으로 관정寬政을 베푼 것이 사실이나 정치가 그리 순탄한 것만은 아니었다.

13-12

子曰, "如有王者, 必世而後仁."

공자가 말했다.
"설령 왕자(王者)가 나타나 다스릴지라도 반드시 한 세대가 지난 뒤에야 천하가 비로소 인한 곳으로 돌아갈 것이다."

여기의 '왕자'는 맹자가 말하는 소위 '왕도王道'를 행하는 군주를 뜻하는 것이 아니라 덕으로써 솔선수범하여 나라를 이끄는 군주를 말한다. 정이천은 풀이하기를, "주나라는 주문왕 · 주무왕으로부터 시작해 주성왕에 이른 뒤에야 예악이 일어났다. 이것이 바로 그 효험이다"라고 했다. 그러나 역사적으로 볼 때 주성왕 때 크고 작은 변란이 잇달았다. 주왕조가 가장 극성했을 때는 주성왕과 주강왕이 치세 때이다. 이를 흔히 '성강지치成康之治'라고 한다.

13-13.

子曰, "苟正其身矣, 於從政乎何有. 不能正其身, 如正人何."

공자가 말했다.

"실로 그 몸을 바르게 할 수 있다면 정치를 하는 데 무슨 어려움이 있겠는가. 그러나 그 몸을 바르게 할 수 없다면 남을 바르게 하는 것을 어찌 바랄 수 있겠는가."

이 장 역시 위정자의 솔선수범을 강조한 것이다. 이 장의 내용은 '수제'를 통한 '치평'을 강조한 맹자 및 성리학자들의 기본입장과 상통한다. 그러나 공자는 여기서 '수제치평'의 가장 바람직한 모습을 언급한 것이지 반드시 '수제'가 전제되어야만 '치평'을 이룰 수 있다고 말한 것은 아니다. 이는 다음에 나오는 [헌문]편에서 공자가 '비례非禮'를 저지른 관중을 극찬하고 있는 사실을 통해 쉽게 알 수 있다.

13-14

冉子退朝. 子曰, "何晏也." 對曰, "有政." 子曰, "其事也. 如有政, 雖不吾以, 吾其與聞之."

염자(冉子 : 염유)가 퇴조했다. 공자가 염자에게 물었다.
"어찌하여 늦었는가."
염자가 대답했다.
"국정논의가 있었기 때문입니다."
공자가 말했다.
"그것은 대부집안의 사사로운 일이었을 것이다. 만일 국정논의였다면 비록 나를 쓰지는 않을지라도 참여시켜 듣게 했을 것이다."

통상 이 장에 나오는 '기사야其事也'의 '사事'를 '사무私務'로 해석하고 있다. 대망戴望은 『대씨주논어戴氏注論語』에서 이를 '사소한 문제'로 풀이했다. 어느 쪽으로 해석해도 큰 차이는 없을 것이다. 당시 노나라의 집정대부 계강자는 전횡하면서 국정에 대해서도 공조公朝 : 조정에서 논의치 않고 혼자서 가신들과 함께 사조私朝에서 논의했다. 당시의 예에 따르면 전임 대부는 비록 정치에 직접 개입치는 않으나 국정에 참여해 들을 수 있었다. 공자는 이 사실을 번연히 알면서도 짐짓 모른 척하며 '기사야'라고 한 것이다. 이를 두고 주희는 분석하기를, "공자의 말은 당나라 때 위징魏徵의 헌릉지대獻陵之對와 닮아 있다. 명분을 바르게 하여 계씨를 억제코자 제자인 염유를 가르친 뜻이 깊다"고 했다. 대략 주희의 분석이 옳을 듯하다.

주희가 말한 위징의 '헌릉지대'는 무엇을 말하는 것일까. 당태종 이세민李世民은 부인 문덕황후文德皇后가 죽자 소릉昭陵에 안장한 뒤 궁궐 정원에 층대를 만들어 놓고 날마다 올라가 소릉을 바라보았다. 하루는 위징을 데리고 층대에 올라가 소릉을 가리키며 보이는지를 물었다. 위징이 짐짓 아무 것도 보이지 않는다고 답하자 당태종이 화를 냈다.

"이 앞의 소릉이 보이지 않는단 말이오."

그러자 위징이 대답했다.

"소릉은 벌써 보았습니다. 신은 폐하가 모후의 능인 헌릉을 바라보는 줄 알았습니다."

당태종이 크게 깨달은 바가 있어 이내 층대를 헐어냈다. 위징은 짐짓 모르는 척하며 소릉 대신 헌릉을 언급함으로써 당태종을 깨우친 것이다. 공자도 염유가 계씨의 사조에서 국정을 논의한 것을 알고도 '기유야'라고 언급한 것이다. 이는 염유가 스스로 깨달아 계씨에게 간하기를 바란 것이다. 주희가 위징의 '소릉지대'를 인용해 풀이한 것은 탁월한 바가 있다.

이를 두고 크릴은 공자가 귀국한 이후 비록 국로의 대우를 받으며 계씨의 자문을 받기는 했으나 번번이 조언이 무시된 점에 주목해 공자가 노나라의 국사결정에 자문 받는 대상이 되기를 기대했다고 보기는 어렵다고 주장했다. 그는 이런 관점에 입각해 이 얘기를 공자가 천하주유를 떠나기 직전에 한 말로 분석했다. 그러나 크릴의 주장은 '소릉지대'의 취지를 이해치 못한데 따른 것으로 역사적 사실과 동떨어져 있는 것이기도 하다. 이 일화는 공자가 천하유세를 끝내고 노나라로 귀국한 뒤의 일로 보는 것이 옳다.

13-15

定公問, "一言而可以興邦, 有諸." 孔子對曰, "言不可以若是, 其幾也. 人之言曰, '爲君難, 爲臣不易'. 如知爲君之難也, 不幾乎一言而興邦乎." 曰, "一言而喪邦, 有諸." 孔子對曰, "言不可以若是, 其幾也. 人之言曰, '予無樂乎爲君, 唯其言而莫予違也'. 如其善而莫之違也, 不亦善乎. 如不善而莫之違也, 不幾乎一言而喪邦乎."

노정공이 물었다.
"한 마디 말로 나라를 일으킬 수 있다고 하니 과연 그런 것이 있소."
공자가 대답했다.
"말한 바대로 할 수는 없으나 그에 가깝게 할 수는 있을 것입니다. 사람들이 말하기를, '군주 노릇도 어렵지만 신하 노릇도 쉽지 않다'고 할 경우 만일 군주 스스로 군주 노릇이 어렵다는 것을 안다면 그것이 바로 한 마디 말로 나라를 일으키는 것에 가까운 게 아니겠습니까."
노정공이 물었다.
"한 마디 말로 나라를 잃게 할 수 있다고 하는 것도 가능한 것이오."
공자가 대답했다.
"말한 바대로 할 수는 없으나 그에 가깝게 할 수는 있을 것입니다. 사람들 사이에서 군주의 말이 나돌기를, '과인은 군주 노릇에 즐겁지 않다. 오직 내가 말을 하면 어기지 않는 것이 즐겁다'라고 할 경우 군주의 말이 선하여 백성들이 이를 어기지 않으면 이 또한 좋지 않겠습니까. 그러나 만일 군주의 말이 선하지 않은데도 불구하고 이를 어기는 자가 한 사람도 없다면 그것이 바로 한 마디 말로 나라를 잃는 것에 가까운 게 아니겠습니까."

주희는 '기기야其幾也'의 '기幾'를 '기期 : 기약함'로 풀이했다. 그러나 '기'는 동상 '거의 가깝다'는 의미의 '기호幾乎'로 사용되는 용례에 비춰 '근近'으로 풀이하는 것이 옳다. 이 장에 나오는 공자의 비유는 매우 통렬한 것으로 군주의 발분을 촉구한 것이기도 하다.

13-16

葉公問政. 子曰, "近者說, 遠者來."

섭공이 정치에 대해 물었다. 공자가 대답했다.
"가까이 있는 자들은 기뻐하게 만들고, 먼 곳에 있는 자들은 가까이 다가오도록 만드는 것이오."

주희는 풀이하기를, "은택을 입으면 기뻐하고 그 소문을 들으면 오게 된다. 그러나 반드시 가까이 있는 자들이 기뻐한 뒤에야 먼 곳에 있는 자들이 오는 것이다"라고 했다. 공자가 말한 취의에 부합한다.

13-17

子夏爲莒父宰, 問政. 子曰, "無欲速, 無見小利. 欲速則不達, 見小利則大事不成."

자하가 거보(莒父 : 노나라 동남부의 읍명)의 읍재가 되어 정치에 대해 물었다. 공자가 대답했다.
"속히 하려고 하지 말고, 소리(小利)에 구애되지 말아야 한다. 속히 하려고 하면 도달치 못하고, 소리에 구애되면 대사를 이루지 못하기 때문이다."

양웅의 『방언』 권2에 따르면 이 장에 나오는 '속速'이라는 단어는 동쪽 제나라 해대지간海岱之間에서 사용된 방언이다. 당시 같은 뜻으로 연나라 밖 조선 열수洌水 사이에서는 '요선搖扇 : 우리말 '어서'의 어원일 공산이 큼', 초나라에서는 '영逞'이라는 용어가 사용되었다. '속'이라는 방언이 사용된 점에 비춰 이 장은 제나라에서 첨가 내지 윤색되었을 공산이 크다.

13-18

葉公語孔子曰, "吾黨有直躬者, 其父攘羊, 而子證之." 孔子曰,

"吾黨之直者異於是. 父爲子隱, 子爲父隱, 直在其中矣."

섭공이 공자에게 말했다.
"우리 무리에 정직한 자가 있습니다. 아비가 양을 횡령하자 아들이 이를 증명했습니다."
공자가 대답했다.
"우리 무리의 정직한 자는 그와 다르오. 아비는 자식을 위해 숨기고, 자식은 아비를 위해 숨겨주니 정직함이 바로 그 안에 있는 것이오."

이 장은 후대의 성리학자들에 의해 크게 왜곡된 대목이기도 하다. 이 장에서 공자는 '부위자은父爲子隱'과 '자위부은子爲父隱'을 강조함으로써 일견 '지효至孝'를 '지충至忠'에 앞세운 듯한 느낌을 주고 있다. 실제로 주희는 풀이하기를, "부자상은父子相隱은 천리와 인정의 극치이다. 이에 정직하기를 구하지 않아도 정직함이 그 안에 있는 것이다"라고 했다. 성리학자들은 이를 토대로 '효'를 '충'보다 앞서는 것으로 해석했다.

그러나 이는 군자학의 본령이 '치평'에 있다는 사실을 무시한 무리한 해석이 아닐 수 없다. 이 일화에서 문제가 된 것은 양 한 마리이다. 양 한 마리의 횡령에 대한 고발은 국가에 대한 '충'의 차원과 전혀 상관이 없는 것은 아니나 직접적인 관련이 있는 것이 아니다. 당대의 현자 섭공 또한 이를 '충'의 문제로 물은 것도 아니다.

굳이 양 한 마리를 훔친 부친에 대한 자식의 고발을 '충'과 관련시켜 해석한다면 '소충小忠'에 불과할 뿐이다. 그러나 양 한 마리를 횡령한 부친을 관가에 고발하는 것은 '지효'에 관한 문제이다. 만일 자식이 그런 일을 저질렀을 경우 그 자식은 가문으로부터 파문을 당하는 것은 물론 이웃의 손가락질을 받았을 것이다. 나아가 국가가 이를 권장할 경우 가정의 파탄을 통한 국가혼란을 야기할 수밖에 없다. '지효'와 '소충'이 충돌할 경우 그 선택은 자명한 것이다. 공자가 '자위부은'을 언급한 진정한 취지가 바로 여기에 있다. 성리학자들이 '충'과 '효'로 대비되는 양대 덕목의 양적인 크기를 무시한 채 '소충'과 '지효'를 대비시켜 놓고 '효'가 '충'보다 앞선다고 주장한 것은 견강부회가 아닐 수 없다.

공자가 양 한 마리의 절도사건과 관련해 '자위부은'과 '부위자은'을 언급한 것을 놓고 공자가 '충'보다 '효'를 앞세웠다고 주장하는 것은 큰 잘못이다. '충국忠國'은 '치평' 차원의 덕목이고 '효친孝親'은 '수제' 차원의 덕목이다. 공자의 군자학은 기본적으로 '치평'에 헌신하는 군자를 만들어내는 데 있었다. 공자는 결코 개인적 차원의 '효'를 국가공동체 차원의 '충'보다 높인 적이 없었다. 공자는 '충'과 '효'의 유기적인 합일을 추구했다. 공자사상의 가장 큰 특징이 여기에 있다. 성리학자들의 '충'과 '효'에 관한 해석은 공자사상에 대한 왜곡이 아닐 수 없다.

제14-18장 중 이 장을 제외하고는 모두 정치에 관한 얘기이다. 그러나 이 장도 크게 보면 피치자인 백성의 정직함에 관한 애기로 정치와 결코 무관한 것이 아니다. 이 장은 '공자왈'로 구성되어 있는 점에 비춰 세간에 전해진 일화가 수록된 것으로 보인다.

13-19

樊遲問仁. 子曰, "居處恭, 執事敬, 與人忠. 雖之夷狄, 不可棄也."

번지가 인에 대해 물었다. 공자가 대답했다.
"거처할 때 공손하고, 일을 집행할 때 경건하고, 사람을 대할 때 진심을 다한다. 이는 비록 이적의 나라에 갈지라도 버려서는 안 되는 것이다."

이 장은 '인'에 관한 사제 간의 문답으로 이뤄져 있으나 구체적으로는 사군자士君子의 바람직한 모습에 관한 문답이다. 뒤에 나오는 제20-26장 역시 군자와 소인 등을 대비시켜 설명한 점에 차이가 있기는 하나 사군자의 바람직한 모습을 논한 점에서는 하등 차이가 없다. 제19장은 제20-26장에 대해 일종의 총론적 성격을 띠고 있는 것이다.

13-20

子貢問曰, "何如斯可謂之士矣." 子曰, "行己有恥, 使於四方, 不辱君命, 可謂士矣." 曰, "敢問其次." 曰, "宗族稱孝焉, 鄕黨稱弟焉." 曰, "敢問其次." 曰, "言必信, 行必果, 硜硜然小人哉. 抑亦可以爲次矣." 曰, "今之從政者, 何如." 子曰, "噫, 斗筲之人, 何足算也."

자공이 물었다.
"어찌해야 가히 선비라고 할 수 있습니까."
공자가 대답했다.

"스스로 실천하면서 부끄러워 차마 할 수 없는 바가 있고, 사방의 나라에 사자로 가 군명을 욕되게 하지 않으면 가히 선비라 이를 만하다."
자공이 물었다.
"감히 그 다음 수준을 묻고자 합니다."
공자가 대답했다.
"종족들이 효성스럽다고 칭찬하고, 향당에서 공손하다고 칭찬하는 인물이다."
자공이 또 물었다.
"감히 그 다음 수준을 묻고자 합니다."
공자가 대답했다.
"말을 할 때 반드시 다짐을 하고, 행동할 때 앞뒤를 헤아리지 않고 행하는 것은 고집스런 소인의 옹졸한 모습이다. 그러나 또한 그 다음 수준은 될 만하다."
자공이 다시 물었다.
"지금 정치에 종사하는 자들은 어떻습니까."
공자가 대답했다.
"아, 두소지인(斗筲之人)이야 어찌 헤아릴 대상이 될 수 있겠는가."

여기의 '갱갱연硜硜然'을 두고 정현은 소인의 모습으로 보았다. '갱硜'은 원래 작고 단단한 차돌을 뜻한다. '갱갱연'은 고집스럽게 자신의 주장만을 내세우는 소인배의 행태를 지칭하는 것이다. 자공이 말한 '지금 정치에 종사하는 자'는 구체적으로 3환을 지칭한다. 공자는 이들에 대핸 일언지하에 '두소지인'으로 규정한 것이다. 여기의 '두소'는 원래 1두斗 2승升 용량의 죽기竹器 : 대그릇를 뜻한다. '두소지인'은 곧 비루하고 자질구레한 협량狹量의 인물을 상징한다. '갱갱연'하는 소인배만도 못한 인물이 바로 '두소지인'이다.

13-21

子曰, "不得中行而與之, 必也狂狷乎. 狂者進取, 狷者有所不爲也."

공자가 말했다.
"중도(中道)를 행하는 선비를 얻어 함께 할 수 없다면 반드시 광자(狂者 : 열정적인 사람)나 견자(狷者 : 고집스러운 사람)와 함께 할 것이다. '광자'는 진취적이고 '견자'는 하지 않는 바가 없다."

여기의 '광자'는 원래 뜻은 지극히 높으나 행동이 말을 따르지 못하는 자를 말하고, '견자'는 지식은 미치지 못하나 행동이 말에 부합하는 자를 말한다. 주희는 풀이하기를, "성인은 본래 중도를 행하는 사람을 얻어 가르치고자 했으나 얻을 수가 없었다. 만일 근후謹厚한 자만을 얻는다면 반드시 능히 스스로 분발하여 일을 성취시키지 못할 것이다. 이는 광자나 견자를 얻어 가르치느니만 못하다. 이들은 지조와 절개로 인해 격려하고 억제하여 도로 나아가게 할 수 있기 때문이다"라고 했다. 이는 『맹자』의 해석을 원용한 것으로 공자가 말한 취의에 부합한다.

13-22

子曰, "南人有言曰, '人而無恒, 不可以作巫醫'. 善夫." "不恒其德, 或承之羞." 子曰, "不占而已矣."

공자가 말했다.
"남쪽 나라 사람들이 말하기를, '사람에게 항심(恒心 : 일정한 마음)이 없으면 무당이나 의원도 될 수 없다'고 했다. 참으로 좋은 말이다. 『주역』 [항괘(恒卦)]의 괘사에 이르기를, '그 덕을 항상되게 지니지 않으면 간혹 부끄러운 일을 당하게 된다'고 했다."
공자가 또 이같이 말했다.
"부끄러움을 당하는 자들이 많은 것은 이 점괘를 보지 않았기 때문이다."

이 장은 후대의 유가 문인이 삽입시켜 놓은 위문일 공산이 크다. 『사기』 등의 영향으로 인해 후세인들은 모두 공자가 『주역』을 깊이 연구해 십익十翼을 만든 것으로 생각했다. 그러나 이는 유가 후학이 공자의 권위를 이용하기 위해 그의 이름을 가탁한 것에 불과하다. 후대의 고증학자들은 이 장에 대해 강한 의문을 제기했다. 풍우란馮友蘭과 부사년傅斯年 등도 공자가 생전에 점술을 한 번도 행한 적이 없는 사실 등을 들어 유가 후학에 의한 위문 가능성을 제기했다. 이들의 주장이 옳다.

13-23

子曰, "君子和而不同, 小人同而不和."

공자가 말했다.
"군자는 화이부동(和而不同 : 조화를 이루되 편당을 짓지 않음)하고, 소인은 동이불화(同而不和 : 편당을 지으면서 조화를 이루지 못함)한다."

이 장은 [위정]편 제14장에 나오는 '군자주이불비君子周而不比. 소인비이부주小人比而不周'와 내용상 완전히 일치한다. '화이부동'은 '주이불비', '동이불화'는 '비이부주'와 동의어인 셈이다.

13-24

子貢問曰, "鄕人皆好之, 何如." 子曰, "未可也." "鄕人皆惡之, 何如." 子曰, "未可也. 不如鄕人之善者好之, 其不善者惡之."

자공이 물었다.
"고을 사람들이 모두 좋아하면 어떻습니까."
공자가 대답했다.
"가하지 못하다."
자공이 다시 물었다.
"고을 사람들이 모두 미워하면 어떻습니까."
공자가 대답했다.
"가하지 못하다. 고을 사람 중에 선한 자가 좋아하고, 불선자(不善者)가 미워하느니만 못하다."

이를 두고 주희는 풀이하기를, "선한 자와 악한 자를 막론하고 모두 좋아하면 반드시 영합하는 행실이 있기 때문일 것이고, 악한 자와 선한 자를 막론하고 모두 미워하면 반드시 좋아할 만한 실상이 없기 때문일 것이다"라고 했다. 공자가 말한 취의에 부합한다.

13-25

子曰, "君子易事而難說也. 說之不以道, 不說也. 及其使人也, 器之. 小人難事而易說也. 說之雖不以道, 說也. 及其使人也, 求備焉."

공자가 말했다.

"군자는 섬기기는 쉬워도 기뻐하게 만들기는 어렵다. 기뻐하게 만들기를 도로써 하지 않으면 기뻐하지 않기 때문이다. 군자는 사람을 부릴 때 그릇에 따라 부린다. 그러나 소인은 섬기기는 어려워도 기뻐하게 만들기는 쉽다. 기뻐하게 만들기를 비록 도에 맞지 않게 할지라도 기뻐하기 때문이다. 소인은 사람을 부릴 때 모든 것을 구비토록 요구한다."

공자는 이 장에서 군자와 소인의 용인用人에 차이가 나는 이유를 적확히 지적하고 있다. 군자의 마음은 공정하면서도 너그러운데 반해 소인의 마음은 사사로우면서 각박한 까닭에 군자는 사람의 그릇에 따라 용인을 하나 소인은 모든 것을 구비한 자를 용인코자 한다. 소인의 용인술은 시작부터 실패할 수밖에 없는 것이다.

13-26

子曰, "君子泰而不驕, 小人驕而不泰."

공자가 말했다.
"군자는 태연하되 교만하지 않고, 소인은 교만하되 태연하지 못하다."

주희는 풀이하기를, "군자는 천리를 따르고 소인은 인욕을 좇기 때문이다"라고 했다. 역사적으로 볼 때 소인배들도 군자들을 내칠 때 천리를 내세웠다. 군자와 소인의 차이를 천리와 인욕으로 분석하는 것 자체가 사변의 유희에 지나지 않는다.

13-27

子曰, "剛毅木訥, 近仁."

공자가 말했다.
"강의목눌(剛毅木訥 : 강직하고 의연하며 질박하고 어눌함)은 인에 가깝다."

여기의 '강의'는 물욕에 굽히지 않고, '목눌'은 외물外物에 마음을 두지 않는다는 뜻이다. 이 장은 '사군자士君子'와 '교민敎民' 등을 논하고 있는 제28-30장의 총론에 해당한다.

13-28

子路問曰, "何如斯可謂之士矣." 子曰, "切切, 偲偲, 怡怡如也, 可謂士矣. 朋友切切偲偲, 兄弟怡怡."

자로가 말했다.
"어찌해야 가히 선비라고 할 수 있습니까."
공자가 대답했다.
"간곡하고, 자상하고, 화락하면 가히 선비라고 이를 만하다. 붕우 간에는 간곡하고 자상하고, 형제 간에는 화락해야 한다."

호인은 '절절切切'을 '간도懇到 : 지극한 간곡함', '시시偲偲'를 '상면詳勉 : 자상한 권면', '이이怡怡'를 '화열和悅 : 화목한 즐거움'로 풀이했다. 문의에 부합하는 해석이다.

13-29

子曰, "善人教民七年, 亦可以卽戎矣."

공자가 말했다.
"선인(善人)이 7년 동안 백성을 가르치면 또한 전쟁에 나가게 할 수 있다."

주희는 '교민'을 효제충신孝悌忠信의 행실과 무농강무務農講武: 농사에 힘쓰고 무예를 연마함의 법을 가르치는 것으로 풀이했다. '7년'과 관련해 정이천은 풀이하기를, "성인이 그 정도의 시간이면 가할 것이라고 여겼기 때문이다"라고 했다. '7년'을 반드시 특정 시한으로 해석할 필요는 없다. 정이천의 풀이가 타당하다.

13-30

子曰, "以不教民戰, 是謂棄之."

공자가 말했다.
"가르치지 않은 백성을 동원해 전쟁을 치르면 이를 일러 백성을 버리는 짓이라고 하는 것이다."

이 장은 앞장과 합쳐 해석해야만 그 뜻이 제대로 통한다. 주희는 여기의 '이以'를 동원의 의미인 '용用'으로 풀이했다. 문의에 부합한다. 이 장은 공자의 애민愛民사상이 선명히 드러나는 대목이기도 하다.

제14절 [헌문憲問]편

[헌문]편은 총 47장으로 되어 있다. 단문도 많지만 『논어』 전체의 20편 중 가장 장수가 많다. 그러나 여러 내용이 착잡錯雜하게 섞여 있어 편집의 유래 등을 판단키가 쉽지 않다. 이 편은 모두 크게 3개의 장군章群으로 나눌 수 있다. 제1-8장, 제9-20장, 제21-47장이 그것이다.

[헌문]편은 '자왈'로 시작되는 공자의 말이 매우 많다. 47개 장 중 무려 21개 장에 이른다. 공자가 제자 또는 타인과 나눈 문답은 총 23개 장이다. 이를 합치면 총 47개 장 중 무려 44개 장에 달한다. 그 이외의 장은 겨우 28 · 41 · 46장 등 모두 3개 장에 불과하다. 이들 3개 장도 따지고 보면 전후의 내용과 밀접한 관련이 있는 것이다. 이런 의미에서 [헌문]편은 공자의 격언 및 문답으로 이뤄져 있다고 해도 대과는 없다. 내용면에서 볼 때 공자의 제자를 포함해 고금의 인물과 사건 등에 관한 공자의 비평이 총 17개 장으로 가장 많다. 이 17개 장 중 고금의 정치와 위정자에 대한 비평이 12개 장에 달한다.

[헌문]편은 대부분 직제자로부터 나온 자료를 토대로 한 것으

로 2대 제자가 편집한 것이 주종을 이루고 있다. 나머지는 2-3대 제자의 전송을 비롯해 세간에 전해진 일화 및 70제자 후학 사이에 회자한 선사선현先師先賢에 관한 설화 등으로 이뤄져 있다. 이 편에는 '증자왈'로 시작되는 구절이 제법 많다. 편집에 증자 문인이 적극 개입했을 가능성을 시사하는 대목이다. 그러나 노나라에서의 공자의 행적 등이 적잖이 나오고 있는 점 등에 비춰 증자 문인 이외에도 여러 사람이 개입했을 공산이 크다.

14-1

憲問恥. 子曰, "邦有道穀, 邦無道穀, 恥也."

원헌(原憲 : 原思)이 부끄러움에 대해 물었다. 공자가 대답했다. "나라에 도가 있을 때 녹봉을 받아먹는 것 역시 나라에 도가 없을 때 녹봉을 받아먹는 것과 마찬가지로 수치스러운 일이다."

원헌은 공자의 직제자 중 중간쯤에 해당한다. 그는 청렴한 나머지 이재에 밝지 못했다. 주희는 풀이하기를, "원헌은 나라에 도가 없을 때 녹을 먹는 것이 수치스러운 일이라는 것을 알았으나 나라에 도가 있을 때도 훌륭한 일을 하지 못한 채 녹을 먹는 것이 수치스러운 일이라는 것을 알지 못했던 듯하다"고 했다. 『사기』 [중니제자열전]에 따르면 그는 공자 사후 초택草澤으로 몸을 숨겨 빈곤한 생활을 영위하다 죽었다고 한다. 이 장은 다음 장과 하나로 묶어도 좋을 정도로 그 내용이 서로 근접해 있다.

14-2

"克 · 伐 · 怨 · 欲不行焉, 可以爲仁矣." 子曰, "可以爲難矣, 仁則吾不知也."

"제압하고, 자랑하고, 원망하고, 욕심내는 일이 행해지지 않으면 가히 인이라고 할 수 있다."
이 말에 공자가 이같이 평했다.
"그러한 일은 가히 이루기 어렵다고 하겠다. 그러나 그것이 과연 인인지는 내가 잘 모르겠다."

이 장에 나오는 '극克 · 벌伐 · 원怨 · 욕欲'을 두고 흔히 4가지로 나누어 해석하고 있다. 마융은 '극'은 남을 이기기를 좋아하고, '벌'은 스스로 공을 자랑하고, '원'은 꺼리며 원망하고, '욕'은 지나치게 욕심을 내는 것으로 풀이했다. 주희도 대략 마융의 주장에 동조하면서 다만 '원'을 성내고 한스럽게 여기는 것으로 풀이했다.

이에 대해 다산은 '극'을 '극剋', '벌'을 '공攻'으로 보면서 이를 하나로 합쳐 남에게서 비롯된 것으로 풀이했다. 이어 '원'과 '욕'을 자신에게 비롯된 것으로 보면서 '원'은 자신에게 없는 것을 한스럽게 여기는 것이고, '욕'은 자신에게 없는 것을 탐하는 것으로 풀이했다. 다산의 해석이 보다 정밀하기는 하나 굳이 '극벌'과 '원욕'으로 양분해 해석할 필요는 없다.

일본의 오규 소라이荻生徂徠는 이 장의 앞에 궐문闕文이 있었을 것으로 보았다. 문장구조상 일리 있는 추정이다. 오규 소라이는 공자가 '극 · 벌 · 원 · 욕'을 행하지 않았다고 언급한 것은 어떤 현자의 행실을 염두에 둔 것으로, 그 현자는 대략 '관중'과 같은 인물일 것으로 추정했다. '관중'의 패업을 높이 평가한 오규 소라이의 시각이 여실히 드러나는 대목이 아닐 수 없다. 그러나 오규 소라이의 이러한 추정이 옳은지 여부를 확인하기가 쉽지 않다. 다만 관중의 패업에 관한 공자의 높은 평가에 비추어 오규 소라이의 이런 추측이 전혀 틀린 것만은 아니라고 할 수 있다.

14-3

子曰, "士而懷居, 不足以爲士矣."

공자가 말했다.
"선비로서 편안하기를 생각하면 선비라고 할 수 없다."

이 장은 다음 장과 합쳐 해석하는 것이 자연스럽다. 이 장에 나오는 공자의 언급은 선비가 취해야 할 기본 태도에 관한 교훈의 성격을 띠고 있다.

14-4

子曰, "邦有道, 危言危行. 邦無道, 危行言孫."

공자가 말했다.
"나라에 도가 있으면 말을 기탄없이 하고 행실도 소신 있게 한다. 나라에 도가 없으면 행실은 소신 있게 하되 말은 공손히 해야 한다."

이 장은 치세와 난세에 따라 선비가 취할 상이한 자세에 관한 교훈이다. 앞장과 합쳐 해석하는 것이 옳다.

14–5

子曰, "有德者必有言, 有言者不必有德. 仁者必有勇, 勇者不必有仁."

공자가 말했다.
"유덕자(有德者)는 반드시 훌륭한 말을 하지만, 유언자(有言者 : 말을 잘 하는 자)는 반드시 덕이 있는 것은 아니다. 인자는 반드시 용기가 있지만, 용자는 반드시 어진 것은 아니다."

이 장에서는 '유덕자'와 '유언자', '인자'와 '용자'가 상호 대비되어 평가되어 있다. 제5–8장 모두 사군자의 바람직한 자세를 논한 것이다.

14–6

南宮适問於孔子曰, "羿善射, 奡盪舟, 俱不得其死. 然禹稷躬稼而有天下." 夫子不答, 南宮适出. 子曰, "君子哉, 若人. 尙德哉, 若人."

남궁괄(南宮适)이 공자에게 물었다.
"예(羿 : 하나라를 찬탈한 전설적인 명궁)는 활을 잘 쏘았고, 오(奡 : '예'를 죽인 寒浞이 '예'의 부인과의 사이에서 얻은 용자)는 힘이 절인해 배를 육지에서 끌었으나 모두 제 명에 죽지 못했습니다. 그러나 우(禹)와 후직(后稷)은 몸소 밭을 갈면서도 천하를 차지했습니다."

공자가 아무 대답도 하지 않자 남궁괄이 밖으로 나갔다. 그러자 공자가 말했다.
"군자로다, 이런 사람은. 덕을 숭상하는구나, 이런 사람은."

여기의 남궁괄은 [공야장]편과 [선진]편에 나오는 남용南容과 동일인이다. 이 장을 두고 주희는 남궁괄이 군자다운 말을 하자 공자가 크게 기뻐한 나머지 그가 나가기를 기다렸다가 찬미한 것으로 풀이했다. 문의에 부합한다.

14-7

子曰, "君子而不仁者有矣夫, 未有小人而仁者也."

공자가 말했다.
"군자로서 어질지 못한 자는 있어도 소인으로서 어진 자는 없다."

이 장은 아무리 군자일지도 마음을 늘 인에 두고 있지 않으면 불인不仁을 면치 못하게 된다는 점을 경계한 것이다. 소인의 경우는 인에 뜻을 두지 않는 까닭에 인자인지 여부를 논의할 여지조차 없다. 이 장을 통해 공문에서 말하는 군자는 인자보다 포괄적인 개념임을 확인할 수 있다.

14-8

子曰, "愛之, 能勿勞乎. 忠焉, 能勿誨乎."

공자가 말했다.
"사랑한다면 상대방을 더욱 분발케 만들지 않을 수 있겠는가. 충성한다면 상대방을 깨우쳐 주지 않을 수 있겠는가."

공자는 이 장에서 사랑하기만 하고 상대방을 분발시키지 못하면 진정한 사랑이라고 할 수 없고, 충성하기만 하고 상대방을 깨우쳐 주지 않으면 내시의 충성에 불과할 뿐이라고 지적하고 있다. 진정한 사랑과 충성이 무엇인지를 통렬히 지적한 대목이다.

14–9

子曰, "爲命, 裨諶草創之, 世叔討論之, 行人子羽修飾之, 東里子産潤色之."

공자가 말했다.
"사령(辭令 : 외교문서)를 만들 때 비심(裨諶 : 정나라 대부)이 초안을 만들고, 세숙(世叔 : 정나라의 현대부 游吉)이 그 내용을 검토하고, 행인(行人 : 사자)인 자우(子羽 : 정나라 대부 공손 揮)가 다듬고, 동리(東里)에 사는 자산(子産)이 윤색을 하여 완성시켰다."

두 번째 장군인 제9–20장 중 제11장을 제외하고는 모두 정 · 노 · 위 · 제 등 열국의 정치와 위정자에 대한 공자의 비평으로 되어 있다. 이 장과 다음 장은 공자가 군자의 전형으로 생각했던 정나라의 자산子産에 관한 칭송으로 이뤄져 있다. 자산에 대한 공자의 존경심이 어느 정도였는지를 짐작케 해주는 대목이다.

14-10

或問子産, 子曰, "惠人也." 問子西, 曰, "彼哉, 彼哉." 問管仲, 曰, "人也奪伯氏騈邑三百, 飯疏食沒齒, 無怨言."

어떤 사람이 공자에게 자산에 관해 묻자 공자가 이같이 대답했다.
"은혜로운 사람이다."
이어 자서(子西 : 초소왕의 동생인 영윤 공자 申)에 대해 묻자 다만 이같이 말했다.
"그 사람, 그 사람."
다시 관중에 대해 묻자 공자가 이런 말로 대신했다.
"그 사람은 백씨(伯氏 : 제나라의 대부를 지칭)의 병읍(騈邑) 3백 호를 빼앗았다. 그러나 백씨는 거친 밥을 먹으며 몰치(沒齒 : 이빨이 빠진다는 말로 죽음을 상징)할 때까지 그에 대해 한 마디도 원망치 않았다."

이 장은 특이하게도 정나라의 자산을 비롯해 초나라의 영윤 공자 신申, 제나라의 현대부 자산 등에 대한 공자의 비교평가가 실려 있다. 내용상 관중과 자산을 가장 높이 평가했음을 알 수 있다. 그렇다면 공자는 관중과 자산 중 누구를 더 높이 평가한 것일까. 이에 대해 주희는 평하기를, "관중의 덕은 그 재주를 이기지 못했고, 자산의 재주는 그 덕을 이기지 못했다. 성인의 학문에 대해 한결같이 들은 것이 없다"고 했다. 이는 맹자의 왕도王道 사상에 입각한 인색하기 짝이 없는 평이 아닐 수 없다.

『논어』 중 공자의 관중에 대한 평은 모두 5차례, 자산에 대한 평가는 모두 4차례 나온다. 관중에 대한 평은 그의 비례非禮에 대해서는 신랄하게 비난하면서도 그의 공업에 대해서는 극찬을 하는 일포일폄一褒一貶으로 이뤄져 있다. 이에 반해 자산에 대한 평은 모두 호평 일색이다. 공자는 자신보다 한 세대 가량 앞선 자산을 군자의 전형으로 생각했다. 공자사상에 자산이 미친 영향은 막대하다. 이 점에서 보면 공자는 일견 자산을 관중보다 높이 평가한 것으로 간주할 수 있다. 그러나 공자는 관중이 이룬 업적에 대해 극찬을 아끼지 않았다. 자산 역시 실제 정치에서 뛰어난 성과를 거두기는 했으나 관중과 같이 '존왕양이尊王攘夷'의 혁혁한 공을 세우지는 못했다. 공자의 관중에 대한 평은 비록 '일포일폄'의 모습을 취하고는 있으나 내용면으로 볼 때 최상의 평가를 내렸음을 알 수 있다. 이 대목에서도 관중을 평하면서 일포일폄의 형식을 취하기는 했으나 결론적으로 극찬을 아끼지 않았음을 쉽게 알 수 있다. 주희가 맹자의 왕도사상에 입각해 두 사람을 일언지하에 폄하한 것은 공자사상에 대한 왜곡이다.

14-11

子曰, "貧而無怨難, 富而無驕易."

공자가 말했다.
"가난하면서 원망이 없기는 어렵고, 부유하면서 교만이 없기는 쉽다."

부자와 빈자에 대한 공자의 이러한 평을 두고 주희는 분석하기를, "가난에 처하기는 어렵고 부에 처하기는 쉽기 때문이다"라고 했다. 주희의 이런 분석은 사람이 극빈極貧과 극부極富에 처하기는 어려우나 소부小富와 소빈小貧에 처하기는 쉽다는 점에서 설득력이 약하다. 대략 여유 있는 사람이 겸손을 가장키는 쉬워도 가난에 처해 있는 사람이 원망하는 마음을 드러내지 않기는 쉽지 않다고 해석하는 것이 타당하다.

14-12

子曰, "孟公綽, 爲趙魏老則優, 不可以爲滕薛大夫."

공자가 말했다.
"맹공작(孟公綽 : 노나라의 현대부)은 조씨(趙氏)와 위씨(魏氏)의 가로(家老 : 가신의 우두머리)가 되면 그 기량을 능히 발휘할 수 있다. 그러나 등(滕) · 설(薛)과 같은 나라는 비록 소국의 대부가 되면 오히려 제 기량을 발휘할 수 없다."

공자가 활약한 춘추시대 말기는 이미 진晉나라의 세족인 조씨와 위씨가 사실상의 독립국을 이룰 정도로 큰 세력을 형성하고 있었다. 공자의 맹공작에 대한 평을 두고 주희는 분석하기를, "조씨와 위씨의 세력은 중하나 그 가로는 명망만 높고 관직을 맡은 책임이 없다. 설과 등은 비록 소국이기는 하나 정치가 번거롭고 대부의 지위가 높은 데다 책임이 중하다. 맹공작은 청렴하고 욕심이 적으나 재능이 부족한 자인 듯하다"고 했다. 그러나 이는 공자가 말한 취의를 제대로 이해치 못하고 거꾸로 해석해 놓은 것이다.

공자가 이 장에서 말하고자 한 것은 맹공작과 같이 그릇이 큰 사람은 대국의 국정을 맡아야지 소국의 국정을 맡게 되면 오히려 제 능력을 발휘할 수 없다는 사실이다. 그릇의 크기에 따라 그 활동무대가 다를 수밖에 없고, 이것이 제대로 연결되지 못하면 오히려 정반대의 부작용을 낳을 수밖에 없다고 지적한 것이다. 사람은 그 그릇에 따라 용인用人해야 한다는 공자의 기본입장이 잘 드러난 대목이 아닐 수 없다.

14-13

子路問成人. 子曰, "若臧武仲之知, 公綽之不欲, 卞莊子之勇, 冉求之藝, 文之以禮樂, 亦可以爲成人矣." 曰, "今之成人者, 何必然. 見利思義, 見危授命, 久要不忘平生之言, 亦可以爲成人矣."

자로가 성인에 대해 물었다. 공자가 대답했다.
"만일 장무중(臧武仲 : 노나라 대부 臧孫紇)의 지혜와 맹공작의 불욕(不欲 : 無欲), 변장자(卞莊子)의 용맹, 염구의 재예(才藝) 위에 예악으로 문채를 더하면 가히 성인(成人 : 인격이 완성된 인물)이 될 수 있을 것이다."
공자가 다시 말했다.
"그러나 지금의 성인이야 어찌 반드시 그럴 필요가 있겠는가. 이익을 보고 의를 생각하고, 위태로움을 보고 목숨을 바치고, 오랫동안 곤궁해도 평생지언(平生之言 : 여기서는 젊었을 때 한 오래된 약속을 지칭)을 잊지 않는다면 이 또한 성인이 될 수 있을 것이다."

호인은 공자의 두 번째 얘기를 자로의 말로 보아야 한다고 주장했다. 사실 전후 문맥으로 보아 공자가 거듭 얘기한 것으로 보기에는 약간 자연스럽지 못한 점이 있다. 공자가 거듭 얘기한 것이라면 '하필何必'이라는 구절이 나오는 이유와 전후의 얘기가 상호 대치되는 이유를 명쾌히 해명하기가 쉽지 않다. 그러나 앞의 얘기는 옛날의 '성인'을 말한 것이고, 뒤의 얘기는 요즘의 '성인'을 애기한 것으로 보면 큰 무리는 없다. 주희를 비롯한 대부분의 주석가들이 앞뒤 애기 모두 공자가 한 것으로 풀이하고 있다. 이를 좇는 것이 좋을 듯하다.

14-14

子問公叔文子於公明賈曰, "信乎, 夫子不言·不笑·不取乎." 公明賈對曰, "以告者過也. 夫子時然後言, 仁不厭其言. 樂然後笑, 人不厭其笑. 義然後取, 人不厭其取." 子曰, "其然, 豈其然乎."

공자가 위나라 대부인 공숙문자(公叔文子 : 公叔發)의 인품을 위나라 사람 공명가(公明賈 : '공명'이 성임)에게 물었다.
"과연 믿어도 되오, 부자(夫子 : 공숙 문자)가 말도 하지 않고, 웃지도 않고, 이득을 취하지도 않는다는 말이 사실이오."
공명가가 대답했다.
"그 말을 전한 자가 지나쳤습니다. 부자는 때가 된 연후에 말하므로 사람들이 그의 말을 싫어하지 않고, 즐거운 연후에 웃으므로 사람들이 그의 웃음을 싫어하지 않고, 의에 합당한 연후에 이익을 취하므로 사람들이 그의 취함을 싫어하지 않는 것입니다."
공손가의 말에 공자가 의구심을 떨치지 못했다.
"그럴까, 어찌 그럴 수 있겠는가."

주희는 공숙문자를 두고 위나라 대부 '공손지公孫枝'라고 해석했으나 이는 잘못이다. '공손지'는 진목공秦穆公 때 활약한 진秦나라 대부의 이름이다. '공손지'의 자는 자상子桑이다. 이와 달리 공숙문자의 이름은 '공숙발公叔發'로 성이 '공숙'이다. '공숙'은 원래 제후의 형제를 뜻하는 말로 훗날 성으로 변한 것이다.

주희는 공자가 의구심을 표시한 배경과 관련해 『맹자』 [공손추 상]편을 인용해 풀이하기를, "공명가가 언급한 공숙문자에 대한 칭송은 예의가 마음 속에 충만해 때에 알맞게 조처함을 얻은 자가 아니면 능히 할 수 없는 것이다. 공숙문자가 비록 어질었다고는 하나 여기에는 미치지 못했을 것이다. 다만 맹자가 말한 바와 같이 군자는 남의 선행을 칭찬해 주어 더욱 열심히 하도록 도와주고, 그 잘못을 바로 말하려고 하지 않는 법이다. 이 때문에 공자가 그 같이 말한 것이다"라고 했다. 공자가 공명가의 평가에 의구심을 떨치지 못한 점에 비춰 대략 문의에 부합한다.

14-15

子曰, "臧武仲以防求爲後於魯, 雖曰不要君, 吾不信也."

공자가 말했다.
"장무중이 죄를 지어 주(邾)나라로 갔다가 방(防) 땅으로 돌아온 뒤 자신의 후계자를 세워주면 방읍을 떠나겠다고 말했으니, 비록 군주를 강요치는 않았다고 말하나 나는 그 말을 믿을 수 없다."

여기의 방 땅은 장무중의 봉읍이다. 『춘추좌전』 [노양공 23년] 조의 기록에 따르면 당시 장무중은 죄를 지어 망명했다가 봉읍으로 돌아온 인물이다. 당시 그는 사람을 보내 만일 후계자를 세워주면 순순히 물러나고 그렇지 않으면 장차 방 땅을 거점으로 반란을 일으키겠다는 뜻을 내비쳤다. 공자는 바로 장무중의 이러한 행태를 지적한 것이다. 공자의 존군尊君사상을 읽을 수 있는 대목이 아닐 수 없다. 당시 공자는 권신들의 발호를 방지해 군권君權을 확고히 해야 한다는 생각을 갖고 있었다. 그가 3환 세력을 제거코자 한 것도 바로 이 때문이었다.

14–16

子曰, "晉文公譎而不正, 齊桓公正而不譎."

공자가 제환공과 진문공을 이같이 평했다.
"진문공은 술수를 부리면서 바르지 않았고, 제환공은 바르면서 술수를 부리지 않았다."

공자는 이 장에서 춘추시대의 첫 패자인 제환공의 패업을 '정패正霸', 두 번째 패자인 진문공의 패업을 '휼패譎霸'로 나누고 있다. 주희는 공자가 '정패'와 '휼패'를 나눈 배경을 두고 분석하기를, "제환공은 초나라를 칠 때 대의를 내세워 말하고 속임수를 쓰지 않았다. 그러나 진문공은 위衛나라를 쳐 초나라를 싸움으로 끌어들이고 음모로써 승리를 취했으니 그 속임이 매우 심했다. 두 사람의 다른 일도 이와 같은 것이 많다. 공자가 이를 언급함으로써 그 숨을 사실을 드러낸 것이다"라고 했다. 대략 사실史實에 부합한다.

당시 공자는 모든 패업을 사갈시한 맹자와 달리 '휼패'에 대해서는 부정적인 평가를 내렸으나 '정패'에 대해서는 긍정적인 평가를 내렸다. 이는 관중이 제환공을 도와 '존왕양이'의 첫 패업을 이룬 것을 높이 평가한 것과 맥을 같이 하는 것이다. 제16–18장의 3개 장은 춘추시대의 첫 패자인 제환공과 첫 패업을 이루는 데 결정적인 공헌을 한 관중에 관한 얘기로 이뤄져 있다.

14-17

子路曰, "桓公殺孔子糾, 召忽死之, 管仲不死. 曰 '未仁乎.'"
子曰, "桓公九合諸侯, 不以兵車, 管仲之力也. 如其仁, 如其仁."

자로가 말했다.
"제환공 소백(小白)이 공자 규(糾 : 제환공의 이복형)를 죽이자 신하 소홀(召忽)은 그를 위해 죽었고 관중은 죽지 않았습니다. 그러니 관중을 인하지 않다고 할 것입니다."
그러자 공자가 반박했다.
"제환공이 제후들을 규합하며 병거(兵車 : 전쟁)를 동원치 않은 것은 모두 관중의 공이다. 그 누가 그의 인만 하겠는가, 그 누가 그의 인만 하겠는가."

공자는 이 장에서 관중의 패업을 높이 평가한 이유를 구체적으로 설명하고 있다. 자로는 관중이 당초 주군인 공자 규가 죽을 때 소홀과 같이 함께 죽지 않은 것을 두고 인하지 못하다고 비난했다. 그러나 공자는 관중의 패업을 예로 들어 오히려 '누가 감히 그의 인만 하겠는가'라고 반박하고 나선 것이다. 관중은 훗날 자신이 소홀과 함께 죽지 않은 것은 소의小義와 소절小節에 얽매이지 않고 나라를 위해 공업을 세우고자 하는 대의大義와 대절大節에 뜻을 두었기 때문이라고 술회한 바 있다. 공자는 바로 관중의 이런 취지를 그대로 받아들였던 것이다.

14-18

子貢曰, "管仲非仁者與. 桓公殺孔子糾, 不能死, 又相之." 子曰, "管仲相桓公, 覇諸侯 · 一匡天下, 民到于今受其賜. 微管仲, 吾其被髮左衽矣. 豈若匹夫匹婦之爲諒也, 自經於溝瀆而莫之知也."

자공이 말했다.
"관중은 인자가 아닌 듯합니다. 제환공이 공자 규를 죽일 때 주군을 좇아 죽지 못하고 나아가 제환공을 섬겼습니다."
공자가 반박했다.
"관중이 제환공을 도와 패제후(覇諸侯 : 제후들을 호령함)와 일광천하(一匡天下 : 일거에 천하를 바로잡음)를 이룸으로써 백성들이 지금까지 그 혜택을 받고 있다. 관중이 없었다면 우리는 피발좌임(被髮左衽 : 머리를 풀고 옷깃을 왼편으로 하는 이적의 풍속)의 오랑캐가 되었을 것이다. 어찌 필부필부(匹夫匹婦)가 소절(小節)을 위해 스스로 구독(溝瀆 : 도랑)에서 목매고 죽어 알아주는 사람조차 없는 경우와 같을 수 있겠는가."

이 장과 관련해 제환공 소백과 공자 규의 형제 사이의 서열을 놓고 예로부터 많은 논란이 있었다. 이는 주희가 『논어집주』에서 제환공 소백을 공자 규의 형으로 규정한 데서 비롯된 것이다. 이와 관련해 『춘추좌전』은 두 사람 간의 서열을 밝히지 않은 채 '제나라의 소백이 제나라로 들어갔다'고 표현해 놓았다. 그러나 『춘추공양전』은 제환공이 공자 규를 죽은 것을 놓고 '찬簒'이라고 기록해 놓았고, 『춘추곡량전』은 '불양不讓'이라고 표현해 놓았다. 이는 모두 제환공이 동생이고 공자 규가 형인 것을 시사한다. 『사기』 역시 '죽은 제양공齊襄公의 다음 동생 소백'이라고 분명히 기록해 놓았다. 『순자』는 이를 보다 명확히 하여 '제환공이 형을 죽이고 제나라로 돌아왔다'고 기록해 놓았다. 그럼에도 주희는 정이천의 말을 인용해 이 장을 이같이 해석해 놓았다.

> 정자程子 : 정이천가 말하기를, '제환공이 형이고 공자 규가 동생이다. 관중은 자신이 섬기던 자에게 사사로이 하여 그를 도와 나라를 다퉜으니 이는 의가 아니다. 제환공이 동생인 공자 규를 죽인 것은 비록 지나친 일이기는 하나 공자 규의 죽음은 실로 마땅했다. 관중은 처음에 공자 규와 함께 모의했으니 공자 규와 함께 죽는 것도 가했고, 동생인 공자 규를 도와 나라를 다툰 것이 의가 아님을 알고 스스로 죽음을 면한 뒤 후일의 공을 도모하는 것도 가했다. 그래서 성인은 관중이 후자를 택해 죽지 않은 것을 나무라지 않고 후일 그가 세운 공을 칭찬한 것이다. 그러나 만일 제환공이 아우이고 공자 규가 형이어서 관중이 형인 공자 규를 도운 것이 정당한 상황에서 제환공이 형의 나라를 빼앗고 형을 죽였다면 관중과 제환공은 한 세상에 같이 살 수 없는 원수가 될 수밖에 없다. 그런데도 만일 공자가 관중이 세울 그 후일의 공을 계산해 제환공을 섬긴 일을 수긍했다면 이 장에 나오는 성인의 이 말씀은 심히 의를 해쳐 만세의 반복불충反覆不忠하는 난의 단서를 여는 게 아니겠는가. 당나라의 왕규王珪와 위징魏徵도 건성지란建成之亂 : 당고조의 태자 건성이 동생 이세민을 제거하려다가 오히려 죽임을 당한 사건 때 형인 건성을 따라 죽지 않고 동생인 당태종唐太宗 : 이세민을 따랐다. 이는 가히 의를

해친 것이라고 이를 만하다. 이들이 비록 후일에 공을 세웠다고는 하나 어찌 이로써 자신들이 저지른 죄를 속죄할 수 있겠는가' 라고 했다.

주희는 정이천의 말을 인용해 제환공이 형이었기 때문에 공자가 관중의 배반을 수긍하고 후일에 세운 공을 평가한 것이라고 주장한 것이다. 정이천과 주희 모두 공자가 관중을 평가한 근본 이유를 관중이 세운 공업에서 찾지 않고 제환공과 공자 규의 서열에서 찾은 셈이다. 이들은 자신들의 주장을 뒷받침하기 위해 당제국 때의 왕규와 위징까지 끌어들였다. 당태종이 보위에 오른 뒤 '정관지치貞觀之治'의 성세를 이룩하고 위징 등이 성세의 도래에 결정적인 공헌을 한 점 등을 높이 평가했다면 당태종이 동생이었다는 사실 등은 사소한 문제에 불과하다. 그럼에도 정이천과 주희는 이를 인정할 수 없다는 입장을 견지한 것이다. 명분론에 얽매인 정이천과 주희의 협량狹量이 여실히 드러난 대목이 아닐 수 없다.

그렇다면 정이천과 주희는 무엇을 근거로 제환공이 형이었다고 주장한 것일까. 전거가 전혀 없었던 것은 아니다. 전한제국 당시 박소薄召가 회남왕淮南王에게 올린 글 중에 제환공이 동생인 공자 규를 죽였다는 말이 나온다. 그러나 이는 무슨 사료를 토대로 한 것이 아니어서 증거로 삼을 만한 것이 못 된다. 정이천과 주희가 『춘추공양전』과 『사기』 등을 보지 못했을 리 없다. 그런데도 불구하고 왜 제환공을 형이라고 강변하고 나선 것일까.

대략 두 사람은 명분론의 입장에서 『논어』의 이 장을 액면 그대로 평가하는 데 곤혹스런 나머지 이러한 억지 주장을 펼쳤을 가능성이 크다. 관중을 당제국 때의 위징과 같은 인물로 비판하려면 먼저 관중을 '인인仁人'이라고 평가한 공자의 말부터 부인하고 들어가야만 한다. 이는 아무리 정이천과 주희일지라도 감히 행할 수 있는 일이 아니다. 결국 두 사람은 고육지책으로 제환공을 형으로 둔갑시키는 일을 감행했을 공산이 크다. 역사적 사실조차 자신들의 취향에 따라 멋대로 왜곡하는 도학자들의 반역사적인 행태가 적나라하게 드러난 대목이 아닐 수 없다.

14-19

公叔文子之臣大夫僎, 與文子同升諸公. 子聞之曰, "可以爲文矣."

공숙문자의 천거로 그의 가신인 대부 선(僎)이 주군과 함께 공조(公朝 : 제후의 조정)에 그 이름이 오르게 되었다. 공자가 이 얘기를 듣고 이같이 말했다.
"가히 시호를 문(文)이라고 할 만하다."

시법諡法에 따르면 '문'은 '석민작위錫民爵位 : 백성에게 작위를 내려줌'의 뜻을 지니고 있다. 공자가 공숙문자를 칭송한 것은 가신을 이끌어 자신과 함께 한 것을 높이 평가한 데 따른 것이었다. 당시는 신분세습의 봉건질서가 잉존해 있던 때였다. 사람을 알아보고 즉시 끌어올려 자신과 같은 반열에 올려놓고 군주를 섬긴 공숙문자의 행보는 경이로운 것이었다. 신분세습의 봉건질서가 하루속히 무너지기를 염원했던 공자가 공숙문자의 이런 행보에 칭송을 아끼지 않은 것은 당연한 일이었다.

14-20

子言衛靈公之無道也. 康子曰, "夫如是, 奚而不喪." 孔子曰, "仲叔圉治賓客, 祝鮀治宗廟, 王孫賈治軍旅, 夫如是, 奚其喪."

공자가 위영공의 무도함을 말하자 계강자가 물었다.
"이와 같은데도 어찌하여 지위를 잃지 않는 것입니까."
공자가 대답했다.
"중숙어(仲叔圉 : 위나라 대부 孔圉)는 빈객을 다스리고, 축타(祝鮀)는 종묘를 다스리고, 왕손가(王孫賈)는 군대를 다스리고 있소. 이같이 하는데 어찌 그 지위를 잃을 리 있겠소."

위영공은 어질지 못했다. 그럼에도 보위를 잃지 않은 것은 공자의 말대로 3명의 현신을 곁에 두었기 때문인지도 모를 일이다. 공자는 이 장에서 현신의 중요성을 강조하며 계강자의 분발을 촉구하고 있다.

14-21

子曰, "其言之不怍, 則爲之也難."

공자가 말했다.
"말하는 것을 부끄러워하지 않고 함부로 말하면 실천하기 어렵다."

공자는 이 장에서 언행일치를 강조하고 있다. 이 장은 내용상 다음 장과 긴밀히 연결돼 있다. 이 편에서 제21-47장의 27개 장은 세 번째 장군을 이루고 있다.

14-22

陳成子弑簡公, 孔子沐浴而朝, 告於哀公曰, "陳恒弑其君, 請討之." 公曰, "告夫三子." 孔子曰, "以吾從大夫之後, 不敢不告也. 君曰, '告夫三子者.'" 之三子告, 不可. 孔子曰, "以吾從大夫之後, 不敢不告也."

진성자(陳成子 : 陳恒)가 제간공(齊簡公 : 壬)을 시해하자 공자가 목욕한 뒤 입궐하여 노애공에게 이같이 간했다.
"진항이 그 군주를 시해했으니 토벌해야만 합니다."
노애공이 말했다.
"저 삼자(三子 : 三桓)에게 말해보도록 하시오."
공자가 물러나온 뒤 이같이 중얼거렸다.
"나는 일찍이 대부의 자리에 있었던 까닭에 감히 간하지 않을 수 없었다. 군주는 저 삼자에게 말하라고 하는구나."
공자가 3환을 찾아가 말하자 이들이 반대했다. 그러자 공자가 이같이 중얼거렸다.
"나는 일찍이 대부의 자리에 있었던 까닭에 감히 말하지 않을 수 없었다."

제나라의 권신 진항陳恒이 제간공을 시해한 내용은『춘추좌전』[노애공 14년]조에 상세히 실려 있다. 이에 따르면 당시 공자는 노애공에게 건의하기를, "진항이 그 군주를 시해하자 제나라 백성 중에 그를 편들어주지 않는 자가 반이나 됩니다. 노나라의 많은 무리에다가 제나라 백성 반을 보태면 능히 제나라를 칠 수 있습니다"라고 했다. 이를 두고 정이천은 주석하기를, "이는 의리가 아닌 힘으로 해결코자 한 것으로 공자의 말이 아니다. 공자는 틀림없이 진항의 죄를 바로 지목하여 위로는 천자에게 고하고 아래로는 방백方伯에게 말한 뒤 동맹국을 이끌고 토벌하려고 했을 것이다. 이같이 했다면 주나라 왕실이 다시 부흥할 수 있었을 터인데 노나라 군신들이 끝내 따르지 않았으니 그 애석함을 이루 말할 수 없다"고 했다.

정이천의 이런 주석은 의리론에 치우친 것으로 당시의 상황과는 동떨어진 것이다. 당시 공자는 치사致仕 : 나이 많은 것을 이유로 벼슬을 물러남한 채 제자육성에 여념이 없었다. 그는 진항의 시해사건을 접하고 즉시 노애공을 찾아가 진항에 대한 토벌을 청했다. 소국인 노나라가 대국인 제나라를 치는 것은 당시의 기준에서 볼 때 불가능한 일이었다. 공자도 이를 모를 리가 없었다. 공자가 노애공에게 진항에 반대하는 제나라 백성 얘기를 꺼낸 것도 바로 이 때문이었다. [노애공 14년]조의 기록은 역사적 사실에 가깝다고 보아야 한다.

관중의 '존왕양이'에 대한 극찬을 통해 알 수 있듯이 공자는 '존왕양이'를 위한 무력동원을 반대한 적이 없다. 앞서 언급한 바와 같이 공자가 제환공과 진문공을 비교하며 '정패'와 '휼패'를 구분한 것도 바로 이 때문이었다. 정이천의 주석은 무력을 동원하는 패도霸道를 타기한 맹자의 왕도론에 집착한 데 따른 것이다. 송대의 성리학이 공자사상과 얼마나 괴리되어 있었는지를 극명하게 보여주는 사례가 아닐 수 없다. 공자가 진항에 대한 토벌을 청한 것은 말할 것도 없이 난신적자亂臣賊子의 접종接踵으로 천하대란이 일어날까 우려했기 때문이다.

14–23

子路問事君. 子曰, "勿欺也, 而犯之."

자로가 군주를 섬기는 것에 관해 물었다. 공자가 대답했다.
"속이지 않고, 얼굴을 마주한 채 간쟁해야 한다."

여기의 '범犯'은 '범안간쟁犯顔諫爭'을 뜻한다. 군주의 면전에서 얼굴을 붉히며 간쟁하는 것을 의미한다. 신하의 사군事君에 관한 기본입장을 밝힌 이 장은 앞장인 제22장에 대한 부연설명의 성격을 띠고 있다.

14–24

子曰, "君子上達, 小人下達."

공자가 말했다.
"군자는 위로 통달하고, 소인은 아래로 통달한다."

주희는 풀이하기를, "군자는 천리를 따르기에 날마다 고명해지고, 소인은 인욕을 따르기에 날마다 오하汚下해진다"고 했다. '천리인욕설'에 따른 형이상학적 해석이 아닐 수 없다. 그보다는 '군자는 의義를 따르기에 날로 고명해지고, 소인은 이利를 따르기에 날로 비루해진다'고 새기는 것이 옳다. 군자의 상달上達과 소인의 하달下達을 대비시킨 이 장은 내용상 천天과 인人의 '상달'을 언급한 제37장의 '하학상달下學上達' 구절과 상통하고 있다.

14-25

子曰, "古之學者爲己, 今之學者爲人."

공자가 말했다.
"옛날의 학자는 치도(治道)를 밝힐 생각으로 자신을 위해 학문을 했으나, 지금의 학자는 치술(治術)을 이용할 생각으로 남을 위해 학문을 한다."

주희는 풀이하기를, "성현이 학자들의 용심用心에 대한 득실을 논한 것이 많으나 이 말과 같이 절실하고도 긴요한 것은 없었다"고 했다. 제25-33장은 군자의 수기치인修己治人에 관한 얘기이다.

14-26

蘧伯玉使人於孔子, 孔子與之坐而問焉曰, "夫子何爲." 對曰, "夫子欲寡其過而未能也." 使者出. 子曰, "使乎, 使乎."

거백옥(蘧伯玉 : 위나라의 현대부 蘧瑗)이 사자를 보내 공자에게 문안을 올렸다. 공자가 사자와 함께 좌정한 뒤 물었다.
"부자(夫子 : 거백옥)는 무엇을 하오."
사자가 대답했다.
"부자는 허물을 적게 만들고자 하나 아직 능하지 못합니다."
사자가 나가자 공자가 그를 칭송했다.
"훌륭한 사자(使者)이다, 훌륭한 사자이다."

이 장에 언급된 거백옥은 당대의 현자이다. [위령공]편 제6장에도 공자가 그를 칭송하는 대목이 나온다. 공자는 천하유세에 나서 위나라로 갔을 때 거백옥의 집에 머문 적이 있었다. 이 일화는 공자가 노나라로 귀국한 뒤의 일로 보인다. 이 장에서 '군자'의 얘기는 나오지 않으나 내용상 군자에 관한 '수기치인'에 관한 언급으로 볼 수 있다.

14-27

子曰, "不在其位, 不謀其政."

공자가 말했다.
"그 지위에 있지 않으면 해당 정무를 도모하지 않는다."

이 장은 반드시 다음 장과 함께 이해해야만 그 뜻이 분명해진다. 이 장의 해석과 관련해 일부 학자는 공자가 관직에 있지 않은 사람의 정책 비판을 힐난한 것으로 풀이하고 있다. 크릴은 이런 해석에 의문을 제기하면서 이 구절은 지금은 전해지지 않는 어떤 사안과의 특별한 관련 아래에서 나온 것으로 추정했다. 그러나 굳이 크릴과 같이 무리하게 해석할 필요는 없다. 공자가 이 장에서 경계한 것은 '월권越權'이다. 실제로 공자는 당시의 하극상에 대해 크게 개탄한 바 있다. 공자의 '월권'에 대한 발언은 바로 이러한 하극상에 대한 개탄에서 비롯된 것으로 보면 하등 이상할 것이 없다. 제27-29장은 서로 비슷한 내용을 말한 것이다. '증자왈'이 나오는 점에 비춰 대략 증자 문인이 유사한 내용을 하나로 묶어 전한 것으로 보인다.

14-28

曾子曰, "君子思不出其位."

공자의 직무에 관한 언급에 대해 증자가 이같이 풀이했다.
"군자는 그 생각이 그 지위를 벗어나지 않는다."

이는 증자가 앞장에 나온 '월권'에 대한 공자의 언급을 부연해 놓은 것이다. 증자 문인의 전송이 수록된 것으로 짐작된다. 그러나 이 장에 나오는 증자의 풀이가 『주역』 [간괘艮卦]의 괘사에 나오고 있는 점에 비춰 후대의 문인이 증자를 가탁해 삽입시켜 놓았을 가능성도 배제할 수 없다.

14-29

子曰, "君子恥其言而過其行."

공자가 말했다.
"군자는 감히 말을 다 쏟아내지 않고, 행동에 여유를 둔다."

이를 두고 흔히 '군자는 말이 행동보다 앞서는 것을 부끄러워한다'로 풀이하고 있다. 그 경우 굳이 문장 중에 '이而'가 존재하는 이유를 제대로 해명키가 어렵다. 주희는 『중용』을 인용해 분석하기를, "치恥는 감히 다 말하지 못한다는 뜻이고, 과過는 행동에 여유를 두어야 한다는 뜻이다"라고 했다. 문장 구조상 '치기언恥其言'과 '과기행過其行'은 병렬구조로 보는 것이 옳다. 대략 주희의 분석이 문의文意에 부합한다.

14-30

子曰, "君子道者三, 我無能焉. 仁者不憂, 知者不惑, 勇者不懼." 子貢曰, "夫子自道也."

공자가 말했다.
"군자의 도에는 세 가지가 있으나 나는 능한 것이 없다. 인자는 근심하지 않고, 지자는 의심하지 않고, 용자는 두려워하지 않는다."
자공이 말했다.
"부자(夫子)가 스스로 겸양해 한 말이다."

'자도自道'의 '도'는 '언言'과 통한다. 공자가 내세운 군자학은 학덕學德의 겸비를 요구한다. '학'은 '지知'를 근본으로 삼고, '덕'은 '인仁'을 기본으로 삼는다. 공자는 이 장에서 학덕을 나누어 설명하고 있다.

14-31

子貢方人. 子曰, "賜也賢乎哉. 夫我則不暇."

자공이 인물들을 비교평가하자 공자가 말했다.
"사(賜 : 자공)는 현명한가 보구나. 나는 도무지 그럴 겨를이 없는데."

여기의 '방方'은 '비比'와 통한다. 공자는 이 장에서 인물평을 즐기는 자공에 대해 은근한 비유로 질책하고 있다.

14-32

子曰, "不患人之不己知, 患其不能也."

공자가 말했다.
"남이 나를 알아주지 않는 것을 걱정하지 말고, 자신이 능하지 못한 것을 걱정해야 한다."

지우知遇를 언급한 이 장은 내용상 [학이]편 제16장과 [이인]편 제14장, [위영공]편 제18장과 상통하고 있다. 동일 내지 유사한 내용의 언급이 여러 학파의 문인들에 의해 다양하게 전송된 데 따른 것으로 짐작된다.

14-33

子曰, "不逆詐, 不億不信. 抑亦先覺者, 是賢乎."

공자가 말했다.
"상대방이 나를 속일까 역탐(逆探 : 미리 짐작함)하지 말고, 상대방을 믿을 수 없는 사람이라고 미리 억측(臆測)하지 말아야 한다. 그러나 또한 상대방과 만난 뒤에는 그가 어떤 사람인지를 먼저 깨닫는 것이 현명한 것이다."

공자는 이 장에서 군자는 기본적으로 매사에 성실하게 임하는 까닭에 비록 남이 자신을 속일까 역탐하지 않고 남이 자신을 믿지 않을까 억측하지 않을지라도 항상 먼저 깨닫게 된다고 말하고 있다. 그러나 공자는 만일 역탐하지 않고 억측하지 않다가 끝내 소인에게 속임을 당하면 이 또한 볼 것이 없다며 주의를 게을리

하지 말 것을 당부하고 있다. 공자가 결코 실속없는 명분론에 침잠하지 않았음을 보여주는 대목이 아닐 수 없다.

14-34

微生畝謂孔子曰, "丘, 何爲是栖栖者與. 無乃爲佞乎." 孔子曰, "非敢爲佞也, 疾固也."

미생무(微生畝 : '미생'이 성임)가 공자를 힐난했다.
"구(丘)는 무엇 때문에 이리도 바쁘게 돌아다니는 것인가. 구변을 구사코자 하는 것이 아닌가."
공자가 대답했다.
"제가 감히 구변을 구사키 위해 그러는 것이 아니라 고집스럽게 옹졸한 것을 미워하기 때문입니다."

'미생무'는 공자의 고향 선배로 보는 견해도 있으나 은자일 공산이 크다. 주자는 '서서栖栖'를 연연해 한다는 의미의 '의의依依'로 보아 세상을 잊지 못하는 것으로 풀이했다. 그러나 바쁘다는 의미의 '황황遑遑'으로 풀이하는 것이 문의에 부합한다. 이 장을 통해 공자가 공동체 전체의 이익을 위해 부심한 일면을 엿볼 수 있다. 제34-42장은 제35-36장을 제외하고 모두 공자가 은자와 출처진퇴를 두고 다툰 내용으로 꾸며져 있다.

14-35

子曰, "驥不稱其力, 稱其德也."

공자가 말했다.
"기(驥 : 천리마)를 칭송하는 것은 그 힘을 칭송하는 것이 아니라, 맡은 바 역할을 다하는 그 덕을 칭송하는 것이다."

공자는 이 장에서 천리마의 비유를 통해 재주만 있고 덕이 없는 것을 경계하고 있다. 이 장과 다음 장은 은일隱逸을 반대하는 공자의 기본입장을 수록한 다른 장들과 다른 내용으로 되어 있다. 제35–36장은 '덕德'이라는 말로 서로 연결되어 있고, 제36–37장은 '원怨'이라는 말로 서로 연결되어 있다. 대략 함께 기억되어 전송된 내용이 수록된 데 따른 것으로 짐작된다.

14–36

或曰, "以德報怨, 何如." 子曰, "何以報德, 以直報怨, 以德報德."

어떤 사람이 물었다.
"원망에 은덕으로 보답하면 어떻습니까."
공자가 대답했다.
"그렇다면 은덕에는 무엇으로 보답하려는 것인가. 원망에는 정직함으로 보답하고, 은덕에는 은덕으로 보답해야 한다."

공자는 이 장에서 은덕과 원망을 구분하여 대처할 것을 주문하고 있다. 청대의 유보남劉寶楠은 『논어정의論語正義』에서 『춘추좌전』[노성공 3년]의 '연즉덕아호然則德我乎'를 '이직보원', [노희공 24년]의 '왕덕적인王德狄人'을 '이덕보덕'의 사례로 들었다.

역사적 사실에 부합하는 해석이다.

14-37

子曰, "莫我知也夫." 子貢曰, "何爲其莫知子也." 子曰, "不怨天, 不尤人, 下學而上達, 知我者其天乎."

공자가 탄식했다.
"나를 알아주는 이가 없구나."
그러자 자공이 물었다.
"어찌하여 선생님을 알아주는 이가 없다고 하는 것입니까."
공자가 에둘러 대답했다.
"하늘을 원망치 않고, 사람을 탓하지 않고, 아래에서 배워 위로 통달하니 나를 알아주는 것은 하늘인가 보다."

공자의 탄식은 은일에 안주하는 것을 반대하는 공자의 현세주의적 입장을 극명하게 보여주고 있다. 공자는 죽을 때까지 현세에 자신의 이상을 펼치고자 하는 꿈을 버리지 않았다. 『맹자』 [공손추 하]편에 나오는 유사한 내용이 이를 뒷받침한다.

14-38

公伯寮愬子路於季孫. 子服景伯以告曰, "夫子固有惑志於公伯寮, 吾力猶能肆諸市朝." 子曰, "道之將行也與, 命也. 道之將廢也與, 命也. 公伯寮其如命何."

공백료(公伯寮)가 자로를 계손씨에게 참소했다. 대부 자복경백(子服景伯)이 공자에게 이를 알리면서 이같이 덧붙였다.
"부자(夫子 : 계손씨)는 본래 공백료에게 미혹되어 있습니다. 그러나 저는 공백료의 시체를 시장이나 조정에 늘어놓을 수 있는 힘을 갖고 있습니다."
그러자 공자가 이같이 말했다.
"도가 장차 행해지는 것도 '명'이고, 도가 장차 폐해지는 것도 '명'이오. 공백료가 그 '명'을 어찌하겠소."

공백료는 공자의 제자가 아니라는 주장도 있으나 대부분 노나라 출신의 제자로 보고 있다. 자복경백은 맹손씨의 후손인 자복하子服何를 말한다. 이 장은 공자가 천하유세를 떠나기 전 자로가 계씨의 가재로 있을 때의 일화이다. 앞 장과 이 장은 내용상 '천天'과 '명命'으로 서로 연결돼 있다. 그러나 공자가 말한 천명은 운명론적인 천명과는 거리가 멀다. '천'은 외경의 대상일 뿐이고, '명'은 자연적인 수명을 의미한다.

공자는 본래 덕정을 천하에 펼치는 데 그 뜻을 두었다. 세무世務에서 벗어난 은일은 결코 그가 취하고자 한 바가 아니었다. 그러나 공자 역시 여의치 못할 경우 사직하고 인퇴引退하는 것을 인정치 않을 수 없었다. 이때는 일시 은일에 가까운 모습을 취할 수밖에 없다. 그러나 이는 도가들이 보여주는 단순한 은일과는 입장이 전혀 다른 것이다. 비록 몸은 산림山林에 있을지라도 묘당廟堂에 대한 관심을 버리지 않기 때문이다. 공자는 은일에 대해 비판적인 시각을 시종 견지했다.

14-39

子曰, "賢者辟(=避)世, 其次辟地, 其次辟色, 其次辟言."

공자가 말했다.
"현자는 어지러운 세상을 피하고, 또한 어지러운 곳을 피하고, 또한 어지러운 색을 피하고, 또한 어지러운 말을 피한다."

이 장과 다음 장은 은일에 대한 공자의 관심을 시사하고 있다. 그러나 이것이 곧 은일을 뜻하는 것은 아니다. 난세 속에서의 불가피한 선택에 불과할 뿐이다. 대개 여기의 '기차其次'를 두고 점층적인 것으로 해석하고 있다. 그러나 정이천은 풀이하기를, "피세와 피지, 피색, 피언 등 4가지는 크고 작은 차례로 말한 것으로 이들 사이에 서로 우열이 있는 것이 아니다. 당한 바가 같지 않기 때문이다"라고 했다. 정이천의 풀이가 문의에 부합한다. 여기의 '기차'는 '또한'으로 풀이하는 것이 합당하다.

14–40

子曰, "作者七人矣."

공자가 말했다.
"일어나 은둔한 자는 모두 7명이다."

여기의 '작作'은 은둔키 위해 현세의 자리에서 일어나 떠나는 것을 의미한다. '작자7인'은 장저長沮 · 걸닉桀溺 · 장인丈人 · 석문石門 · 하궤荷蕢 · 의봉인儀封人 · 초광접여楚狂接輿 등을 말한다. 이들은 모두 도가에 가까운 사람들로 [미자]편 제8장에 등장하는 7명의 일민逸民과는 다른 사람들이다.

14-41

子路宿於石門. 晨門曰, "奚自." 子路曰, "自孔氏." 曰, "是知其不可而爲之者與."

자로가 석문(石門)에서 유숙했다. 신문(晨門 : 문지기를 지칭)이 물었다.
"어디에서 왔는가."
자로가 대답했다.
"공씨(孔氏)에게서 왔소."
그러자 그가 이같이 꼬집었다.
"바로 불가능한 줄 알면서도 하는 자 말인가."

'석문'은 지명으로 위치는 미상이다. '신문'은 새벽에 성문을 열어주는 사람이라는 뜻으로 문지기를 의미한다. 대략 문지기를 하는 은자로 추정되고 있다. 호인은 주석키를, "신문은 세상의 불가능을 알고 하지 않은 자이기에 이러한 말로 공자를 조롱한 것이다. 그러나 그는 성인이 천하에 임해 훌륭한 일을 하지 못할 때가 없다는 것을 알지 못한 것이다"라고 했다. 호인이 주석한 바와 같이 공자는 세인들의 눈에 불가능한 일을 하는 사람으로 비춰질 수밖에 없었다. 그러나 공자는 비록 당대에는 성사시키지 못했으나 끝내 자신의 이상을 실현시킨 셈이다. 전국시대에 군자학을 습득한 공문의 문인들이 새로운 시대의 주역으로 등장해 마침내 신분세습의 봉건질서를 무너뜨리고 재덕을 갖춘 군자가 정치를 담당하는 소위 '사인시대士人時代'를 열었기 때문이다. 공자가 불가능한 줄 알면서도 자신의 뜻을 굽히지 않은 이유가 바로 여기에 있었다.

14-42

子擊磬於衛. 有荷蕢而過孔氏之門者曰, "有心哉, 擊磬乎." 既而曰, "鄙哉, 硜硜乎. 莫己知也, 斯己而已矣. 深則厲, 淺則揭." 子曰, "果哉, 末之難矣."

공자가 위나라에서 경쇠를 쳤다. 삼태기를 메고 공씨의 문 앞을 지나가던 자가 경쇠 소리를 듣고 이같이 말했다.
"마음에 미련이 남아 있구나, 경쇠를 두드리는 소리를 들으니."
잠시 후 다시 말했다.
"경박하구나, 갱갱거리는 소리가. 세상이 자신을 알아주지 않으면 그만두어야 하는 것이다. 『시』에 '물이 깊으면 겉옷을 벗고 건너고, 얕으면 옷을 걷고 건넌다'고 했다."
공자가 이 말을 전해듣고 이같이 말했다.
"과감하기도 하구나, 나의 뜻도 알지 못하고 나의 도를 이해하지도 못하면서 아무런 거리낌도 없이 기롱(譏弄)을 하니."

이 장에 나오는 하궤荷蕢 역시 앞장에 나오는 석문의 은자와 마찬가지로 도가의 은자이다. '궤蕢'는 풀로 만든 삼태기를 뜻하는 말로 '하궤'는 삼태기를 든 은자를 비유한 말이다. 그는 『시』의 구절을 인용해 천하에 마음을 두고 있는 공자를 조롱한 것이다.

하궤가 인용한 시는 『시경』 [위풍 · 포유고엽匏有苦葉]에 나오는 것이다. 앞 구절인 '심즉려深則厲'의 '려厲'에 대해 주희는 '이의섭수以衣涉水 : 옷을 입은 채 건넘'로 풀이했다. 그러자 주희가 말한 '이의以衣'를 두고 옷을 모두 입은 채 건너는 것으로 해석하는 견해와 겉옷은 벗고 건너는 것으로 해석하는 견해가 대립했다. 다산은 옷을 입은 채 깊은 곳을 건너는 것은 불가능하다는 입장에서 '의衣'를 쇠코잠방이로 해석했다. 그러나 다산의 해석은 똑같은 '의'를 하나는 치마, 다른 하나는 쇠코잠방이로 해석함으로써 일관성이 결여되어 있다. 이에 정수덕程樹德은 『논어집석論語集釋』에서 '이以'를 '지持'로 해석해 겉옷은 벗어 손에 쥐고 속옷만을 입고 가는 것으로 해석했다. 정수덕의 해석이 옳다.

14-43

子張曰, "書云, '高宗諒陰, 三年不言'. 何謂也." 子曰, "何必高宗. 古之人皆然. 君薨百官總己, 以聽於冢宰三年."

자장이 물었다.
"『서』에 이르기를, '고종(高宗 : 은나라의 명군 武丁)은 양음(諒陰 : 諒闇으로 거상키 위해 만든 막사를 지칭)에서 3년 동안 말하지 않았다'고 했습니다. 이는 무엇을 말하는 것입니까."
공자가 대답했다.
"하필 고종뿐이겠는가. 옛 사람이 모두 그러했다. 군주가 죽으면 사군(嗣君)이 너무 슬퍼한 나머지 정치를 볼 수 없었다. 이에 백관들은 각기 자신의 직무를 총괄하며 총재(冢宰 : 정무를 대행하는 太宰)로부터 3년 동안 명을 받았다."

이를 두고 호인은 풀이하기를, "자장은 3년상을 의심한 것이 아니라 군주가 3년 동안 말하지 않으면 신하가 군명을 품할 곳이 없어 화란이 일어날까 의심한 것이다"라고 했다. 문의에 부합한다. 제43-47장은 모두 예에 관한 내용으로 묶여져 있다. 『맹자』 [등문공 상]편에도 유사한 내용이 나온다.

14-44

子曰, "上好禮, 則民易使也."

공자가 말했다.
"윗사람이 예를 좋아하면 백성을 쉽게 부릴 수 있다."

여기의 '예'는 상하가 맡은 바 직분을 다하는 것으로 공동체의 기본질서를 구성원 전체가 지켜나가는 것을 뜻한다. '예치주의'에 관한 공자의 기본입장이 짧게 잘 표현돼 있다.

14-45

子路問君子. 子曰, "修己以敬." 曰, "如斯而已乎." 曰, "修己以安人." 曰, "如斯而已乎." 曰, "修己以安百姓. 修己以安百姓, 堯舜其猶病諸."

자로가 군자에 대해 물었다. 공자가 대답했다.
"경(敬)으로써 자신을 닦는 것이다."
자로가 물었다.
"그런 것뿐입니까."
공자가 대답했다.
"자신을 닦아 사람을 편히 하는 것이다."
자로가 물었다.
"그런 것뿐입니까."
공자가 대답했다.
"자신을 닦아 백성을 편안하게 하는 것을 두고 어찌 그런 것뿐이냐고 묻는 것인가. 자신을 닦아 백성을 편히 하는 것에 대해 요·순도 오히려 그리 하지 못하는 것을 크게 아쉬워했다."

여기의 '수기이경修己以敬'을 두고 정이천은 풀이하기를, "군자가 몸을 닦아 백성을 편안히 하고, 공경을 독실하게 해 천하가 화평해지는 것을 말한다. 오직 상하가 하나같이 공경하면 천지가 스스로 자리를 잡고 만물이 스스로 생육케 된다"고 했다.

그러나 여기서 '수기修己'의 효용과 관련해 공자가 점층적인 방법으로 설명하고 있는 점에 주목할 필요가 있다. '거경居敬'에서 출발하는 '수기'는 궁극적으로 '안인安人'을 거쳐 '안백성安百姓'하는 데 그 목적이 있다. '수기'는 '안백성'의 충분조건이지만 필요충분조건은 아니라는 것이다. '안백성'을 이루기 위해서는 '치인治人'의 덕목을 따로 체득해야만 한다. 그것을 충족시키는 것이 바로 군자학의 습득인 것이다. '치인'은 '수기'를 전제로 하고 있으나 '학지學知'가 더해지지 않으면 이룰 수 없는 것이다.

한 마디로 '덕행德行'을 목표로 하고 있는 '거경'은 '수기'의 필요충분조건이지만 '치인'의 필요충분조건이 될 수 없다. 성리학의 가장 큰 맹점이 바로 여기에 있다. 이는 지나치게 '수제修齊'를 강조한 나머지 '치평治平'의 요체가 되고 있는 '학지'를 소홀히 취급한 데 따른 것이다. 공자가 주창한 군자학은 '학지'와 '덕행'을 겸비한 군자를 양성해 위정자로 만드는 데 그 기본취지가 있었다. '거경궁리'의 '수기'로 '치인'을 이룰 수 있다고 강조한 성리학은 부분을 가지고 전체를 논하는 우를 범했던 셈이다.

14-46

原壤夷俟. 子曰, "幼而不孫弟, 長而無述焉, 老而不死, 是爲賊." 以杖叩其脛.

원양(原壤 : 공자의 고향친구)이 거만하게 걸터앉아 공자를 기다렸다. 그러자 공자가 원양을 질책했다.
"어려서는 공손하지 못하고, 자라서는 덕행을 쌓지 못하고, 늙어서도 죽지 않으니 이는 바로 사람을 해치는 자이다."
그리고는 지팡이로 그의 정강이를 두드렸다.

여기의 '이사夷俟'는 걸터앉은 모습을 뜻한다. 고례古禮에서 이는 오만한 행동으로 간주되었다. 이 장에서는 인간 공자의 화내는 모습이 적나라하게 노정돼 있다. 성리학자들은 이 대목을 보고 적잖이 당혹해했다. 그러나 이것이 공자의 참모습이다. 공자의 인간적인 모습을 생생히 전하고 있는 『논어』의 위대함이 여기에 있다. 공자는 결코 도학자들이 미화해 놓은 비인간적인 성인이 아니었다. 공자는 평생 '학덕'을 겸비한 군자로서 사물의 궁극적인 이치를 깨우치는 경지로 나아가기 위해 쉼 없이 노력한 인물이었다. 만세의 사표師表인 공자의 진면목은 바로 너무나 인간적인 그의 이런 모습에서 출발한 것이다.

14-47

闕黨童子將命. 或問之曰, "益者與." 子曰, "吾見其居於位也, 見其與先生并行也. 非求益者也, 欲速成者也."

궐당(闕黨 : 향당의 이름)의 동자(童子 : 冠禮를 올리지 않은 젊은이)가 공자의 명을 전달하는 일을 맡았다. 어떤 사람이 공자에게 물었다.

"그는 학문이 진전된 자입니까."
공자가 대답했다.
"그가 어린 나이에 구석에 앉지 않고 어른들이 앉는 자리를 차지하고, 뒤에 처져 걷지 않고 선배들과 어깨를 나란히 하여 걸어가는 모습을 보니 그는 학문이 진전되기를 구하는 자가 아니라 속성(速成)코자 하는 자이다."

'구익求益'의 '익'은 '진익進益'으로 학문의 진전을 의미한다. 당시에 나이 어린 동자는 마땅히 구석에 앉고 뒤에서 수행하는 것이 예법이었다. 공자는 궐당의 동자가 이러한 예법을 지키지 않는 것을 보고 학문의 진전보다 속히 원하는 바를 이루고자 하는 자임을 통찰한 것이다.

제15절 [위령공衛靈公]편

[위령공]편은 총 41개 장으로 구성되어 있다. 이 편은 공자가 천하유세 기간 중 곤경에 처했던 시기를 기록한 제1장을 수장으로 하여 만년에 노나라에서 태사 면冕과 나눈 대화를 기록한 제41장을 말장으로 하여 중간에 격언과 사제 간의 대화를 삽입시켜 놓고 있다. 공자가 제자 또는 타인과 나눈 대화 등을 기록한 것은 모두 7개 장으로 전편에 산재하고 있다. 나머지 34개 장은 모두 '자왈'로 시작하는 공자의 교훈으로 이뤄져 있다. 이늘 교훈은 매우 짧막한 문장으로 구성돼 있어 격언과 유교遺敎 등의 단편을 모아놓은 것이라는 느낌을 주고 있다.

15-1

衛靈公問陳(=陣)於孔子, 孔子對曰, "俎豆之事, 則嘗聞之矣. 軍旅之事, 未之學也." 明日遂行. 在陳絶糧, 從者病 · 莫能興. 子路慍見曰, "君子亦有窮乎." 子曰, "君子固窮. 小人窮斯濫矣."

위령공이 공자에게 진을 치는 법에 관해 묻자 공자가 이같이 대답했다.
"조두지사(俎豆之事 : '조두'는 祭器로 제사에 관한 일을 지칭)는 일찍이 들은 바가 있습니다. 그러나 군려지사(軍旅之事 : '군려'는 隊伍로 군사에 관한 일을 지칭)에 대해서는 배운 바가 없습니다."
다음날 마침내 떠났다. 진나라에 있을 때 양식이 떨어지자 따르던 사람들이 병이 들어 일어나지 못했다. 군자는 학문을 배운 까닭에 녹(祿)이 그 안에 있다고 생각한 자로가 이내 성난 얼굴로 공자를 찾아와 이같이 물었다.
"군자도 궁할 때가 있는 것입니까."
공자가 대답했다.
"군자도 실로 궁할 때가 있으나 재물에 집착하지 않는 까닭에 능히 이를 담아낼 수 있다. 그러나 소인은 궁하게 되면 이를 담아내지 못해 곧 그 곤궁함이 차서 넘치게 된다."

이 장은 2개 부분으로 이뤄져 있다. 전반은 위령공과 공자의 문답이다. 공자가 위나라를 떠난 배경과 관련한 세간의 얘기가 전문의 형식으로 기록되어 있다. 후반은 공자가 위나라를 떠난 이후 진나라에서 조난당했을 때의 일을 기술하고 있다. '자왈'로 표현된 점에 비춰 공문 내에 전해진 전문으로 짐작된다.

15-2

子曰, "賜也, 女以予爲多學而識之者與." 對曰, "然. 非與." 曰, "非也. 予一以貫之."

공자가 자공에게 물었다.
"사야, 너는 내가 많이 배우고 또한 그것을 모두 기억하는 것으로 생각하느냐."

자공이 반문했다.
"그렇습니다. 그렇지 않습니까."
공자가 대답했다.
"그렇지 않다. 나는 일이관지(一以貫之)할 뿐이다."

'일이관지' 구절은 [이인]편에도 나온다. 송유들은 두 구절을 비교하면서 자공은 공자가 말한 '일이관지'의 뜻을 헤아리지 못하고 성인을 쪽정이로 배우려 한 데 반해 증자는 그 묘리를 깨우쳤다고 주장했다. 공자가 증자에게 자신의 도를 전했다는 소위 '도통설道統說'이 나오게 된 근거가 바로 여기에 있었다.

그러나 송유들의 이러한 '도통설'은 근거 없는 주장에 불과할 뿐이다. 유가에서는 원래 불가와 같은 전도법傳道法이 존재한 적이 없다. 나아가 자공이 증자와 달리 공자의 '일이관지'를 제대로 파악치 못했다는 주장 역시 근거 없는 억견臆見에 불과할 뿐이다. 이와 관련해 청대의 모기령毛奇齡은 『논어계구편』에서 공자가 '충'과 '서'로 나눠 증자에게 말한 '일이관지'는 '충서'를 말한 것이고, 자공에게 말한 '일이관지'는 오직 '서'만을 얘기한 것으로 풀이했다. 그러나 '충'과 '서'를 나눠보는 것은 잘못이다.

주희는 풀이하기를, "증자에게 말한 일이관지는 행行으로써 말한 것이고, 자공에게 말한 일이관지는 지知로써 말한 것이다"라고 했다. 주희의 해석은 모기령보다는 훨씬 객관적이지만 이 또한 공자가 '서'를 여러 차례에 걸쳐 언급한 취지를 제대로 파악치 못한 것이다. 오규 소라이는 『논어징』에서 주희의 해석을 다음과 같이 정면으로 반박했다.

송유들은 공자가 '일이관지'를 언급하면서 증자에게는 '행', 자공에게는 '지'로써 말했다고 해석하고 있으나 이는 잘못이다. 옛날에는 모두 사물로써 예를 들어 가르쳤을 뿐 그 이치에 관해서는 언급치 않았다. 이는 배우는 사람들이 스스로 터득키를 바랐기 때문이다. 일을 통해 습득하고 스스로 깨우치기는 증자와 자공 모두 같았다. '일이관지'을 '행'과 '지'로 나눠 해석하는 자는 오직 송유들뿐이다.

다산은 오규 소라이의 주장을 받아들여 '충서'를 '충'과 '서'로 나누는 해석을 배척했다. '일이관지'의 '일'은 곧 '서'이고 이를 근거로 행하는 것이 바로 '충'인 까닭에 '충서'는 결코 두 개가 아니라는 것이다. 다산도 『논어고금주』에서 모기령과 주희 등의 해석을 이같이 통박했다.

증자와 자공은 대소의 차이가 없다. 증자와 자공에게 말한 '일이관지' 역시 '지'와 '행'의 구별이 있는 것이 아니다. 증자에게는 '충서'를 얘기하고, 자공에게는 오직 '서'만을 언급한 것도 아니다. '일이관지'는 공자가 말한 것으로 증자에게 말한다고 하여 반드시 크게 말하지는 않았을 것이고, 자공에게 말한다고 하여 반드시 작게 말하지는 않았을 것이다. 나아가 증자에게 말한다고 하여 반드시 갖췄다고 할 수도 없고, 자공에게 말한다고 하여 반드시 생약省約하지는 않았을 것이다. 증자가 '유唯 : 예'라고 대답했다고 하여 반드시 도통을 받은 것도 아니고, 자공이 대답을 하지 않았다고 하여 통하지 않은 것도 아니다.

다산은 증자와 자공에게 말한 '일이관지'는 대소의 구별도 없고, '지'와 '행'의 구별이 있는 것은 더더욱 아니고, 애초부터 증자와 자공에게 상하의 층을 두고 따로 말한 것이 아니라는 것이다. 주희를 비롯한 송유들의 억지해석에 대한 통렬한 반박이 아닐 수 없다. 다산은 나아가 『대학』과 『중용』은 모두 '서'의 뜻을 길게 풀이해 놓았고, 『논어』와 『맹자』 역시 '서'로써 '인仁'을 구하는 내용이 헤아릴 수 없을 정도로 많이 나오는 까닭에 4서 모두 따지고 보면 결국 '서' 한 자에 대한 해석에 불과할 뿐이라고 주장했다. 다산은 당시 조선의 성리학자들이 주희를 맹종하면서 모든 것을 '일리一理'로 해석하는 풍조에 대해 통렬한 비판을 가한 것이다.

15-3

子曰, "由, 知德者鮮矣."

공자가 자로에게 말했다.
"유(由 : 자로)야, '지'와 '덕'을 겸비한 자가 참으로 드물구나."

예로부터 모든 주석가들이 여기의 '지덕자'를 두고 '덕을 아는 자'로 풀이하고 있다. 그러나 공문에서 교습한 군자학의 기본 취지가 '지'와 '덕'을 겸비한 군자의 양성에 있다는 점에 비춰 볼 때 '지와 덕을 겸비한 자'로 해석하는 것이 보다 타당하다. 이 장을 두고 주희는 추정키를, "이 장은 대략 자로가 성난 얼굴로 공자를 배견했기 때문에 나온 듯하다"고 했다. 그러나 주희의 이 이러한 추정이 반드시 무슨 근거가 있는 것은 아니다. 이 장과 다음 장은 제2장에 언급된 공자의 '일이관지' 구절에 대한 해석의 성격을 띠고 있다.

15-4

子曰, "無爲而治者, 其舜也與. 夫何爲哉. 恭己正南面而已矣."

공자가 말했다.
"무위(無爲)의 치도(治道)로 다스린 사람은 순임금이다. 어떻게 그리 했겠는가. 오직 몸을 공손히 하여 바르게 남면(南面 : 治國) 했을 뿐이다."

이를 두고 형병은 풀이하기를, "제왕의 도는 무위청정하여 백성이 교화되는 것이 중요하다. 그러나 후대의 왕은 이에 미칠 만한 자가 드물었다"고 했다. 주희도 풀이하기를, "성인의 성덕盛德으로 백성이 교화되어 작위作爲가 있을 필요가 없는 경지를 뜻한다"고 했다.

그러나 다산은 주희의 '무위설'을 정면으로 반박하고 나섰다. 그는 공자의 언행을 보면 유위有爲의 위정爲政을 말한 적은 있어도 무위의 무정無政을 말한 적이 없는 까닭에 이 장을 노자의 무위설로 해석하는 것을 잘못이라고 지적했다. 이 장은 순舜이 우禹와 후직后稷 등 22명의 현자에게 업무를 분장시켜 천하를 다스린 것을 예로 들어 인재의 중요성을 극언極言한 것으로 결코 무위통치를 언급한 것이 아니라는 게 다산의 지적이다. 다산은 주희 등의 '무위설'에 입각한 이러한 해석으로 인해 사람들이 요순의 정치를 무위의 통치로 잘못 인식케 되었다고 지적했다.

전국시대 말기에 활동한 순자는 일찍이 치도治道의 단계를 논하면서 무위의 통치를 최상의 치도인 제도帝道로 평가한 바 있다. 주희 등이 순자를 좇아 이같이 해석했는지는 정확히 알 길이 없으나 순자가 언급한 치도의 단계를 염두에 두고 있었던 것만은 확실하다. 공자가 생존한 춘추시대 말기에는 아직 무위의 통치를 최상의 치도로 간주하는 이론은 존재치 않았다. 다산의 지적이 옳은 것임은 말할 것도 없다.

그러나 중국에서는 비록 전국시대 말기 이후의 일이기는 하나 요순의 통치를 무위의 통치로 해석하는 흐름이 형성돼 수천 년 동안 지속되었다. 역사적인 관점에서 볼 때 주희 등의 '무위설'에 입각한 해석은 나름대로 타당한 것이다. 다산의 지적은 고증학적인 측면에서 볼 때 매우 탁월한 것이기는 하나 주희 등의 '무위설'을 일도양단하여 잘못된 것으로 치부한 것은 문제가 있다.

이 장에는 전설적인 옛 성왕인 순이 언급되어 있다. 『논어』 중에 '순'이 언급된 장은 많지 않다. [태백]편의 권말에 있는 제18-21장은 『서경』 [우서] 및 [하서]에 기초한 것으로 맹자 전후에 부가된 것이다. [요왈]편 제1장에도 순이 언급되어 있다. 이 또한 『서경』의 지식을 기반으로 한 것으로 맹자 이후에 나온 것임에 틀림없다. [옹야]편 제28장과 [헌문]편 제45장에도 요순이 언급되고 있다. 이 또한 제나라에 유전된 이후 윤색된 것으로 보인다.

15-5

子張問行. 子曰, "言忠信, 行篤敬, 雖蠻貊之邦行矣. 言不忠信, 行不篤敬, 雖州里行乎哉. 立則見其參於前也, 在輿則見其倚於衡也, 夫然後行." 子張書諸紳.

자장이 행실에 대해 물었다. 공자가 대답했다.
"충신(忠信)을 말하고, 독경(篤敬 : 돈독하고 경건함)을 행하면 비록 만맥(蠻貊 : 남북의 夷狄)의 나라일지라도 치도가 능히 행해질 수 있을 것이다. 불충신(不忠信)을 말하고, 불독경(不篤敬)을 행하면 비록 주리(州里 : 중원의 성읍)의 지역일지라도 어찌 치도가 행해질 수 있겠는가. 수레에서 일어서면 참어전(參於前 : 앉아서는 볼 수 없는 끌채 끝의 멍에를 메는 부분을 의미)을 볼 수 있고, 수레에 앉아 있으면 의어형(倚於衡 : 가로 나무에 기댄 것으로 곧 앉아서도 볼 수 있는 여러 멍에의 가로 나무 연결 부분을 의미)을 볼 수 있어야만 한다. 그런 연후에 비로소 치도가 능히 행해질 수 있는 것이다."
자장이 이를 신(紳 : 예복의 허리띠)에 적었다.

송유宋儒들은 충忠 · 신信 · 독篤 · 경敬을 4자로 간주했으나 다산은 '충신'과 '독경'으로 묶어 해석했다. 충신과 독경은 늘 함께 사용되는 점에 비춰볼 때 다산의 해석이 타당하나 넷으로 나눠 해석해도 대과는 없다. 이 장에서 가장 문제가 되는 것은 '의어형倚於衡'과 '참어전參於前'의 해석이다. 포함은 '의어형'의 '형衡'을 '액軛 : 멍에'으로 간주해 해석하기를, "충신忠信을 생각해 서면 항상 눈 앞에 나란히 있는 듯 생각하고, 수레에 있을 때는 수레 멍에게 기댄 듯이 한다"고 했다. 주희도 '참어전'의 '참參'을 '참여'로 보아 대략 유사하게 해석했다. 일본의 오규 소라이荻

生徂徠도 이를 좇았다.

그러나 다산은 충신은 유형의 물건이 아닌데 어떻게 항상 눈에 보이듯이 할 수 있냐고 반문하면서 이러한 해석에 이의를 제기했다. 이는 전래의 도학적인 해석에 비판을 가한 것으로 고증학적으로 볼 때 매우 정당한 것이다.

원래 수레 앞의 두 개의 나무가 길게 나와 말 목 위까지 이르는 것을 '주輈'라고 한다. 두 개의 '주' 끝에 굽은 나무를 연결해 말 목에 대는 것을 '액軛'이라고 한다. 말이 네 마리면 네 개의 '액'이 필요하다. '액'에 못 미쳐 하나의 긴 나무를 가로질러 두 '주' 사이를 연결시키는 것을 '형衡'이라고 한다. 말은 '액'에 의지해 멍에를 메고, '액'은 '주'에 연결되고, '주'는 '형'에 연결된다. 이 세 가지가 모두 갖춰져야 수레가 갈 수 있다. 다산은 이러한 고증을 바탕으로 '참어전'을 '액', '의어형'을 '주輈 : 끌채'로 간주해 이같이 풀이했다.

> 수레와 말은 본래 두 가지 물건으로 반드시 끌채와 멍에로 연결된 뒤에야 비로소 앞으로 나아갈 수 있다. 이와 마찬가지로 나와 남은 본래 두 몸이어서 서로 연접해 있지 않다. 이에 수레에서 일어서야만 보이는 끌채 끝의 멍에를 메는 부분과 앉아서도 볼 수 있는 여러 멍에의 가로 나무 연결 부분이 수레와 말을 연결하듯이 충신과 독경 또한 나와 남을 연결시키는 끌채와 멍에가 되어야만 한다. 그런 뒤에야 비로소 교령敎令도 시행될 수 있는 것이다.

포함과 주희 등의 억지해석에 비해 다산의 해석이 명쾌한 것은 말할 것도 없다. 다만 다산은 사마駟馬에서 네 필의 말이 한 줄로 나란히 서서 수레를 끈다는 종래의 통설에 대해 가운데에 있는 두 마리의 복마服馬가 앞쪽에 나란히 서고 좌우 양쪽의 참마驂馬가 그 뒤에 서서 세 줄을 이룬다고 주장했으나 이는 설득력이 약하다. 제5-9장은 '중용지덕'과 '살신성인' 등 수덕修德에 관한 얘기로 구성돼 있다.

15-6

子曰, "直哉, 史魚. 邦有道如矢, 邦無道如矢. 君子哉, 蘧伯玉. 邦有道則仕, 邦無道則可卷而懷之."

공자가 말했다.
"정직하구나, 사어(史魚)여. 나라에 도가 있을 때에도 화살처럼 곧게 간하고, 나라에 도가 없을 때에도 화살처럼 곧게 간했구나. 군자로구나, 거백옥(蘧伯玉)이여. 나라에 도가 있으면 벼슬자리에 나아가 뜻을 펼치고, 나라에 도가 없으면 조용히 물러나 스스로를 감추었구나."

'사어'는 위나라의 현대부로 이름은 추鰌이다. '사史'는 관직명이 성이 된 사례에 해당한다. 『공자가어』에 따르면 그는 생전에 현자를 천거하고 죽을 때에도 군주가 불초한 자를 물리치지 못했다는 이유로 시신尸身으로써 간했다고 한다. 소위 '시간尸諫'의 전형이 아닐 수 없다. '거백옥' 역시 위나라의 현대부로 이름은 원瑗이다. 그는 권신 손림보孫林父와 영식寗殖이 군주를 추방하려고 모의할 때 대답도 하지 않고 나갔다. 공자는 이 장에서 거백옥을 보다 높이 평가하고 있다. 거백옥의 행보를 취해야만 난세에도 화를 면할 수 있다는 것이 그 이유이다.

15-7

子曰, "可與言而不與言, 失人. 不可與言而與之言, 失言. 知者不失人, 亦不失言."

공자가 말했다.
"더불어 말해야 할 때 더불어 말하지 않으면 사람을 잃게 된다. 더불어 말하지 않아야 할 때 더불어 말하면 말을 잃게 된다. 지혜로운 자는 사람을 잃지 않고, 또한 말도 잃지 않는다."

군자의 언동을 언급한 제6-7장의 내용은 『맹자』 [진심 하]편과 『순자』 [권학]편에도 유사한 구절이 나온다. 두 장 모두 맹자 이후 순자 이전에 제나라에서 만들어졌을 가능성을 시사하고 있다.

15-8

子曰, "志士仁人, 無求生以害仁, 有殺身以成仁."

공자가 말했다.
"지사(志士)와 인인(仁人)은 구생해인(求生害仁 : 삶을 구하여 인을 해침)하지 않고, 살신성인(殺身成仁 : 몸을 던져 인을 이룸)한다."

주희는 '지사'를 '유지지사有志之士', '인인'을 '성덕지인成德之人'으로 보았다. 그는 풀이하기를, "의리상 마땅히 죽어야 할 때에 삶을 구한다면 그 마음에 불안한 바가 있을 것이다. 이는 마음의 덕을 해치는 것이다. 마땅히 죽어야 할 때 죽는다면 마음이 편안하고 덕이 온전할 것이다"라고 했다. 대략 문의에 부합한다.

15-9

子貢問爲仁. 子曰, "工欲善其事, 必先利其器. 居是邦也, 事其大夫之賢者, 友其士之仁者."

자공이 인에 관해 물었다. 공자가 대답했다.
"공인(工人)이 일을 잘 하려면 반드시 먼저 그 연장을 예리하게 다듬어 놓아야 한다. 그 나라에 살고자 하면 먼저 대부 중의 현자를 찾아 섬기고, 선비 중의 인자를 찾아 벗으로 삼아야 한다."

여기서는 '현자'와 '인자'가 구분되어 표현되고 있다. '현자'는 '지자知者'의 또 다른 표현이다. 최협의의 '인仁' 개념이 사용된 것이다.

15-10

顔淵問爲邦. 子曰, "行夏之時, 乘殷之輅, 服周之冕, 樂則韶舞. 放鄭聲, 遠佞人. 鄭聲淫, 佞人殆."

안연이 위방(爲邦 : 치국)에 대해 물었다. 공자가 대답했다.
"하나라의 책력(冊曆)을 사용하고, 은나라의 노(輅 : 군주용 수레)

를 타고, 주나라의 관면(冠冕)을 쓰되 음악은 소무(韶舞 : 순임금의 무악)를 써야 한다. 또한 정성(鄭聲 : 정나라의 음악)을 추방하고, 영인(佞人 : 구변이 뛰어난 자)을 멀리 해야 한다. 정성은 음탕하고, 영인은 위험하기 때문이다."

이 장의 '행하지시行夏之時' 구절과 관련해 예로부터 적잖은 논란이 뒤따랐다. 하안은 풀이하기를, "만물이 생기는 것을 보아 4시四時의 처음으로 삼으니 쉽게 앎을 취한 것이다"라고 했다. 주희는 풀이하기를, "천天은 자子에서 열리고, 지地는 축丑에서 열리고, 인人은 인寅에서 생겼다. 하나라는 '인'으로써 인정人正을 삼고, 은나라는 '축'으로써 지정地正을 삼고, 주나라는 '자'로써 천정天正을 삼았다"고 풀이했다. 주희는 마융의 '문질삼통설文質三統說'을 차용해 하·은·주 3대의 '삼정三正'을 일종의 '삼통'으로 해석한 것이다. 이후 주희가 강조한 소위 '천지인삼정설'이 널리 퍼지게 되었다.

원래 '삼정'은 『서경』[감서甘誓]에 나오는 말이다. [감서]에는 유호씨有扈氏가 오행五行을 경멸하고 '삼정'을 태만히 하여 버리자 하늘이 그들의 명命을 초절勦絶 : 섬멸하여 끊음코자 했다는 구절이 나온다. [감서]의 '삼정'은 주희가 말하는 자·축·인이 아니라 원년元年·원월元月·원일元日을 말한다.

현재 우리가 쓰는 음력은 하력夏曆이다. 원래 하력은 계폐啓閉를 사계의 처음으로 삼고 분分 : 춘분과 추분과 지至 : 하지와 동지는 그 중간에 둔 까닭에 사계의 변화에 매우 잘 맞아떨어진다. 이에 반해 주력周曆은 '분'과 '지'를 사계의 처음으로 삼고 동지가 시작되는 자월子月 : 음력 11월을 정월로 삼은 까닭에 일구日晷 : 해그림자의 변화를 관측하기에는 좋으나 사계의 변화와 많이 어긋나게 된다. 하력이 지금까지 음력의 기본 책력으로 채택된 이유가 바로 여기에 있다.

주희가 말한 '천지인삼정설'은 춘추시대는 말할 것도 없고 전국시대조차 존재한 적이 없다. 주희의 말대로 '천지인삼정설'이 당시에 존재했다면 진시황의 진제국이 해월亥月 : 음력 10월을 정월로 삼은 것을 해석할 길이 없게 된다. 물론 주희는 진제국 자체를 '정통'이 아닌 일과성 반란정권 정도로 치부한 까닭에 굳이 이를 설명코자 하지도 않았다. 그러나 이는 반역사적인 태도가 아닐 수 없다.

원래 역법을 고치는 것은 은나라에서 처음으로 시작되었다. 은나라를 세운 탕왕은 천명을 받아 하나라를 멸하고 은나라를 세웠다는 생각에 하력보다 1달 빠른 축월丑月 : 음력 12월을 정월로 삼았다. 주나라 역시 같은 이유로 은력殷曆보다 1달 빠른 '자월'을 정월로 삼았다. 진시황이 천하를 통일한 뒤 주력보다 1달 빠른 '해월'을 정월로 삼는 '진력秦曆'을 만든 것도 같은 이치에 입각한 것이었다.

진제국의 뒤를 이은 한제국은 초기에 진력을 그대로 쓰다가 한무제 원봉元封 7년B.C. 104에 새 역법인 소위 태초력太初曆을 만들어 '건인지월建寅之月'을 정월로 삼았다. 이는 '인월'을 세수로 삼은 하력으로의 복귀를 의미했다. 이후 전한 말기의 왕망王莽과 삼국시대 위명제魏明帝 조예曹叡가 각각 한 차례씩 은력으로 고치고, 당무후唐武后 : 측천무후와 당숙종唐肅宗이 한 차례씩 주력으로 고친 적이 있었다. 그러나 이때를 제외하고는 모두 하력을 사용해 지금까지 내려오고 있는 것이다. 이를 통해 우리는 주희의 '천지인삼통설'이 얼마나 황당한 주장인지를 쉽게 알 수 있다.

본래 '자축子丑' 등의 지지地支와 '갑을甲乙' 등의 천간天干은 기일紀日하는 데 쓰였다. 한문제 때 '태초력'이 만들어지면서 간지干支로 기년紀年하는 법이 생겨났다. 이후 전한 말기에 유향劉向과 유흠劉歆이 원년·원월·원일의 '삼통설'을 만든 뒤 간지로 기월紀月하는 법이 생겨났다. 그러자 『한서漢書』를 쓴 반고班固가 [율력지律曆志]를 지으면서 사상 최초로 '천지인삼통설'을 주창하고 나섰다. 주희는 바로 반고의 '천지인삼통설'을 끌어들여 자신의 '정통설'을 뒷받침하고 나선 것이다. 반고는 [율력지]에서 이같이 말한 바 있다.

> 황종黃鐘은 자子로 '천정'을 말하고, 임종林鐘은 축丑으로 '지정'을 말하고, 태주太蔟는 인寅으로 '인정'을 말한다.

이는 원년·원월·원일을 뜻하는 하·은·주 3대의 '삼정'을 천·지·인 3재三才에 짝하는 것으로 짜맞춘 것이나 무슨 근거가 있는 것이 아니었다. 이후 반고의 억측에 의해 만들어진 '천지인삼통설'은 전한제국 시절에 풍미한 미신적인 참위설讖緯說의 연원이 되었다. 주희는 바로 이 미신적인 참위설에 불과한 '천지인삼통설'을 끌어들여 역사를 도학적으로 해석하는 '정통설'의 근거로 삼았던 것이다. 설령 반고의 주장을 받아들일지라도 '자'를 '천정'으로 해석한 반고 및 주희의 해석은 역사적 사실과 어긋나는 억견에 불과하다.

『춘추좌전』을 해석한 삼국시대 위나라의 두예杜預는 '인월'을 정월로 삼은 하력을 '천정'으로 해석했다. 동중서는 『춘추번로』에서 하·은·주 3대가 각각 흑색과 백색, 적색을 숭상한 점에 착안해 소위 흑통黑統·백통白統·적통赤統의 독특한 '삼통설'을 제시한 바 있다. 그는 자신의 '삼통설'에서 흑통을 '천통'으로 해석했다. 그러나 반고와 주희 모두 주나라를 정통으로 삼기 위해 주력이 정월로 삼은 '자子'를 '인정' 내지 '인통'에서 '천정' 내지 '천통'으로 둔갑시켜 놓은 것이다. 주희와 동시대에 활약한 소강절邵康節도 '자'를 '천정'으로 삼은 바 있다. 소강절 또한 『한서』[율력지]를 무비판적으로 받아들여 미신적인 '천지인삼통설'을 확산시키는데 지대한 공헌을 한 셈이다.

우리나라에서 '천지인삼통설'의 허구를 지적한 사람은 바로 다산이었다. 그는 『논어고금주』에서 선진先秦시대의 문헌에 '삼정'과 '삼통'이 기록된 전례가 없고 오히려 하력을 '천정'으로 삼은 사실을 고증학적으로 밝혀냈다. 그는 이를 토대로 '삼정'은 천·지·인의 '삼통'이 아니라 바로 '삼원三元 : 원년·원월·원일'이라고 주장했다. 문헌학文獻學 : philology에 대한 다산의 뛰어난 식견이 여실히 드러나는 대목이 아닐 수 없다. 이 장을 시작으로 제22장까지는 모두 군자의 바람직한 모습에 관한 '자왈' 형식의 단문으로 되어 있다.

15-11

子曰, "人無遠慮, 必有近憂."

공자가 말했다.
"사람이 원려(遠慮 : 멀리 내다봄)치 못하면 반드시 근우(近憂 : 가까운 미래에 닥치는 근심)가 있게 된다."

공자는 이 장에서 '심모원려'를 강조하고 있다. 무릇 사람이 널리 내다보지 못하면 스스로 밟고 있는 땅조차 발을 용납하는 것 이외에는 하등 쓸모 없는 땅이 될 수밖에 없다. 흔히 거론되는 '여부재천리지외慮不在千里之外 : 생각이 천리밖에 미치지 못함, 환재궤석지하患在几席之下 : 환란이 궤석 밑에 있음'의 비유가 이를 뒷받침한다.

15-12

子曰, "已矣乎. 吾未見好德如好色者也."

공자가 탄식했다.
"이것으로 그만이란 말인가, 나는 아직 덕을 마치 색을 좋아하듯 좋아하는 자를 보지 못했다."

여기의 '이의호已矣乎'를 두고 주희는 풀이하기를, "공자가 끝내 그런 사람을 얻어 보지 못한 데 따른 것이다"라고 했다. 대략 공자가 말한 취의에 부합한다.

15-13

子曰, "臧文仲, 其竊位者與. 知柳下惠之賢而不與立也."

공자가 말했다.
"장문중(臧文仲 : 장무중의 조부 臧孫辰)은 절위(竊位 : 능력에 맞지 않게 높은 자리에 앉은 것을 상징)한 자일 것이다. 유하혜(柳下惠)가 현명한 것을 알고도 함께 조정에 서려고 하지 않았기 때문이다."

'유하혜'는 노나라의 현대부 전획展獲으로 자는 금禽이다. 유하柳下를 식읍으로 하였고 시호를 혜惠라고 한 까닭에 흔히 '유하혜'로 불렸다. 주희는 '절위竊位'를 두고 풀이하기를, "그 지위에 걸맞지 못해 마음에 부끄러움이 있는 까닭에 마치 도둑질하여 몰래 점거한 것과 같음을 말한다"고 했다. 대략 문의에 부합한다.

15-14

子曰, "躬自厚而薄責於人, 則遠怨矣."

공자가 말했다.
"몸소 자책키를 두텁게 하고, 남을 책망키를 가볍게 하면 곧 다른 사람의 원망을 멀리 할 수 있다."

주희는 풀이하기를, "자신을 책하기를 두텁게 하면 몸이 더욱 닦여지고, 남을 책하기를 가볍게 하면 사람이 따르게 된다"고 했다. 문의에 부합한다.

15-15

子曰, "不曰 '如之何, 如之何' 者, 吾末如之何也已矣."

공자가 말했다.
"매시에 임해 숙고해 자문키를, '어찌할까, 어찌할까' 하지 않는 자는 나도 어찌할 도리가 없다."

공자는 이 장에서 매사에 신중치 못한 사람에 대해서는 자신도 어찌할 도리가 없음을 술회하고 있다. 주희는 '여지하如之何'를 두고 풀이하기를, "익숙히 생각하고 살펴서 몸을 둔다는 뜻이다"라고 했다. 신중한 행보를 의미하는 것이다.

15-16

子曰, "群居終日, 言不及義, 好行小慧, 難矣哉."

공자가 말했다.
"여럿이 거처하며 하루를 마치면서도 말이 의리에 미치지 못하고 소혜(小慧 : 작은 지혜)를 즐겨 행하면 환난(患難)이 뒤따를 것이다."

주희는 풀이하기를, "말이 의리에 미치지 못하면 방벽放辟하고 사치邪侈한 마음이 불어난다. 작은 지혜를 즐겨 행하면 험한 것을 행하고 요행을 바라게 된다. 이리 하면 입덕入德이 불가능해져 장차 환난이 뒤따르게 된다"고 했다. 문의에 부합한다.

제15-16장과 유사한 내용이 [양화]편의 제22장과 제26장에 나온다. 양쪽 모두 비슷한 시기에 성립된 것으로 짐작된다. 맹자와 가까운 시기에 노나라에서 만들어져 제나라에서 윤색되었을 공산이 크다.

15-17

子曰, "君子義以爲質, 禮以行之, 孫以出之, 信以成之, 君子哉."

공자가 말했다.
"군자는 의로써 바탕을 삼고, 예로써 행하고, 겸손으로써 나타내고, 신의로써 이룬다. 이것이 바로 군자다."

여기의 '손孫'은 겸손謙遜을 말한다. 정이천은 여기에 '경敬'을 덧붙여 풀이하기를, "경으로써 마음을 곧게 하고 의로써 밖을 방정하게 한다. 의로써 바탕으로 삼으면 예로써 이를 행하고, 겸손으로 이를 나타내고, 신의로 이룰 수 있다"고 했다. 경으로 안을 바로잡고 의로 밖을 방정하게 한 뒤 이를 바탕으로 삼아 예·손·신으로 덕행을 완성시킨다고 풀이한 것이다. 경·의를 질質로 삼고 예·손·신을 문文으로 삼은 셈이다. 성리학자들이 '거경居敬'을 얼마나 중시했는지를 짐작케 해주는 대목이 아닐 수 없다. 맹자는 '의'를 공자의 '인'에 덧붙여 '인의'라는 새로운 개념을 만들어냈다. 맹자의 '인의'를 덕행의 기초로 삼은 성리학자들은 '거경'을 '인의' 구현의 핵심방안으로 삼음으로써 수제修齊의 이론을 완성시켰다고 해도 과언이 아니다.

15-18

子曰, "君子病無能焉, 不兵人之不己知也."

공자가 말했다.
"군자는 지신의 무능을 병으로 여기고, 남이 자신을 알아주지 않는 것을 병으로 여기지 않는다."

공자는 이 장에서 세평에 아랑곳하지 않는 군자의 부단한 자기 연마를 역설하고 있다. 이는 당시 공문에서 가르친 군자학의 실천지침에 해당하는 것이기도 하다. 이 장은 앞서 언급한 바와 같이 내용상 [학이]편 제16장과 [이인]편 제14장, [헌문]편 제32장과 상통하고 있다.

15-19

子曰, "君子疾沒世而名不稱焉."

공자가 말했다.
"군자는 몰세(沒世 : 생을 마침)토록 이름이 일컬어지지 않는 것을 혐오한다."

군자의 학문은 자신을 위한 것으로 남이 알아주기를 바라지 않는다. 그러나 종신토록 이름이 일컬어지지 않는다면 결코 볼만한 것이 없게 된다. 공문의 군자학이 군자의 '치평'을 위한 학문임을 뒷받침하는 대목이다.

15-20

子曰, "君子求諸己, 小人求諸人."

공자가 말했다.
"군자는 모든 과(過)를 자신에게서 구하고, 소인은 남에게서 구한다."

이 장은 앞장과 연결시켜 종합적으로 해석해야만 한다. 공자는 이 장에서 군자는 종신토록 이름이 일컬어지지 못하는 것을 크게 꺼려하나 설령 그러한 상황에 봉착할지라도 어디까지나 그 책임을 자신에게서 찾는 데서 소인과 다르다고 지적하고 있다. 사실 당시에도 군자학을 연마한 사람 중에 공명을 이룬 사람은 종신토록 이름이 일컬어지지 못한 사람보다 훨씬 희소했을 것이다. 그렇다면 군자학 연마는 의미가 없는 것일까. 그렇지는 않다. 군자학 연마가 부족했거나 때를 못 만났거나 하는 등의 여러 이유가 있었을 것이다. 공자는 설령 그럴지라도 그 책임을 밖에서 찾지 말고 자신에게서 찾을 것을 권하면서 더욱 더 군자학 연마에 매진할 것을 주문하고 있는 것이다.

15-21

子曰, "君子矜而不爭, 群而不黨."

공자가 말했다.
"군자는 자긍심이 있지만 다투지 않고, 여러 사람과 함께 처하되 편당을 만들지 않는다."

여기의 '군群'은 여러 사람과 함께 머무는 것을 말한다. 주희는 풀이하기를, "여러 사람과 함께 처하나 아비阿比하는 뜻이 없으므로 편당을 만들지 않는 것이다"라고 했다. 공자가 말한 취의에 부합하다.

15-22

子曰, "君子不以言擧人, 不以人廢言."

공자가 말했다.
"군자는 말을 잘한다고 하여 그 사람을 발탁치 않고, 사람이 나쁘다고 하여 그의 좋은 말을 버리지 않는다."

공자가 얼마나 실질을 숭상했는지를 잘 보여주는 대목이 아닐 수 없다. 성리학자들은 공자의 이런 측면을 애써 무시했다. 이는 지나치게 이상주의적인 맹자를 맹종한 데 따른 것이다. 맹자는 '왕도'가 아닌 일체의 '패도'를 타기했다. 공자가 그 공업을 높이 평가한 관중조차 일언지하에 폄하한 것도 바로 이 때문이다. 맹자의 이러한 태도를 이어받은 송대 성리학이 사상적 폐쇄성을 자초한 것은 필연지사였다. 송대 성리학의 명분론을 더욱 극단화시킨 조선성리학이 급변하는 세계 흐름에 눈을 감은 채 '소중화小中華'에 함몰돼 있다가 끝내 나라를 일제침략의 희생물로 전락시킨 이유가 바로 여기에 있었다.

15-23

子貢問曰, "有一言而可以終身行之者乎." 子曰, "其恕乎. 己所不欲, 勿施於人."

자공이 물었다.
"한 마디 말로써 종신토록 행할 만한 것이 있습니까."
공자가 대답했다.
"그것은 서(恕)가 아니겠는가. '서'는 자신이 원치 않는 것을 남에게 강요치 않는 것이다."

공자가 말한 내용은 [안연]편 제2장에도 실려 있다. [공야장]편 제11장에 나오는 '무가저인無加諸人'도 '물시어인勿施於人'과 같은 뜻을 지닌 것이다. 공자가 말한 '서'는 사실 '인'의 다른 표현이기도 하다. 증자는 [이인]편 제15장에서 '인'의 요체를 '충서忠恕'로 요약한 바 있다.

15-24

子曰, "吾之於人也, 誰毁誰譽. 如有所譽者, 其有所試矣. 斯民也, 三代之所以直道而行也."

공자가 말했다.
"내가 다른 사람을 대하면서 누구를 헐뜯고 누구를 높이겠는가. 만일 내가 높인 적이 있다면 이는 시험해 본 바가 있기 때문일 것이다. 백성을 부릴 때는 사사로움이 없어야 한다. 이는 백성들이 이미 하·은·주 3대에 바른 도를 행한 바가 있기 때문이다."

공자는 이 장에서 사건 및 인물에 대한 평을 공정히 했음을 밝히고 있다. 여기서 공자가 백성들을 두고 3대에 이미 바른 도를 행한 바가 있다고 한 것을 두고 주희는 풀이하기를, "백성들은 선선오악善善惡惡 : 선을 선하게 여기고 악을 미워함하기 때문이다"라고 했다. 공자의 애민愛民사상에 부합한다. 제24-40장은 모두 '자왈'로 시작되는 공자의 격언을 묶어놓은 것으로 사제 간의 문답 등에 관한 기술은 한 곳도 없다.

15-25

子曰, "吾猶及史之闕文也, 有馬者借人乘之, 今亡矣夫."

공자가 말했다.
"나는 오히려 사관들이 확실치 않은 일에 대해 궐문(闕文 : 해당 부분을 기록치 않고 빼놓음)한 채 이를 잘 아는 사람이 나타나기를 기다리고, 말을 소유한 자가 제대로 조련할 수 없어 남에게 이를 타게 하여 길들이는 것을 본 적이 있다. 그러나 지금은 그것도 없어졌구나."

이 장에 나타난 공자의 기본입장은 그가 고전을 정리하며 '술이부작述而不作'의 자세를 취한 입장과 상통하고 있다. 공자는 이 장에서 시대 풍조가 더욱 각박해진 것을 개탄하고 있다.

15-26

子曰, "巧言亂德, 小不忍則亂大謀."

> 공자가 말했다.
> "교묘하게 꾸민 말은 덕을 어지럽히고, 작은 것을 참지 못하면 큰 계책을 어지럽힌다."

여기의 '소불인小不忍'을 두고 주희는 주석하기를, "부인지인婦人之仁과 필부지용匹夫之勇이 이에 해당한다"고 했다. '부인지용'과 '필부지용'은 『사기』에 나오는 구절로 한고조 유방에게 패한 항우項羽의 우유부단優柔不斷과 자고자대自高自大를 지적한 말이다. 대략 문의에 부합한다.

15-27

> 子曰, "衆惡之, 必察焉. 衆好之, 必察焉."
>
> 공자가 말했다.
> "많은 사람들이 미워하는 것일지라도 정말 그러한지 반드시 살펴보아야 한다. 여러 사람이 좋아하는 것일지라도 정말 그러한지 반드시 살펴보아야 한다."

『맹자』「양혜왕 하」편에도 맹자의 유사한 언급이 나온다. 공자는 이 장에서 여럿이 좋아하고 미워한다고 해서 살펴보지 않으면 사사로움에 치우칠 우려가 있다는 점을 지적하고 있다. 이 장은 내용상 [자로]편 제24장과 상통하고 있다.

15-28

子曰, "人能弘道, 非道弘人."

공자가 말했다.
"사람이 능히 도를 넓히는 것이지 도가 사람을 넓히는 것이 아니다."

이는 군자학 교습의 기본취지를 설명한 것이다. 군자학은 스스로 끊임없이 학덕을 연마해 군자의 길로 접어들 것을 요구하고 있다. 공자는 이 장에서 단순히 군자학을 배웠다고 하여 군자가 되는 것은 아니라는 점을 분명히 밝히고 있는 것이다.

15-29

子曰, "過而不改, 是謂過矣."

공자가 말했다.
"허물이 있고도 고치지 않는 것 자체가 바로 허물이다."

주희는 풀이하기를, "허물이 있되 능히 고친다면 허물이 없는 데로 돌아갈 수 있다. 그러나 이를 고치지 않으면 마침내 그 허물이 굳어져 장차 고칠 수 없는 지경에 이르게 된다"고 했다. 문의에 부합한다.

15-30

子曰, "吾嘗終日不食, 終夜不寢, 以思無益, 不如學也."

공자가 말했다.
"나는 일찍이 종일토록 먹지 않고, 밤새도록 자지 않고 깊이 생각했으나 유익함이 없었다. 잠시라도 배우느니만 못했다."

이는 공자가 생각만 하고 배우지 않는 자를 경계한 말이다. 공자가 주창한 군자학의 관점에서 보면 '수신' 차원의 덕행德行 연마에 치중한 나머지 '치평' 차원의 '학지學知'를 소홀히 하는 자들에 대한 경계의 말이기도 하다. '학지'를 게을리하면 식견이 넓을 수 없어 결코 바람직한 덕행도 이룰 수 없게 된다. 이 장은 '학덕겸비'를 요구하는 군자학의 기본취지를 잘 설명해 주고 있다.

15-31

子曰, "君子謨道不謀食. 耕也, 餒在其中矣. 學也, 祿在其中矣. 君子憂道, 不憂貧."

공자가 말했다.
"군자는 도를 도모할 뿐 먹을 것을 도모하지 않는다. 아무리 열심히 밭을 갈아도 굶주림이 그 안에 있을 수 있으나 학문을 닦으면 봉록이 그 안에 있다. 그래서 군자는 도를 이루지 못할까 걱정할 뿐 가난을 걱정하지 않는 것이다."

학문 속에 도가 있고 녹이 있는 까닭에 군자는 학문성취의 궁극적인 목표인 득도에 이르지 못할까 염려할 뿐 먹는 것 자체를 염려치 않는다고 지적한 것이다. 근본을 중시하며 지엽에 구애되지 않는 군자의 풍모가 잘 드러나 있다.

15-32

子曰, "知及之, 仁不能守之, 雖得之, 必失之. 知及之, 仁能守之, 不莊以涖之, 則民不敬. 知及之, 仁能守之, 莊以涖之, 動之不以禮, 未善也."

공자가 말했다.
"지혜가 높은 수준에 이를지라도 인이 그것을 능히 지켜내지 못하면 비록 얻을지라도 반드시 잃기 마련이다. 지혜가 높은 수준에 이르고, 인이 그것을 능히 지켜낼지라도 엄장(嚴莊)한 자세로 임하지 않으면 백성들이 공경치 않는다. 지혜가 높은 수준에 이르고, 인이 그것을 능히 지켜내고, 엄장한 자세로 임할지라도 예로써 백성을 부리지 않으면 제대로 다스릴 수 없다."

공자는 이 장에서 점층적인 어법을 동원해 치민治民의 요체를 구체적으로 설명하고 있다. <지급知及 : 지혜가 높은 수준에 이름-인수仁守 : 인으로써 지혜를 지킴-장리莊涖 : 엄장한 자세로 임함-예동禮動 : 예로써 백성을 부림> 이 그것이다. 위정자의 치민 자세를 경계한 것이다.

15-33

子曰, "君子不可小知而可大受也. 小人不可大受而可小知也."

공자가 말했다.

"군자는 큰 재목인 까닭에 소직(小職)을 맡기에는 적당치 않으나 대직(大職)을 맡는 것은 가하다. 소인은 대직을 맡기에는 적당치 않으나 소직을 맡는 것은 가하다."

이 장의 '소지小知' 및 '대수大受'와 관련해 고주는 대개 작은 일을 알고 큰일을 맡는 것으로 풀이했다. 주희는 약간 다르게 풀이했으나 취지는 대동소이하다. 이 장은 일종의 관인지법觀人之法 : 사람을 관찰하는 방법을 말한 것인 만큼 '지'는 내가 아는 것을 말하고, '수'는 상대방이 받는 것을 말한다는 것이 그의 주장이다. 이에 대해 다산은 받는 것을 상대방이 했으면 아는 것 또한 상대방이 주체일 수밖에 없다고 이의를 제기하면서 '지'를 '여지與知 : 참여해 맡다'로 보는 것이 타당하다고 주장했다.

원래 '지'는 '지부知府'와 '지현知縣' 등의 예를 통해 알 수 있듯이 관직을 맡는 것을 뜻한다. 다산은 이에 주목해 '소지'는 곧 소직小職을 맡는 것을 뜻하고, '대수'는 대임大任을 맡는 것으로 풀이했다. 다산의 해석이 타당하다.

15-34

子曰, "民之於仁也, 甚於水火. 水火, 吾見蹈而死者矣, 未見蹈仁而死者也."

공자가 말했다.
"백성에게 인이 필요한 것은 물과 불이 필요한 것보다 훨씬 더하다. 나는 물과 불을 밟다가 죽는 자는 보았지만 인을 밟다가 죽는 자는 아직 보지 못했다."

공자는 이 장에서 위정자에게 '인'을 행할 것을 역설하고 있다. 이를 두고 주희는 풀이하기를, "사람이 물과 불에 의뢰해서 사는 까닭에 하루도 없어서는 안 된다. 인 또한 마찬가지이다. 다만 물과 불은 외물外物이고 인은 자기 몸에 있고, 물과 불이 없으면 몸을 해침에 불과하나 인하지 못하면 본심을 잃게 되는 점에 차이가 있다"고 했다. 도학적인 해석이기는 하나 대략 문의에 부합한다.

15-35

子曰, "當仁, 不讓於師."

공자가 말했다.
"인을 행할 상황에서는 스승에게도 양보하지 않는다."

주희는 풀이하기를, "비록 스승일지라도 양보하는 바가 없다고 한 것은 마땅히 용맹스럽게 가서 반드시 해야 함을 뜻한다"고 했다. 정이천은 선한 명칭이 있는 경우에 예외를 둔 것으로 보았다. 그는 풀이하기를, "본래 인을 행하는 것은 자신에게 달려 있는 것이니 양보할 대상이 아니다. 그러나 선한 명칭으로 밖에 있는 것은 스승에게 양보치 않을 수 없다"고 했다. 정이천의 해석이 보다 합리적이다. 제35-40장은 인仁·군자君子·교教·도道·사辭: 언사에 관한 격언으로 되어 있다.

15-36

子曰, "君子貞而不諒."

공자가 말했다.
"군자는 정도를 따르고, 형식적인 신의에는 얽매이지 않는다."

주희는 '정貞'을 바르고 견고한 것, '양諒'을 시비를 가리지 않은 채 형식적인 신의에 매달리는 것으로 풀이했다. 문의에 부합한다. 『춘추좌전』을 주석한 두예杜預는 [노소공 7년]조에 나오는 정나라의 자산子産을 두고 평하기를 '정이불량貞而不諒'이라고 했다. 두예는 자산을 칭송하면서 바로 이 장을 인용한 것이다.

15-37

子曰, "事君, 敬其事而後其食."

공자가 말했다.
"군주를 섬길 때는 먼저 소관직무를 공경을 다해 수행하고 식록(食祿)은 뒤로 미뤄야 한다."

이 장의 '경사후식敬事後食' 구절은 내용상 [옹야]편 제20장의 '선난후획先難後獲' 구절과 통한다. 주희는 풀이하기를, "먼저 공경을 다해 직책을 수행할 뿐 식록을 구하는 마음을 두어서는 안 된다"고 했다. 공자가 말한 취의에 부합한다.

15-38

子曰, "有教無類."

공자가 말했다.
"가르칠 때에는 귀천 등의 부류를 나누지 않는다."

주희는 성선설에 입각해 풀이하기를, "사람의 성은 선한데 그 종류에 선과 악의 다름이 있는 것은 기질과 습관의 물들임 때문이다. 군자가 가르치면 사람들은 모두 선으로 돌아올 수 있다"고 했다. 그러나 이는 공자가 말한 취의에서 벗어난 것이다. 공자는 성에 관해 언급한 바 없다. 이 장에서 공자가 말하고자 한 것은 공문에 들어와 군자학을 배우는 제자들에게 신분상의 고하에 따른 차별을 전혀 하지 않았다는 사실이다. 공자는 신분의 귀천을 가리지 않고 단지 '1속束'의 예물을 바치기만 하면 모두 제자로 받아들여 군자학을 가르쳤다. 이 장은 바로 공자의 이같은 기본 입장을 드러낸 것이다.

15-39

子曰, "道不同, 不相爲謀."

공자가 말했다.
"도가 같지 않으면 함께 일을 도모치 않는다."

주희는 '부동不同'을 두고 풀이하기를, "선악善惡 및 정치正邪

와 같은 것이다"라고 했다. 이 또한 성선설에 입각한 해석으로 공자가 말한 취의와 어긋난다. 공자가 여기서 말한 '도'는 '군자로 나아가는 길'을 말한다. 공자는 이 장에서 군자가 되고자 하는 뜻을 세우지 않은 사람과는 함께 일을 도모치 않는다는 뜻을 분명히 하고 있는 것이다.

15-40

子曰, "辭, 達而已矣."

공자가 말했다.
"문사(文辭)는 뜻을 전달하는 것으로 족할 뿐이다."

여기의 '사辭'는 '문사文辭'를 뜻하나 '언사言辭'로 보아도 무방하다. 주희는 풀이하기를, "문사는 뜻을 통달함을 취할 뿐이고, 부려富麗 : 화려한 언사한 수식을 요하지 않는다"고 했다. 대략 문의에 부합한다.

15-41

師冕見, 及階. 子曰, "階也." 及席, 子曰, "席也." 皆坐, 子告之曰, "某在斯, 某在斯." 師冕出. 子張問曰, "與師言之道與." 子曰, "然. 固相師之道也."

노나라 태사(太師 : 악사) 면(冕)이 공자를 만나러 와 섬돌에 이르렀다. 공자가 말했다.

"여기는 섬돌이오."
자리 가까이에 이르자 공자가 말했다.
"여기가 자리오."
모두 자리를 잡자 공자와 제자들도 모두 자리를 잡았다. 이어 공자가 악사 면에게 좌중의 사람을 일일이 고했다.
"모(某)는 여기 있고, 모는 여기 있습니다."
악사 면이 나가자 자장이 공자에게 물었다.
"이것이 악사와 더불어 말하는 예입니까."
공자가 대답했다.
"그렇다. 이것이 실로 악사를 인도하는 예이다."

이 장은 공자가 노나라 태사 면冕을 만났을 때의 장면과 그에 대한 제자 자장과의 문답으로 구성되어 있다. 주희는 태사 면을 봉사로 보았다. 내용상 타당하다. 사실 당시에는 통상 봉사가 음악을 맡았다. 이 일화는 공자가 만년에 노나라로 귀국한 이후의 일로 보인다. 태사 면은 당시 공문에서 가르친 군자학 과목인 시·서·예·악 중 '악'을 가르치는 전임강사였을 공산이 크다.

제16절 [계씨季氏]편

[계씨]편은 총 14개 장으로 이뤄져 있다. 이 편은 『논어』 22편 중 매우 특이한 형태를 취하고 있어 예로부터 많은 사람들의 주목을 끌었다. 14개 장 중 제1장은 사제 간의 문답이고 제2-11장은 공자의 말로 되어 있다. 여기에는 '자왈'이 하나도 없고 모두 '공자왈'로 되어 있다. 이는 다른 편에서는 결코 볼 수 없는 모습이다. 뒤에 나오는 제12-14장의 3개 장은 앞서 나온 11개 장에 대한 부록의 성격이 짙다.

이 편에 공자의 말로 나오는 '3우'와 '3락', '3건', '3계', '3외', '9사' 등은 사실 공자의 가르침을 정리해 놓은 것으로 보인다. 이는 후술하는 바와 같이 자장 문인의 학풍과 크게 닮은 것이기도 하다. 이 편은 제나라에서 자장 문인에 의해 만들어진 『논어』 속집일 공산이 크다.

16-1

季氏將伐顓臾. 冉有季路見於孔子曰, "季氏將有事於顓臾." 孔子曰, "求, 無乃爾是過與. 夫顓臾, 昔者先王以爲東蒙主, 且在邦域之中矣. 是社稷之臣也, 何以伐爲." 冉有曰, "夫子欲之, 吾二臣者皆不欲也." 孔子曰, "求, 周任有言曰, '陳力就列, 不能者止'. 危而不持, 顚而不扶, 則將焉用彼相矣. 且爾言過矣. 虎兕出於柙, 龜玉毁於櫝中, 是誰之過與." 冉有曰, "今夫顓臾, 固而近於費. 今不取, 後世必爲子孫憂." 孔子曰, "求, 君子疾夫舍曰欲之, 而必爲之辭. 丘也聞有國有家者, 不患寡而患不均, 不患貧而患不安. 蓋均無貧, 和無寡, 安無傾. 夫如是, 故遠人不服, 則修文德以來之. 旣來之, 則安之. 今由與求也, 相夫子, 遠人不服而不能來也, 邦分崩離析而不能守也, 而謀動干戈於邦內. 吾恐季孫之憂不在顓臾, 而在蕭牆之內也."

계씨가 장차 전유(顓臾 : 노나라의 부용국)를 치려고 했다. 이때 계씨의 가신으로 있는 염유와 계로가 공자를 만나 이 사실을 알렸다.
"계씨가 전유에서 일을 벌이려고 합니다."
공자가 말했다.
"구야, 이는 네가 잘못한 것이 아니냐. 저 전유는 옛날 선왕이 동몽산(東蒙山)의 제주(祭主)로 삼았고, 또한 우리 노나라 영역 안에 있으니 이는 우리의 사직지신인 셈이다. 그러니 어찌 이를 정벌할 수 있겠는가."
염유가 변명했다.
"계씨가 하고자 하는 것이지 저희 두 가신이 하려고 하는 것이 아닙니다."
공자가 말했다.
"구야, 주임(周任 : 옛날의 뛰어난 사관)이 일찍이 말하기를, '능력을 펴 대열에 나아가 능히 할 수 없는 경우는 그만두어야 한다'고 했다. 위태로운데도 붙잡지 못하고, 넘어지는데도 부축하지 못한다면 장차 그 보필하는 사람을 어디에 쓰겠는가. 또 네 말이 잘못되었다.

호랑이와 들소가 합(柙 : 짐승 우리)에서 뛰쳐나오고 구옥(龜玉 : 거북껍질과 옥으로 보물을 상징)이 독(櫝 : 나무로 만든 궤짝) 속에서 망가지면 이는 기본적으로 누구의 잘못이겠는가."
염유가 대답했다.
"지금 저 전유는 성곽이 견고하고 비읍에 가깝습니다. 만일 지금 취하지 않으면 훗날 반드시 후손들의 우환이 될 것입니다."
공자가 힐난했다.
"구야, 군자는 하고자 한다고 말하지 않고 굳이 변명하는 것을 미워한다. 내가 듣건대, '유국자(有國者 : 나라를 소유한 제후를 지칭)와 유가자(有家者 : 저택을 보유한 경대부를 지칭)는 백성이 적은 것을 근심하지 않고 고르지 못한 것을 걱정하며, 가난한 것을 근심하지 않고 편안치 못한 것을 근심한다'고 했다. 대개 고르면 가난하게 되는 일이 없고, 조화를 이루면 적게 되는 일이 없고, 편안하면 기울어지는 일이 없게 된다. 이런 까닭에 먼 곳의 사람이 복종하지 않으면 문덕(文德 : 문화와 도덕)을 닦아 그들로 하여금 다가오게 하고, 이미 오게 했으면 편하게 만들어 주어야 하는 것이다. 지금 유와 구는 계씨를 도우면서 먼 곳의 사람이 복종하지 않는데도 능히 다가오게 하지 못하고, 나라가 분열되어 무너지려 하는데도 능히 지키지 못하고 있다. 그런데도 간과(干戈 : 창과 방패로 전쟁을 지칭)를 나라 안에서 사용하려고 꾀하니 나는 계손씨의 근심이 전유에 있지 않고 소장(蕭牆 : 병풍처럼 친 담장으로 국내를 지칭) 안에 있을까 두렵다."

이 장은 274자에 달하는 장편으로 계씨가 전유顓臾를 정벌하려고 할 때 계씨의 가신으로 있는 염유 및 계로가 공자와 나눈 문답이다. 계씨가 전유를 정벌하려고 한 내용은 『춘추좌전』 및 『사기』를 비롯한 어떠한 사서에도 전혀 나오지 않고 있다. 대략 세간의 소전을 수록한 것으로 보인다. 이 장은 내용상 상상이 가미된 설화에 가깝다. 어디까지가 사실史實인지 명확히 분간키가 쉽지 않다.

공자의 생존 당시 노나라는 공실이 쇠약해 3환의 세력이 강했다. 그 중 계씨가 특히 강력했다. 이 장의 기록에 따르면 전유는 옛날 선왕이 봉한 동몽주東蒙主의 나라로 노나라의 부용국이다. 계씨의 거점인 비 땅에 가까웠던 그 도성은 매우 견고했다. 계씨는 이를 취해 자신의 기반을 더욱 굳건히 하고자 했다. 이는 노나라 배신陪臣의 전횡이 부용국까지 확산되는 것을 의미했다. 계씨의 전횡을 미워하고 공실의 권력을 회복시켜 국가질서를 바로잡고자 한 공자가 이를 반대한 것은 당연했다. 사건 자체가 『춘추좌전』 등과 같은 사서에 기재될 만한 것이 아니었다. 이 사건은 애초부터 사안의 성격상 세간의 전송으로만 전해졌을 공산이 컸던 것이다. 다른 사서에 전혀 언급되지 않은 이유가 바로 여기에 있다고 보인다.

이 설화의 내용에 따르면 당시 염유와 자로는 계씨를 보필할 만한 책임 있는 자리에 있었던 듯하다. 원래 자로는 공자가 천하유세를 떠나기 전에 계씨의 가재로 있었다. 그러나 공자가 사직하기 직전에는 중궁이 가재로 있었다. 이후 공자가 천하유세를 거의 끝낼 즈음에는 염유冉有가 그 자리에 있었던 듯하다. 이 설화에 염유가 계씨의 가재로 나오고 있는 점에 비춰 공자가 귀국한 이후의 일임에 틀림없다. 이때 염유는 계씨의 가재로 있었고 자로는 전임자前任者에 해당했다.

자로와 염유가 계씨의 가재로 동시에 등장하는 [선진]편 제23장은 이 사건과 관련이 있는 것으로 보인다. '자왈'로 이뤄져 있는 점에 비춰 공문 내에 전송된 것으로 보이는 이 장에도 공자와 자로, 염유 등이 등장하고 있다. [선진]편 제23장과 [계씨]편 제1

장은 내용상 동일 내지 상호 관련이 있는 사건일 가능성을 배제할 수 없는 것이다.

당시 계씨는 전유를 토벌하기 전에 염유 및 자로와 이 문제를 상의한 뒤 두 사람을 통해 공자의 양해를 얻고자 했을 공산이 크다. 그 내용이 바로 [계씨]편 제1장에 수록된 듯하다. 이에 대해 [선진]편 제23장은 당시 계씨 일족인 계자 연然이 염유 및 자로와 상의해 일을 바꾸려고 하지 않고 공자의 양해를 얻으려고 한 사실을 수록해 놓고 있다. [계씨]편 제1장은 공문 내의 소전이고, [선진]편 제23장은 공문 밖의 세간에 전해진 것으로 보는 것이 타당할 듯하다.

염유와 자로가 나란히 등장한 경우로는 이들 장 이외에도 [옹야]편 제6장과 [공야장]편 제7장이 더 있다. [옹야]편 제6장은 계강자가 자로와 자공, 염유 중 누구를 하대부로 삼아 국정에 참여시키는 것이 좋을지를 공자에게 묻는 내용으로 되어 있다. 『춘추좌전』에 따르면 계강자의 부친인 계환자가 죽은 시점은 노애공 3년이다. 이는 공자가 천하유세를 다니던 시기의 중반에 해당한다. 『사기』 [중니제자열전]은 계강자가 공자를 부르려다가 이내 염유를 부른 것으로 기록해 놓았다.

공자가 천하유세를 끝내고 노나라로 돌아온 것은 노애공 11년이다. 이후 죽을 때까지 4년 반 동안 공자는 국로로 있으면서 교육문화 사업에 전념했다. 당시 자로는 계씨의 가재가 되어 있었고, 자공은 외교관으로서 천하에 이름을 널리 떨치고 있었고, 염유 또한 계씨의 가재로서 그 수완을 인정받고 있었다. 계강자는 이들 3인 중 누구를 하대부로 삼아 국정에 참여시키는 것이 좋을

지를 공자에게 물었던 것이다. 이때 공자는 구체적인 답변을 피하면서 3인 모두 각기 뛰어난 점이 있으니 능히 그 장점을 취해 기용할 것을 권했다.

[공야장]편 제7장에는 맹무백孟武伯 : 仲孫彘이 나온다. 그는 맹의자孟懿子 : 仲孫何忌의 아들로 『춘추좌전』에 따르면 노애공 14년에 죽었다. 『춘추좌전』에는 맹무백이 [노애공 11년]조를 시작으로 [노애공 27년]조에 걸쳐 계속 나오고 있다. 그럼에도 『사기』 [중니제자열전]에는 맹무백의 이름이 전혀 나오지 않고 있다. [위정]편에 맹의자와 맹무백이 공자에게 효에 관해 질문하는 기사가 나오고 있는 점에 비춰 맹무백은 대략 공자의 제자였거나 공자의 제자처럼 수시로 공자에게 가르침을 청했던 것으로 보인다.

[공야장]편 제7장에는 맹무백이 공자에게 자로와 염유, 공서화 등 3인이 과연 '인' 한지 여부를 묻는 장면이 나온다. 그러나 여기에서는 이들 3인 중 누군가를 채용하려고 한 것이 아니라 '인'이 어떤 것인지를 알기 위해 이들을 예로 든 것에 불과하다. 이때 맹무백은 이들 3인을 거론하면서 '자로'에 대해서만 자를 부르고 염유와 공서화에 대해서는 '구求' 및 '적赤'과 같이 이름을 부르고 있다. 이는 맹무백과 이들 3인이 선후배 관계에 있었음을 시사한다. 자로가 위나라에서 순직한 것은 노애공 15년의 일이다. 따라서 이 일화는 대략 그보다는 약간 앞선 시기의 것으로 보는 것이 타당하다.

그러나 [공야장]편 제7장과 [옹야]편 제8장의 내용은 [계씨]편 제1장의 전유토벌사건과 시기상 서로 가깝기는 하나 상호 관련이 있는 것은 아니다. [선진]편 제23장은 전유토벌사건 이전일 공산이 크다. [계씨]편 제1장은 공문 밖 세간의 전송에 기초한 설화로 보는 것이 옳을 듯하다. 전유토벌사건이 실제로 이뤄졌는지는 확인하기 어려우나 대략 공자의 반대로 인해 이뤄지지 않은 것으로 보는 견해가 주류이다. 이 장은 그 성격상 공자가 여러 제자들과 대화를 나눈 [선진]편 말장과 매우 닮아 있다. 그러나 역사적 사실을 토대로 하여 공문의 후학이 상상력을 동원해 설화형식으로 꾸며낸 것이라는 점에서 차이가 있다. 이같은 형식은 매우 특이한 사례라고 할 수 있다.

16-2

孔子曰, "天下有道, 則禮樂征伐自天子出. 天下無道, 則禮樂征伐自諸侯出. 自諸侯出蓋十世希不失矣, 自大夫出五世希不失矣, 陪臣執國命三世希不失矣. 天下有道, 則政不在大夫. 天下有道, 則庶人不議."

공자가 말했다.

"천하에 도가 있으면 예악과 정벌이 천자로부터 나오고, 천하에 도가 없으면 예악과 정벌이 제후로부터 나온다. 대개 예악과 정벌이 제후로부터 나오면 10세(世) 안에 나라를 잃지 않는 경우가 드물고, 대부로부터 나오면 5세 안에 잃지 않는 경우가 드물고, 배신(陪臣 : 제후의 신하)이 국권을 잡으면 3세 안에 잃지 않는 경우가 드물다. 천하에 도가 있으면 정권이 대부에게 있지 않다. 천하에 도가 있으면 서민들이 이를 두고 사사롭게 논의치 않을 것이다."

이 장에 대해 크릴은 공자가 무력동원을 적극 수긍하고 있다는 점에 의문을 표시하면서 후대의 위문일 가능성을 제기했다.

그러나 이러한 이의제기는 지나친 것이다. 앞서 언급한 바와 같이 공자는 무력동원 자체를 결코 부인한 적이 없다. 오히려 '존왕양이'를 위한 무력동원은 적극 찬동하는 입장을 보였다. 본문 그대로 수용하는 것이 타당하다.

제2-11장에는 '익자삼우益者三友'와 '익자삼락益者三樂' 등과 같이 구체적인 숫자를 제시하며 설득하는 내용이 압도적으로 많다. 이는 공자의 언행을 단편적으로 기록한 것과 달리 공문의 후학이 공자의 가르침을 재구성한 데 따른 것으로 짐작된다. 이 편은 『논어』 중에서는 비교적 나중에 나온 것에 속한다.

16-3

孔子曰, "祿之去公室, 五世矣. 政逮於大夫, 四世矣. 故夫三桓之子孫微矣."

공자가 말했다.
"식록을 내리는 권한이 노나라 공실에서 떠난 지 5세(五世 : 노선공 · 노성공 · 노양공 · 노소공 · 노정공)가 되었다. 정권이 대부인 계씨의 손으로 넘어간 지 4세(四世 : 계무자 · 계도자 · 계평자 · 계환자)나 되었다. 이에 마침내 망할 때가 되어 저 3환(三桓 : 계손 · 숙손 · 중손)의 자손이 쇠미해진 것이다."

이 장은 『춘추좌전』 [노소공 25년]조의 내용과 매우 유사하다. 서로 같은 인식 위에서 기술된 것으로 보인다. 앞장과 이 장 모두 왕실과 공실, 세족의 흥망을 통관通觀해 역사변천의 기본이치를 논하고 있다는 점에서 공통점을 갖고 있다.

16-4

孔子曰, "益者三友, 損者三友. 友直, 友諒, 友多聞, 益矣. 友便辟, 友善柔, 友便佞, 損矣."

공자가 말했다.
"유익한 것에도 '3우(三友)'가 있고, 유해한 것에도 '3우'가 있다. 정직한 자와 성실한 자, 견문이 넓은 자를 벗으로 삼으면 유익하다. 편벽되고, 유순하기만 하고, 말만 잘하는 자를 벗으로 삼으면 유해하다."

'우직友直' 등의 '우友'를 동사가 아닌 명사로 해석해 '벗이 정직하고' 등으로 변역하기도 한다. 문맥상 양쪽 모두 가능하다. 이 장에서는 '익자3우'와 '손자3우'의 차이가 간명하게 드러나 있다.

16-5

孔子曰, "益者三樂, 損者三樂. 樂節禮樂, 樂道人之善, 樂多賢友, 益矣. 樂驕樂, 樂佚遊, 樂宴樂, 損矣."

공자가 말했다.
"유익한 것에도 3요(三樂)가 있고, 유해한 것에도 '3요'가 있다. 예악을 절도에 맞게 행하고, 남의 선함을 즐겨 말하고, 현명한 벗을 많이 두는 것을 즐기면 유익하다. 교만하고 방탕하게 놀고, 편히 놀고, 연회를 베풀어 노는 것을 즐기면 유해하다."

'익자3요'와 '손자3요'를 대비시킨 이 장은 앞장과 수미관계를 이루고 있다. 사실 두 장을 합쳐 해석해야만 그 뜻이 보다 선명히 드러난다.

16-6

孔子曰, "侍於君子有三愆. 言未及之而言, 謂之躁. 言及之而不言, 謂之隱. 未見顔色而言, 謂之瞽."

공자가 말했다.
"군자를 모시는 데에는 3건(三愆 : 세 가지 허물)이 있다. 말할 때가 아닌데 말하는 것을 '조(躁 : 조급)'라고 한다. 말해야 할 때 말하지 않는 것을 '은(隱 : 숨김)'이라고 한다. 안색을 살피지 않고 말하는 것을 '고(瞽 : 우매)'라고 한다."

'시군3건侍君三愆'을 논한 이 장의 내용은 『순자』[권학]편의 내용과 일치하고 있다. 다만 『순자』는 공자의 말을 명시하지 않고 있는 것이 다를 뿐이다. [위령공]편 제7장과 『맹자』[진심 하]편의 내용도 이와 크게 닮아 있다. 대략 전국시대 말기에 유사한 내용이 널리 회자된 데 따른 것으로 짐작된다.

16-7

孔子曰, "君子有三戒. 少之時, 血氣未定, 戒之在色. 及其壯也, 血氣方剛, 戒之在鬪. 及其老也, 血氣旣衰, 戒之在得."

공자가 말했다.
"군자에게는 3계(三戒 : 세 가지 경계)가 있다. 젊어서는 혈기가 아직 정해지지 않은 까닭에 색을 경계해야 한다. 장성해서는 혈기가 방강(方剛 : 한창 강함)한 까닭에 싸움을 경계해야 한다. 늙어서는 혈기가 이미 쇠한 까닭에 이욕을 경계해야 한다."

이 장에서는 '군자3계君子三戒'를 논하고 있다. 내용상 앞뒤 장과 밀접하게 관련돼 있다.

16-8

孔子曰, "君子有三畏. 畏天命, 畏大人, 畏聖人之言. 小人不知天命而不畏也, 狎大人, 侮聖人之言."

공자가 말했다.
"군자에게는 3외(三畏 : 세 가지 두려움)가 있다. 천명(天命)과 대인(大人 : 덕망이 높은 사람), 성인지언(聖人之言 : 성인의 유훈)이 그것이다. 소인은 천명을 알지 못해 이를 두려워하지 않고, 대인을 함부로 대하고, 성인지언을 업신여긴다."

이 장에서는 '군자3외君子三畏'를 논하고 있다. 제6-8장의 '시군3건'과 '군자3계', '군자3외' 모두 군자의 행실과 관련된 내용으로 내용상 상호 밀접한 관련을 맺고 있다.

16-9

孔子曰, "生而知之者, 上也. 學而知之者, 次也. 困而學之, 又其次也. 困而不學, 民斯爲下矣."

공자가 말했다.
"생지자(生知者 : 나면서부터 아는 자)가 상등이고, 학지자(學知者 : 배워서 아는 자)가 그 다음이고, 곤지자(困知者 : 통하지 않아 어려움을 겪으며 배워 아는 자)가 또 그 다음이다. 곤불학자(困不學者 : 통하지 않으면서도 배우지 않는 자)는 백성으로서 하등이 된다."

이 장에서는 지혜에 관한 천품을 크게 넷으로 나눈 소위 '4지四知'를 논하고 있다. 이와 관련해 주희는 풀이하기를, "사람의 기질이 같지 않아 모두 네 등급이 있게 된 것이다"라고 했다. 이에 대해 다산은 이를 모두 교육의 문제로 간주하면서 이같이 주장했다.

> 생지자는 상上이고 곤불학자는 하下이다. 그러나 학지자를 배우지 않게 하면 또한 장차 곤困해진다. 나아가 곤지자를 가르치면 곤해지길 기다릴 필요도 없고, 곤불학자를 발분케 하면 또한 알게 할 수 있다.

주희는 인성을 '본연지성本然之性'과 '기질지성氣質之性'으로 나눠 얘기한 까닭에 모든 것을 기질지성에 관한 문제로 환원시켜 풀이했다. 그러나 앞서 지적한 바와 같이 이러한 주장은 근거 없는 공론에 불과할 뿐이다. 공자는 다산이 지적한 바와 같이 인간 개개인의 기질과는 하등 상관없이 오직 배움에 따라 크게 4종류의 인간이 나타나게 된다고 언급했을 뿐이다. 이에 따르면 대개의 사람은 '학지자' 내지 '곤지자'의 경우에 속할 것이다.

특이한 경우로는 태어날 때부터 명민하기 그지없어 하나를 가르치면 열을 아는 자를 들 수 있다. 이러한 '생지자'는 [양화]편에 나오는 소위 '상지上知'에 해당할 것이다. 정반대로 아무리 가르쳐도 깨우치지 못하는 자도 있을 수 있다. 이 장에서는 이러한 부류의 사람이 언급돼 있지 않으나 대략 [양화]편에 나오는 '하우下愚'가 이에 해당할 것이다. 이 장에 나오는 '곤불학자'는 '하우'와 달리 통하지 않으면서도 배우지 않는 자를 지칭한다. 배우기만 하면 깨우칠 수 있는데 배우지 못한 사람을 뜻하는 것이다. 이는 분명 '하우'와는 다른 것이다.

결국 공자는 사람이 배우려고 하는 한 '하우'와 유사한 '곤불학자'의 단계로까지는 추락하지 않을 것이라고 말한 셈이다. 이는 바꿔 말해 '상지'에 해당하는 '생지자'를 포함해 '학지자'와 '곤지자'에 이르기까지 모두 정도의 차이는 있으나 배움을 통해 사물의 이치를 아는 단계로 나아갈 수 있다고 설파한 것이나 다름없다. 아무리 열등한 사람일지라도 배우려는 열의를 갖고 가르침을 받은 한 '곤불학자'의 단계로 추락하지 않을 것이라는 믿음이 전제된 주장인 것이다.

공자가 말한 4종류의 인간 중 '생지자'와 '학지자', '곤지자'는 생래적으로 명민한지 여부에 따른 분류일 뿐, 똑같이 학문을 통해 사물의 이치를 습득하는 점에서는 하등 차이가 없는 것이다. 최하 단계로 분류된 '곤불학자'는 오직 배움을 받지 못했기에 그리 된 것이지 '기질지성'으로 그리 된 것은 아니다. 그도 배우기만 하면 곧 '곤지자'의 단계로 올라갈 수 있다. '곤지자'도 배우지 않으면 '곤불학자'로 추락하고 만다. '학지자'도 배우지 않으면 '곤불학자'와 유사한 '불학자不學者'가 되고 만다. 가장 명민한 '생지자'조차 전혀 가르침을 받지 못하면 '곤불학자'와 별반 차이가 없는 '부지자不知者'가 되고 만다. 학문에 대한 공자의 확고한 믿음이 투영된 대목이 아닐 수 없다.

그럼에도 주희는 이를 '기질지성'의 4등급으로 해석해 놓았다. 이는 공자가 말한 취의趣意를 멋대로 왜곡한 대표적인 사례가 아닐 수 없다. '치평'이 본령인 공문의 군자학를 역사적으로 가장 왜곡시킨 사람을 차례로 꼽으라면 전국시대 말기의 맹자와 전한 제국 초기의 동중서, 남송대의 주희 등 세 사람을 꼽는 이유가 바로 여기에 있다.

16-10

孔子曰, "君子有九思. 視思明, 聽思聰, 色思溫, 貌思恭, 言思忠, 事思敬, 疑思問, 忿思難, 見得思義."

공자가 말했다.
"군자에게는 9사(九思 : 아홉 가지 사려)가 있다. 보는 것을 밝게 할 것을 생각하고, 듣는 것을 총명하게 할 것을 생각하고, 안색을 온화하게 할 것을 생각하고, 용모를 공손하게 할 것을 생각하고, 말을 진실되게 할 것을 생각하고, 일을 경건하게 할 것을 생각하고, 의심을 질문을 통해 풀 것을 생각하고, 분노를 감당키 어려운 결과를 감안해 자제할 것을 생각하고, 이득을 취하게 될 때 의로운 방법인지를 따져 조심할 것을 생각하는 것이 그것이다."

여기서는 '군자9사君子九思'를 논하고 있다. 이 장 맨 끝에 나오는 '견득사의見得思義' 구절은 [자장]편 제1장에도 나온다. [헌문]편 제13장의 '견리사의見利思義' 구절도 사실 같은 내용으로 볼 수 있다. 당시 널리 회자된 격언이 수록된 것으로 짐작된다. 이 장의 내용은 『상서』 [홍범]의 오사五事와 매우 닮아 있다. 이는 이 장이 후대에 삽입된 위문일 가능성을 시사하는 것이다.

16-11

孔子曰, "見善如不及, 見不善如探湯, 吾見其人矣, 吾聞其語矣. 隱居以求其志, 行義以達其道, 吾聞其語矣, 未見其人也."

공자가 말했다.
"선을 보면 마치 미치지 못할 듯이 열심히 행하면서 불선을 보면 마치 끓는 물을 만지는 듯이 멀리 하는 사람을, 나는 직접 보기도 했고 듣기도 했다. 그러나 숨어 살면서 도에 이르고자 하는 자신의 뜻을 추구하고 의를 행하여 그 도를 통달한 사람을, 나는 들은 적은 있으나 직접 보지는 못했다."

공자는 이 장에서 자신의 경험을 토대로 군자를 크게 두 가지 유형으로 나눠 말하고 있다. 주희는 주석키를, "안연 · 증자 · 염백우 · 민자건 등이 전자에 속하고, 이윤과 태공의 무리가 후자에 속할 것이다"라고 했다. 대략 문의에 부합한다.

16-12

"齊景公有馬千駟, 死之日, 民無德而稱焉. 伯夷叔齊餓于首陽之下, 民到于今稱之. 其斯之謂與."

"제경공은 생전에 말 1천 사(駟 : 4필)를 소유했으나 죽는 날에 사람들이 이를 덕으로 여겨 칭송하지 않았다. 그러나 백이와 숙제는 비록 수양산 아래에서 굶어 죽었으나 백성들이 지금에 이르도록 그 덕을 칭송하고 있다. 덕이란 바로 이를 두고 말하는 것이다."

이 장은 제경공을 백이 및 숙제와 대비시키고 있다. 그러나 과연 누구의 말인지 알 길이 없다. 대략 세간의 전송을 공자의 말로 간주해 이곳에 실어놓은 것으로 짐작된다. 주희는 이 장이 제나라에서 만들어진 『제론齊論』의 내용일 가능성을 제시하면서도 그 근거를 명확히 밝히지는 않았다.

원래 『논어』의 편집은 최초로 노나라에서 2대 제자에 의해 편집되기 시작한 이래 3-4대 제자들에 의해 완성되는 과정을 거쳤다. 유학이 제나라에 전해져 『논어』가 증보 · 윤색된 것은 부인할 수 없다. 노나라에서 이뤄진 최초의 『논어』 편집은 공자 만년의 공문에 모인 직제자들의 견문과 전송을 자료로 삼았다. 그러나 편수를 늘려 나가면서 자료가 곧 바닥이 나자 이내 일부 직제자들의 언행과 세간에 전해진 공자와 관련된 얘기들도 차례로 선택되었을 것으로 보인다. 『논어』의 내용 중 공자를 '자'로 부르고 직제자들이 서로 '자'를 사용해 호칭한 내용은 공자 만년의 공문에서 직제자들 사이에 전해진 것이다. 이에 대해 '공자왈'로 나타나는 내용은 세간에 전해진 전문으로 보아도 대과는 없다.

제나라에서 이뤄진 『논어』의 증보와 윤색은 말할 것도 없이 노나라에서의 편집보다 훨씬 후의 일이다. 유학이 제나라에 전해진 것은 아무리 빨라도 직제자인 자공이 제나라에서 죽은 뒤의 일일 것이다. 대략 『논어』가 제나라에서 증보 · 윤색될 때 직제자들로부터 나온 전송은 노나라에 전해진 것에 그치고 여타의 전문은 자공과 자하, 자유, 자장 등으로부터 전해진 것과 세간의 전문에 그쳤을 공산이 크다. 또한 자공과 자하, 자유, 자장 등의 문인에 의해 제나라에 유학이 전파되었다고 해도 그들은 시종 노나라에서 제자를 육성한 증자와 같이 계속 제나라에 남아 제자를 양성한 것도 아니었다. 『논어』를 증보 · 윤색한 편집자들이 반드시 그들과 직접적인 사제관계를 맺었던 것도 아니었을 것이다. 그렇다면 주희의 주장과 같이 반드시 후대에 나온 『제론齊論』의 일부로 볼 수도 없는 일이다. 현재로서는 이 장을 포함해 제13-14장의 3개 장이 앞서 나온 11개 장에 대한 부록의 성격이 짙은 점에 비춰 일차 편집이 끝나고 얼마 후에 부록의 성격으로 삽입되었을 것으로 짐작할 뿐이다.

주희는 이밖에도 정이천과 호인의 주장을 좇아 [안연]편 제10장에 나오는 '성불이부誠不以富, 역기이이亦祇以異' 구절은 이 장에 있어야 할 것이 잘못하여 [안연]편에 삽입된 것으로 추정했다. 그는 이 장에 '공자왈'이 없는 점에 주목해 이 구절은 이 장의 마지막 구절인 '기사지위여其斯之謂與' 앞에 나와야 한다고 주장했다. 그러나 앞서 언급한 바와 같이 이 구절은 『논어』에 실려 있는 바대로 [안연]편 제10장에 나오는 구절로 간주해 해석하는 것이 타당하다.

16-13

陳亢問於伯魚曰, "子亦有異聞乎." 對曰, "未也. 嘗獨立, 鯉趨而過庭. 曰, '學詩乎.' 對曰, '未也'. '不學詩, 無以言'. 鯉退而學詩. 他日, 又獨立, 鯉趨而過庭. 曰, '學禮乎'. 對曰, '未也.' '不學禮, 無以立.' 鯉退而學禮. 聞斯二者." 陳亢退而喜曰, "問一得三. 聞詩, 聞禮, 又聞君子之遠其子也."

진항(陳亢)이 공자의 아들 백어(伯魚 : 鯉)에게 물었다.
"그대는 또한 부친으로부터 달리 들은 바가 있소."
백어가 대답했다.
"없었소. 일찍이 홀로 서 계실 때 내가 빨리 걸어 뜰을 지나자 나에게 묻기를, '『시』를 배웠느냐' 라고 하여 내가 대답키를, '아직 못 배웠습니다' 라고 했소. 이에 이르기를, '『시』를 배우지 않으면 말을 할 수 없다' 고 하여 나는 물러나와 『시』를 배웠소. 다른 날에 또 홀로 서 계실 때 내가 빨리 걸어 뜰을 지나자 나에게 묻기를, '예를 배웠느냐' 라고 하여 내가 대답키를, '아직 못 배웠습니다' 라고 했소. 이에 이르기를, '예를 배우지 않으면 설 수 없다' 고 하여 나는 물러나와 예를 배웠소. 내가 부친으로부터 들은 것은 바로 이 두 가지요."
진항이 물러나와 기쁜 표정으로 이같이 말했다.
"나는 하나를 물어 세 가지를 얻었다. 『시』와 예에 관한 얘기를 듣고, 또한 군자는 자식이라고 하여 사사롭게 후하게 대하지 않는다는 것을 들었다."

이 장은 자공의 제자인 진항이 공자의 장남 백어伯魚에게 공자로부터 특별한 얘기를 들었는지 여부를 묻는 문답으로 되어 있다. 진항은 자가 자금子禽으로 공자의 제자인지 여부에 대해 논란이 있으나 대략 자공의 제자일 공산이 크다. '진항' 이 자字 대신 이름으로 불리고 있는 점이 이를 뒷받침한다. 이는 공문의 직제자들 사이에서 전송된 것이 아니라 진항 자신으로부터 나온 전문으로 짐작된다. 진항이 제나라 출신이라면 이 일화는 제나라에 전해졌을 것으로 보아야 한다.

백어의 언급에 나오는 '불학례不學禮' 구절은 [요왈]편의 마지막 장에도 나온다. 지금의 [요왈]편을 구성한 각 장은 제나라에서 만들어진 것이다. 진항은 [학이]편 제10장에도 나온다. [학이]편 제10장은 진항과 자공 모두 공자를 3인칭 경칭인 '부자夫子'로 칭하고 있는 데다 『춘추공양전』에 많이 나타나는 제나라 방언을 사용하고 있다. 이 장이 제나라에서 첨가되었을 가능성을 강하게 시사하는 대목이 아닐 수 없다.

여기에 인용된 공자의 말은 '자왈' 내지 '공자왈'로 나타나지 않고 단지 '왈'로만 표현돼 있다. 이는 공자의 장남 백어가 부친의 말을 인용한 데 따른 것으로 보이다. 이러한 용례는 『논어』 중에서 매우 희귀한 사례에 해당한다.

16-14

邦君之妻, 君稱之曰夫人, 夫人自稱曰小童, 邦人稱之曰君夫人, 稱諸異邦曰寡小君, 異邦人稱之亦曰君夫人.

방군(邦君 : 자국의 군주)의 처를 두고 군주가 칭할 때는 '부인(夫人)', 부인이 스스로 칭할 때는 '소동(小童)', 방인(邦人 : 자국의 백성)이 칭할 때는 '군부인(君夫人)', 이방(異邦 : 다른 나라)에 대해 칭할 때는 '과소군(寡小君)', 이방인(異邦人 : 다른 나라 백성)이 칭할 때는 방인들과 똑같이 '군부인'이라고 한다.

이 장은 예의 호칭에 관한 단편적인 기록으로 구성돼 있다. 예에 관한 비망록의 단편이 수록된 것으로 짐작된다. 주희는 이 장에 대해 예로부터 내려온 말인지 아니면 공자가 일찍이 언급한 것인지 여부를 상고할 길이 없다는 입장을 밝혔다. 대체로 이 장은 공문에서 오랫동안 전송된 예에 관한 단편적인 지식이 채록된 것으로 짐작된다. 공자 이전의 전송을 보존하는 의미에서 [계씨] 편의 맨 뒤에 부기해 놓았을 공산이 크다. 이 장은 내용상『논어』에서 매우 특이한 사례에 속하는 것으로 이 편 전체에 대한 부록의 성격을 띠고 있다.

제17절 [양화陽貨]편

[양화]편은 총 26개 장으로 이뤄져 있다. 이 편은 크게 3부분으로 대별할 수 있다. 제1-8장과 제9-19장, 제20-26장의 장군章群이 그것이다. 첫 번째 장군의 8개 장은 '공자왈'로 시작하는 제1장과 제6장을 제외하고는 모두 '자왈'로 되어 있다. 공문 내의 전송으로 보인다. 두 번째 장군인 제9-19장은 제10장을 제외하고는 모두 '자왈'로 시작하는 공자의 교훈으로 되어 있다. 사제 간의 문답을 포함한 것은 오직 제19장뿐이다. 세 번째 장군인 제20-26장은 공통적으로 공자가 바람직하지 않게 생각하거나 꺼리는 내용을 기술해 놓고 있다. 이 편은 『맹자』와 일치하는 내용이 많아 대략 노나라에서 성립된 뒤 맹자 전후에 제나라에서 약간의 윤색이 가해진 것으로 짐작된다.

17-1

陽貨欲見孔子, 孔子不見, 歸孔子豚. 孔子時其亡也而往拜之, 遇諸塗. 謂孔子曰, "來. 予與爾言." 曰, "懷其寶而迷其邦, 可謂仁乎." 曰, "不可." "好從事而亟失時, 可謂知乎." 曰, "不可." "日月逝矣, 歲不我與." 孔子曰, "諾. 吾將仕矣."

계환자의 가신 양화(陽貨)는 주군을 유폐한 뒤 공자를 만나려고 했으나 공자가 만나주지 않자 이내 삶은 돼지를 예물로 보냈다. 예법에 따라 사례하지 않을 수 없게 된 공자가 마침 양화가 부재한 틈을 노려 양화의 집으로 가 사례하고 돌아오던 중 마침 길에서 양화를 만나게 되었다. 양화가 공자에게 청했다.
"이리 오시오. 내가 그대와 말하고 싶은 게 있소."
이에 공자가 다가가자 이같이 물었다.
"훌륭한 보배를 품고서 나라를 어지럽게 내버려두는 것을 가히 인이라고 말할 수 있소."
공자가 대답했다.
"인이라고 말할 수 없소."
양화가 또 물었다.
"평소 천하를 구할 생각으로 일하기를 좋아하면서 자주 때를 놓치는 것을 가히 지혜라고 말할 수 있소."
공자가 대답했다.
"지혜라고 말할 수 없소."
그러자 양화가 이같이 물었다.
"해와 달리 흘러가듯 세월은 한번 가면 다시 오지 않는 법이오. 세월이 자신을 위해 기다려 주지 않으니 지금 벼슬하지 않고 어느 때를 기다리려는 것이오."
공자가 대답했다.
"옳소. 내가 장차 출사(出仕 : 벼슬길에 들어섬)토록 하겠소."

이 장에 나오는 '기실시亟失時'의 '기亟'는 대개 '빠르다'는 의미의 '극'으로 사용되나 여기서는 '자주'의 의미로 사용된 것이다. '양화陽貨'는 계씨의 가신으로 『춘추좌전』에는 '양호陽虎'로 나타나고 있다. 일부 주석가는 공자가 양호의 관직을 수락한 것으로 보았으나 이는 잘못이다. 이를 두고 주희는 주석키를, "양화는 공자를 풍자하여 공자로 하여금 속히 벼슬케 하려고 했다. 공자는 일찍이 벼슬하고자 하지 않은 것도 아니었다. 다만 양화에게 벼슬하지 않았을 뿐이다. 공자는 이치대로만 대답하고 다시 그와 변론하지 않음으로써 그의 뜻을 깨닫지 못한 것처럼 한 것이다"라고 했다.

크릴도 『맹자』에 공자의 출사에 관한 언급이 없고, 『논어』에도 단지 공자가 장차 출사하겠다는 말만 한 것만 보일 뿐 실제 출사했다는 것이 언급되어 있지 않고, 『좌전』에 기술된 양호의 경력으로 볼 때 공자가 좋아할 만한 인물이 결코 아니라는 이유 등을 들어 이를 반박했다. 주희와 크릴의 주장이 옳은 것은 말할 것도 없다. 사서에 나오는 관련 내용 등을 종합해 볼 때 공자는 양화에게 장차 출사하겠다고 말했으나 끝내 양화에게 나아가지는 않았다고 보는 것이 옳다.

17-2

子曰, "性相近也, 習相遠也."

공자가 말했다.
"성품은 본래 서로 가까운 것이나, 습관으로 인해 서로 멀어지게 된다."

이 장은 성리학의 이론적 토대가 되는 소위 '성론性論'의 근거가 된 대목으로 '상지上知'와 '하우下愚'를 논한 다음 장과 더불어 성리학이 탄생한 이래 가장 많은 논란을 야기한 대목이기도

하다. 원래 공안국은 이 장과 다음 장을 1장으로 해놓았으나 주희가 이를 두 개의 장으로 분장分章해 놓았다. 주희는 이를 1장으로 보게 되면 '자왈子曰'이라는 글자가 중복되어 연문衍文이 된다고 주장했다.

정이천은 주석하기를, "이는 기질지성氣質之性을 말한 것으로, 본연지성本然之性을 말한 것은 아니다. 그 근본으로 말하면 성性은 곧 리理이고, 리는 선하지 않은 것이 없으니 맹자가 말한 성선性善이 바로 이것이다. 어찌 본연지성에 서로 비슷하다는 말이 있을 수 있겠는가"라고 했다. 주희는 정이천의 이러한 주장을 그대로 좇아 이 장에 나오는 '성'을 인·의·예·지의 '본연지성'으로 해석하고 희喜·노怒·애哀·락樂·애愛·오惡·욕慾으로 표현되는 '기질지성'과 대립시켜 놓았다. 그는 이 장에서 말하는 '성'은 '기질지성'을 말한 것으로 천하를 하나로 관통하는 '본연지성'은 서로 가깝다고 말하는 것 자체가 불가능하다고 주장했다.

다산은 전체적인 해석은 대체로 주희를 좇았으나 이를 설명하는 방식에서는 적잖은 차이를 보이고 있다. 그는 우선 '본연'은 불가에서 무시무종無始無終을 말할 때 사용되는 것으로 '성'을 '본연지성'으로 해석하는 것은 잘못이라고 지적했다. 다산은 순자의 주장을 인용해 '생生'만 있는 초목과 '지知'만 있고 '영靈'이 없는 금수와 달리 사람은 생·지·영을 모두 갖추고 있으나 기질에서 청탁후박淸濁厚薄와 혜둔통색慧鈍通塞의 차이를 보이게 된다고 주장했다. 그는 '기질'의 이러한 차이에도 불구하고 그 본질만큼은 어디까지나 1체一體일 뿐 2체二體가 될 수 없다며 '본연지성'과 '기질지성'의 구분을 거부했다. 다산의 뛰어난 식견이 여실히 드러난 대목이 아닐 수 없다.

당시 조선에는 사람의 인성과 금수의 물성物性이 같은 것인지를 놓고 일대 논전이 전개되고 있었다. 소위 '인물성동론人物性同論'으로 불린 이 논쟁은 원래 송유들이 인성과 물성의 이동異同을 논한 데서 촉발된 것이었다. 주희를 비롯한 송유들은 본연지성은 사람과 짐승 모두 같으나 기질지성은 사람과 짐승이 다르다는 소위 '이동기이설理同氣異說 : 본연지성인 理는 같으나 기질지성인 氣는 다르다는 주장'을 주장했다.

이에 대해 다산은 정반대로 기질지성은 인물人物 : 사람과 금수이 같이 얻는 것이지만 도의지성道義之性은 오직 사람만이 보유한 것이라고 주장했다. 다산의 이러한 주장을 성리학의 '이동기이설'과 반대되는 '기동이이설氣同理異說 : 기질지성인 氣는 같으나 본연지성인 理는 다르다는 주장'이라고 한다. 그는 송유들의 '이동기이설'을 이같이 통박했다.

> 기질지성은 분명히 인물이 같이 얻었는데도 송유는 오히려 각기 다르다고 주장하고, 본연지성은 분명히 사람이 홀로 얻은 것인데도 송유는 같이 얻었다고 주장한다.

'이동기이설'에 대한 다산의 반박은 성리학적 세계관의 허구성을 거부하는 의미를 지니고 있다. 성리학에서 말하는 '이동理同'과 '기이氣異'는 인간에 대한 불평등질서를 선천적인 것으로 이해하게 만드는 독소를 지니고 있었다. 다산이 인성과 물성의 차이를 강조하고 진물성盡物性을 자연에 대한 합리적 이용으로 해석한 것은 자연에 대한 인간의 합리적 태도를 보인 것이다. 다산의 진취적인 자세가 약여하게 드러난 대목이 아닐 수 없다.

당시 조선조에서 주희의 권위는 '주자학의 조선'이라고 불린 데서 알 수 있듯이 거의 신성불가침한 성역으로 존재했다. 다산은 비록 보신의 차원에서 사문난적으로 몰리지 않기 위해 성리학을 옹호하는 듯한 모습을 보였으나 내심 공자의 권위를 빌려 성리학을 비판코자 하는 의도를 감추지 않았다. '성리학의 조선'에서 다산이 탈성리학의 자세를 견지해 성리학과 혈전을 벌인 것은 높이 평가할 만한 것이었다.

그러나 다산 역시 '기질지성'과 '본연지성'의 허구를 파헤쳤음에도 불구하고 공자 당시의 고의를 찾아내 군자학 본연의 모습을 찾아내는 단계에까지 이르지는 못했다. 조선조 실학을 집대성한 다산조차 성리학의 한계에서 크게 벗어나지 못했던 것이다. 다산은 맹자의 성선설과 순자의 성악설, 공손추公孫丑의 무선무악설無善無惡說, 양웅揚雄의 선악혼재설善惡混在說을 비교한 뒤 오직 맹자의 성선설만이 대체大體의 근본을 얻었다며 이같이 주장했다.

> 사람은 몸과 마음이 묘합妙合하여 혼연히 하나가 된 자이기에 도의로 인해 발한 것을 도심道心이라고 한다. 도심에 의해 선악을 밝게 분별할 수 있고, 덕을 좋아하고 악을 부끄러워하여 마침내 몸을 죽여 인을 이루는 데 이르게 된다. 이것이 맹자가 말한 소위 성선性善의 근본이다.

사람이 사람일 수 있는 것은 덕을 좋아하고 악을 부끄러워하기 때문이니 이것이 바로 천명이고 본성이라는 것이다. 다산 역시 맹자의 성선설에서 벗어나지 못하고 있는 것이다. 다산은 성선설에 입각해 '성'을 '본심의 호오好惡', '습'을 '견문의 관숙慣熟'으로 간주한 뒤 이 장을 이같이 풀이해 놓았다.

> 성품이 본래 가깝다고 한 것은 갑·을 두 사람의 현賢·불초不肖가 서로 가까운 것을 말한 것이다. 사람들의 현·불초는 습관으로 인해 마침내 현격하게 차이나게 된다. 이는 습관으로 인해 서로 멀어진다고 말한 아랫 구절을 통해 분명히 알 수 있다. 성군 요·순과 폭군 걸·주는 당초 측은지성惻隱之性 : 仁性을 의미과 수오지성羞惡之性 : 義性을 의미에서 추호의 차이도 없었다. 그러나 이들을 두고 '성'이 서로 가깝다는 얘기만 할 수는 없는 일이다. 습관으로 인해 서로 멀어지게 되었다는 것은 곧 현·불초가 더욱 현격하게 벌어진 것을 말한 것이다. 그러니 어찌 '성'이 서로 가깝다고 하여 현·불초마저 서로 가까운 것이라고 말할 수 있겠는가.

다산은 맹자가 인지단仁之端과 의지단義之端으로 언급한 '측은지심'과 '수오지심'을 각각 '측은지성'과 '수오지성'으로 해석해 놓은 것이다. 원래 '측은지심' 등의 '심心'은 명대에 등장한 양명학陽明學에서 매우 중시한 개념으로 성리학의 '성性' 개념과 여러 면에서 대비된다. 양명학은 성리학이 '성즉리性卽理'라고 해석하는 것에 반발해 직접 맹자가 언급한 '측은지심'과 '수오지심'에서 '심즉리心卽理'의 이론을 이끌어냈다. 성리학과 양명학은 인·의·예·지의 단서가 되는 '측은지심'과 '수오지심', '사양지심辭讓之心', '시비지심是非之心'의 해석에서 각기 주희와 맹자를 좇은 셈이다.

그러나 사실 양자 모두 맹자가 말한 인·의·예·지의 소위 '4단四端'이 무슨 구체적인 근거에 입각해 나온 것이 아님에도 불구하고 이를 불변의 진리인양 맹목적으로 받아들였다는 점에서 똑같은 문제를 지니고 있다. 양명학이 비록 '정통설'에 입각한 성리학의 도학적인 해석에 이의를 제기하고 나섰음에도 불구하고 공문 본연의 군자학으로 나아가지 못한 이유가 바로 여기에 있다. 양자 모두 공소空疎한 사변론에 그친 나머지 19세기 말 서양 제국주의자들이 밀려들 때 아무런 해답도 제시하지 못하고 이내 폐기되는 운명에 처하고 말았다.

이는 정유재란 당시 조선으로부터 성리학을 처음으로 접한 일본이 불과 1세기도 안 되는 17세기 중엽에 이르러 공자 당시의 고의古義를 찾아내 일본 특유의 제왕학인 '고가꾸古學'를 탄생시킨 사실과 크게 대비된다. 일본이 메이지유신에 성공해 19세기 말 이래 근 1세기가 넘도록 아시아의 맹주로 군림케 된 이유가 바로 여기에 있다. 한·중·일 3국 중 유일하게 일본이 근대화에 성공할 수 있었던 것은 바로 극단적인 사변론으로 치달은 성리학에 의해 가려져 있던 공자 당시의 군자학을 재발견한 데 따른 것이다.

조선조의 경우는 동양 3국 중 가장 심각한 상황에 처해 있었다. 중국의 경우는 그나마 양명학을 통해 성리학의 한계를 벗어나고자 노력했으나 조선의 경우는 이러한 노력마저 보이지 않았다. 오직 성리학에 안주해 여타의 학문을 모두 '사문난적'으로 간주한 뒤 『논어』에 대한 변변한 주석서 한 권조차 내놓지 못했던 것이다.

물론 특이하게도 다산과 같은 인물이 나타나 『논어고금주』와 같이 탁월한 주석서를 펴내기는 했으나 이 또한 군자학의 차원에서 보면 오규 소라이의 『논어징』에 못 미치는 것이었다. 이 장에 대한 다산의 해석을 통해 짐작할 수 있듯이 『논어고금주』는 고증학적인 측면에서는 『논어징』을 뛰어넘는 바가 적지 않으나 공자 당시의 고의를 찾아내 군자학의 요체를 설파한 점에서는 『논어징』에 훨씬 못 미치고 있다. 다산 역시 조선성리학의 통폐로부터 결코 자유로울 수 없었던 것이다.

17-3

子曰, "唯上知與下愚, 不移."

공자가 말했다.
"오직 상지(上知 : 최상의 지혜로운 사람)와 하우(下愚 : 최하의 어리석은 사람)만이 익히는 것으로도 변화시킬 수 없다."

주희는 이 장과 앞장을 나눴으나 이는 함께 붙여서 해석하는 것이 옳다. 두 장 모두 똑같이 '성론'을 언급하고 있을 뿐만 아니라 겹치는 '자왈' 역시 공자가 시간을 두고 말했다고 보면 반드시 연문으로 해석할 필요도 없는 것이다.

'상지' 및 '하우'와 관련해 당제국 때의 한유韓愈는 일찍이

[원성原性]에서 인성을 크게 상 · 중 · 하 3품三品으로 나눈 뒤 상품은 선善, 중품은 가선가악可善可惡, 하품은 악惡으로 규정했다. 그는 맹자와 순자 모두 중품만 예로 들고 상품과 하품을 언급치 않아 하나만 얻고 둘을 잃었다고 주장했다. 한유의 이러한 주장은 바로 '상지'와 '하지'를 천착한 데서 나온 것이다. 그러나 그의 이러한 주장은 맹자와 순자의 이론을 제대로 파악치 못한 억견에 불과할 뿐이다. 주희는 한유의 '성삼품설'을 좇지 않고 정이천의 다음과 같은 해석을 좇았다.

> 사람의 성이 본래 선한데 변화시킬 수 없는 것이 있음은 무슨 까닭인가. 그 '성'을 말한다면 모두 선하거나 그 '재才'를 말한다면 '하우'로서 변화시킬 수 없는 자가 있다는 것이다.

다산도 대략 성선설의 입장에서 정자와 주희의 이론을 좇았다. 그는 나아가 한유의 '성삼품설'을 비판하면서 '상지' 및 '하우'는 선악과 전혀 무관하다고 주장했다. 요 · 순이라고 해서 청명淸明한 기질만을 받은 것도 아니고, 걸 · 주라고 해서 탁예濁穢한 기질만을 받은 것도 아니라는 것이다. 다산은 선악과 기질의 관계를 이같이 설명했다.

> 천하의 대선大善이 반드시 총명민혜聰明敏慧한 것은 아니고, 천하의 대악大惡이 반드시 농고노둔聾瞽魯鈍 : 귀머거리와 장님과 같이 노둔함한 것은 아니다. 천지의 청명한 기를 받은 자가 반드시 성인이 되는 것도 아니고, 천지의 탁예한 기를 받은 자가 반

> 드시 악인이 되는 것도 아니다. 맑은 기운을 받아 '상지'가 되면 이는 부득불 그리 된 것이니 어찌 선이 되기에 족하고, 탁한 기운을 받아 '하우'가 되면 이 또한 부득불 그리 된 것이니 어찌 악이 되기에 족하겠는가. 기질은 사람으로 하여금 총명하거나 노둔하게 만들 뿐 선하거나 악하게 만드는 것은 아니다.

'불이不移'와 관련해 주희는 정이천의 주장을 그대로 좇았다. 정이천은 '불이'를 이같이 풀이했다.

> '하우'에는 두 종류가 있다. '자포自暴'하는 자와 '자기自棄'하는 자가 그것이다. 사람이 진실로 선으로써 자신을 다스린다면 변화시키지 못할 것이 없다. 아무리 어리석은 자라 할지라도 모두 차츰 연마하여 나아갈 수 있는 것이다. 그러나 '자포'하는 자는 선을 거부하며 믿지 않고, '자기'하는 자는 선을 끊고 행하지 않는 까닭에 이들은 비록 성인과 함께 거처할지라도 변화해 들어가지 않는다. 이것이 바로 공자가 말한 '하위'이다. 그러나 그 기질이 반드시 어둡고 어리석지만은 않고, 왕왕 매우 억세어서 재력才力이 남보다 뛰어난 자가 있으니 은나라 폭군 주紂가 바로 그런 사람이다. 성인은 자기 스스로 선을 거절한다고 하여 이를 '하우'라고 말한 것이다.

'자포'와 '자기'는 본래 『맹자』에 나오는 말이다. 정이천과 주희 모두 '자포'와 '자기'를 예로 들어 '불이'의 대상을 '기질지성'으로 해석한 것이다. 이는 인성을 쓸데없이 '기질지성'과 '본연지성'으로 나눈 데 따른 것이다. 인 · 의 · 예 · 지로 상정되는 '본연지성'은 서로 닮았다거나 변화시킬 수 있다고 말할 대상이 아니다. '불이'와 관련해 다산은 '본연지성'과 '기질지성'의 구분을 거부한 까닭에 이러한 논리 대신 보다 명쾌한 설명을 펼쳐 나갔다.

> 상지 중에도 노둔하여 덕을 이룬 자가 있고, 하우 중에도 총명하여 덕을 이룬 자가 있다. 옮기지 않기 때문에 상지라고 한 것이지 상지이기 때문에 옮기지 않는다고 말한 것은 아니고, 옮기지 않기 때문에 하우라고 하는 것이지 하우이기 때문에 옮기지 않는다고 말한 것은 아니다. 슬기롭고 현명한 자는 비록 악인과 더불어 서로 젖게 될지라도 거기로 옮겨가지 않고, 어리석고 답답한 자는 비록 선인과 더불어 서로 젖게 될지라도 거기로 옮겨가지 않는 것이다.

그러나 큰 틀에서 보면 다산 또한 '불이'의 대상 및 내용을 해석하는 데에서 정이천 및 주희와 큰 차이가 없다. 이는 근본적으로 맹자의 성선설에 입각한 데 따른 필연적인 한계가 아닐 수 없다. 맹자의 성선설이 무슨 논리적인 근거에 입각해 도출된 것이 아님에도 불구하고 이를 맹목적으로 좇은 후세인들의 억견이 이러한 해석을 낳은 것이다.

원래 순자는 맹자와 정반대되는 성악설을 주장한 것으로 알려져 있으나 사실 그의 주장은 '가선가악설可善可惡說'에 가깝다. 맹자와 정반대되는 주장은 한비자의 성악설이다. 한비자의 성악설은 기독교의 '원죄설原罪說'과 매우 닮아 있다. '원죄설'은 유일신 야훼로의 귀의를 통해 면죄를 받을 수 있다는 주장을 펼치며 종교의 우위를 강조한데 반해 한비자의 성악설은 강력한 법치法治를 통해 인간의 악성을 교정할 수 있다는 주장을 펼치며 정치의 우위를 강조한 것이 다를 뿐이다.

이에 대해 순자의 '가선가악설'은 성인이 심사숙고하여 만든 예제禮制를 통해 모든 인간을 선으로 이끌 수 있다는 주장에 입각해 있다. 이는 불교의 '무선무악설無善無惡說'과 매우 닮아 있다. '무선무악설'은 깨달음을 통한 해탈을 주장하며 종교의 우위를 강조한 네 반해 순자의 '가선가악설'은 예치禮治를 통해 인간을 선으로 이끌 수 있다는 주장을 펼치며 정치의 우위를 강조한 것이 다를 뿐이다.

맹자의 성선설은 종교 이론 가운데 유사한 사례를 찾기가 힘들다. 모든 인간의 본성은 인 · 의 · 예 · 지로 상징되는 소위 '4단四端'을 지니고 있는 만큼 선하기 그지없다는 그의 주장은 근거 없는 억견에서 비롯된 것이기는 하나 인간 중심의 정치의 우위를 강조한 점에서 매우 특이했다. 맹자의 성선설에 입각한 성리학이 탄생한 이래 동양에서 인간의 선성善性에 대한 확신을 전제로 한 덕치德治가 유독 강조된 것은 필연적인 결과이기도 했다.

그러나 맹자의 성선설은 비록 종교에 대한 정치의 우위를 강조하기는 했으나 인간의 선성에 대한 맹신으로 인해 '치평'의 논리보다는 인간의 선성을 밝게 드러내는 '수제'의 논리에 함몰되는 결과를 빚었다. 정치의 우위는 치국 내지 치인의 논리가 전제되지 않는 한 공론空論으로 치달을 수밖에 없다. 당초 정치의 우위에서 출발한 성선설은 성리학이 탄생하면서 비록 종교의 우위를 내세우는 쪽으로 전개되지는 않았으나 치국평천하 위에 수신제가의 치기治己 논리를 두는 일종의 '윤리설倫理說'로 전락하고 만 것이다.

종교의 우위를 내세우는 기독교의 '원죄설' 및 불교의 '무선무악설'은 기본적으로 치국평천하의 논리 위에 절대적 개념인 야훼 및 각자覺者를 상정한 데서 출발하고 있다. '윤리설'로 전락한 성선설 역시 비록 겉으로는 정치의 우위를 내세우고는 있으나 실상은 야훼 및 각자에 비견되는 '도道'와 '리理' 등을 내세운 소위 '이성종교理性宗敎'의 양상을 띠고 있는 것이다. 이는 프랑스혁명 당시 공포정치를 펼친 로베스피에르가 맹자의 성선설 및 성리학의 세례를 받고 '야훼'의 자리에 '래종Raison : 理性'을 배치한 '이성종교'를 제창한 사례를 통해 쉽게 짐작할 수 있다. '도'와 '리'를 앞세운 성리학은 종교의 옷만 걸치지 않았을 뿐 실상 일종의 종교와 다름없는 것이었다.

이는 정치의 우위를 근원적으로 부인하는 것으로 이미 치국논리로서의 기능을 상실했음을 의미하는 것이다. 치국논리에서 벗어난 '이성종교'인 성리학이 치세의 시기에는 그런 대로 통용될 수 있으나 난세의 시기에 제대로 작동할 수 없는 것은 필연적인 후과가 아닐 수 없다. 양명학도 치국논리에서 벗어나기는 마찬가지였다. 성리학에 매몰되었던 조선조와 청제국이 서양 및 일제에 맥없이 무릎을 꿇은 이유가 바로 여기에 있었다. 이는 이스라엘 민족이 메시아의 강림을 희구하며 열심히 기도했으나 끝내 로마의 침공에서 조국을 구해내지 못한 사실을 보면 쉽게 이해할 수 있다.

성리학은 서양 제국주의자들이 동양을 접수키 위해 몰려들 때 역사상 등장한 제반 치국이론 중 가장 완벽한 이론임을 내세운 것과는 정반대로 오히려 가장 부적합한 치국이론임을 폭로했다. 성리학은 여타 종교와 마찬가지로 개인 차원의 득도 및 구원救援의 방도로만 활용되었을 뿐, 적의 침략으로부터 나라와 백성을 구하고 시의를 좇아 나라를 융성케 하는 치국의 방략으로는 아무 쓸모가 없다는 사실을 적나라하게 드러내고 만 것이다.

이는 당초 군자학으로 출발한 공학孔學이 시간이 지나면서 이념적인 사변론으로 진락한 데 따른 필연적인 후과였다. 공학은 맹자의 '4단설四端說'과 동중서의 재이설災異說로 인해 크게 왜곡된 데 이어 마침내 송대에 이르러 주희 등에 의한 '천리인욕설天理人欲說'이 등장하면서 치국논리와 동떨어진 일종의 '이성종교'로 전락하고 만 것이다. 청대 말기에 캉유웨이康有爲는 패업을 긍인肯認하는 소위 '공양학公羊學'과 서양의 기독교를 모방한 소위 '공자교孔子敎'를 만들어 서양 제국주의자들의 침공에 대비코자 했으나 이미 대세를 돌리기에는 시간이 늦었다.

이에 대해 일본은 17세기 말기에 이미 오규 소라이가 일본판 제왕학인 소위 '고가꾸古學'을 제창한 이래 일본을 천하의 중심으로 삼는 모토오리 노리나가本居宣長의 '고쿠가꾸國學'가 등장하면서 군자학 본연의 모습을 찾아내는 개가를 올렸다. 이는 말할 것도 없이 문헌에 대한 깊이 있는 천착을 통해 주희 등의 도학적 해석에 의해 왜곡되거나 은폐된 공자 당시의 고의古義를 찾아낸 데 따른 것이었다.

오규 소라이는 일본 최초로 필롤로지Philology : 문헌학의 중요성을 인식한 선각자였다. 그는 문헌에 대한 깊은 천착을 통해 성리학이 지나친 명분주의로 인해 허울뿐인 제왕학으로 전락한 사실을 통찰했다. 이는 그가 『태평책太平策』에서 소위 '세이오노미찌聖王の道 : 치국의 길'를 설명한 다음과 같은 글을 보면 쉽게 확인할 수 있다.

> 성왕의 길은 오로지 치국평천하에 있을 뿐이다. 그럼에도 유자들은 천리인욕설과 이기론, 음양오행론 등과 같은 주장들을 내세워 성왕의 길이 마치 격물치지格物致知와 성의정심誠意正心 등과 같이 중들에게나 어울리는 덕목에 있는 것으로 생각하고 있다. 이로 인해 시비를 가리는 논의만 번거롭게 되어 마침내 성왕의 길은 마치 치국의 도와는 완전히 다른 것처럼 여겨지게끔 되어 버렸다. 이는 과연 누구의 잘못인가.

17세기 말 당시 성리학의 사변론에 통렬한 비판을 가하면서 제왕학의 진수가 치국평천하에 있다고 설파한 인물로는 오규 소라이가 거의 유일했다. 일본 제왕학은 바로 오규 소라이의 등장을 계기로 그 진수를 찾아냈다고 해도 과언이 아니다. 이는 오규 소라이가 『태평책』에서 군주의 역할과 관련해 다음과 같이 언급한 내용을 보면 더욱 쉽게 확인할 수 있다.

> 군주는 설령 도리에서 벗어나 사람들의 비웃음을 살만한 일이라 할지라도 백성들을 편하게 할 수 있는 일이라면 그 어떤 것

> 이라도 기꺼이 하겠다는 생각을 가져야만 한다. 그런 마음을 가진 자만이 진정한 백성의 부모가 될 수 있다.

이는 서양의 마키아벨리가 『군주론』에서 주장한 내용과 꼭 닮아 있다. 소라이가 강조한 '세이오노미찌'의 핵심은 곧 치국평천하에 있었던 것이다. 소라이는 이를 소위 '사쿠이作爲'를 통해 얻을 수 있다고 주장했다. 이는 순자가 말한 소위 '위僞' 개념을 차용한 것이다. 일찍이 성악설을 주장한 순자는 인성의 악성惡性을 선화善化하는 구체적인 방안으로 성인의 '사쿠이'를 강조한 바 있다.

순자와 오규 소라이 모두 인성을 선화하기 위한 도구로 작위를 상정하면서 이를 성인이 만든 예법으로 해석했던 것이다. 인성의 악성을 선화하는 것이 곧 '사쿠이'가 되는 셈이다. 순자는 작위를 이같이 풀이한 바 있다.

> 배울 수도 도모할 수 없는데도 사람에게 있는 것을 '성性'이라고 한다. 배우면 할 수 있고 도모하면 이룰 수 있는 것이 사람에게 있는 것을 '위僞'라고 한다. 성인은 생각을 쌓고 '위'를 익혀 그것으로써 예법을 만들었다. 그러므로 예법은 성인의 '위'에 의해 생겨나는 것이지 사람의 본성으로부터 생겨나는 것이 아니다.

전국시대 말기에 활약한 순자는 춘추전국시대에 출현한 제자백가의 사상을 섭렵하면서 성인이 오랫동안 깊은 사려와 작위의 습득과정을 거쳐 만든 예법을 통해야만 비로소 사람들이 선하게 될 수 있다고 확신했다. 그는 예법에 따른 훈련이 가해질 경우 인성의 악성은 물론 어지러운 세상도 바로잡을 수 있다고 보았던 것이다. 당연한 결과로 순자는 결코 인욕을 악덕으로 간주하지 않았다. 이는 인욕과 천리를 대비시킨 성리학의 논지와 정반대되는 것이었다.

원래 전국시대 말기에 등장한 순자는 춘추전국시대의 통치사상을 집대성한 위대한 인물이었다. 그는 사상사적으로 볼 때 춘추시대의 첫 패자인 제환공의 패업을 이루는 데 결정적인 공헌을 한 관중의 사상적 후계자였다. 관중은 일찍이 왕도王道와 패도覇道는 물론 덕치와 법치를 동일시한 바 있다. 이는 제왕학의 정수를 언급한 것이다. 순자는 관중의 이러한 사상을 보다 이론적으로 정치精緻하게 다듬어냈던 것이다.

그럼에도 불구하고 송대 이후 명분론에 치우친 성리학이 등장하면서 관중과 순자 모두 이단으로 몰리게 되었다. 두 사람 모두 중국과 조선에서 시종 이단으로 치부되었다. 그러나 두 사람은 기이하게도 18세기 초에 들어와 가장 늦게 제왕학을 접한 일본에서 소라이라는 인물에 의해 재발견된 것이다. 일본 제왕학이 이웃 조선과 중국의 제왕학보다 한 단계 높은 수준에 설 수 있었던 것은 바로 오규 소라이가 순자의 작위에서 공자 당시의 고의를 찾아낸 데 따른 것이었다.

조선에서도 다산과 같은 인물이 나타나 공자 당시의 고의를 담고 있는 『논어』를 문헌학적으로 깊이 연구하면서 『논어고금주』와 같은 탁월한 주석서를 펴냈으나 오규 소라이의 수준에 이르지는 못했다. 영조와 정조 때 개화한 조선실학을 집대성한 다산은 오규 소라이의 『논어징』을 참조하며 『논어』를 깊이 연구했음에도 불구하고 오규 소라이가 그토록 강조했던 '세이오노미찌'의 중요성을 간과했던 것이다.

오규 소라이와 다산의 차이는 곧 조선과 일본의 명암을 가르는 전조였다. 두 사람의 차이는 근원적으로 오규 소라이가 맹자를 질타하며 순자를 추종한 데 반해 다산은 공허하기 짝이 없는 맹자의 '4단설'을 추종한 데서 비롯된 것이다. 다산은 사상적으로 조선 성리학의 질곡에서 자유롭지 못했던 것이다. 19세기 말 이래 우리나라가 일본에 일방적으로 피해를 낭한 것도 일응 여기서 비롯되었다고 할 수 있다. 조선의 위정자들이 '공학'의 진의를 파악치 못하고 도학에 침잠해 있는 마당에 치리治理를 통찰한 우국지사들이 기라성같이 등장해 구국의 위업을 이뤄주기를 바라는 것 자체가 연목구어緣木求魚에 지나지 않았다.

보혁논쟁과 같이 서양에서는 이미 폐기된 공소한 논쟁으로 날을 새는 정치권의 작금의 모습 또한 조선조 위정자들의 모습과 하등 다를 바 없다. 남북이 분단돼 있는 데다 미·일·중·러의 4강국이 한반도를 둘러싸고 치열한 각축을 벌이고 있는 상황에서 아직까지도 오규 소라이와 다산의 차이를 극복하지 못하고 있는 것은 심각한 문제가 아닐 수 없다. 4강국 사이에 끼어 있는 우리에게는 소모적인 논쟁으로 날을 새울 여유가 없다. 국가도 생물과 같아 그 구성원이 하나가 되어 발분하여 노력하지 않는 한 결코 부강해질 수 없다. 역사에서 교훈을 얻지 못하는 민족에게는 결코 미래가 없는 법이다. 위정자들을 비롯한 국민 모두의 대오

각성이 절실히 요구되는 시점이 아닐 수 없다.

17-4

子之武城, 聞弦歌之聲. 夫子莞爾而笑曰, "割鷄焉用牛刀." 子游對曰, "昔者, 偃也聞諸夫子曰, '君子學道則愛人, 小人學道則易使也.'" 子曰, "二三子. 偃之言是也, 前言戱之耳."

공자가 하루는 자유가 읍재로 있는 무성(武城)으로 갔다가 현악(弦樂 : 거문고와 비파 연주)에 맞춰 부르는 노래를 들었다. 공자가 빙그레 웃으며 말했다.
"무성은 작은 고을인데 큰 도로 다스리니 닭을 잡은 데 어찌 소 잡는 칼을 쓴단 말인가."
이에 자유가 반박했다.
"전에 제가 부자에게 듣기로는, '군자가 도를 배우면 사람을 사랑하게 되고, 소인이 도를 배우면 부리기가 쉽게 된다'고 했습니다. 무성이 비록 작은 고을일지라도 어찌 예악을 가르치지 않을 수 있겠습니까."
공자가 정색을 하여 제자들을 향해 이같이 말했다.
"얘들아, 언(偃)의 말이 옳다. 방금 전에 내가 한 말은 농으로 한 것이다."

이 장은 특이하게도 공자의 제자 자유가 무성의 가재가 된 뒤 공자의 농담을 반박하는 내용을 담고 있다. 당시 자유는 공자보다 45세나 어렸다. 이 일화에서 자유는 공자의 농담에 대해 반박하면서 정치의 근본으로서의 교육의 중요성을 강조하고 있다. 이 일화는 공자의 가르침을 받은 자유가 백성들에 대한 일반교육을 역설했던 공자의 뜻을 제대로 헤아리고 있음을 잘 보여주고 있다. 백성들에 대한 일반교육을 역설했던 사람은 당시 동서를 막론하고 공자가 유일했다. 서양의 경우는 19세기에 들어와 국민국가를 만들면서 비로소 인민들에 대한 일반교육을 생각키 시작했다. 공자의 위대한 면모가 약여하게 드러나는 대목이 아닐 수 없다.

17-5

公山弗擾以費畔(=叛), 召, 子欲往. 子路不說曰, "末之也已, 何必公山氏之之也." 子曰, "夫召我者, 而豈徒哉. 如有用我者, 吾其爲東周乎."

계씨의 가신 공산불요(公山弗擾)가 비읍을 근거로 반기를 든 뒤 공자에게 예물을 보내며 부르자 공자가 이내 가려고 했다. 그러자 자로가 언짢은 표정으로 이같이 만류했다.
"도가 행해지지 않으니 갈 곳이 없으면 그만둘 일이지 어찌하여 하필이면 공산씨에게 가려는 것입니까."
공자가 말했다.
"나를 부르는 것이 어찌 공연히 그러는 것이겠는가. 나를 써주는 자가 있으면 나는 동쪽에 주나라 못지 않은 새로운 문물제도를 일으킬 것이다."

'공산불요'는 『춘추좌전』의 '공산불뉴公山不狃'로 자는 설洩이다. 일찍이 중국의 유학자들은 이 사건을 충격으로 받아들여 이것이 일어날 수 없는 사건임을 입증하려고 노력했다. 최술도 그 중 한 사람이다. 그는 그 논거의 하나로 당시 공자는 노나라의 사구였기 때문에 정부에 반기를 든 자에게 소환될 리 없을 것이라고 주장했다. 그러나 풍우란馮友蘭은 이 사건이 실제 있는 것으로 믿었다. 전목 역시 이 사건이 기원전 502–501년 사이에 일어났을 것으로 생각했다. 본문의 기록을 그대로 믿는 것이 타당하다.

마지막 구절의 '동주東周'와 관련해 주희는 풀이하기를, "동방에 주나라의 치도治道를 흥하게 한다"라고 했다. 그러나 『논어』 전편을 통한 공자의 통치사상을 개관할 때 주희와 같이 공자가 단순히 복고적인 의미에서 이같이 말했다고 풀이하는 것은 적잖은 문제가 있다. 이에 대해 크릴은 공자가 주왕조를 대체할 만한 새로운 중앙권력을 세울 생각으로 이같이 말한 것으로 보았다. 크릴은 기본적으로 공자를 일종의 혁명가로 간주한 것이다. 크릴의 해석이 문의에 보다 가깝다.

공자는 시종 어떤 나라일지라도 진정으로 선정을 베풀면 다른 나라의 백성들이 남부여대하여 모두 그 나라를 우러러 보며 그 지배를 받고자 할 것으로 생각했다. 이는 곧 새로운 왕조의 흥기를 의미하는 것이다. 그러나 당시 공자는 말을 신중히 했다. 이 장의 '동주'는 일종의 동사로 간주해 '주나라 못지않은 새로운 문물제도를 일으킬 것이다'로 풀이하는 것이 공자가 말한 취의에 가장 부합한다.

17–6

子張問仁於孔子. 孔子曰, "能行五者於天下, 爲仁矣." 請問之. 曰, "恭 · 寬 · 信 · 敏 · 惠. 恭則不侮, 寬則得衆, 信則人任焉, 敏則有功, 惠則足以使人."

자장이 공자에게 인에 대해 물었다. 공자가 대답했다.
"능히 다섯 가지를 천하에 실행할 수 있다면 인이라 할 수 있을 것이다."
자장이 가르쳐 줄 것을 청하자 공자가 이같이 대답했다.
"공손과 관대, 신용, 명민, 은혜가 바로 그것이다. 공손하면 업신여김을 받지 않고, 관대하면 무리를 얻게 되고, 신용이 있으면 남들이 의지하게 되고, 명민하면 공을 세우게 되고, 은혜로우면 족히 사람을 부릴 수 있다."

'공즉불모恭則不侮' 구절은 『맹자』 [이루]편에도 나온다. 자장과 공자의 문답으로 이뤄진 이 장은 공산불요의 부름을 받았을 때 주공의 정치를 부흥시키고자 하는 열망을 보여준 앞장에 대한 부연설명에 해당한다. 당시 자장은 공자보다 48세가 어렸다. 그는 세상에 널리 이름을 떨친 수재로 제나라의 유학이 흥기하는 데 지대한 공헌을 했다. 그의 후학들은 공자의 가르침을 집적한 위에 독자적인 해석을 시도한 것이 매우 많다. '인'을 공恭 · 관寬 · 신信 · 민敏 · 혜惠 등 5개 덕목의 종합으로 이해한 것이 바로 그 실례이다.

17-7

佛肸召, 子欲往. 子路曰, "昔者, 由也聞諸夫子曰, '親於其身爲不善者, 君子不入也.' 佛肸以中牟畔, 子之往也, 如之何." 子曰, "然. 有是言也. 不曰堅乎, 磨而不磷. 不曰白乎, 涅而不緇. 吾豈匏瓜也哉, 焉能繫而不食."

진(晉)나라 대부 조앙(趙鞅 : 조간자)의 가신 필힐(佛肸)이 부르자 공자가 가려고 했다. 그러자 자로가 만류했다.
"전에 제가 선생님에게 듣기로는 '직접 자신이 불선(不善)을 저지르는 자가 있으면 군자는 그 무리에 들어가지 않는다'고 했습니다. 필힐이 중무(中牟)에서 반기를 들었는데 선생님은 어찌하여 그곳에 가려는 것입니까."
공자가 대답했다.
"그렇다. 그런 말을 한 적이 있다. 그러나 혼탁한 가운데서도 변치 않을 수 있으니 사람들이 단단하다고 말하지 않겠느냐, 갈아도 얇아지지 않으니. 또한 희다고 말하지 않겠느냐, 검은 흙물을 들여도 검어지지 않으니. 내가 어찌 포과(匏瓜 : 박)일 수 있겠느냐, 먹을 수 있는 물건은 사방으로 팔려나가기 마련인데 내가 어찌하여 먹을 게 없어 쓰이지도 못한 채 한 곳에 매달려 있는 포과의 신세가 되어야 하느냐."

이 장에 나오는 '날이불치涅而不緇'의 '날'은 원래 흑색 염료로 쓰이는 곱고 검은 돌을 말한다. 그러나 이 장에 나오는 공자의 발언으로 인해 '날이불치'는 열악한 상황에서도 나쁜 영향을 받지 않는 경우를 뜻하는 성어로 전용되었다. 예로부터 이 장의 해석과 관련해 많은 논란이 있었다. 형병은 필힐을 조앙의 가신으로 보았다. 주희도 이 입장에 섰다. 그러나 유공면劉恭冕은 범씨와 중행씨의 가신으로 보면서 이 사건이 기원전 490년에 일어난 것으로 분석했다. 『춘추좌전』에는 이 사건에 대한 구체적인 기록이 나오지 않으나 여타 기록을 종합해 볼 때 노애공 5년에 일어난 실제 사건으로 보인다. 필힐은 조앙의 가신으로 보는 것이 옳다.

당시 진晉나라는 조앙을 지지하는 세력과 이를 반대하는 범씨范氏·중항씨中行氏 세력이 치열한 각축전을 전개하는 내분상태에 처해 있었다. 조앙이 범씨 등을 치려고 하자 가신 필힐이 이에 반대해 반기를 든 뒤 공자의 가담을 요청했다. 공자는 크게 동요한 나머지 이내 이에 응하려고 했다. 그러나 그때는 조앙이 진나라 공실을 조정하고 있었던 까닭에 필힐은 명목상 반도叛徒의 입장에 처해 있었다. 결국 공자는 자로가 강력 저지하고 나서자 필힐의 부름에 응할 생각을 거두면서 자신의 비애감을 거침없이 털어놓았다. 이 장에서는 자신을 알아주지 않는 세상에 대한 공자의 울분이 여과 없이 표출돼 있다. 인간 공자의 처절한 심경이 절절히 드러나는 대목이 아닐 수 없다.

17-8

子曰, "由也, 女聞六言六蔽矣乎." 對曰, "未也." "居, 吾語女. 好仁不好學, 其蔽也愚. 好知不好學, 其蔽也蕩. 好信不好學, 其蔽也賊. 好直不好學, 其蔽也絞. 好勇不好學, 其蔽也亂. 好剛不好學, 其蔽也狂."

공자가 자로에게 물었다.
"유야, 너는 육언(六言 : 仁 · 知 · 信 · 直 · 勇 · 剛) · 육폐(六蔽 : 愚 · 蕩 · 賊 · 絞 · 亂 · 狂)에 관해 들어본 적이 있느냐."
자로가 대답했다.
"아직 들어보지 못했습니다."
공자가 말했다.
"앉거라, 내가 너에게 얘기해 주겠다. 육언 · 육폐로 말하면 인만 좋아하고 배우기를 좋아하지 않으면 어리석게 되고, 지혜만 좋아하고 배우기를 좋아하지 않으면 방자하게 되고, 신의만 좋아하고 배우기를 좋아하지 않으면 강상(綱常)을 해치게 되고, 정직한 것만 좋아하고 배우기를 좋아하지 않으면 옹졸하게 되고, 용맹만 좋아하고 배우기를 좋아하지 않으면 어지럽게 되고, 굳센 것만 좋아하고 배우기를 좋아하지 않으면 광망(狂妄)하게 된다."

이 장은 필힐의 부름을 받았을 때 공자가 보여준 태도에 관한 부연설명에 해당한다. 자로와 공자의 문답에 '6언6폐六言六蔽'가 차례로 거론되고 있다. 이같은 나열식 문장은 모두 후대에 만들어진 것이다. 공자가 자로와 대화하며 '앉거라. 내가 너에게 얘기해 주겠다'라고 말하는 형식은 은나라 때 장로들이 귀족자제를 가르칠 때 취한 형식이다. 오래된 전통의 흔적이 남아 있는 것이다. 이러한 대화형식은 전국시대의 제자백가 학단學團에서 전개된 사제 간의 문답에 자주 나타나고 있다. 이 장은 공문의 전통이 제자백가의 학단에 적잖은 영향을 미쳤음을 뒷받침하고 있다. 이런 점 등을 감안할 때 이 장은 비교적 후대에 편집된 것으로 보는 것이 타당하다.

17-9

子曰, "小子何莫學夫詩. 詩, 可以興, 可以觀, 可以群, 可以怨. 邇之事父, 遠之事君, 多識於鳥獸草木之名."

공자가 제자들에게 말했다.
"너희들은 어찌하여 『시』를 배우지 않는 것이냐. 시를 배우면 뜻을 일으키고, 풍속의 성쇠를 살피고, 무리지어 서로 연마하고, 정치의 득실을 날카롭게 비판할 수 있다. 또한 가까이로는 어버이를 섬기고, 멀리는 군주를 섬기는 것은 물론 조수와 초목에 관해서도 많은 것을 알 수 있다."

여기의 '소자小子'는 제자들을 지칭한다. 이 장과 다음 장 모두 시詩의 중요성을 강조한 내용으로 되어 있다.

17-10

子謂伯魚曰, "女爲周南召南矣乎. 人而不爲周南召南, 其猶正牆面而立也與."

공자가 백어에게 말했다.
"너는 『시』 [주남(周南)]과 [소남(召南)]을 배웠느냐. 사람이 되어 [주남]과 [소남]을 배우지 않으면 담장을 정면으로 마주하고 서 있는 것과 같다."

[주남]과 [소남] 모두 『시경』의 첫머리 편명이다. 이 장에서는 공자가 자식인 백어에게 시의 중요성을 훈시하는 내용으로 되어 있으나 그 취지는 앞장과 동일하다.

17-11

子曰, "禮云禮云, 玉帛云乎哉. 樂云樂云, 鐘鼓云乎哉."

공자가 말했다.
"예(禮) 운운하지만 이게 어찌 옥백(玉帛) 등의 예물만을 말하는 것이겠는가. 악(樂) 운운하지만 이게 어찌 종고(鐘鼓) 등의 악기만을 말하는 것이겠는가."

공자는 이 장에서 예악은 형식보다 내용이 중요하다는 점을 역설하고 있다. 정이천은 풀이하기를, "예는 하나의 질서이고, 악은 하나의 조화이다. 천하에는 단 한 가지 일도 예악이 없는 것이 없다. 도적에게도 예악은 있다. 반드시 우두머리와 부하가 있어 서로 명을 들어 따라야만 도적질을 할 수 있다. 그렇지 않으면 반란이 일어나 기강이 무너져 단 하루도 서로 모여 도적질을 할 수가 없게 된다"고 했다. 도덕집단을 예로 든것은 적절치 못하나 기본시각 만큼은 공자가 말한 취의에 부합한다.

17-12

子曰, "色厲而內荏, 譬諸小人, 其猶穿窬之盜也與."

공자가 말했다.
"안색만 위엄이 있고 마음이 유약한 것은, 소인에 비유하면 '천유지도(穿窬之盜 : 벽을 뚫고 담을 넘는 좀도적)'와 같다."

공자는 이 장에서 겉으로 위엄만 차리는 것은 군자가 아님을 강조하고 있다. '천유지도'는 『맹자』 [진심 하]편에도 나온다. 당시 군자도 아니면서 군자연君子然한 소인배들을 공자가 얼마나 타기했는지를 짐작케 해주는 대목이다. 이 장은 다음 장과 연결시켜 해석해야 그 뜻이 명확해진다.

17-13

子曰, "鄉原德之賊也."

공자가 말했다.
"향원(鄕原 : 鄕愿)은 덕의 적(賊)이다."

주희는 '향원'을 시골 사람 중 근후한 사람을 뜻한다고 보았다. '향원'은 세속에 영합함으로써 시골에서 근후하다는 칭송을 받는 속되고 옹졸한 자를 지칭한다. 공자가 '향원'을 질타한 것은 사이비似而非 덕으로 진정한 덕을 해친다고 보았기 때문이다. 『맹자』 [진심 하]편에 향원의 문제점이 자세히 기술돼 있다.

17-14

子曰, "道聽而塗說, 德之棄也."

공자가 말했다.
"깊이 궁구(窮究)하지 않은 채 길에서 듣고 길에서 말하는 것은 덕을 버리는 짓이다."

공자는 이 장에서도 소위 '사이비 군자'를 질타하고 있다. 주희는 풀이하기를, "비록 좋은 말을 들었을지라도 자신의 것으로 만들지 않으면 스스로 덕을 버리는 것과 같다"고 했다. 문의에 부합한다.

17-15

子曰, "鄙夫可與事君也與哉. 其未得之也患得之, 旣得之患失之. 苟患失之, 無所不至矣."

공자가 말했다.
"비부(鄙夫 : 비루하고 졸렬한 자)가 과연 가히 더불어 군주를 섬길 수 있는 자이겠는가. 그는 부귀를 얻기도 전에 미리 얻을 것을 걱정하고, 얻고 난 뒤에는 잃을 것을 지레 걱정한다. 실로 그는 잃을 것을 걱정하는 상황이 되면 못하는 짓이 없게 된다."

공자는 이 장에서 '비부'의 문제점을 통렬하게 지적하고 있다. 자리를 지키기 위해 수단방법을 가리지 않는 자들이 바로 '비부'의 전형이 아닐 수 없다. '비부'가 군자를 가장할 때 바로 '사이비 군자'가 나타나는 것이다.

17－16

子曰, "古者民有三疾, 今也或是之亡也. 古之狂也肆, 今之狂也蕩. 古之矜也廉, 今之矜也忿戾. 古之愚也直, 今之愚也詐而已矣."

공자가 말했다.
"옛날에는 백성들 사이에 3질(三疾 : 세 종류의 꺼리는 인물)이 있었으나 지금은 그것마저 없어졌다. 옛날의 광인(狂人 : 뜻이 큰 열정적인 사람)은 거리낌 없이 얘기했는데 지금의 광인은 방자하기만 하다. 옛날의 긍인(矜人 : 자부심이 강한 사람)은 청렴했는데 지금의 긍인은 사납기만 하다. 옛날의 우인(愚人 : 어리석은 사람)은 정직했는데 지금의 우인은 간사하기만 할 뿐이다."

공자가 이 장에서 고금의 백성들을 비교하면서 지금은 '3질'마저 없어졌다고 지적한 것은 풍속이 더욱 각박해져 '3질'이 일종의 '3악三惡'으로 변해버린 것을 탄식한 것이다. 춘추시대 말기의 어지러운 세태에 대한 탄식이기도 하다.

17－17

子曰, "巧言令色, 鮮矣仁."

공자가 말했다.
"교언영색(巧言令色)을 하는 자 중에는 어진 사람이 드물다."

'교언영색'은 말을 좋게 하고 얼굴빛을 곱게 하는 자를 지칭한다. 공자가 '교언영색'을 질타한 것은 그들이 사이비 덕을 행하기 때문이다. 단문의 격언으로 되어 있는 이 장은 [학이]편 제3장과 완전히 똑같다. 이는 노나라의 증자 문인들에 의해 편집된 [학이]편과 달리 [양화]편이 후대의 다른 학파 문인에 의해 편집된 것임을 시사한다.

17－18

子曰, "惡紫之奪朱也, 惡鄭聲之亂雅樂也, 惡利口之覆邦家者."

공자가 말했다.
"나는 자색(紫色 : 間色으로 사이비를 상징)이 주색(朱色 : 5색의 正色으로 正本을 상징)을 빼앗는 것을 미워하고, 정성(鄭聲 : 정나라 음악으로 음란한 음악을 상징)이 아악(雅樂)을 어지럽히는 것을 미워하고, 이구(利口 : 교묘한 말로 사람을 미혹시키는 자를 지칭)가 방가(邦家 : 국가)를 망치는 것을 미워한다."

앞장과 마찬가지로 사이비가 횡행하는 것을 경계한 것이다. 『맹자』 [진심 하]편에도 유사한 구절이 나온다. 공자가 '정성'을 언급한 것은 그의 음악에 대한 조예가 남다른 데서 나온 것이었다. 그는 정나라의 혼란상이 음란한 음악과 무관치 않다고 보았다. 이후 '정성'은 '음란한 음악'의 대명사가 되었다.

17-19

子曰, "予欲無言." 子貢曰, "子如不言, 則小子何述焉." 子曰, "天何言哉. 四時行焉, 百物生焉, 天何言哉."

공자가 말했다.
"나는 앞으로 말을 하지 않으려고 한다."
자공이 물었다.
"선생님은 말씀을 하지 않으면 저희들은 무엇을 기록해 후인에게 전할 수 있겠습니까."
그러자 공자가 이같이 반문했다.
"하늘이 무슨 말을 하던가. 4계절이 운행되고 만물이 태어나지만 하늘이 무슨 말을 하던가."

주희는 주석하기를, "성인의 일동일정一動一靜은 묘도정의妙道精義 : 오묘한 도와 정밀한 의리의 발현이 아닌 것이 없다. 이 또한 천리天理일 뿐이다"라고 했다. 4시四時의 운행과 만물 소장의 이치를 천리로 해석하는 성리학의 기본입장이 선명히 드러나고 있다. 이 장에 나오는 공자의 '무언無言' 선언은 제자들에게 스스로 노력해 사리를 궁구窮究할 것을 촉구하기 위한 것으로 보는 것이 타당하다.

17-20

孺悲欲見孔子, 孔子辭以疾. 將命者出戶, 取瑟而歌, 使之聞之.

유비(孺悲)가 공자를 만나려 했으나 공자가 칭병하여 사절했다. 장명자(將命者 : 분부를 받은 자)가 방문을 나가자 공자는 비파를 당겨놓고 노래를 부르며 장명자로 하여금 이를 듣게 했다.

공자가 비파를 연주한 것은 '장명자'에게 고의로 유비를 사절한 뜻을 당사자에게 일러주도록 넌지시 신호를 보낸 것이다. '유비'는 노애공의 명으로 공자로부터 '사상례士喪禮'를 배운 것으로 알려진 노나라 사람으로 『예기』 [잡기雜記 하]편에 등장하고 있다. 주희는 추정하기를, "유비가 공자로부터 사상례를 배우면서 반드시 죄를 지은 것이 있었을 것이다. 이에 병이 있다고 거절하고 다시 그로 하여금 병 때문이 아님을 일깨워 주려고 한 것이다"라고 했다. 문의에 부합하는 추정이다.

17-21

宰我問, "三年之喪, 期已久矣. 君子三年不爲禮, 禮必壞. 三年不爲樂, 樂必崩. 舊穀既沒, 新穀既升, 鑽燧改火, 期可已矣." 子曰, "食夫稻, 衣夫錦, 於女安乎." 曰, "安." "女安則爲之. 夫君子之居喪, 食旨不甘, 聞樂不樂, 居處不安, 故不爲也. 今女安則爲之." 宰我出. 子曰, "予之不仁也. 子生三年, 然後免於父母之懷. 夫三年之喪, 天下之通喪也. 予也, 有三年之愛於其父母乎."

재아가 물었다.
"3년의 상기는 너무 깁니다. 군자가 3년 동안 예를 행하지 않으면 예가 반드시 무너지고, 3년 동안 음악을 익히지 않으면 음악이 반드시 무너질 것입니다. 한 해가 지나면 묵은 곡식이 이미 다 없어져 새 곡식이 이미 밥상에 오르고, 찬수(鑽燧 : 나무에 구멍을 뚫은 뒤 문질러 불을 일으키는 것을 의미)하여 새 불씨를 모시니 상기도 1년이면 그칠 만합니다."
공자가 반문했다.
"쌀밥을 먹으며 비단옷을 입는 것이 너에게 편안하냐."
재아가 대답했다.
"편안합니다."
그러자 공자가 이같이 말했다.
"네가 편안하면 그리 하도록 해라. 무릇 군자는 3년의 거상 중에 맛있는 것을 먹어도 맛을 모르고, 음악을 들어도 즐겁지 않고, 거처해도 편치 않기에 그리 하지 않는 것이다. 그러나 만일 그것이 너에게 편하다면 그리 하도록 해라."
재아가 밖으로 나가자 공자가 말했다.
"재아의 어질지 못함이여. 자식은 태어나서 3년이 지난 뒤에야 부모의 품을 벗어나게 된다. 3년상은 천하의 통상적인 상례이다. 재여는 도대체 그 부모로부터 3년 동안의 사랑을 받기나 했던 것인가."

성리학자들은 3년상을 줄여야 한다는 재아를 질타했으나 재아의 주장이 전혀 일리가 없는 것은 아니었다. 3년상은 상황에 따라 얼마든지 변용할 수 있는 것으로 반드시 형식적인 상례를 지켜야 한다는 뜻은 아니다. 비록 부모상을 당했을지라도 전쟁과 같은 국가위기 상황에는 도중에 상복을 벗고 전쟁터로 나아가는 소위 '기복起復' 제도 등이 그 실례이다. 보다 중요한 것은 마음으로 기리는 소위 '심상心喪'이다. 공자가 재아의 청을 허여하면서 어질지 못함을 탓한 것은 재아가 '심상'의 취지를 드러내지 못한 채 상기의 단축만을 얘기한 데 있었다. 공자가 형식적인 3년상을 고집한 게 아니라는 사실을 주지할 필요가 있다.

17-22

子曰, "飽食終日, 無所用心, 難矣哉. 不有博奕者乎. 爲之猶賢乎已."

공자가 말했다.
"배부르게 먹고 종일토록 마음을 쓰는 곳이 없다면 덕을 이루기 어렵다. 박혁(博奕 : 장기와 바둑)도 있지 않은가. 박혁이라도 하는 것이 아무 것도 하지 않는 것보다는 낫지 않겠는가."

공자는 이 장에서 종일토록 아무 일도 하지 않는 자들을 질타하고 있다. 그가 '박혁'이라도 하라고 말한 것은 이를 권장한 것이 아니다. '용심用心'할 곳이 없으면 차라리 '박혁'을 두느니만 못하다고 말한 것이다. 그가 말한 '용심'은 말할 것도 없이 군자학 연마를 뜻한다.

17-23

子路曰, "君子尚勇乎." 子曰, "君子義以爲上. 君子有勇而無義爲亂, 小人有勇而無義爲盜."

자로가 물었다.
"군자는 용맹을 숭상합니까."
공자가 대답했다.

"군자는 의를 으뜸으로 삼는다. 군자가 용맹만 있고 의가 없으면 난을 일으키고, 소인이 용맹만 있고 의가 없으면 도적질을 하게 된다."

공자는 이 장에서 '의'가 뒷받침되지 않는 '용'은 변란과 도적질로 이어질 수밖에 없다고 지적하고 있다. 흔히 '용'을 두고 '의용義勇'으로 연칭連稱해 부르는 이유가 바로 여기에 있다.

17-24

子貢曰, "君子亦有惡乎." 子曰, "有惡. 惡稱人之惡者, 惡居下流而訕上者, 惡勇而無禮者, 惡果敢而窒者." 曰, "賜也亦有惡乎." "惡徼以爲知者, 惡不孫以爲勇者, 惡訐以爲直者."

자공이 물었다.
"군자에게도 미워하는 게 있습니까."
공자가 대답했다.
"미워하는 게 있다. 남의 단점을 거론하고, 아래에 머물면서 윗사람을 비방하고, 용맹만 자랑하며 예가 없고, 과감하기만 하고 융통성이 없는 자를 미워한다."
그리고는 자공에게 물었다.
"사야, 너도 미워하는 게 있느냐."
자공이 대답했다.
"요행히 맞추는 것을 지혜로 여기고, 공손치 않은 것을 용맹으로 여기고, 융통성도 없이 들춰내는 것을 정직으로 여기는 자를 미워합니다."

이 장에 나오는 '알직訐直'은 강직하여 숨기지를 못하거나 남의 과실을 곧바로 지적하는 태도를 말한다. 이 장은 앞장과 합쳐 해석해야만 한다. 이 장에서도 '예'가 배제된 '용勇'의 위험이 지적되고 있다. 공자는 과감하기만 하고 융통성이 없거나 아래에 머물면서 윗사람을 비방하는 등의 행동도 이와 다를 바가 없다고 지적하고 있다.

17-25

子曰, "唯女子與小人爲難養也. 近而則不孫, 遠之則怨."

공자가 말했다.
"오직 여자와 소인만은 기르기가 어렵다. 가까이 하면 불손하고, 멀리 하면 원망하기 때문이다."

주희는 여기의 '소인'을 복례僕隷로 새겼다. 그는 풀이하기를, "위정자가 신첩臣妾 : 남녀 하인에게 엄장嚴莊으로 임하고 자애로써 기르면 두 가지 병폐가 사라질 것이다"라고 했다. 그는 여기의 '여자'를 비첩婢妾으로 새긴 것이다. 문의에 부합한다.

이 장은 흔히 공자가 여인을 비하한 근거로 원용되고 있으나 이는 잘못이다. 공자는 여인을 비하한 적이 결코 없다. 그가 효를 강조하면서 부친에 대한 효만을 언급한 적이 결코 없다는 사실이 이를 증명한다. 그가 이 장에서 말한 '여자'는 주희가 풀이한 바와 같이 '비첩'을 뜻한다.

17-26

子曰, "年四十而見惡焉, 其終也已."

공자가 말했다.
"사람이 나이 40세가 되도록 지탄을 받으면 그대로 끝나고 말 것이다."

주희는 풀이하기를, "40세는 덕이 이뤄지는 때이다. 남에게 미움을 받는다면 그대로 끝나고 말 뿐이다. 사람들에게 제때에 미쳐 허물을 고치고 선으로 나아가기를 권한 것이다"라고 했다. 40대를 '불혹'으로 표현한 공자의 언급에 비춰 대략 문의에 부합한다.

제18절 [미자微子]편

[미자]편은 총 11장으로 되어 있다. 이 편은 군자가 난세에 취해야 할 바람직한 출처진퇴出處進退의 문제를 집중 논의하고 있는 데 그 특징이 있다. 마지막의 제10-11장을 제외한 나머지 9개 장이 모두 이 문제를 다루고 있다. 다만 이 9개 장은 군자의 출처진퇴에 관한 내용이 주종을 이루고 있으나 은자의 비판에 대한 공자의 반박과 은자의 생활태도에 대한 공자의 비판도 포함돼 있다. 제10-11장의 2개 장은 모두 주나라 초기의 일을 언급한 것으로 군자의 출처진퇴와 은자 등을 거론한 앞의 9개 장과 확연히 구별되고 있다.

18-1

微子去之, 箕子爲之奴, 比干諫而死. 孔子曰, "殷有三仁焉."

미자(微子 : 은왕 紂의 서형)는 은나라를 떠나가고, 기자(箕子 : 은왕 주의 숙부)는 머슴이 되고, 비간(比干 : 주의 숙부)은 간하다가 죽임을 당했다. 이를 두고 공자가 말했다.
"은나라에는 3명의 인자가 있었다."

이 장은 은나라의 소위 '3은三隱 : 미자 · 기자 · 비간'에 대한 공자의 평이다. 주희는 풀이하기를, "세 사람의 행동은 같지 않으나 똑같이 지성스럽고 측달惻怛 : 비통해함한 뜻에서 나왔다. 이에 사랑의 이치에 어긋나지 않아 마음의 덕을 온전히 할 수 있었다"고 했다. 대략 문의에 부합한다. 이 장은 내용상 세간의 전송으로 보인다.

18-2

柳下惠爲士師, 三黜. 人曰, "子未可以去乎." 曰, "直道而事人, 焉往而不三黜. 枉道而事人, 何必去父母之邦."

유하혜(柳下惠)가 사사(士師 : 옥송 담당관원)가 되어 세 번 내침을 당했다. 어떤 사람이 물었다.
"그대는 아직 떠날 때가 아니지 않는가."
유하혜가 대답했다.
"도를 바로 하여 남을 섬기면 어디를 간들 세 번 내침을 당하지 않겠으며, 도를 굽혀 남을 섬기면 어찌 굳이 부모의 나라를 떠날 필요가 있겠는가."

호인은 분석하기를, "여기에는 반드시 공자가 단정한 말이 있었을 터인데 없어졌다"고 했다. 이 장은 사실 노나라의 현자 유하혜의 입을 통해 그의 출처진퇴에 대한 공자의 평을 담고 있다. 문맥상 호인의 분석에 일리가 있다. 대략 편집자도 이를 의식했던 것으로 짐작된다. 은대의 '3은'과 연관시켜 바로 뒤에 이 장을 배치한 사실이 이를 뒷받침한다. 일종의 편제상의 고육지책으로 해석할 수 있다.

18-3

齊景公待孔子曰, "若季氏則吾不能, 以季·孟之間待之." 曰, "吾老矣, 不能用也." 孔子行.

제경공이 공자를 접대하면서 말했다.
"내가 계씨와 같은 수준으로 대접할 수는 없으나 계씨와 맹씨의 중간 정도로는 대접하겠소."
얼마 후 공자에게 이같이 말했다.
"내가 늙어서 등용할 수가 없소."
공자가 그곳을 떠났다.

역대 주석가들은 이 장에 나오는 제경공의 말을 역사적 사실로 간주했다. 이들은 제경공이 공자를 쓸 수 없다고 한 것은 제나라 신하들의 반대가 있었기 때문이고, 공자는 벼슬에 목적이 있었던 것이 아닌 까닭에 이내 그곳을 떠날 수 있었다고 해석했다.

그러나 크릴은 이 장을 공자의 천하유세와 관련해 후세인들이 만들어낸 설화로 간주했다. 그는 공자의 천하유세 중 제나라를 방문했다는 명백한 증거도 없고, 제경공은 이미 기원전 490년에 사망했고, 공자가 3환과 동렬에 오른 적도 없다는 사실 등을 근거로 이 장을 역사적 사실과 동떨어진 것으로 단정했다. [미자]편의 다른 장과 마찬가지로 이 장 역시 후대의 문인이 공자에 관한 많은 설화를 자료로 『논어』를 새로이 편제하는 과정에서 부주의하게 삽입시킨 위문에 불과하다는 것이 그의 주장이다. 크릴의 견해가 옳다.

원래 공자는 노소공이 3환의 역습을 받고 기원전 517년에 제나라로 망명한 지 얼마 안 돼 제나라로 망명 성격의 유학을 떠났다. 당시 공자는 그다지 명망이 높지 않았다. 나이만 보더라도 공자는 35세에 불과했고 제경공은 60세 가량이었다. 더구나 계손씨는 상경, 맹손씨는 하경으로 있었다. 공자가 제경공으로부터 계씨와 맹씨의 중간수준에 달하는 예우를 제의받았을 리 없다. 이 장은 공자가 천하유세에 나설 당시 그 배경과 관련해 세간에 유포된 설화가 『논어』의 증편과정에서 부주의하게 끼어든 것으로 보는 것이 옳다.

18-4

齊人歸女樂, 季桓子受之, 三日不朝, 孔子行.

제나라 사람이 여악(女樂)을 보내자 계환자(季桓子 : 季孫斯)가 이를 접수했다. 노나라의 군신(君臣)이 여악을 감상하느라 3일 동안 조회를 열지 않자 공자가 노나라를 떠났다.

역대 주석가들은 제경공이 여악을 보낸 것을 두고 공자로 인해 노나라가 너무 강대하게 될 것을 염려한 제경공이 이간책을 구사한 것으로 풀이했다. 그러나 최술은 이 내용에 대해 『맹자』에 한 마디 언급도 없는 점에 주목에 위문일 가능성을 제기했다. 크릴은 보다 단정적인 어조로 [미자]편의 여타 장과 마찬가지로 이 장 또한 위문으로 보아야 한다고 주장했다.

이 장은 공자가 천하유세를 떠나기 직전의 상황을 전해주고 있다. 사서의 기록을 종합해 볼 때 당시 제나라가 여악을 보낸 것은 사실로 보아야 한다. 그러나 그것이 공자가 사직한 뒤 천하유세를 떠난 직접적인 원인이 된 것은 아니었다. 보다 주요한 원인은 은밀하게 진행시킨 3환제거 계책이 끝내 수포로 돌아간 데 있었다. 직접적인 원인은 공자 자신에게 있었다. 다만 공자는 사직의 명분을 찾고 있던 중 마침 제나라가 여악을 보내자 이를 구실로 곧바로 사직한 뒤 천하유세에 나섰던 것이다. 그러나 당시 세간에는 그것이 바로 사직의 가장 큰 이유로 유포되었을 공산이 크다.

18-5

楚狂接輿歌而過孔子曰, "鳳兮, 鳳兮. 何德之衰. 往者不可諫, 來者猶可追. 已而已而. 今之從政者殆而." 孔子下, 欲與之言, 趨而辟之, 不得與之言.

초광접여(楚狂接輿 : 초나라의 은자)가 다음과 같이 노래하면서 공자가 탄 수레 곁을 지나갔다.

봉황이여, 봉황이여, 어찌 덕이 이리 쇠했단 말인가
지난 것은 간할 게 없으나 오는 것은 오히려 따를 수 있네
그만두게, 그만두게, 오늘날의 위정자는 위험하기 때문이네

공자가 수레에서 내려 더불어 얘기코자 했으나 접여가 빨리 걸어 피하는 바람에 더불어 얘기할 수 없었다.

여기의 '봉황'은 도가 있으면 출현하는 상상의 길조吉鳥로 공자를 상징한다. '접여'는 미친 체하며 세상을 피한 초나라의 은자로 알려져 있다. 원래 '접여'라는 말은 공자의 수레에 접근했다

는 의미에서 만들어진 말이다. '초광접여'라는 말도 공자의 수레에 접근한 초나라의 광인狂人이라는 의미에서 만들어진 것이다. 주희는 당시 공자가 초나라로 가려고 할 때 접여가 노래를 부르며 지나갔다고 주장했다. 그러나 그가 자신의 주장에 무슨 근거를 제시한 것은 아니다. 대략 이 장 역시 공자의 천하유세와 관련한 일화가 삽입된 것으로 보는 것이 옳다.

18-6

長沮桀溺耦而耕, 孔子過之, 使子路問津焉. 長沮曰, "夫執輿者爲誰." 子路曰, "爲孔丘." 曰, "是魯孔丘與." 曰, "是也." 曰, "是知津矣." 問於桀溺. 桀溺曰, "子爲誰." 曰, "爲仲由." 曰, "是魯孔丘之徒與." 對曰, "然." 曰, "滔滔者, 天下皆是也, 而誰以易之. 且而與其從辟人之士也, 豈若從辟世之士哉. 耰而不輟." 子路行以告. 夫子憮然曰, "鳥獸不可與同群, 吾非斯人之徒與而誰與. 天下有道, 丘不與易也."

장저(長沮)와 걸닉(桀溺)이 짝을 지어 밭을 가는데 공자가 지나가다가 자로를 시켜 나루터를 묻게 했다. 자로가 나루터를 묻자 장저가 반문했다.
"수레 고삐를 잡고 있는 사람이 누구인가."
"공구(孔丘)입니다."
장저가 다시 물었다.
"노나라의 공구인가."
"그렇습니다."
그러자 장저가 이같이 꼬집었다.
"그 사람은 천하를 두루 돌아다녔으니 나루터의 위치를 알고 있을

> 것이네."
> 이에 자로가 할 수 없이 걸닉에게 묻자 걸닉이 자로에게 되물었다.
> "당신은 누구인가."
> "중유(仲由)입니다."
> 걸닉이 다시 물었다.
> "그대가 바로 노나라 공구의 무리인가."
> "그렇습니다."
> 그러자 걸닉이 이같이 말했다.
> "도도하게 흐르는 것은 천하가 모두 그러한데 누구와 더불어 이를 바꾸겠다는 것인가. 그대가 사람을 피하는 선비를 따르는 것이 어찌 세상을 피하는 선비를 따르는 것만 하겠는가."
> 그리고는 계속 장저와 함께 짝을 지어 밭을 가는 일을 멈추지 않았다. 자로가 돌아와 공자에게 이를 말하자 공자가 무연(憮然 : 안타까워함)히 말했다.
> "조수(鳥獸)와 함께 무리지어 살 수는 없는 노릇이다. 내가 이 사람의 무리와 함께 하지 않고 누구와 더불어 지내겠는가. 천하에 도가 있으면 내가 아예 누구와 더불어 세상을 바꾸려 하지도 않았을 것이다."

여기의 '걸닉'도 '초광접여'와 같은 도가의 은자이다. 이 장에서 공자는 도가의 은자를 조수와 함께 무리지어 사는 사람으로 비판했다. 이상국을 세우고자 하는 공자의 의지가 약여하게 드러나는 대목이 아닐 수 없다. 주희는 풀이하기를, "어찌 사람을 끊고 세상을 피하여 그것을 깨끗함으로 여길 수 있겠는가. 천하가 이미 편안하게 다스려졌다면 공자가 변역시키려고 할 필요가 없었을 것이다. 천하에 도가 없었기 때문에 도로써 변역시키려고 할 뿐이라고 말한 것이다"라고 했다. 문의에 부합한다.

■ 18-7

子路從而後, 遇丈人以杖荷蓧. 子路問曰, "子見夫子乎." 丈人曰, "四體不勤, 五穀不分, 孰爲夫子." 植(=置)其杖而芸. 子路拱而立, 止子路宿, 殺鷄爲黍而食之, 見其二子焉. 明日, 子路行以告. 子曰, "隱者也." 使子路反見之, 至則行矣. 子路曰, "不仕無義. 長幼之節不可廢也, 君臣之義, 如之何其廢之. 欲潔其身而亂大倫. 君子之仕也, 行其義也. 道之不行, 已知之矣."

자로가 공자를 따라 초나라에서 채나라로 돌아오던 중 공자와 서로 헤어져 뒤처지게 되었다가 우연히 지팡이로 대바구니를 메고 있는 한 장인(丈人 : 노인)을 만나게 되었다. 자로가 장인에게 물었다.

"노인장은 우리 선생님을 보았습니까."

장인이 말했다.

"그대는 사체(四體 : 사지)가 멀쩡한데도 밭을 열심히 갈지도 않고, 오곡(五穀)을 분간하지도 못하면서 이리저리 돌아다니면서 나에게 선생님을 보았냐고 물으니, 내가 길가는 사람 중에 누가 네 선생님인지 어찌 알겠느냐."

장인은 말을 마치자 곧 지팡이를 세워두고 김을 매었다. 자로가 두 손을 공손히 마주잡고 서 있자 장인이 이내 자로를 자신의 집으로 데리고 가 재웠다. 그는 닭을 잡고 기장밥을 지어 자로를 대접한 뒤 두 아들을 자로에게 인사시켰다. 다음날 자로가 공자에게 이를 고하자 공자가 말했다.

"은자(隱者)이다."

그리고는 곧 자로를 시켜 다시 돌아가 만나보게 했다. 자로가 도착해 보니 이미 장인은 떠나고 없었다. 그러자 자로가 이같이 차탄(嗟歎)했다.

"벼슬하지 않은 것은 의가 없는 것이다. 장유지절(長幼之節 : 장유의 예절)을 폐할 수 없거늘 하물며 어찌 군신지의(君臣之義 : 군신간의 分義)를 폐할 수 있겠는가. 이는 자신의 몸만을 깨끗이 하고

자 하여 대륜(大倫 : 군신지의를 지칭)을 어지럽히는 짓이다. 군자가 벼슬하는 것은 그 의를 행하기 위한 것이다. 나는 장차 도가 행해지지 못할 것을 이미 알았다."

여기에 나오는 '치장植杖'의 '치'를 두고 공안국은 '의倚', 주희는 '립立'으로 풀이했다. 문맥상 주희의 해석이 타당하다. 주희는 이 장에 나오는 자로의 말을 공자가 한 것으로 기록한 옛 사본의 존재를 거론하면서 단정을 피한 채 자로가 공자를 대신해 천하유세의 의미를 밝힌 것으로 보았다. 대략 자로가 한 말로 보아도 큰 무리는 없다. 자로는 공자의 언행을 한 치도 거스르지 않고 추종한 인물이다. 자로의 말은 곧 공자의 말이라고 해도 대과는 없는 것이다.

이 장에 나오는 '하조장인荷蓧丈人' 역시 앞서 나온 '초광접여'와 '장저', '걸닉' 등과 마찬가지로 세상을 피해 사는 은자이다. 제5-7장의 3개 장에 나오는 이들 은자들로 하나같이 공자의 천하유세를 조롱하는 인물로 나오고 있다. 그러나 3개 장의 핵심은 이들 은자들의 지적에 대한 공자의 반박에 있다. 후대의 문인이 공자의 천하유세 의미를 부각시키기 위해 세간의 여러 설화 중 이에 합당한 설화를 골라 삽입시켰거나 유사한 내용을 윤색해 실어놓았을 공산이 크다.

18-8

逸民, 伯夷 · 叔齊 · 虞仲 · 夷逸 · 朱張 · 柳下惠 · 少連. 子曰,

"不降其志, 不辱其身, 伯夷叔齊與." 謂, "柳下惠·少連, 降志辱身矣, 言中倫, 行中慮, 其斯而已矣." 謂, "虞仲·夷逸, 隱居放言, 身中淸, 廢中權. 我則異於是, 無可無不可."

일민(逸民 : 벼슬을 하지 않은 高士)은 백이(伯夷)·숙제(叔齊)·우중(虞仲 : 주무왕이 虞 땅에 봉한 태백의 동생 仲雍)·이일(夷逸 : 생몰 미상)·주장(朱張 : 생몰 미상)·유하혜(柳下惠)·소련(少連 : 부모의 喪禮에 성실했던 『예기』 [잡기 하]편 속의 인물)이었다. 공자가 백이와 숙제를 이같이 평했다.
"그 뜻을 굽혀 용군(庸君)의 조정에 들어가지 않아 그 몸을 욕되게 하지 않은 자는 백이와 숙제이다."
이어 유하혜와 소련에 대해서는 이같이 평했다.
"유하혜와 소련은 뜻을 굽히고 몸을 욕되게 했으나 언사가 윤리에 맞고 행실이 사려(思慮)에 맞았다. 이들은 오직 이런 모습만 보이고 다른 모습은 보이지 않았다."
다시 우중과 이일에 대해서는 이같이 평했다.
"우중과 이일은 은거방언(隱居放言 : 숨어 살며 세속에서 벗어나기 위해 짐짓 말을 함부로 함)했으나 몸을 깨끗한 곳에 두었고, 벼슬을 하지 않았으니 권도(權道 : 통상의 예에 벗어나기는 하나 시의에 따른 도에 합당한 것을 의미)에 부합했다. 나는 이들과 달라 반드시 가한 것도 없고 불가한 것도 없다."

이 장에는 7명의 일민逸民에 대한 공자의 평이 등급별로 언급돼 있다. 여기서는 백이와 숙제가 가장 높은 평가를 받았다. 두 사람 모두 뜻과 몸을 굽히지 않은 까닭이다. 다음으로 유하혜와 소련은 비록 각각 뜻과 몸을 굽히기는 했으나 언행이 윤리와 사려에 부합했다. 마지막으로 우중과 이일은 언행이 통상의 예에 벗어나기는 했으나 처신이 권도에 부합했다. 『맹자』 [만장 하]편은 기록하기를, "서두를 만하면 서두르고, 오래 머물 만하면 오래 머물고, 거처할 만하면 거처하고, 벼슬할 만하면 벼슬한 분이 바로 공자이다"라고 했다. 주희는 이를 인용해 "이에 공자가 가한 것도 없고 불가한 것도 없다고 말한 것이다"라고 풀이했다. 공자를 지나치게 미화한 느낌이 있으나 대략 문의에 부합한다. 이 장은 내용상 미자와 기자 등을 칭송한 제1장과 조응하고 있다.

18-9

大師摯適齊, 亞飯干適楚, 三飯繚適蔡, 四飯缺適秦, 鼓方叔入於河, 播鼗武入於漢, 少師陽·擊磬襄入於海.

주왕실의 태사(太師 : 악사의 총책임자) 지(摯)는 제나라, 아반(亞飯) 간(干)은 초나라, 삼반(三飯) 요(繚)는 채나라, 사반(四飯 : '아반'과 '삼반', '사반' 모두 풍류로써 음식을 권하는 관원) 결(缺)은 진(秦)나라, 고(鼓 : 큰 북)를 치던 방숙(方叔)은 하내(河內), 도鼗(도 : 소고)를 흔들던 무(武)는 한중(漢中), 소사(少師) 양(陽)과 경(磬 : 경쇠)를 치던 양(襄)은 바다의 섬으로 각기 들어갔다.

공안국과 주희는 이 장에 나오는 태사를 노나라 공실의 악관으로 보았다. 그러나 이는 모두 추측에 불과할 뿐이다. 이들은 오히려 주왕실의 악관들이었을 공산이 크다. 원래 태사는 궁정음악의 관장하는 최고의 장관이고 소사는 차관에 해당한다. 아반亞飯과 삼반三飯, 사반四飯 등은 각각 주식晝食과 포식餔食, 모식暮食의 경우에 주악을 담당하는 관원을 말한다. 사반까지 등장하고 있는 것은 이들이 본래 주왕실의 악관이었음을 보여준다.

이 장은 공자가 30대 후반일 때 주왕실의 악단이 왕실의 내분으로 인해 분산한 사실을 전하고 있다. 그러나 이 기사를 누가 전한 것인지는 알 길이 없다. 대략 공자의 문도門徒 사이에 전해진 전문傳聞일 공산이 크다. 당시 편집자는 이를 공자가 견문한 사실로 간주해 공자의 일민에 대한 비평 뒤에 부록으로 삽입시켜 보존코자 한 것으로 짐작된다.

18-10

周公謂魯公曰, "君子不施(=弛)其親, 不使大臣怨乎不以, 故舊無大故則不棄也. 無求備於一人."

주공(周公) 단(旦)이 노공(魯公)인 아들 백금(伯禽)에게 이같이 당부했다.
"군자는 그 친척을 버리지 않고, 대신들로 하여금 써주지 않는 것을 원망케 만들지 않고, 옛 친구나 선임자를 큰 잘못이 없는 한 버리지 않고, 한 사람에게 모든 것을 구비토록 요구치 않는다."

호인은 추정하기를, "이 장은 주공 단이 아들 백금伯禽이 노공魯公이 되어 봉국인 노나라로 가게 되었을 때 훈계한 말이다. 노나라 사람이 전송하여 오래도록 잊지 않은 것으로 보인다. 아니면 공자가 일찍이 제자들과 한 말이지도 모른다"라고 했다. 『사기』 등의 기록에 비춰 일리가 있는 추정이다.

18-11

周有八士. 伯達 · 伯适 · 仲突 · 仲忽 · 叔夜 · 叔夏 · 季隨 · 季騧.

옛날 주나라가 극성할 때 한 어미가 네 번에 걸쳐 쌍둥이를 해산하여 8사(八士 : 8 명의 선비)가 나타났다. 백달(伯達) · 백괄(伯适)과 중돌(仲突) · 중홀(仲忽), 숙야(叔夜) · 숙하(叔夏), 계수(季隨) · 계왜(季騧)가 바로 그들이다.

이 장의 '주유팔사周有八士' 구절은 제1장의 '은유삼은殷有三隱' 구절과 조응하고 있다. 모두 뛰어난 인물을 가리키고 있는 것이다. '팔사'의 행적에 대해서는 잘 알려져 있지 않다. 고주古注는 이를 4쌍의 쌍둥이로 해석해 놓았다. 이는 백伯 · 중仲 · 숙叔 · 계季로 시작되는 이름에 착안한 해석이다. '팔사'를 두고 정현은 주성왕 때의 일로 보았으나 유향劉向과 마융馬融은 주선왕, 일본의 다자이 슌다이太宰純臺는 주문왕 때의 일로 보았다. '팔사'는 『논어』에 나오는 '사士'의 의미에 비춰볼 때 [태백]편의 '순유신오인舜有臣五人' 및 [헌문]편의 '작자칠인作者七人'과 상통하고 있다. 그러나 '팔사' 자체가 후세인이 만들어낸 얘기에 불과하다.

제10-11장의 2개 장은 군자의 출처진퇴와 은자 등을 거론한 앞의 9개 장과 구별된다. 이들 2개 장은 내용상 제1장과 대응하고 있다. 제1장과 제10-11장 모두 은나라 말기에서 주나라 초기의 역사적 사실을 전하고 있다. 그 내용은 모두 『상서』에 기초한 것이다. 그렇다면 이 2개 장은 어떻게 하여 [미자]편의 끝에 첨부된 것일까. 이를 두고 착간錯簡으로 보는 견해도 있으나 이는 잘못이다.

『맹자』[공손추 상]편에는 백이와 숙제, 이윤, 공자 등이 대비되어 기술돼 있다. [만장 하]편에도 백이와 이윤, 유하혜, 공자가 대비되어 나타나고 있다. 이는 맹자가 공자를 조술祖述코자 한 사람인 점을 감안할 때 크게 이상할 것도 없다. 그러나 『미자』편의 일민 7인 중 5인은 『맹자』에 전혀 나타나지 않고, 『맹자』에 거론된 이윤은 『논어』에 나타나지 않고 있다. 이는 [미자]편이 맹자의 학통과 연결되는 증자 문인의 손에 의해 만들어진 것이 아님을 시사한다. [미자]편에 증자 후학이 개입한 흔적이 전혀 보이지 않는 것이 이를 뒷받침한다.

[미자]편에 등장하는 공자의 제자는 오직 자로뿐이다. 『논어』에 공자의 천하유세 중 은자와의 대결에 등장하는 제자로는 오직 자로만 있을 뿐이다. 사실 자로는 공자의 제자 중 『논어』에 가장 많이 등장하는 인물이기도 하다. 그에 관한 얘기가 실려 있는 것만도 모두 40개 장에 달한다. 그는 제자들 중 가장 연장자인 동시에 의용義勇이 가장 뛰어난 인물이었다. 그의 생전은 물론 사후에도 '자로학파'는 나타나지 않았으나 그가 공문의 직제자들 사이에 대선배로서 존경의 대상이 되었을 것은 자명하다.

3-4대 제자시대에 노나라에서 세력을 떨친 학파는 증자학파였다. 『논어』는 그들의 손에 의해 원형이 만들어졌다. 『논어』에 대한 보유 차원의 편집이 이뤄질 때 [미자]편이 만들어졌을 공산이 크다. 자로가 [미자]편에 유일하게 등장하는 이유도 여기서 찾을 수 있을 것이다. 이런 점 등을 감안할 때 [미자]편이 증자학파의 작품이 아닌 것은 거의 확실하다. [미자]편에 '자왈'로 표현된 장이 제7-8장의 2개 장에 불과한 점에 비춰볼 때 비슷한 내용을

다른 [태백]편과 달리 [미자]편은 노나라가 아닌 제나라에서 편집되었을 가능성이 높다.

제19절 [자장子張]편

[자장]편은 총 25개 장으로 이뤄져 있다. 이 편은 공자의 말과 사제 간의 문답이 단 1장도 나오지 않는다는 점에서 매우 특이한 편제라고 할 수 있다. 이 편에 나오는 내용은 모두 자장과 자하, 자유, 증자, 자공 등 직제자 5명의 말과 문답뿐이다. 이들 5제자의 언행을 수집한 것이 바로 [자장]편의 가장 큰 특징이라고 해도 과언이 아니다. [자장]편에 나오는 공자의 직제자 5명 중 가장 많이 언급돼 있는 사람은 자하로 모두 11개 장에 달한다. 다음으로 자공이 6개 장, 증자가 4개 장, 자장과 자유가 각각 3개 장에 나온다.

[자장]편은 여러 대목에서 『맹자』의 내용과 겹치고 있다. 이는 제나라의 객경客卿으로 있던 맹자가 제나라에 유포돼 있던 여러 전송을 접한 데 따른 것으로 보인다. 반대로 [자장]편에 나오는 증자의 어록은 맹자가 제나라에 전한 것이 수록된 것으로 짐작된다. 이 편에 주로 자하와 자장, 자유가 등장하는 것은 위魏나라에 뿌리를 내렸던 자하학파가 다른 두 학파와 적통嫡統을 다투면서 제나라로 전래된 데 따른 것으로 보인다.

원래 자하와 자유, 자장 등 소위 '삼자三子'는 모두 공문의 젊은 수재인 동시에 서로 라이벌 관계에 있었다. 이들 세 학파는 서로 치열하게 다투었다. 일찍이 순자는 『순자』 [비십이자非十二子]편에서 이들 세 학파를 '천유賤儒'로 깎아내린 바 있다. 이는 세 학파의 이전투구泥田鬪狗를 지적한 것이기도 하다. 자장의 어록과 자유의 어록은 자하의 어록과 연관돼 제나라에 전파되었다가 [자장]편이 편집될 때 자하의 어록과 함께 수록되었을 공산이 크다. [자장]편은 맹자 이후 순자 이전에 제나라에서 편집된 것으로 짐작된다.

19-1

子張曰, "士見危致命, 見得思義, 祭思敬, 喪思哀, 其可已矣."

자장이 말했다.
"선비가 나라의 위기를 보면 몸을 바치고, 이득을 보면 의를 생각하고, 제사를 지낼 때 공경을 생각하고, 상사에 임해 슬픔을 생각한다면 가히 인정할 만하다."

후대에 많은 논란을 일으킨 소위 '의리지변義利之辨'과 관련된 '견득사의見得思義' 구절은 [계씨]편 제10장에도 나온다. [헌문]편 제13장의 '견리사의見利思義' 구절도 사실 같은 내용이다. 제1-3장은 모두 자장의 말을 모아놓은 것이다.

19-2

子張曰, “執德不弘, 信道不篤, 焉能爲有, 焉能爲亡.”

자장이 말했다.
“덕을 베푸는 것이 크지 못하고 도를 믿는 것이 독실하지 못하면, 어찌 그런 사람이 있고 없고를 논할 필요가 있겠는가.”

이를 두고 주희는 풀이하기를, “얻은 바가 있되 너무 좁으면 덕이 고립되고, 들은 것이 있으나 믿음이 독실치 못하면 도가 폐해진다. 있고 없고를 말할 필요가 없다고 한 것은 족히 경중輕重의 논의 대상이 될 수 없음을 뜻한다”고 풀이했다. 대략 문의에 부합한다.

19-3

子夏之門人問交於子張. 子張曰, “子夏云何.” 對曰, “子夏曰, ‘可者與之, 其不可者拒之’.” 子張曰, “異乎吾所聞. 君子尊賢而容衆, 嘉善而矜不能. 我之大賢與, 於人何所不容. 我之不賢與, 人將拒我, 如之何其拒人也.”

자하의 문인(門人)이 자장에게 사람을 사귀는 것에 관해 물었다.
자장이 반문했다.
“자하는 무엇이라고 하던가.”
자하의 문인이 대답했다.
“자하는 이르기를, ‘용납할 만한 자와는 함께 하고, 그렇지 못한 자는 거절하라’고 했습니다.”
자장이 반박했다.
“내가 들은 바와는 다르다. 군자는 현자를 존경하면서 뭇사람을 포용하고, 착한 사람을 가상히 여기면서 능하지 못한 사람을 불쌍히 여긴다. 내가 크게 현명하다면 남에게 그 어떤 점이 용납받지 못할 리 있겠는가. 그러나 내가 현명치 못하다면 남이 곧 나를 거절할 것이니 내가 어떻게 남을 거절한단 말인가."

이 장에서 처음으로 자하의 문인이 등장하고 있다. 제4-13장의 10개 장이 모두 자하에 관한 얘기인 점을 감안할 때, 이를 자연스럽게 연결시키기 위한 편집자의 배려가 있었던 것으로 보인다. 자하는 공자 사후 서하西河에 머문 채 위문후魏文侯를 섬기며 많은 제자를 양성한 인물이다. 이로 인해 자하가 생존해 있을 당시만 하더라도 위나라는 노나라와 더불어 천하의 학술 중심지가 될 수 있었다. 위나라는 자하의 학풍에 영향을 받아 능력 위주의 정치를 펼쳤다. 이는 '수제'보다 '치평'을 중시한 데 따른 것으로 '수제'를 중시한 증자학파가 세력을 떨친 노나라와 대조되는 것이기도 하다.

그러나 자하 사후에 유학을 발전시켜 천하의 학술 중심지가 된 곳은 제나라였다. 제나라는 수도 임치에 학술 전문기관인 소위 '직하학당稷下學堂'을 세워 천하의 인재를 끌어 모았다. '직하학당'에는 위나라에서 위세를 떨친 자하의 학풍이 유입되는 동시에 맹자에 의해 노나라 증자의 학풍이 접목되었다. [자장]편에 자하의 얘기가 비교적 많이 실리게 된 것은 [자장]편 편집을 주도한 자하학파의 제나라에서의 위상을 반영한 것이기도 하다.

19-4

子夏曰, "雖小道必有可觀者焉, 致遠恐泥, 是以君子不爲也."

자하가 말했다.
"비록 소도(小道)일지라도 반드시 볼 만한 것이 있기는 하나 치원(致遠 : 고원한 경지에 이름)에 구애됨이 있을까 두렵다. 이런 까닭에 군자는 이를 행하지 않는 것이다."

주희는 '소도'를 두고 풀이하기를, "소도란 농사와 원예, 의술과 복술 등과 같은 것을 말한다"고 했다. 그러나 전통적으로 주희가 말한 '소도'의 내용 중 '의술醫術'은 다른 잡술雜術과 달리 '유술儒術'에 준하는 대우를 받았다. 전통적으로 궁중의 여관女官 중 의녀醫女가 높은 대우를 받은 사실이 이를 뒷받침한다. 이는 '의술'이 '유술'과 마찬가지로 충효를 실천하는 실용적인 학문으로 인식된 데 따른 것이었다. 많은 유자들이 나름대로 '의술'에 대해 뛰어난 식견을 지니게 된 이유가 바로 여기에 있었다. 이 장의 내용은 『한서』[예문지]에 나오는 소설가小說家의 서문에 '공자왈'로 시작되는 문장으로 인용돼 있다. 한제국 때 자하의 어록을 전송하는 과정에 와전訛傳이 있었던 것으로 짐작된다.

19-5

子夏曰, "日知其所亡, 月無忘其所能, 可謂好學也已矣."

자하가 말했다.
"날마다 자신에게 부족한 바를 알아서 보충하고, 달마다 자신이 배운 바를 복습하여 잊지 않는다면 가히 학문을 좋아한다고 이를 만하다."

자하는 이 장에서 '호학'을 논하고 있다. 이 장은 다음 장과 함께 해석해야만 그 뜻이 제대로 드러난다. 자하학파의 학풍이 잘 드러난 대목이기도 하다.

19-6

子夏曰, "博學而篤志. 切問而近思. 仁在其中矣."

자하가 말했다.
"박학(博學 : 배우기를 널리 함)하면 고루함에 빠지지 않고, 독지(篤志 : 뜻을 돈독히 함)하면 세속으로 흐르지 않는다. 절문(切問 : 의문나는 바를 절실하게 물음)하면 아는 것이 정밀해지고, 근사(近思 : 가까이 있는 비슷한 것으로 미루어 그 이치를 짐작함)하면 깨닫는 것이 실질에 가까워진다. 그리 하면 인(仁)이 바로 그 안에 있게 될 것이다."

이 장에 나오는 '독지篤志'의 '지志'와 관련해 공안국과 황간, 형병 등은 '지식知識'으로 풀이했다. 정이천과 주희는 '지향志向'으로 풀이했다. 다산은 후자를 좇았다. '근사近思'와 관련해 황간은 절실하게 물을 때 실질로써 대답하는 경우를 말한다고 풀이했다. 이에 대해 주희는 '유추類推', 다산은 생각을 자신으로부터 시작하는 것으로 풀이했다. '근사'에 관해서는 주희의 해석이 가장 자연스럽다. 주희가 여조겸呂祖謙과 『근사록近思錄』 14권을 지은 것도 일응 '근사'의 뜻을 정밀히 파악한데 따른 것으로 볼 수 있다.

다산은 '박학'과 '독지', '절문', '근사'에 따른 효과를 각각 '불체어루不滯於陋 : 고루함에 빠짐'와 '불류어속不流於俗 : 세속으로 흐름', '소지자정所知者精 : 아는 것이 정밀해짐', '소오자실所悟者實 : 깨닫는 것이 실질에 가까워짐'로 풀이했다. 주희를 뛰어넘는 정밀한 해석이 아닐 수 없다.

19-7

子夏曰, "百工居肆以成其事, 君子學以致其道."

자하가 말했다.
"백공(百工)은 공장에서 물건을 만들어내고, 군자는 배움을 통해 그 도를 지극히 한다."

여기의 '사肆'는 관청의 물건을 만드는 곳을 지칭한다. 주희는 풀이하기를, "공인工人이 공장에 머물지 않으면 다른 일에 마음이 옮겨져 하는 일이 정밀하지 못하고, 군자가 배우지 않으면 외물의 유혹에 마음을 빼앗겨 뜻이 독실하지 못하게 된다"고 했다. 문의에 부합한다.

19-8

子夏曰, "小人之過也必文."

자하가 말했다.
"소인은 허물이 있으면 반드시 문식(文飾 : 둘러댐)한다."

이 장의 내용은 『맹자』 [공손추 하]편의 기록과 일치하고 있다. 이는 제나라에 전해지고 있던 자공의 말을 전국시대 말기에 제나라의 객경客卿으로 있던 맹자가 이어받은 데 따른 것으로 짐작된다. 자공은 비록 다른 제자들과 같이 제나라에서 '자공학파'를 두는 데까지 이르지는 못했으나 공자 사후 제나라에 유학을 전한 최초의 인물이었다. 제나라에 자공의 학풍이 위세를 떨친 것은 자연스런 일로 보아야 한다.

19-9

子夏曰, "君子有三變, 望之儼然, 卽之也溫, 聽其言也厲."

자하가 말했다.
"군자에게는 3변(三變 : 세 가지 변모)이 있다. 멀리서 바라보면 엄숙하고, 곁으로 다가가면 온화하고, 그 말을 들어보면 엄정하다."

이 장에서는 '군자3변'을 언급하고 있다. 내용상 '군자3계'와 '군자3외' 등을 논한 [위령공]편과 상통한다. 유사한 내용이 [자장]편에 다시 실린 것은 전국시대에 들어와 자하학파의 영향력이 증대된 데 따른 것으로 보인다.

19-10

子夏曰, "君子信而後勞其民, 未信則以爲厲己也. 信而後諫, 未信則以爲謗己也."

자하가 말했다.
"군자는 신뢰받은 이후에 백성을 동원한다. 신뢰받지 못한 채 동원하면 백성들은 자신들을 학대한다고 여긴다. 또한 간할 때에는 신뢰받은 이후에 간한다. 신뢰받지 못한 채 간하면 군주는 자신을 비방한다고 여긴다."

이 장 역시 앞장과 마찬가지로 군자의 자세를 논한 것이다. 앞 구절은 군도君道, 뒤 구절은 신도臣道에 관한 것이다.

19-11

子夏曰, "大德不踰閑(=限), 小德出入可也."

자하가 말했다.
"대덕(大德 : 충국애민 등과 같은 대절)이 유한(踰閑 : 문지방을 넘는다는 뜻으로 넘어서는 안 될 한계를 상징)하지 않는 한 소덕(小德 : 일상의 예법과 같은 소절)은 출입(出入 : 사소한 잘잘못을 의미)이 가하다."

주희는 '대덕'과 '소덕'을 각각 '대절大節'과 '소절小節'로 풀이했다. 공자는 일찍이 첫 패업을 이룬 관중을 두고 그의 '비례非禮'를 비난키는 했으나 그가 이룬 '존왕양이'의 공업에 대해서는 극찬을 아끼지 않았다. 관중 역시 '대절'을 지키기 위해 '소절'에 출입이 있는 것을 괘념치 않았다고 술회한 바 있다. '대덕'과 '소덕'에 대한 자하의 관점은 공자사상과 일맥상통하는 것이기도 하다.

앞서 [옹야]편 제11장에서 살펴본 바와 같이 공자는 자하에게 '소인유小人儒'가 되지 말고 '군자유君子儒'가 될 것을 당부한 바 있다. 아직까지 적잖은 사람들이 [옹야]편 제11장에 나오는 이 대목에 지나치게 얽매여 자하를 '소인유'의 인물로 오해하고 있다. 이는 맹자를 비판한 순자를 이단으로 몰아 문묘에서 몰아낸 송유宋儒들의 폭거를 추종하는 것이나 다름없는 것이다. 송유들이 자하에 대해 비판적인 입장을 취하게 된 데에는 『한비자』 [외저설外儲說 우상右上]편에 실려 있는 다음과 같은 대목이 적잖은 영향을 미쳤다.

> 자하가 화근을 뿌리뽑는 좋은 방법과 관련해 『춘추』를 들어 설명하기를, "권세를 교묘히 잘 장악해 활용하는 사람은 간맹姦萌 : 간악한 싹을 미리 잘라내 후환을 없앤다"고 했다.

송유들은 자하의 학통을 이은 순자의 제자가 한비자였던 점에 주목해 자하가 법가사상의 길을 열어주었다고 생각했다. 그러나 공자의 가르침을 전수하고 체계화한 사람 중 자하만큼 중요한 역하를 수행한 인물은 거의 없었다. 자하의 가장 큰 공적은 공자에 의해 일차적으로 정비된 유가의 여러 경전을 재정비하고 군자학의 본령인 '치평'을 강조한 데 있었다. 그러나 그의 이러한 업적은 송유들에 의해 애써 축소 내지 무시되었다. 이는 오직 증자와 맹자로 이어지는 '수제'의 이론만이 존숭된 데 따른 왜곡이었다. 이러한 잘못된 풍조가 후대에 공자사상을 왜곡하는 데 결정적인 배경이 된 것은 말할 것도 없다.

자하의 학통을 이어받은 전국시대 말기의 순자는 춘추전국시대에 출현한 제자백가의 사상을 유가의 관점에서 총망라한 당대의 대유大儒였다. 난세에 대한 그의 해박하고도 깊은 통찰은 제자인 한비자에 의해 더욱 심화되어 진시황의 천하통일에 결정적인 도움을 주었다. 한비자는 비록 스승인 순자가 강조한 예치禮治를 버리고 난세에 부응하는 법치法治 일변도의 통치를 주장하기는 했으나 그 사상적 뿌리는 공자사상의 적통을 이은 자하에 두고 있었다.

19–12

子游曰, "子夏之門人小子, 當灑掃應對進退則可矣, 抑末也. 本之則無, 如之何." 子夏聞之曰, "噫, 言游過矣. 君子之道, 孰先傳焉, 孰後倦焉. 譬諸草木, 區以別矣, 君子之道, 焉可誣也. 有始有卒者, 其惟聖人乎."

자유가 말했다.
"자하의 제자들은 쇄소(灑掃 : 물 뿌리고 청소함)와 응대(應對), 진퇴(進退 : '쇄소'와 '응대', '진퇴' 모두 사자와 빈객을 맞이하고 응대하는 등의 외교 예설을 시칭)에 임해서는 괜찮으나 이는 어디까지나 말단에 불과할 뿐이다. 선왕의 도와 같은 근본이 없으니 이를 어찌할 것인가."
자하가 이 얘기를 듣고 이같이 말했다.
"아, 언유(言游 : 자가 子游인 言偃을 줄여서 통칭한 것임)의 말이 지나치다. 군자가 사람을 가르치는 도에서 볼 때 먼저 선왕의 도부터 전수받게 되면 반드시 먼저 싫증내기 마련인데 누가 먼저 이를 전수받아 나중에 싫증내려고 하겠는가. 나는 제자들이 먼저 대도(大道)를 전수받고 미리 싫증낼까 두려워하여 작은 일부터 가르치는 것이다. 초목에 비유해 말하면 풀과 나무가 서로 뚜렷이 구별되듯이 배움에는 반드시 순서가 있는 법인데, 그가 군자의 도를 말하면서 어찌 나의 제자들을 두고 오직 쇄소 등에만 능하다고 함부로 말하는 것인가. 통상 시작은 좋으나 유종의 미를 거두기는

> 어려운 법이니, 시종여일하게 싫증내지 않을 수 있는 사람은 오직 성인밖에 없는 것이다."

이 장에서 자유의 말이 처음으로 나온다. 자유의 말은 제13장을 뛰어넘어 제14-15장으로 연결되고 있다. 이 장을 통해 자유가 자하를 '소인유'로 몰아붙이면서 스스로 '군자유君子儒'를 자처하고 있음을 확인할 수 있다. 그러나 자하의 항변을 통해 알 수 있듯이 자하가 견지한 교육방법의 특징은 기본적으로 점진적인 방안을 추구한 데 있었다. 결코 '소절'에 얽매여 '대절'을 잃는 우를 범한 것이 아니었다. 이는 앞장에 나온 자하의 언급을 통해 이미 확인한 바 있다. 이 장을 통해 자하가 공자 사후에 '소인유'의 모습에서 벗어나 '군자유'의 면모를 약여하게 드러내고 있음을 거듭 확인할 수 있다. 자하의 놀라운 변신을 확인시켜 주는 대목이 아닐 수 없다.

19-13

> 子夏曰, "仕而優則學, 學而優則仕."
>
> 자하가 말했다.
> "출사(出仕)하여 여력이 있으면 학문을 닦고, 학문을 닦으면서 여력이 있으면 출사(出仕)한다."

자하의 발언은 공자가 주창한 군자학의 본령이 '치평'에 있음을 극명하게 보여주고 있다. 군자학은 기본적으로 학문연마를 전제로 하여 성립한 것이다. 증자와 맹자 등은 '덕행德行'을 지나치게 강조한 나머지 '학지學知'를 상대적으로 소홀히 했다. 이는 후세인들로 하여금 마치 군자학의 본령이 '치평'이 아닌 '수제'에 있는 것으로 오해케 만드는 데 결정적인 배경이 되었다. 공자사상의 일대 왜곡이 아닐 수 없다. 자하에 대한 재평가가 절실한 시점이 아닐 수 없다.

19-14

子游曰, "喪致乎哀而止."

자유가 말했다.
"상례(喪禮)는 치애(致哀 : 애도를 극진히 함)하는 것으로 그치는 것이다."

자유는 이 장에서 관·혼·상·제 중 가장 중시된 상례의 요체가 '심상心喪'에 있음을 역설하고 있다. 이는 공자의 기본입장에 부합한다. 그러나 후대의 성리학자들은 소위 『주자가례朱子家禮』에 얽매어 '치평' 차원의 예제마저 '수신' 차원의 예제로 해결코자 하는 무모한 모습을 보여주었다. 조선조 중엽 현종 때 극렬한 당쟁을 야기한 '전례논쟁典禮論爭'이 그 대표적인 실례이다. 성리학이 등장한 이래 소모적인 전례논쟁이 빈발한 것은 『주자가례』를 통치차원의 예제로까지 확대시킨 데 따른 필연적인 부작용이었다. 이는 통치사상의 교조화로 인한 화석화化石化현상으로 풀이할 수밖에 없다. 사상의 화석화는 곧 죽음을 의미한다. 변용의 여지를 스스로 봉쇄한 데 따른 후과가 아닐 수 없다. 성리학을 맹종했던 남송의 패망과 조선조의 패망이 그 실례이다.

19-15

子游曰, "吾友張也爲難能也, 然而未仁."

자유가 말했다.
"나의 벗 자장(子張)의 용의(容儀 : 용모와 威儀)를 좇아가기는 어렵다. 그러나 그는 아직 인에 이르지는 못했다."

주희는 자장을 두고 평하기를, "행동이 지나치게 높으면서 성실하고 간곡한 뜻이 부족했다"고 했다. 이는 다음 장에 나오는 증자의 자장 비판에 근거한 것이다.

19-16

曾子曰, "堂堂乎, 張也. 難與竝爲仁矣."

증자가 말했다.
"당당하구나, 자장이여. 그러나 그와 함께 인을 행하기는 어렵구나."

증자는 이 장에서 자장을 비판하고 있다. 이 장의 배치는 앞장에 나온 자유의 자장에 대한 비판과 연결돼 있다는 편집자의 판단에 따른 것으로 보인다. [자장]편에 나오는 증자어록은 맹자가 제나라에 증자의 언행을 전한 것을 토대로 하여 만들어진 것으로 짐작된다.

19-17

曾子曰, "吾聞諸夫子, '人未有自致者也, 必也親喪乎.'"

증자가 말했다.
"내가 부자(夫子)로부터 듣기로는, '사람이 자치(自致 : 스스로 극진히 함)하는 게 없지만 친상(親喪 : 부모의 상)에서 만큼은 반드시 그와 같이 해야 한다'고 했다."

효를 강조했던 증자학파의 학풍이 제나라로 전해진 뒤 [자장]편의 편집 때 삽입된 것으로 보인다. 대략 증자의 학통을 이어받은 맹자가 전한 것으로 짐작된다.

19-18

曾子曰, "吾聞諸夫子, '孟莊子之孝也, 其他可能也, 其不改父之臣與父之政, 是難能也.'"

증자가 말했다.
"내가 부자로부터 듣기로는, '맹장자(孟莊子 : 맹헌자의 아들 仲孫速)가 양음(諒陰) 중에 행한 효행은 따르기가 어렵다. 대략 다른 일은 어느 정도 따라서 할 수 있으나 선친의 가신과 선친의 정령을 바꾸지 않은 그의 효행은 따라 하기가 어렵다'고 했다."

이 장에 나오는 증자의 말은 증자가 공자로부터 들은 것에 토대한 것이다. 이 장은 내용상 [헌문]편 제43장과 통한다. 이 내용 또한 맹자를 통해 제나라에 전해진 것으로 보는 것이 옳을 것이다.

19-19

孟氏使陽膚爲士師, 問於曾子. 曾子曰, "上失其道, 民散久矣. 如得其情, 則哀矜而勿喜."

노나라의 맹씨(孟氏 : 仲孫氏)가 가신 양부(陽膚)를 사사(士師 : 옥송 담당관원)로 임명하자 양부가 증자에게 옥송(獄訟)을 다루는 도리를 물었다. 증자가 대답했다.
"위에서 도를 잃어 백성들이 흩어진 지 이미 오래되었다. 만일 범법한 실정을 알았으면 그들을 불쌍히 여기고 기뻐하지 말아야 한다."

주희는 '양부'를 증자의 제자로 보았다. 증자는 백성들이 사방으로 흩어지게 된 이유를 윗사람들이 도를 잃은 데서 찾고 있다. 대략 [위정]편 제3장에서 정형政刑의 문제점을 지적한 공자의 취의에 부합한다.

19-20

子貢曰, "紂之不善, 不如是之甚也. 是以君子惡居下流, 天下之惡皆歸焉."

자공이 말했다.
"은왕 주(紂)의 불선(不善)이 애초부터 그리 심했던 것은 아니다. 단지 그가 행한 것이 도를 잃었기 때문에 시간이 갈수록 불선이 쌓이게 된 것이다. 이런 까닭에 군자는 하류(下流)에 거처하는 것을 매우 싫어한다. 천하의 악이 모두 거기로 돌아가기 때문이다."

제20-25장의 5개 장은 모두 자공의 말과 문답으로 되어 있다.

제20–21장은 '자공왈'로 시작하는 데 반해 제22–25장은 세인들의 공자평에 대한 자공의 변명 내지 반박으로 꾸며져 있다. 자공의 변명과 반박은 모두 공자의 위대한 면모를 적극 부각시키는 내용으로 점철돼 있다. 제나라에 공학을 최초로 전한 자공에 관한 얘기는 매우 일찍이 제나라에 널리 유포되었을 것이다. 그 얘기가 바로 이 [자장]편에 실리게 된 것으로 짐작된다.

19–21

子貢曰, "君子之過也, 如日月之食焉. 過也, 人皆見之. 更也, 人皆仰之."

자공이 말했다.
"군자의 허물은 일식 · 월식과 같다. 허물이 있으면 사람들이 모두 이를 보게 된다. 또한 허물을 고칠 경우에도 사람들이 모두 우러러 보게 된다."

이 장의 내용은 『맹자』 [공손추 하]편의 기록과 일치하고 있다. 제나라에 객경으로 있던 맹자가 자공에 관한 제나라의 전송을 전한 것이 맹자의 문인에 의해 『맹자』에 수록된 것으로 짐작된다.

19–22

衛公孫朝問於子貢曰, "仲尼焉學." 子貢曰, "文武之道, 未墜於地, 在人. 賢者識其大者, 不賢者識其小者, 莫不有文武之道焉.

夫子焉不學. 而亦何常師之有."

위나라 대부 공손 조(朝)가 자공에게 물었다.
"중니는 그 도를 어디서 배웠소."
자공이 대답했다.
"문무지도(文武之道 : 주문왕과 주무왕이 이룩한 공업과 예악 등을 지칭)가 아직 땅에 떨어지지 않아 사람들의 기억 속에 남아 있소. 현명한 자는 그 큰 것을 기억하고, 현명치 못한 자는 그 작은 것을 기억하고 있소. 문무지도를 빠짐 없이 갖추고 있으니 부자(夫子)가 어디선들 문무지도를 배우지 못했을 리 있겠소. 또한 어찌 일정한 스승을 두고 배웠을 리 있겠소."

여기의 '지識'는 '기記 : 기억'의 뜻이다. 자공은 이 장에서 공자가 젊었을 때 일정한 스승을 두고 배운 적이 없음을 전해주고 있다. 이는 공자의 생전 언급과 부합한다. 이 장에 나오는 '기대자其大者'와 '기소자其小者'의 용어는 『맹자』 [고자 상]편과 [진심 상]편에도 그대로 나온다. 『맹자』가 제나라에 유포된 자공의 말을 그대로 이어받은 데 따른 것으로 보인다.

19-23

叔孫武叔語大夫於朝曰, "子貢賢於仲尼." 子服景伯以告子貢. 子貢曰, "譬之宮牆, 賜之牆也及肩, 窺見室家之好. 夫子之牆數仞, 不得其門而入, 不見宗廟之美百官之富. 得其門者或寡矣, 夫子之云, 不亦宜乎."

노나라 대부 숙손무숙(叔孫武叔)이 조정에서 대부들에게 이같이 말했다.
"자공이 오히려 스승인 중니보다 현명하다."

대부 자복경백(子服景伯)이 이 말을 자공에게 전해주자 자공이 이같이 말했다.
"이를 궁궐의 담장에 비유하면 나의 담장은 어깨에 미쳐 궁 안의 좋은 것들을 들여다 볼 수 있는 것과 같소. 그러나 부자(夫子 : 공자)의 담장은 몇 인(仞 : '1인'은 7尺)에 달해 그 문 안으로 들어가지 않으면 궁내 종묘의 아름다움과 백관의 성대함을 볼 수 없는 것과 같소. 그 궁문 안으로 들어간 자가 드무니 부자(夫子 : 여기서는 숙손무숙을 지칭)가 그같이 말하는 것 또한 당연하지 않겠소."

'숙손무숙'의 이름은 주구州仇, '자복경백'의 이름은 하何이다. 자공의 공자에 대한 존경심이 얼마나 컸는지를 짐작케 해주는 대목이다. 이 일화는 공자가 천하유세를 마치고 귀국한 뒤에 나온 것으로 보인다.

19–24

叔孫武叔毁仲尼. 子貢曰, "無以爲也. 仲尼不可毁也. 他人之賢者丘陵也, 猶可踰也. 仲尼日月也, 無得而踰焉. 人雖欲自絶, 其何傷於日月乎. 多(=祇)見其不知量也."

숙손무숙이 중니를 헐뜯었다. 이를 전해들은 자공이 이같이 말했다.
"헐뜯으려 해도 아무 소용이 없다. 중니는 결코 헐뜯을 수 없기 때문이다. 다른 현자들은 비록 뛰어나기는 하나 구릉(丘陵)과 같아 넘을 수 있으나 중니는 마치 일월과 같아 결코 넘을 수 없다. 사람들이 비록 일월을 헐뜯을 생각으로 스스로 일월과 절연코자 한들 어찌 일월에 무슨 손상을 입힐 수 있겠는가. 단지 스스로 분수를 헤아리지 못한 사실만 드러낼 뿐이다."

여기의 '기多'는 '기祇 : 단지'의 뜻이다. 고대에는 '다多'가 단지의 뜻으로 통용되며 '기'로 읽혔다. 『춘추좌전』 [노양공 29년] 조에 나오는 '기견소야多見疏也' 구절이 그 실례이다. 이 장에서 자공은 특이하게도 공자를 '중니'로 지칭하고 있다. 다음 장에서도 자공의 제자인 자금子禽 : 陳亢이 공자를 '중니'로 지칭하고 있다. 이는 결코 제자가 스승을 지칭하는 용어가 아니다. 제24–25장이 공자 만년의 공문에서 나온 전송이 아님을 시사하는 것이다. 후대의 문인이 세간의 전송을 채택해 수록하는 과정에서 부주의하게 삽입시켜 놓은 것으로 짐작된다.

19–25

陳子禽謂子貢曰, "子爲恭也, 仲尼豈賢於子乎." 子貢曰, "君子一言以爲知, 一言以爲不知, 言不可不愼也. 夫子之不可及也, 猶天之不可階而升也. 夫子之得邦家者, 所謂立之斯立, 道之斯行, 綏之斯來, 動之斯和. 其生也榮, 其死也哀, 如之何其可及也."

진자금(陳子禽 : 陳亢)이 스승 자공에게 말했다.
"선생이 공손해서 그렇지 중니가 어찌 선생보다 현명하겠습니까."
그러자 자공이 진자금에게 이같이 말했다.
"군자가 말 한 마디라도 옳게 하면 사람들은 지혜로운 자로 여기고, 말 한 마디라도 잘못 하면 곧 지혜롭지 않은 자로 여기니 말은 조심하지 않을 수 없다. 내가 부자에게 미치지 못하는 것은 까마득히 높은 하늘에 계단 따위를 놓고 올라갈 수 없는 것과 같다. 만일 부자가 득방(得邦 : 나라를 얻어 제후가 되는 것을 의미) 내지 득가(得家 : 큰 가솔을 이끄는 경대부가 되는 것을 의미)하여 이른바 입교(立敎 : 교육을 세움)하면 이에 따라 바로 서고, 인도하면 이에 따라 행하고, 안무(按撫)하면 이에 따라 찾아오고, 고무하면 이에 따라 화합케 된다. 이에 살아 있을 때는 영현(榮顯)하고, 죽어서는 사람들을 애통하게 만드는 것이다. 그러니 내가 어찌 부자에게 미칠 수 있겠는가."

이를 두고 정이천은 풀이하기를, "이것은 성인의 신묘한 교화가 상하에 천지와 더불어 유행하는 것이다"라고 했다. 형이상학적인 해석이기는 하나 대략 문의에 부합한다. 자공은 이 장에서 천하의 명변을 통해 공자의 위대한 면모를 유감없이 묘사해 놓고 있다. 자공의 공자에 대한 존경심이 얼마나 컸는지를 짐작케 해주는 대목이 아닐 수 없다.

제20절 [요왈堯曰]편

『논어』 20편의 최종편인 [요왈]편은 오직 3개 장만으로 이뤄져 있다. 『한서』 [예문지]는 한제국 초기에 『논어』의 텍스트로 『고론』·『제론』·『노론』 등 소위 '3론'이 있었다고 기록해 놓았다. 당시 『고론』은 총 21편으로 구성되어 있었다. 이는 사실상 두 개의 [자장]편이 존재한 데 따른 것이었다. 『고론』에는 지금의 [요왈]편 제2장에 나오는 '자장문어공자왈子張問於孔子曰' 구절 이하가 별도로 편제되어 [종정從政]편으로 불렸다. 지금의 [요왈]편 제2-3장이 『고론』에서는 [종정]편으로 구성되어 있었던 것이다. 당연한 결과로 [요왈]편은 제1장밖에 없었다. 『제론』과 『노론』은 [요왈]편에 제1-2장의 2개 장만 있었다. 정현의 『경전석문經典釋文』에 따르면 『노론』에는 지금의 [요왈]편 제3장에 해당하는 글이 없었다. 당시만 하더라도 [요왈]편은 아직 확정되지 않았던 셈이다.

'3론'을 종합한 지금의 [요왈]편은 수기치인修己治人으로 상징되는 군자학의 본지를 전달하기 위해 『논어』의 대미를 제1편 [학이]편과 수미상응하는 내용으로 장식해야 한다는 편집자의 세심한 배려 하에서 나온 것이다. 『논어』는 제1편 [학이]편과 제20편

[요왈]편이 군자학의 본지를 설명하는 수미상응의 관계를 맺게 됨에 따라 나름대로 일정한 체계를 갖추게 되었다. [요왈]편이 『논어』의 맨 마지막에 배치된 것은 노나라의 후학이 공문의 학규學規로 짜여진 [학이]편을 맨 앞에 놓은 것과 정확히 대응하고 있다. 군자학의 본지를 개술한 [요왈]편이 최종 손질을 거쳐 마지막에 배치됨으로써 『논어』 전체가 하나의 체계를 갖춘 군자학 최고의 텍스트가 될 수 있었다고 해도 과언이 아니다.

20-1

堯曰, "咨, 爾舜. 天之曆數在爾躬, 允執其中. 四海困窮, 天祿永終." 舜亦以命禹. 曰, "予小子履, 敢用玄牡, 敢昭告于皇皇后帝. '有罪不敢赦, 帝臣不蔽, 簡在帝心. 朕躬有罪, 無以萬方. 萬方有罪, 罪在朕躬'." 周有大賚, 善人是富. "雖有周親, 不如仁人. 百姓有過, 在予一人." 謹權量, 審法度, 修廢官, 四方之政行焉. 興滅國, 繼絶世, 擧逸民, 天下之民歸心焉. 所重民食喪祭. 寬則得衆, 信則民任焉, 敏則有功, 公則說."

요(堯)가 순(舜)에게 말했다.
"아, 너 순아. 하늘의 역수(曆數 : 천명을 받은 왕조변혁의 순서)가 너의 몸에 있으니 장차 정치를 돌볼 때 윤집기중(允執其中 : 믿음을 갖고 그 가운데를 잡으라는 뜻으로 매사에 중용을 취하라는 뜻임)토록 하라. 그리 하면 그 덕정이 마침내 사해(四海)의 곤궁(困窮 : '困'은 '極'으로 여기의 '곤궁'은 '궁핍'의 뜻이 아닌 '궁극'의 뜻임)에 이르게 되어 천록(天祿 : 하늘이 천명을 받은 해당 왕조에 내린 복록)이 오래도록 이어진 뒤에야 비로소 그칠 것이다."
순도 우(禹)에게 이 말로 덕정을 베풀 것을 당부했다. 이후 은나라를 세운 탕(湯)이 하나라의 걸(桀)을 치기 위해 하늘을 향해 이같이 고했다.

"저 소자(小子 : 상제에 대한 천자의 겸칭) 이(履 : 탕의 이름)는 감히 현모(玄牡 : 검은 황소로 은나라는 백색을 숭상했으나 흑색을 숭상한 하나라 때의 제례를 그대로 이어받은 것임)의 희생을 바치며 황황후제(皇皇后帝 : '皇'은 '大', '后'는 '君'으로 상제의 존칭)에게 고합니다. 죄 있는 자는 감히 용서할 수 없습니다. 제신(帝臣 : 상제의 신하로 곧 桀을 지칭)의 지위를 제가 멋대로 폐할 수는 없으나 그 죄를 더 이상 가릴 수가 없게 되었습니다. 그 선택은 오직 상제의 마음에 달려 있습니다. 짐궁(朕躬 : 자신의 몸을 지칭하는 말로 진시황 이전의 朕은 1인칭임)에 죄가 있는 것은 만방(萬方)의 백성들 때문이 아닙니다. 그러나 만방의 백성에게 죄가 있게 되면 그 죄는 짐궁에 있습니다."

주무왕 때에 이르러 주가(周家 : 은나라 때 제후국으로 있던 주왕조를 지칭)가 크게 베풀자 선인(善人)이 모두 크게 부유케 되었다. 『상서』 [주서 · 태서]편에 이런 구절이 나온다.

"주(紂)는 비록 지극히 가까운 친척이 많았으나 주나라에 어진 사람이 많은 것만 못했다. 백성들의 과실은 그 책임이 나 한사람에게 있다."

주나라가 저울과 도량형을 신중히 하고, 법도를 살피고, 폐지된 관직을 정비하자 사방의 정치가 제대로 행해졌다. 이어 망한 나라를 일으켜 세우고, 끊어진 세대를 이어주고, 일민(逸民 : 숨은 高士)을 등용하자 천하 백성들의 마음이 귀의했다. 당시 소중히 여겼던 것은 백성과 식량, 상사(喪事), 제사(祭祀)였다. 관후하면 무리를 얻고, 신의가 있으면 백성들이 신임하고, 명민하면 공을 세우고, 공정하면 백성들이 기뻐하는 법이다.

여기의 '대뢰大賚'와 관련해 그 주체를 하늘로 보는 견해와 주나라로 보는 견해가 대립한다. 주희는 주무왕이 은나라를 멸한 뒤 천하에 널리 베푼 것으로 풀이했다. 유보남은 절충적인 입장에서 주나라가 하늘의 명을 받들어 천하에 크게 베푼 것으로 풀이했다. 문맥상 유보남의 풀이가 보다 타당하다. 이 대목은 주나라가 은나라를 멸하기 이전의 애기로 보는 것이 자연스럽다. 이 장의 내용은 『서경』의 [우서虞書 · 대우모大禹謨]와 [상서商書 · 탕고湯誥], [주서 · 무성武成], [주서 · 태서泰誓]편의 구절과 유사하다. 『논어』의 구절에 인용된 [대우모]와 [탕고], [무성], [태서] 등은 『위고문상서僞古文尙書』에 속하는 것이다. 이들 기록은 고대의 사실을 전하는 매우 희귀한 기록으로 군자로서의 위정자를 가리는 판단기준이 되었다. 이것이 바로 공자시대의 『서』이다. 공자는 『서』를 중시해 군자학의 기본교과목으로 삼았다. 이 장은 내용상 후대의 문인이 『서』의 내용을 토대로 만들어낸 것으로 보아야 한다. 또한 구조상 이 장은 여러 격언과 명언을 하나로 묶어 체계적으로 정리하는 데 능한 자장학파가 만들어낸 것으로 추정된다.

20-2

子張問於孔子曰, "何如斯可以從政矣." 子曰, "尊五美, 屛四惡, 斯可以從政矣." 子張曰, "何謂五美." 子曰, "君子惠而不費, 勞而不怨, 欲而不貪, 泰而不驕, 威而不猛." 子張曰, "何謂惠而不費." 子曰, "因民之所利而利之, 斯不亦惠而不費乎. 擇可勞而勞之, 又誰怨. 欲仁而得仁, 又焉貪. 君子無衆寡無小大, 無敢慢, 斯不亦泰而不驕乎. 君子正其衣冠, 尊其瞻視, 儼然人望而畏之, 斯不亦威而不猛乎." 子張曰, "何謂四惡." 子曰, "不敎而殺謂之虐. 不戒視成謂之暴. 慢令致期謂之賊. 猶之與人也, 出納之吝謂之有司."

자장이 공자에게 물었다.
"어떻게 해야 정치에 종사할 수 있습니까."
공자가 대답했다.
"5미(五美)를 높이고 4악(四惡)을 물리치면 가히 정치에 종사할 수 있을 것이다."
자장이 물었다.
"무엇을 '5미'라고 하는 것입니까."
공자가 설명했다.
"군자는 은혜로우면서도 허비하지 않고, 백성들을 동원하면서도 원망치 않게 하고, 하고자 하면서도 탐욕을 부리지 않고, 태연하면서도 교만하지 않고, 위엄이 있으면서도 사납지 않다."
자공이 다시 물었다.
"은혜로우면서도 허비하지 않는 것 등은 구체적으로 무엇을 말하는 것입니까."
공자가 설명했다.
"산에 사는 백성은 금수(禽獸)로써 이익을 취하고, 바닷가에 사는 백성은 어염(魚鹽)으로 이익을 취하고, 전야에 사는 백성은 오곡(五穀)으로 이익을 취한다. 각기 그 이로운 것으로써 그들 모두를 이롭게 해주면 이것이 은혜로우면서도 허비하지 않는 게 아니겠는가. 때를 가려 백성을 동원하니 그 누가 원망할 리 있겠는가. 군자는 스스로 인을 행하고자 하여 인을 얻는 것이니 더 이상 무엇을 탐하겠는가. 사람들은 중대(衆大 : 많고 큼)를 공경하고 과소(寡小 : 적고 작음)를 소홀히 여기나 군자는 과소를 소홀히 여기지 않는다. 이 또한 태연하면서도 교만하지 않은 게 아니겠는가. 의관을 바르게 하고 시선을 높게 하여 엄연(儼然)한 자세를 보임으로써 사람들이 우러러 보며 두려워한다. 이 또한 위엄스러우면서도 사납지 않은 게 아니겠는가."
자장이 물었다.
"그렇다면 무엇을 '4악'이라고 하는 것입니까."

공자가 대답했다.
"교령을 신칙(申飭 : 포고)하여 백성들을 가르친 뒤 위반한 자를 주벌해야 함에도 신칙도 하지 않은 채 위반한 자를 죽이는 것을 '학(虐 : 虐政)'이라고 한다. 충분히 경계하지도 않은 채 백성들을 다그쳐 목전에 성사시키고자 하는 것을 '포(暴 : 暴政)'라고 한다. 백성들의 신뢰도 얻지 못한 채 헛되이 기일을 정해놓고 이를 어기는 자에게 벌을 내리는 것을 '적(賊 : 亂政)'이라고 한다. 군주가 당연히 남에게 주어야 할 것을 두고 출납에 인색하게 굴며 관원이 해야 할 일을 자신이 직접 나서 행하는 것을 '유사(有司 : 小吏政)'라고 한다."

이 장은 자장과 자공의 문답으로 이뤄져 있다. 군자로서의 위정자가 되기 위한 조건을 매우 체계적으로 기술해 놓고 있다. 이 장에서 공자의 가르침은 '오미五美'와 '사악四惡' 등으로 요약되어 있다. '오미'와 '사악'의 내용은 [이인]편 제18장과 [자로]편 제26장과 제30장, [술이]편 제37장 등에도 나타나고 있다. 이 장은 자장의 문인이 『논어』의 다른 편을 참조해 만들어낸 것이거나 세간에 회자한 공자의 격언을 토대로 하여 만들어낸 것으로 보인다.

20-3

子曰, "不知命, 無以爲君子也. 不知禮, 無以立也. 不知言, 無以知人也."

공자가 말했다.
"명(命)을 모르면 결코 군자가 될 수 없다. 예(禮)를 모르면 제대로 설 수 없다. 언(言)을 모르면 사람을 알 수 없다."

공자는 이 장에서 군자의 요건으로 크게 3가지를 들고 있다. '지명知命'과 '지례知禮', '지인知人'이 그것이다. 내용상 '지례'를 통해 '지인'을 터득하고 마침내 '지명'에 이르는 방안을 제시한 셈이다. 이는 순자의 '예치주의' 논리와 같은 것이다. 이를 통해 공문의 학통이 맹자가 아닌 순자로 이어졌음을 대략 짐작할 수 있다. 이 장에 나오는 '부지명不知命'의 '명命'과 관련해 공안국은 '궁달지분窮達之分 : 성패의 갈림', 동중서는 '천령天令 : 하늘의 명령'으로 풀이했다. 정이천과 주희도 이를 좇아 '천명'으로 보았다. 다산은 공안국을 좇으면서도 '궁달지분' 이외에 '외천지위畏天之威 : 하늘의 위엄을 두려워함'를 '명'의 내용으로 포함시켰다. 공자는 생전에 외천畏天의 자세를 견지했다는 점을 감안할 때 다산의 해석이 공자가 말한 취의에 가깝다. '부지언不知言'의 '언言'을 두고 주희는 '사정邪正'을 판단하는 근거인 '언지득실言之得失'로 풀이했다. 그러나 '사정'뿐만 아니라 '현우賢愚', '진가眞假', '충역忠逆' 등의 판단근거가 되는 모든 언어적 득실로 보는 것이 타당할 것이다.

마지막 구절에 나오는 '지인知人'은 『맹자』 [공손추 상]편에서 맹자가 '부동심不動心'을 설명하는 와중에 언급한 '지언知言'과 상통하고 있다. 맹자는 '지언'을 두고 풀이하기를, "사람이 하는 말의 진의를 제대로 파악한다는 뜻이다"라고 했다. 이는 이 장에 나오는 '지인'을 풀이한 것이나 다름없다. 정현은 『경전석문』을 인용해 당시의 『노론』에는 이러한 문장이 없었고 오직 『고론』에

만 나온다고 밝힌 바 있다.

[요왈]편 말미의 제3장은 『논어』의 대미에 해당하는 것으로 내용상 [학이]편 제1장과 절묘한 조응을 이루고 있다. 처음과 끝이 수미상응하여 만들어낸 이러한 조응은 『논어』 전체에 천근의 무게를 더해주고 있다. 공자가 창안한 군자학의 본지를 세상에 널리 전해 군자가 다스리는 이상국가의 실현을 앞당기고자 한 편집자의 간절한 열망이 약여하게 드러나는 대목이 아닐 수 없다. [학이]편 제1장과 [요왈]편 제3장은 총 20편 5백 장에 달하는 『논어』의 내용이 한 마디로 말해 학덕學德을 겸비한 군자의 양성에 그 뜻이 있음을 축약해 표현하고 있다. [학이]편 제1장이 '학지學知'를 강조했다면 [요왈]편 제3장은 '예덕禮德'을 강조한 것으로 볼 수 있다. 이는 순자의 '예치주의'를 풀이한 것이기도 하다. 군자학의 학통學統이 과연 '맹학孟學'과 '순학荀學' 중 어디로 전해졌는지를 극명하게 보여주는 대목이 아닐 수 없다.

부록_1

제자약사

『사기』 [중니제자열전]에는 공문10철을 비롯한 77제자에 대한 소개가 간략하게 나와 있으나 그 중 48명은 겨우 이름만 나열되어 있을 뿐 그 행적은 찾아볼 길이 없다. 약력이 소개된 나머지 29명 중에도 『논어』에 전혀 이름이 보이지 않는 사람이 두 명이나 된다. 제자들의 나이와 출생지도 문헌에 따라 적잖은 차이가 나고 있어 단정적으로 말하기가 쉽지 않다. 사마천은 『사기』 [중니제자열전]에서 20여 명의 출생연대를 제시하고 있지만 그 타당성은 극히 의심스럽다. 그럼에도 공자의 위대한 면모가 이들 직제자들의 행보를 통해 세상에 널리 알려지게 된 것은 말할 것도 없다. 사서에 나온 내용을 토대로 이들 직제자들의 면모를 요약하면 대략 다음과 같다.

① **중유**仲由 : 자가 자로子路 내지 季路로 노나라의 변卞 : 산동성 사수현 땅 출신이었다. 공자보다 9년 연하로 제자들 중 나이가 가장 많았다. 그는 공자에게 일종의 반면교사의 역할을 수행함으로써 공자사상의 정립에 지대한 공헌을 한 인물이었다. 그는 공

자의 제자가 된 후 공자의 가장 친한 친구인 동시에 가장 엄격한 비파자로서의 역할을 수행했다. 그는 자신이 확신하는 원칙에 대해 스스로 엄격했을 뿐만 아니라 스승인 공자에게도 거리낌 없이 엄하게 추궁하는 모습을 보였다. 공자의 제자 중 의義의 덕목을 가장 많이 지닌 사람을 들라면 단연 자로를 꼽을 수 있다. 이는 그가 타고난 무골武骨이었다는 사실과 무관치 않았을 것이다.

② **단목사**端沐賜 : 자가 자공子貢으로 위나라 사람이었다. 공자보다 31년 연하이다. 『춘추좌전』과 『논어』를 보면 자공이 얼마나 뛰어난 인물이었는지를 쉽게 알 수 있다. 그는 공자의 제자들 중 자타가 공인하는 가장 총명한 인물이었다. 외향적인 성격과 내성적인 성격을 겸비한 그는 난세에 가장 잘 적응할 수 있는 사람이기도 했다. 그는 특히 유창한 언변으로 열국을 종횡무진으로 뛰어다니며 협상을 이끌어낸 탁월한 외교관으로 명성을 떨쳤다. 그가 공자 사후 상례를 주재한 것은 제자들 중 나이도 많고 능력도 뛰어난 점도 있었지만 공자와 매우 가까웠던 점이 크게 작용했다. 노나라에서 처음으로 편제된 『논어』인 소위 『노론魯論』에 뒤이어 제나라에서 이에 대응하는 『제론齊論』이 편제된 데에는 제나라에 처음으로 공학을 전한 자공의 역할이 매우 컸다고 보아야 한다.

③ **복상**卜商 : 자가 자하子夏로 진晉나라 온溫 : 하남성 온현 서남쪽 땅 사람이었다. 일설에는 衛나라 사람이라고 한다. 자하는 공자보다 44년 연하로 자유와 함께 문학과 예에 밝았다. 정미한 논의에는 당시 아무도 그를 따르지 못했다. 공자가 죽은 뒤 서하에서 선생

노릇을 했다. 전국시대 초기에 위문후魏文侯는 자하의 문도들을 대거 등용해 천하를 호령했다. 『논어』의 속집이 나올 무렵 학문뿐만 아니라 모든 면에서 자하는 공자 제자들 중 가장 뛰어난 인물 중 한 사람으로 숭앙되었음에 틀림없다. 그는 아들이 죽은 뒤 비통해 한 나머지 너무 많이 울어 이내 실명케 되었다 하나 이는 후세인들이 그를 폄하하기 위해 만들어낸 것일 공산이 크다.

④ **안회**顔回 : 자가 자연子淵으로 노나라 사람이었다. 그는 공자보다 30년 연하로 부친 안무요와 함께 공자를 섬겼다. 공자는 항상 안연을 칭할 때 '안씨의 아들'이라고 했다. 안회는 공자가 가장 총애하고 기대했던 제자로 알려져 있다. 그는 지려志慮가 충순하고 신심信心이 견고하면서도 스승인 공자의 속마음을 훤히 꿰뚫어 알고 있었다. 이로 인해 공자는 그의 죽음을 누구보다도 안타까워했다. 『공자가어』는 31세, 『열자』는 32세에 죽었다고 기록해 놓았으나 공자의 30세 연하인 점을 감안할 때 40대 초반에 죽은 것으로 짐작된다. 『논어』 전편을 통해 공자로부터 칭찬 일변도의 극찬을 받은 제자는 오직 안회 한 사람뿐이다.

⑤ **증삼**曾參 : 자가 자여子輿로 노나라의 남무성南武城 사람이었다. 공자보다 46년 연하로 부친 증석과 함께 공자의 제자가 되었다. 그는 평생을 노나라에 머물며 수많을 제자들을 길러내 공학을 세상에 전파하는데 결정적인 공헌을 했다. 그는 공자의 덕행 측면을 크게 부각시켜 소위 '제가파齊家派'를 형성하면서 뛰어난 효행을 실천했다. 사실 공자는 증자를 그다지 높게 평가하지도 않았음에도 불구하고 송유宋儒들은 그를 공문의 문도들 중에서

안연 다음으로 뛰어난 인물로 숭배했다. 이는 공자의 도가 '안연-증자-자사-맹자-주희' 로 이어진다는 소위 도통설道統說이 횡행한데 따른 것이었다. 증자에 대비되는 자하가 폄하되고 맹자에 대비되는 순자가 문묘에서 축출된 것도 이와 무관치 않았다.

⑥ **전손사**顓孫師 : 자가 자장子張으로 진陳나라 사람이었다. 공자보다 48년 연하로 공문의 문도들 중 가장 어렸다. 성격이 활달해 매사에 적극적이기는 했으나 그다지 좋은 평을 받지는 못했다. 그는 성격이 너무 활달해 정연整然한 면이 부족했다는 지적을 받았다. 『한비자』 [현학]편의 기록에 따르면 자장학파는 한비자가 활약한 전국시대 말기까지 면면히 이어졌다.

⑦ **언언**言偃 : 자가 자유子遊로 오나라 사람이었다. 공자보다 45년 연하로 자하와 함께 문학에 뛰어났다. 『공자가어』 [72제자해]편의 기록에 따르면 예법에도 밝았던 것으로 짐작된다. 『예기』 [단궁]편은 자유의 문도들이 편찬한 것이라고 한다. [옹야]편과 [양화]편에 그가 무성武城의 읍재로 있을 당시의 일화가 연속해 실려 있는 점에 비춰 노나라의 실권자인 계강자로부터 큰 신임을 인정받은 것으로 짐작된다.

⑧ **염구**冉求 : 자가 자유子有로 노나라 사람이었다. 공자보다 29년 연하로 정치에 재능이 있었다. 계강자가 그를 불러들여 가재로 삼은 사실이 이를 뒷받침한다. 염구는 어떤 길을 택하기 전에 항시 예상되는 이익을 냉정히 저울질한 까닭에 승산 없는 싸움에서 기꺼이 순직을 선택한 자로와 자주 대비된다. 그는 공문에서의 파문을 무릅쓰고 자신의 출세를 위해 기꺼이 모든 비난을 감

수하는 현실적인 모습을 보여주었다. 그러나 그는 부국강병의 계책에 관한 한 매우 유능한 인물이었음에 틀림없다.

⑨ **재여**宰予 : 자가 자아子我로 노나라 사람이었다. 변설에 능했던 그는 스승인 공자를 은근히 시험대상으로 삼는 특이한 모습을 보이기도 했다. [선진]편이 그를 자공과 더불어 언변에 능해 응대사령에 뛰어난 '공문10철'의 일원으로 기록해 놓은 사실을 통해 알 수 있듯이 그는 당대의 명변明辯이었다. 그러나 그는 자신의 뛰어난 언변을 과신하고 논변 자체를 즐긴 나머지 공자로부터 커다란 질책을 받기도 했다. 그 또한 재주가 많은 자들이 흔히 보이는 나태한 모습을 보인 것이다. 공자는 그가 자칫 자신의 재주만을 믿고 학행을 게을리 하다가 꾸준히 노력하는 범재凡才만도 못한 결과를 초래할까 우려했던 것이다.

⑩ **염옹**冉雍 : 자가 중궁仲弓으로 노나라 사람이었다. 염옹은 미천한 출신이었음에도 불구하고 덕행이 뛰어났던 인물로 알려져 있다. [옹야]편의 기록에 따르면 그는 매우 과묵하면서도 성실한 성품을 지녔던 것으로 보인다. [자로]편에는 그가 계씨의 가재가 되어 공자에게 정치를 물은 대목이 나온다. 계씨가 그의 과묵하면서도 성실한 성품을 높이 산 결과로 짐작된다.

⑪ **민손**閔損 : 자가 자건子騫으로 노나라 사람이었다. 『사기』는 공자보다 15세 연하로 기록해 놓았으나 『공자가어』는 50세 연하로 기록해 놓았다. 『공자가어』의 기록이 맞는다면 그는 제자들 중 최연소에 해당한다. 그는 증자와 더불어 효행으로 이름이 높았다. 그는 전횡을 일삼는 3환 세력에 대해 매우 비판적이었다. 그가 어지러운 난세에 벼슬길에 나서지 않은 것도 바로 이 때문이

었을 것이다. 공자는 그의 이런 태도를 높이 평가했다.

⑫ **염경**冉耕 : 자가 백우伯牛로 노나라 사람이었다. 그는 덕행이 뛰어난 인물로 알려졌다. 『논어』는 [옹야]편에 그가 이른 나이에 병에 걸려 죽게 된 일화 하나만을 실어 놓고 있다. 그는 안연 및 자로와 더불어 공자보다 먼저 죽은 몇 안 되는 제자들 중 한 사람이었다.

⑬ **담대멸명**澹臺滅明 : 자가 자우子羽로 노나라 무성武城 사람이었다. 일설에는 초나라 사람이라고도 한다. 『사기』는 공자보다 39년 연하로 기록해 놓았으나 『공자가어』는 49세 연하로 기록해 놓았다. 그는 특이하게도 용모가 심히 추해 주목을 받지 못했다. 그러나 그는 풍절風節이 고고하고 심성이 너그러웠다. [옹야]편에 나오는 일화에 비춰 그는 자유가 무성의 가재로 있을 때 공자의 제자가 된 것으로 짐작된다.

⑭ **복부제**宓不齊 : 자가 자천子賤으로 노나라 사람이었다. 『사기』는 공자보다 30년 연하라고 했으나 『공자가어』는 49세 연하로 기록해 놓았다. 재주가 뛰어나고 어질었다. 그가 선보單父 : 산동성 선현의 읍재가 되었을 때 백성들이 그를 성심으로 추종했다. [공야장]편에 공자가 그를 칭송한 대목이 유일하게 실려 있다.

⑮ **원헌**原憲 : 자가 자사子思로 노魯 사람이었다. 일설에는 송나라 사람이라고도 한다. 『공자가어』는 그가 공자보다 36세 연하라고 기록해 놓았다. 그는 공자가 노나라에서 사구로 있을 때 공자의 가신으로 있다가 공자 사후에 은둔에 들어갔다. 후세인들은 안빈낙도를 행하다가 스승이 죽자 속세와 두절한 채 몸을 숨긴 원헌의 절조節操를 높이 평가해 그를 '공문10철' 중 덕행에 뛰어

났던 안연 및 민자건 등에 비유했다.

⑯ **공야장**公冶長 : 자가 자장子張으로 제나라 사람이었다. 그는 공자의 사위였다. 그와 관련해서는 공자가 그를 사위로 삼게 된 대목이 [공야장]편에 유일하게 하나 나온다. 그는 인내심이 있으면서도 강직했던 인물이었다. 그러나 덕행이나 재능 면에서 그다지 뛰어난 인물은 아니었던 것으로 짐작된다. 그를 두고 '은군자隱君子'로 평하는 견해도 있으나 이는 그가 공자의 사위라는 사실에 지나치게 무게를 둔 데 따른 억측에 불과하다.

⑰ **남궁괄**南宮括 : 자가 자용子容으로 노나라 사람이었다. 『공자가어』는 그의 이름을 남궁도南宮縚로 기록해 놓았다. 그는 공자의 조카사위였다. 나이는 자세히 알 길이 없으나 그의 아내가 공자의 조카딸인 점에 비춰 대략 공자의 아들 이鯉와 비슷했을 것으로 짐작된다. 공자는 언행을 삼가는 군자의 풍도를 읽고 그를 조카사위로 삼았다.

⑱ **증점**曾點 : 자가 자석子晳으로 노나라 사람이었다. 『사기』는 그의 이름을 점蒧으로 기록해 놓았다. 나이는 미상이나 증자의 부친인 점으로 보아 대략 자로보다는 약간 아래였던 것으로 짐작된다. 『공자가어』에 따르면 당시 증점이 예교禮教가 제대로 행해지지 않는 것을 미워해 근면히 덕행을 닦자 공자가 이를 매우 착하게 여겼다고 한다.

⑲ **안무요**顔無繇 : 자가 로路로 노나라 사람이었다. 『공자가어』는 그의 이름을 안유顔由, 자를 계로季路로 기록해 놓았다. 그는 안회의 부친이다. 공자보다 6세 연하로 『공자가어』에 따르면 공자가 처음 시골에서 글을 가르칠 때 공문에 입문했다. [선진]편에

자식인 안회가 죽자 공자에게 수레를 팔아 곽을 만들어 줄 것을 청했다가 거절당한 일화가 실려 있다. 이 일화에 비춰 그는 그다지 현명치 못했던 듯하다.

⑳ **고시**高柴 : 자가 자고子羔로 위衛나라 사람이었다. 제나라 사람이라는 이설이 있다. 『사기』는 공자보다 30년 연하라고 했으나 『공자가어』는 40년 연하로 기록해 놓았다. 그는 신장이 5척에도 못 미치는 단신에 용색이 매우 추했으나 효성이 뛰어나고 행동에 법도가 있었다. [선진]편에는 그를 우직한 인물로 평가한 공자의 언급이 실려 있다. 고시는 자로와 함께 위나라 세족 공회를 섬기다가 홀로 노나라로 도주해 후세인들로부터 비난을 받았다.

㉑ **칠조계**漆雕啓 : 자가 자개子開로 노魯나라 사람이었다. 일설에는 채나라 사람이라고도 한다. 사마천이 한경제의 이름을 기휘忌諱해 '계'를 '개開'로 고쳐놓은 이래 오랫동안 '칠조개'로 통용되었다. 『공자가어』에는 그의 자가 '자약子若'으로 되어 있다. 그는 공자보다 11세 연하로 『서』를 익히고 벼슬을 즐기지 않았다고 한다. 『한비자』 [현학]편은 그를 추종하는 학파가 한비자가 활약하는 전국시대 말기까지 존속했다고 기록해 놓았으나 신빙성이 약하다. 『한서』 [예문지]는 그가 [칠조] 12편을 저술했다고 기록해 놓았다.

㉒ **공백료**公伯寮 : 자가 자주子周로 노나라 사람이었다. 『사기』는 공백료公伯繚로 기록해 놓았다. 그가 계강자에게 자로를 참소한 내용이 실려 있는 [헌문]편에 기록을 근거로 공자의 제자가 아니라는 주장도 있으나 무슨 확실한 근거가 있는 것은 아니다.

㉓ **사마경**司馬耕 : 자가 자우子牛로 송나라 사람이었다. 『공자가어』에는 그의 이름이 사마려경司馬黎耕으로 되어 있다. 그는 공자의 천하유세 중 핍박을 가했던 송나라 사마 환퇴桓魋의 동생이다. 환퇴가 송나라의 사마에 임명되자 그 역시 사마를 성씨로 삼게 된 것이다. 그는 말이 많고 성질이 급했다. 『공자가어』에 따르면 그는 늘 친형인 사마 환퇴의 나쁜 행실을 보고 근심을 떨치지 못했다고 한다.

㉔ **번수**樊須 : 자가 자지子遲로 제齊나라 사람이었다. 일설에는 노나라 사람이라고도 한다. 『사기』는 공자보다 36세 연하라고 했으나 『공자가어』는 46세 연하로 기록해 놓았다. 그는 비록 총명치는 못했으나 배우기를 좋아해 스승에게 물은 것을 벗에게도 반복해 물어보는 열성적인 인물이었다. 『공자가어』에 따르면 훗날 그는 계씨 밑에서 일했다고 한다.

㉕ **유약**有若 : 자가 자유子有로 노나라 사람이었다. 공자보다 43년 연하로 『공자가어』에 따르면 사람이 강직한데다 아는 것이 많고 옛 도를 좋아했다고 한다. 공자가 죽은 뒤 제자들은 유약의 모습이 공자와 비슷해 제자들은 그를 선생으로 세우고 공자를 섬길 때처럼 했다. 그는 『논어』에 모두 4번 나온다. [학이]편에 보이는 3개 장은 모두 그를 '유자有子'로 칭해 놓았다. 그의 제자들이 『논어』를 편제하는데 적극 참여한 결과로 보인다.

㉖ **공서적**公西赤 : 자가 자화子華로 노나라 사람이었다. 공자보다 42년 연하로 용모가 준수하고 응대사령에 능했다. [옹야]편에 살찐 말을 타고 경구輕裘를 입은 채 제나라에 사자로 간 대목이 나온다. 기상이 고아하고 절조가 있었던 인물로 전해지고 있다.

㉗ **무마시**巫馬施 : 자가 자기子旗로 노나라 사람이었다. 진陳나라 사람이라는 설도 있다. 공자보다 30년 연하로 『논어』에는 그에 관한 일화가 [술이]편에 단 하나 실려 있다. 『공자가어』에 그가 공자와 나눈 대화가 실려 있으나 무마기의 인품 및 행적 등에 대해서는 자세히 알 길이 없다.

진항陳亢 : 자는 자항子亢 또는 자금子禽으로 진陳나라 사람이었다. 공자보다 40세나 연하였다. 사마천은 그를 공자의 제자가 아닌 것으로 간주해 [중니제자열전]에서 그 명단을 빼버렸다. 그러나 『공자가어』는 진항을 공자보다 40세 연하의 진陳나라 출신 직제자로 간주해 72명의 명단에 삽입시켜 놓았다.

약력이 소개되어 있는 인물 중 『사기』 및 『공자가어』에만 나오고 『논어』에 전혀 언급되지 않은 공자의 제자들로는 상구商瞿 : 子木와 공석애公晳哀 : 季次, 양전梁鱣 : 叔魚 등이 있다. 이와 정반대로 공자의 제자로 간주되는 인물 중 『논어』에만 나오고 『사기』 및 『공자가어』에는 나오지 않는 인물로는 맹의자孟懿子 : 仲孫何忌와 남궁경숙南宮景叔, 임방林放, 신정申棖 : 『사기』는 申黨, 『공자가어』는 申續, 자상백자子桑伯子 등이 있다. 『춘추좌전』에 따르면 맹의자와 남궁경숙은 부친 맹희자孟僖子 : 仲孫貜의 유명을 좇아 공자의 제자가 되었다고 한다. 맹무백孟武伯 : 仲孫洩 또는 仲孫彘에 대해서는 설이 대립하고 있으나 제자는 아니었던 것으로 보인다. 임방과 신정, 자상백자 등은 공자의 제자였다는 설이 우세하나 자세한 약력은 알 길이 없다.

⚜ 부록_2 ⚜

공자연표

B.C.	周王(魯公)	나이	공자와 관련된 주요 사항
563靈	원년(襄10)		공자의 부친 숙량흘(叔梁紇)이 위기에 처한 노나라 군사들을 모두 탈출시킴.
552	20(21)	1	공자가 곡부 교외 창평향 추읍에서 숙량흘과 모친 안씨(顏氏) 사이에서 출생함.
550	22(23)	3	장무중(臧武仲)이 3환에게 패해 주(邾)나라로 망명함. 부친 숙량흘 사망.
548	24(25)	5	제나라 권신 최저(崔杼)가 제장공을 시해함.
546	26(27)	7	진 · 초가 송나라에서 평화회의를 열고 정전협정을 체결함.
544景	원년(29)	9	공자가 늘 제기를 벌려놓고 제사 지내는 놀이를 함.
543	2(31)	10	공자가 존경하는 정나라 대부 자산(子産)이 정경이 됨. 자로가 태어남.
541	4(昭1)	12	초나라 공자 위(圍)가 주군을 시해하고 초영왕으로 등극함.
538	7(4)	15	공자가 학문에 뜻을 둠. 초영왕이 정전협정을 파기하고 제후들을 호령함.
537	8(5)	16	3환이 군사를 3분하여 독점함.

			민자건이 태어남.
536	9(6)	17	정나라 자산이 형정(刑鼎)을 주조함. 공자의 모친 안씨 사망한 듯함.
534	11(8)	19	공자가 송나라 견관씨(幵官氏)의 딸과 결혼했다고 함.
533	12(9)	20	아들 백어(伯魚) 출생. 잠시 계손씨 밑에서 창고관리 및 가축 사육에 종사함.
529	16(13)	24	진나라가 초나라 내란에 편승해 제후들을 규합함. 제나라도 국력신장 도모함.
525	20(17)	28	공자가 노나라에 온 담자(郯子)로부터 고대의 관제를 배움.
523	22(19)	30	공자가 박학한 선비로 인정받아 학문으로 입신출세를 결심함. 염구 출생.
522	23(20)	31	정나라 자산이 사망함. 안회 출생.
520	25(22)	33	주왕실에 왕위계승 내분이 일어나 경왕(敬王)이 즉위함.
519敬	원년(23)	34	공자가 낙읍으로가 노자에게 예를 물었다고 하나 후세의 위작임.
518	2(24)	35	맹희자가 아들 맹의자와 남궁경숙에게 공자의 제자가 될 것을 유언함.
517	3(25)	36	노소공의 망명으로 공위(空位)시대가 시작됨. 공자도 이내 제나라로 망명함.
513	7(29)	40	공자가 망명 5년 만에 독자적인 사상을 확립함. 진나라가 형정을 주조함.
510	10(32)	43	노소공의 객사로 동생 노정공(魯定公)이 즉위함.
509	11(定1)	44	공자가 귀국해 사숙을 개설함. 유약 출생.
508	12(2)	45	자하 출생.
507	13(3)	46	자유 출생.
506	14(4)	47	증삼 출생. 오나라가 초나라 도성 영(郢)을 함락함.
505	15(5)	48	계평자가 사망하자 양호가 실권을 장악하고

			공자에게 관직을 제의함.
504	16(6)	49	자장 출생.
502	18(8)	51	양호가 3환에게 패배하자 공산불뉴가 난을 일으켜 공자를 부름.
501	19(9)	52	양호가 제나라로 망명하자 공자가 처음으로 관원이 되어 중도(中都)를 다스림.
500	20(10)	53	공자가 사구가 되어 노정공의 제경공과의 회동을 보좌함. 제나라 안영 사망.
498	22(12)	55	공자가 3도(三都)를 무너뜨리려다가 실패함.
497	23(13)	56	공자가 14년에 걸친 망명길에 올라 위나라로 감.
496	24(14)	57	오왕 합려가 월왕 구천에게 패사함. 위나라 태자가 국외로 망명함.
494	26(哀1)	59	오왕 부차가 월왕 구천을 회계에서 격파함.
493	27(2)	60	위나라에서 위영공 사망으로 내분이 발발함. 공자가 진(陳)나라로 감.
492	28(3)	61	공자가 송나라로 가던 중 사마 환퇴의 핍박을 받음. 공자 손자 급(伋) 출생.
491	29(4)	62	계강자가 계환자의 뒤를 이어 노나라를 장악함.
490	30(5)	63	진(晉)나라 조간자의 가신 불힐이 중모에서 거사해 공자를 부름.
489	31(6)	64	공자가 진·채 사이에서 곤경을 겪은 뒤 섭공을 만나고 다시 위나라로 돌아옴.
487	33(8)	66	노나라가 오나라의 침공을 받고 화약을 체결함.
486	34(9)	67	오나라가 노나라와 합세해 제나라를 침.
484	36(11)	69	공자가 귀국해 교육과 고전 정리에 전념함. 공자 아들 이(鯉)가 50세로 사망.
483	37(12)	70	노애공이 오왕 부차와 회견함. 자공이 오나라 태재 백비와 교섭에 나섬.

482	38(13)	71	오왕 부차가 황지(黃池)에서 패자가 됨. 안연이 41세로 사망.
481	39(14)	72	제나라의 진항이 제간공을 시해함. 공자가 획린(獲麟)을 보고 『춘추』를 지음.
480	40(15)	73	위나라 정변으로 자로가 분사함.
479	41(16)	74	4월 기축일에 공자가 와병 7일 만에 사망함. 사수(泗水) 언덕에 안장됨.

| 신동준 |

1956년 충남 천안생
경기고등학교 졸업
서울대 정치학과 및 동대학원 졸업(정치학박사)
동경대 동양문화연구소 객원연구원
서울대, 외국어대, 국민대, 덕성여대 강사(현)
21세기 정치연구소 소장 겸 孟坡講院 원장(현)

저서
『통치보감』, 『관중과 제환공』, 『치도와 망도』
『역사대장정』, 『연산군을 위한 변명』
『덕치 · 인치 · 법치』, 『통치학원론』, 『삼국지통치학』, 『조조통치론』
『중국문명의 기원』.

역서
『난세를 평정하는 중국통치학-후흑학』, 『자치통감-삼국지』
『오월춘추』, 『전국책』, 『국어』.

논문
「선진 유법가의 치도관과 치본관의 비교연구」
「역대 대통령 통치행위에 대한 치도론적 비교연구」
「몽양주의에 관한 치도론적 분석」
「중도주의 이념정립에 관한 치도론적 고찰」

논어론

초판1쇄 / 2006년 2월 27일

주 해 **신동준**
펴낸이 **여국동**
펴낸곳 **도서출판 인간사랑**
인 쇄 **백왕인쇄**
제 본 **은정제책사**

(411- 815) 경기도 고양시 일산구 백석동 1178-1
TEL (031)901-8144, 907-2003
FAX (031)905-5815
e-mail/igsr@Yahoo.co.kr
e-mail/igsr@Lycos.co.kr

출판등록 1983. 1. 26. / 제일-3호

정가 35,000원

ISBN 89-7418-720-5 03140